Aus dem Programm
Huber: Psychologie Sachbuch

Wissenschaftlicher Beirat:
Prof. Dr. Dieter Frey, München
Prof. Dr. Kurt Pawlik, Hamburg
Prof. Dr. Meinrad Perrez, Freiburg (Schweiz)
Prof. Dr. Hans Spada, Freiburg i. Br.

Weitere Bücher beim Verlag Hans Huber über Glück und Elend menschlicher Beziehungen

Guy Bodenmann
Beziehungskrisen
Erkennen, verstehen und bewältigen
177 Seiten (ISBN 3-456-83634-1)

Gillian Butler
Schüchtern – na und?
Selbstsicherheit gewinnen
Aus dem Englischen übersetzt von Tonia Rihs
270 Seiten (ISBN 3-456-83628-7)

Andreas Dick
Psychotherapie und Glück
Quellen und Prozesse seelischer Gesundheit
182 Seiten (ISBN 3-456-83801-8)

Jürg Frick
Die Droge Verwöhnung
Beispiele, Folgen, Alternativen
168 Seiten (ISBN 3-456-83629-5)

Reneau Z. Peurifoy
Angst, Panik und Phobien
Ein Selbsthilfe-Programm
Aus dem Englischen übersetzt von Irmela Erckenbrecht
2. Auflage. 315 Seiten (3-456-83827-1)

Helga E. Schachinger
Das Selbst, die Selbsterkenntnis und das Gefühl für den eigenen Wert
Einführung und Überblick
271 Seiten (ISBN 3-456-83641-4)

Weitere Informationen über unsere Neuerscheinungen finden Sie im Internet unter: http://verlag.hanshuber.com oder per E-Mail an: verlag@hanshuber.com

Jürg Frick

Ich mag dich –
du nervst mich!

Geschwister und ihre Bedeutung
für das Leben

Verlag Hans Huber
Bern · Göttingen · Toronto · Seattle

Anschrift des Autors:
Prof. Dr. Jürg Frick
Pädagogische Hochschule Zürich
Rämistr. 59
CH-8021 Zürich
E-Mail: juerg.frick@phzh.ch

Lektorat: Dr. Peter Stehlin, Gaby Burgermeister
Herstellung: Daniel Berger
Druckvorstufe: Sbicca & Raach, Lugano
Umschlag: Atelier Mühlberg, Basel
Druck und buchbinderische Verarbeitung: AZ Druck und Datentechnik GmbH, Kempten
Printed in Germany

Bibliografische Information der Deutschen Bibliothek
Die Deutsche Bibliothek verzeichnet diese Publikation in der Deutschen Nationalbibliografie; detaillierte bibliografische Daten sind im Internet über http://dnd.ddb.de abrufbar.

Dieses Werk, einschließlich aller seiner Teile, ist urheberrechtlich geschützt. Jede Verwertung außerhalb der engen Grenzen des Urheberrechtes ist ohne Zustimmung des Verlages unzulässig und strafbar. Das gilt insbesondere für Vervielfältigungen, Übersetzungen, Mikroverfilmungen sowie die Einspeicherung und Verarbeitung in elektronischen Systemen.

Anregungen und Zuschriften bitte an:
Verlag Hans Huber
Länggass-Strasse 76
CH-3000 Bern 9
Tel: 0041 (0)31 300 45 00
Fax: 0041 (0)31 300 45 93
E-Mail: verlag@hanshuber.com
Internet: http://verlag.hanshuber.com

1. Auflage 2004
© 2004 by Verlag Hans Huber, Bern
ISBN 3-456-84032-2

Inhaltsverzeichnis

Vorwort 7

1. Einleitung und Einführung: Die Entdeckung
   der Geschwister 9

2. Rollen, Nischen, Konstellationseffekte und individuelle
   Deutungsmuster 27

3. Wichtige Einflussfaktoren auf Geschwisterbeziehungen 97

4. Geschwister und ihre Bedeutung füreinander 119

5. Bevorzugung, Benachteiligung und Rivalität 155

6. Fallgeschichten aus unterschiedlichen Perspektiven 193

7. Die Freud-Adler-Kontroverse auf dem Hintergrund
   ihrer persönlichen Geschwisterproblematik 207

8. Geschwister und Geschlecht 221

9. Geschwisterbeziehungen zwischen Nähe-Intimität und
   Distanz-Feindschaft 231

10. Geschwisterübertragungen im Erwachsenenalter und
    ihre möglichen Folgen 249

11. Möglichkeiten und Grenzen neuer Geschwisterbeziehungen
    im Erwachsenenalter 265

12. Persönliche Reflexionen über eigene Geschwister-
    erfahrungen 277

Anhang für die Praxis: Fragebogen und
Familienkonstellationsschema 293

Literaturverzeichnis 319

Namenverzeichnis 329

Sachwortverzeichnis 333

Ausführliches Inhaltsverzeichnis 343

Vorwort

In dieses Buch fließen langjährige Erfahrungen zur Geschwisterthematik aus psychologischen Beratungen und Kursen, aus Vorlesungen und Seminaren sowie aus Supervisionsgruppen mit Lehrkräften ein. Ergänzend habe ich mich gleichzeitig etwa ebenso lange mit der dazu allmählich umfangreicher werdenden Fachliteratur auseinandergesetzt. Viele Verhaltensweisen von KlientInnen in Beratungen oder von Lehrpersonen im Klassenzimmer wie im Schulteam wurden mir im Laufe der Jahre auf dem Hintergrund ihrer Geschwisterkonstellation verständlicher.

An einem Buch sind letztlich immer viele Personen – nicht nur der Autor – beteiligt. In diesem Falle ist der Verfasser verschiedenen Personen zum Dank verpflichtet. Käthi Frick, Michael Ricklin und Jürg Rüedi haben das ganze Manuskript kritisch durchgelesen und dazu wichtige Anregungen, Kommentare und Hinweise gegeben, die zur Klärung und Verbesserung vieler Teile dieses Buches geführt haben.

Mein Dank geht auch an die zahlreichen Studierenden meiner Vorlesungen und Seminare sowie an weitere TeilnehmerInnen meiner «Geschwisterkurse», die mir ihre Beiträge zur Verfügung gestellt und so zu einer besseren Veranschaulichung der verschiedenen Themen des Textes wesentliches beigetragen haben.

Mit Peter Stehlin vom Verlag Hans Huber gestaltete sich die Zusammenarbeit wiederum außerordentlich angenehm und konstruktiv; auch er verhalf mir mit gezielten wie hilfreichen Bemerkungen zu einer neuen, besseren Version verschiedener Teile. Frau Gaby Burgermeister (Verlag Hans Huber) lektorierte das Manuskript mit Sorgfalt und half, letzte Mängel und Unklarheiten zu beseitigen.

Alle geschilderten Fallbeispiele stammen, wenn nicht anders vermerkt, aus meinen vielfältigen Erfahrungen in Beratung, Lehre und Kurstätigkeit sowie aus Studien- und Semesterarbeiten von meinen Studierenden. In allen Fallbeispielen wurden die Namen ausgewechselt und in einigen wenigen Fällen geringfügige Details verändert, um die Betroffenen zu schützen.

Die Zeichnungen stammen von Lorena (6;7), die mir eine ganze Auswahl aus ihrer «Geschwistersammlung» spontan zur Verfügung stellte!

Ich hoffe, dass Sie als Leserin oder als Leser aus der Lektüre und den vielen Beispielen Anregungen und Denkanstöße für sich finden sowie daraus fruchtbare, positive Einsichten entwickeln. Über Ihr Echo, Ihre Eindrücke, Ihre Anregungen sowie konkrete Verbesserungsvorschläge würde ich mich freuen.

1. Einleitung und Einführung: Die Entdeckung der Geschwister

Einleitung

Wer an Geschwister denkt, sieht vielleicht eine Kindheitsszene am Familientisch mit dem Bruder, erinnert sich an ein Geburtstagsgeschenk, das die ältere Schwester kürzlich zugeschickt hat, an einen schon lange zurückliegenden heftigen Streit über das – aus persönlicher Perspektive natürlich ungerechtfertigte! – längere Aufbleiben der kleineren Schwester, an die geschwisterlichen Erlebnisse, die sich vor den Eltern so vortrefflich verheimlichen ließen, an lebhafte Auseinandersetzungen mit den Eltern über die Ausgangszeiten mit und ohne brüderliche Begleitung oder an gemeinsame tolle Ferien am Meer mit den beiden Brüdern im eigenen Zelt. Wahrscheinlich würden die meisten dann bald nach ein paar weiteren Erinnerungen ins Nachdenken kommen: Welche Rolle spiel(t)en meine Geschwister eigentlich für mein Leben – und welchen Einfluss habe ich auf sie ausgeübt? Was bedeuten wir einander? Was wäre ich ohne sie? Den meisten Menschen fällt spontan mehr ein, wenn man sie nach ihrer Partnerschaft, ihrem Beruf oder ihren Freunden fragt. Für Erwachsene treten die Beziehungserfahrungen mit den Geschwistern gewöhnlich in den Hintergrund.

Geschwisterbeziehungen reichen – außer für die ältesten Kinder – in die ersten vorsprachlichen Tage der Kindheit zurück und sind die dauerhaftesten Bindungen im Leben eines Menschen: Eltern sterben, Freunde verschwinden, Intimbeziehungen lösen sich auf – aber Geschwister bleiben einem Menschen meistens lebenslänglich erhalten, rechtlich wie emotional, auch wenn unter Umständen die Kontakte auf ein Minimum beschränkt oder gar abgebrochen wurden. Man kann, um Watzlawick (2000) zu variieren, nicht eine Nichtbeziehung zu Geschwistern haben. Gemeinsame Herkunft und Entwicklungsgeschichte bilden ein unauflösbares Band. Unzählige Erlebnisse, Gefühle, Reaktionsmuster und sogar charakterprägende Erfahrungen sind mit Geschwistern verbunden, auch wenn ein erheblicher Teil davon vergessen, verdrängt oder gar verleugnet werden kann.

Was tragen Geschwisterbeziehungen zur Identitätsbildung bei, wie beeinflussen sich Geschwister, wie wirken sich frühe Abhängigkeiten zwischen Geschwistern, emotionale Nähe und Distanz aus? Unsere Denk- und Gefühlswelt, die individuelle Art, Beziehungen zu gestalten, das Verhalten im schulischen und beruflichen Alltag, die Wahl der Liebespartnerin/des Liebespartners und des Freundeskreises, ja sogar die Wahl des Berufs und der Interessengebiete, der Vorlieben, Abneigungen und Einstellungen hängen – wie Veith (2002)[1] treffend meint – in einem viel größeren Umfang mit unseren ersten Beziehungspersonen nach den Eltern, den Geschwistern, zusammen, als viele Menschen annehmen. Welchen Platz ein Mensch in seiner Familie einnimmt, hat großen Einfluss darauf, wie er sich später anderen Menschen und der Welt gegenüber verhält. Der jahrelang erworbene und entwickelte Schatz von Einstellungen, Gefühlen, Erfahrungen, Denkmustern und Handlungsstrategien mit Geschwistern wird schließlich zum Grundmuster für den Umgang mit der Welt auch außerhalb der Familie. Die Familie mit Eltern und Geschwistern ist für das Kind die erste soziale Gruppe, das erste langjährige Trainingsfeld für zwischenmenschliche Beziehungen.

Die Beziehung eines Kindes zu seinen Eltern und seine Beziehung zu/m Geschwister(n) müssen als zwei gleichwertige wie eigenständige Beziehungsarten verstanden werden. Geschwisterbeziehungen sind, ebenso wie Eltern-Kind-Beziehungen, grundlegende Primärbeziehungen für jeden Menschen und tragen als wichtige Sozialisationsfaktoren zur grundlegenden Persönlichkeitsentwicklung bei. Die Erfahrungen mit unseren Geschwistern in der Kindheit bilden die Basis für unseren Umgang mit Nähe und Vertrautheit, mit Konkurrenz und Ablehnung, mit Konflikten und Versöhnung. Die Geschwisterbeziehung ist in der überwiegenden Zahl der Fälle die dauerhafteste Beziehung im Leben – und sie ist unser intensivstes wie frühestes Lernfeld im Umgang mit ambivalenten Gefühlen wie Liebe, Hass, Freude und Trauer. Geschwister erleben in diesen wichtigen Jahren in unzähligen Interaktionen Loyalität, Hilfsbereitschaft, Beschützen und Beschütztwerden, aber auch Konflikte, Dominanz und Rivalität. Das nachfolgende Gedicht von Marie Luise Kaschnitz drückt einige dieser Aspekte auf anschauliche Weise aus.

---

1 Peter Veith (2000): Jedes Kind braucht seinen Platz. Geschwister in der Familie. Freiburg: Herder, S. 4

Geschwister
Was anders heißt Geschwister sein
als Abels Furcht und Zorn des Kain,
als Streit um Liebe, Ding und Raum,
als Knöchlein am Machandelbaum,
und dennoch, Bruder, heißt es auch,
die kleine Bank im Haselstrauch,
den Klageton vom Schaukelbrett,
das Flüstern nachts von Bett zu Bett,
den Trost –

Geschwister werden später fremd,
vom eigenen Schicksal eingedämmt,
doch niemals stirbt die wilde Kraft
der alten Nebenbuhlerschaft,
und keine andere vermag
so bitteres Wort, so harten Schlag.
Und doch, so oft man sich erkennt
und bei den alten Namen nennt,
auf wächst der Heckenrosenkreis.
Du warst von je dabei. Du weißt.[2]

Die Bedeutung von Geschwistern lässt sich noch von einer weiteren Seite beleuchten. Jeder Mensch steht ein Leben lang vor zwei zentralen Aufgaben: Einerseits müssen wir eigenständige Personen werden, indem wir uns aus anfänglich äußerst intensiven Bindungen lösen und weiterentwickeln sowie eine eigenständige Rolle finden (Individuation und Identität), daneben stehen wir als soziale Wesen vor der ebenso wichtigen Aufgabe, vielfältige und befriedigende Beziehungen zu anderen Menschen einzugehen, Bindungen zu lösen, neue aufzubauen und zu pflegen (Sozialisation und Integration). Sowohl Individuations- wie Bindungsprozesse werden maßgeblich von familiären Erfahrungen, konkret von Eltern-Kind- und Kind-Kind-Beziehungen (primär: Geschwister-Geschwister-Interaktionen) geprägt. Eltern wie Geschwister bieten hierfür über Jahre ein vielfältiges Übungs- und Lernfeld, das so jedem Heranwachsenden schließlich erlaubt, einen eigenen Stil zu finden.

---

2 zitiert nach: Mathias Jung (2001): Geschwister. Liebe, Hass, Annäherung. Lahnstein: Emu, S. 1

Geschwister – ein (immer noch) vernachlässigter Faktor

Kasten (1993 a)[3] hat darauf hingewiesen, dass sich in unserem Kulturkreis zahlreiche gesetzliche wie religiöse Vorschriften und Rituale für die Bereiche Ehepartner-Beziehung und Eltern-Kind-Beziehung (z. B. Eheschließung, Scheidung, Taufe, Konfirmation, Firmung) finden, im Bereich der Geschwisterbeziehung aber nichts Analoges existiert. Dieses Desinteresse von Staat und Kirche an der Geschwisterbeziehung war viele Jahrzehnte auch charakteristisch für die Wissenschaft. In der Geschichte der Psychologie – und hier besonders auch in der Entwicklungspsychologie – wurde der Einfluss von Geschwistern auf die psychische Entwicklung des Menschen lange Zeit vergessen, vernachlässigt oder als gering eingestuft. *Sigmund Freud* beispielsweise maß den Geschwistern keinen sehr großen Einfluss bei. Statt dessen konzentrierte er sein Augenmerk fast ausschließlich auf die Beziehung zwischen Kind und Eltern. Dabei liefert gerade der Erstgeborene Freud ein prominentes Beispiel für den bedeutenden Einfluss von Geschwisterkonstellationen auf die Entwicklung eines Menschen (mehr dazu in Kap. 7). Auch das psychoanalytische Schrifttum nach Freud behandelt die Thematik von Geschwisterbeziehungen meistens nur am Rande.

In den psychoanalytisch und bindungspsychologisch orientierten Entwicklungstheorien, die ganz die Mutter-Kind-Beziehung ins Zentrum stell(t)en (z. B. Spitz, Bowlby, Ainsworth, Klein, Kagan u. a.) blieb das Thema Geschwister am Rande. Wenn familiäre Einflüsse thematisiert wurden, beschäftigten sich die meisten theoretischen Konzepte überwiegend mit Mutter-Vater-Kind-Triaden. Vereinzelt wurden zwar Geschwister gelegentlich thematisiert, so etwa von Winnicott, der Geschwister als «Übergangsobjekte» bei der allmählichen Loslösung von der Mutter sah, oder in der feinfühligen Beobachtungsstudie von Esther Savioz (1968), die anhand von zwölf Geschwisterpaaren die Entwicklung der Geschwisterbeziehung in den ersten zwei Lebensjahren näher beleuchtete, oder schon früh in den angelsächsischen Ländern[4], besonders in den USA; aber sonst schienen Geschwister nicht von erwähnenswerter Bedeutung zu sein.

---

3 vgl. Hartmut Kasten (1993a): Die Geschwisterbeziehung. Band 1. Göttingen: Hogrefe, S. 9
4 Als Beispiele seien hier stellvertretend für viele erwähnt: Mary Stewart (1962): The Success of the First Born Child. London; Charles McArthur (1956): Personalities of First and Second Child. New York: Psychiatry 19/47.

Bis in die 1970er Jahre – eine Ausnahme im deutschsprachigen Sprachraum bildet *Toman*[5] (ab 1959 ff.) – wurde dieses Thema zumindest im europäischen Raum weiterhin eher als nebensächlich betrachtet.

Ich möchte die angeführte Vernachlässigung der Geschwisterthematik nachfolgend kurz an einigen weiteren Beispielen darlegen. In den meisten auch neueren und auflagestarken entwicklungspsychologischen Standardwerken und Lehrbüchern fehlt das Thema Geschwister bis heute völlig (z. B. bei Mietzel 2002/1998) oder wird nur kurz, ja marginal angesprochen: Beim langjährigen entwicklungspsychologischen Klassiker von Schenk-Danzinger (1988) nur knapp in neun Zeilen und zwar im Zusammenhang mit der Sprachentwicklung, ebenso in der von Karl Riederer (2002) herausgegebenen veränderten Neuausgabe des Buches von Schenk-Danzinger. In Mussens Lehrbuch der Kinderpsychologie (1995) wird das Thema auf ganzen vier Seiten (bei 775 Seiten!) behandelt, und in Damons Werk über die soziale Entwicklung des Kindes (1989) scheinen Geschwister überhaupt keine Rolle zu spielen. Im 1200 Seiten umfassenden entwicklungspsychologischen Standardwerk von Oerter/Montada (2002) wird die Bedeutung von Geschwistern für die Entwicklung immerhin bejaht, aber auf wenige Sätze reduziert! Im Gegensatz dazu widmet Kohnstamm (2000) in ihrem Buch «Praktische Kinderpsychologie» der Stellung in der Geschwisterreihe ein eigenes ganzes Kapitel und auch Asendorpf/Banse (2000) behandeln in ihrem Lehrbuch ebenso wie Schmidt-Denter (1996) diesen wichtigen Faktor erfreulich ausführlich.

In pädagogischen Lehrmitteln sieht die Lage diesbezüglich ebenfalls mehrheitlich unerfreulich aus; eine Ausnahme bildet Rosts Handwörterbuch Pädagogische Psychologie (1999), wo Geschwister wenigstens auf vier Seiten und in einem eigenen Kapitel behandelt werden. Im weitverbreiteten und ansonsten vorzüglichen Grundlagenwerk von Hobmair (1996) finden wir zwar ausführliche Kapitel zu elterlichen Erziehungseinflüssen, aber über eine eventuelle Rolle der Geschwister erfahren LeserInnen nichts.

Auch pädagogische und psychologische Lexika bieten in der Regel keine oder dann mit wenigen Ausnahmen eher magere Angaben zum Stichwort Geschwister: Beim weitverbreiteten, immer wieder aktualisierten Psychologie-Wörterbuch von Dorsch existieren noch in der Ausgabe

---

5 Walter Toman (1987): Die Familienkonstellation. München: Beck (Erstausgabe 1965)

von 1982 Geschwister nicht, ebenso im dtv-Wörterbuch Pädagogik von Schaub/Zenke (2000). Sechzehn Jahre später tönt es beim Dorsch-Wörterbuch (1998) erfreulicherweise nun deutlich anders: «*Die Familienkonstellation gehört zu jeder Erfassung der Persönlichkeit.*»[6] Und Keller/Novak (1993) beschreiben in ihrem pädagogischen Wörterbuch immerhin auf einer guten halben Seite wichtige Aspekte zu Geschwisterkonstellation und Geschwisterreihe, und auch Böhm (2000)[7] weist im «Wörterbuch Pädagogik» darauf hin, dass Geschwister zu spezifischen Lern- und Prägungsprozessen führen, die charakter- und persönlichkeitsformend wirken und vor allem die emotionale und soziale Entwicklung beeinflussen. Im Gegensatz dazu enthält das 1282-seitige «Lexikon der Psychologie» von Städtler (2000) wiederum weder ein Stichwort zu Geschwistern noch zu Familienkonstellationen!

Geschwister spielen aber auch in der Entwicklungspsychopathologie (noch) kaum eine nennenswerte Rolle: Sowohl als Risiko- wie auch als protektive (schützende) Faktoren finden sie beispielsweise in den ausgezeichneten Lehrbüchern von Resch et al. (1999), Petermann et al. (2000) und Herzka (2000) keinen angemessenen Platz.

Auch ein Blick in Lehrbücher für Psychotherapie zeigt, dass Geschwister kaum vorkommen und selten – wenn überhaupt – in Behandlungen als wichtige Faktoren gewürdigt werden. Bank & Kahn (1994)[8] beklagen, dass wichtige Begründer bekannter psychodynamischer Schulen (Freud, Sullivan, Fromm-Reichmann) keine geschwisterspezifischen Konzepte erarbeitet hätten. Eine Ausnahme bilden Adler und die SystemtheoretikerInnen. Damit präsentieren sich fast sämtliche bedeutsamen Theorien der Persönlichkeitsentwicklung als ausschließlich elternzentriert – zwar mit Einbezug der weiteren Umwelt, aber ohne eine Berücksichtigung der Geschwister. In einzelnen Beschreibungen findet man gelegentlich vielleicht noch Geschichten um Geschwisterrivalität, um Eifersucht des Erstgeborenen auf das nachfolgende Geschwister. Die Möglichkeit einer längerfristigen geschwisterlichen Einflussnahme und Bedeutung für die KlientInnen auf ihr weiteres Leben wird aber noch viel zu wenig in Betracht gezogen. Ein ähnliches Bild zeigt sich in Lehrprogrammen von psychotherapeutischen Ausbildungsinstitutionen: Die meisten Kandi-

---

6 Hartmut Häcker; Kurt H. Stapf (Hrsg.) (1998): Dorsch Psychologisches Wörterbuch, 13. Auflage, Bern: Huber, S. 270
7 Winfried Böhm (2000): Wörterbuch der Pädagogik, 15. Auflage. Stuttgart: Kröner, S. 234
8 Stephen P. Bank/Michael D. Kahn (1994): Geschwister-Bindung. München: dtv, S. 240

datInnen lernen wenig oder gar nichts über Geschwister-Einflüsse und wenn, dann gelten sie häufig als mehr oder weniger unbedeutend – der Fokus liegt immer noch zu stark bzw. zu einseitig auf den Eltern-Kind-Beziehungen.

Wenig Berücksichtigung erfährt die Geschwisterthematik auch in wissenschaftlich orientierten Beratungskonzepten. Probleme zwischen Geschwistern sind bisher, so Hofer/Wild/Noack, «*kaum Gegenstand von Beratungskonzepten, obwohl Eltern sich durch chronische Geschwisterkonflikte sehr belastet fühlen können. Nur in der populärwissenschaftlichen Literatur gibt es hierzu einige Ratgeberliteratur.*»[9]

Entwicklungspsychologische Forschungsarbeiten zur Mutter-Kind-Beziehung sind so bis heute ungleich häufiger als zu Kind-Kind-Beziehungen. Die empirische Erforschung der Geschwisterbeziehung – auch diese ist eine Primärbeziehung wie die Eltern-Kind-Beziehung! – steckt immer noch in den Kinderschuhen. Geschwister haben als Einflussfaktoren bisher wenig theoretische wie empirische Beachtung gefunden. Auch Zahl-Verhältnisse sind diesbezüglich aufschlussreich: So weist Seiffge-Krenke (2000)[10] darauf hin, dass im Zeitraum von 1977 bis 1998 angesichts der Gesamtzahl von 17 399 Publikationen über Kinder und Jugendliche die Zahl von 189 Studien zu Geschwistern immer noch regelrecht untergeht. Erst in neuerer Zeit wird dieses einseitige Bild erfreulicherweise zunehmend korrigiert.

Zur individuellen Bedeutung von Geschwistern

Ich möchte in diesem Buch an verschiedenen Beispielen zeigen, wie groß der Einfluss von Geschwistern sein kann. Dabei habe ich nicht den Anspruch, die ganze Vielfalt der Geschwisterbeziehungen vollumfänglich zu behandeln oder gar einen vollständigen Abriss zur Geschwisterbindung vorzulegen. Viele weitere Themen wie etwa die Geschwisterbeziehungen in anderen Kulturen, die speziellen Aspekte bei Stief- und Halbgeschwistern oder von Geschwistern in Adoptiv- und Pflegefamilien oder Behinderte und ihre Geschwister können hier nicht erörtert werden. Interes-

---

9 Manfred Hofer/Elke Wild/Peter Noack (2002): Lehrbuch Familienbeziehungen. Eltern und Kinder in der Entwicklung. Göttingen: Hogrefe, S. 213–214
10 Inge Seiffge-Krenke in: Gunther Klosinski (Hrsg.) (2000): Verschwistert mit Leib und Seele. Tübingen: Attempto, S. 176–194

sierte LeserInnen finden etwa bei Kasten (1993a, 1993b, 1995), Bank & Kahn (1994), Lüscher (1997) sowie bei Achilles (2002) dazu relevante Informationen. Auch Beispiele aus der Mythologie und Märchenwelt, wo wir unzählige, gerade auch positive Beispiele für Geschwisterbeziehungen finden – erwähnt seien hier nur «Brüderchen und Schwesterchen» oder «Hänsel und Gretel» – müssen hier weggelassen werden. Petri (1994) liefert interessierten LeserInnen dazu eine repräsentative Auswahl sowie anregende Interpretationen.

Statt dessen möchte ich in diesem Buch vielmehr nur einige aus meiner Sicht zentrale, mich besonders faszinierende Themen auswählen und mit Beispielen näher beleuchten. Was ich LeserInnen mit dem vorliegenden Buch also anbiete ist nur ein Ausschnitt aus der unendlichen Fülle unterschiedlicher Geschwisterbeziehungen und ihrer individuellen Bedeutung. Besonders die individuell-subjektive Deutung des Individuums steht immer wieder im Zentrum der Erörterungen diese Buches und zieht sich quasi als roter Faden durch die Kapitel. Mich faszinieren besonders die folgenden Fragen:

Was bedeutet es in dieser konkreten Familie mit diesen Eltern und unter diesen Bedingungen als ältestes, zweitgeborenes, mittleres, jüngstes oder Einzelkind aufzuwachsen? Wie interpretieren Kinder und Jugendliche ihre persönliche familiäre Konstellation, ihre Stellung und Rolle darin – und wie handeln sie daraus?

Man könnte – im Gegensatz zur eher hierarchischen Sozialisierung im Eltern-Kind-Prozess – im Geschwisterkontext auch von einer «Horizontalsozialisierung» (Ley 2001b) sprechen. Geschwister bedeuten tiefe Gefühle von Nähe, Verbundenheit, Liebe, Vertrautheit und Kooperation, aber auch ebenso starke Emotionen wie Eifersucht, Ablehnung, Entfremdung, Hass und Konkurrenz. Das vielleicht hervorstechendste Merkmal der Geschwisterbeziehung ist ihre Ambivalenz. Tucholsky hat dies ebenso treffend wie pointiert formuliert: *«Wilde Indianer sind entweder auf Kriegspfad oder rauchen die Friedenspfeife – Geschwister können beides.»*[11] Geschwister bedeuten sowohl Chancen wie Risiken. Wo das Positive deutlich überwiegt, entsteht eine wertvolle, häufig lebenslange emotionale wie kognitive Ressource für alle Beteiligten.

---

11 zitiert nach: Rea Rother (2003): Vertraute und Rivalen zugleich. Dossier Geschwister. Zürich: Kirchenbote des Kantons Zürich, 24.1.2003, S. 8

Die allmähliche Entdeckung von Geschwistern

Es ist schon erstaunlich, dass Psychologinnen und Psychologen die von Geburt an engen Beziehungsmuster zwischen Kind und Bezugspersonen differenziert und ausgiebig beobachtet, beleuchtet und beschrieben, die aber fast ebenso früh sich konstituierende und letztlich unkündbare Geschwister-Geschwister-Beziehung, die elementare und tiefe Gefühle wie Freude, Liebe, Verbundenheit, Neid, Rivalität oder Hass ermöglicht, als wenig oder nicht relevant beurteilt haben. Alfred Adler, ein zeitweiliger Mitstreiter (und bald darauf Konkurrent) von Freud, der später die Individualpsychologie begründete, kann als Vater der Geschwisterforschung bezeichnet werden, da er als erster Psychologe begann, sich ausführlicher schon ab Mitte der 1920er Jahre mit den Geschwisterpositionen und deren Einfluss zu beschäftigen.[12] Herzka (2000)[13] würdigt Adlers Beitrag zur Geschwisterbeziehung sogar als Meilenstein in der Entwicklung der Kinderpsychiatrie. Der Adler-Schüler Dreikurs hielt einige Jahre später, 1933, lapidar fest: «*Man kann ganz einfach kein Kind unabhängig von seinen Geschwistern verstehen.*»[14]

Ein eher heilpädagogisch orientierter Autor, Karl König (1974)[15], hat sich in den 1950er Jahren mit dem Zusammenhang von sozialen Fähigkeiten und Geburtsrangplatz näher beschäftigt: Aufgrund einer Untersuchung von 150 Personen stellt er die – allerdings fragwürdige! – These auf, dass soziale Fähigkeiten mit einem bestimmten Geburtsrangplatz korrelieren.

Erst allmählich wird von immer mehr Fachleuten (an)erkannt, dass nicht nur Eltern, sondern auch die Geschwister für unsere Individualentwicklung von enormer Bedeutung sind. Besonders die Peer-Forschung in der Entwicklungspsychologie und in der Soziologie gewichtet heute den Gleichaltrigen-Einfluss (horizontale Ebene) zumindest ab der frühen Jugendzeit ungleich größer als noch vor wenigen Jahrzehnten. Dabei beschäftigt sich die Sozialisationsforschung schon länger mit der Thematik: Im Handbuch von Hurrelmann & Ilich (1982) wird in einem separa-

---

12 vgl. z. B. Alfred Adler (1973b): Menschenkenntnis. Frankfurt: Fischer (Erstausgabe 1927)
13 Heinz Stefan Herzka/Wilhelm Felder (2000): Kinderpsychopathologie. Basel: Schwabe, S. 16
14 Rudolf Dreikurs (1981): Grundbegriffe der Individualpsychologie. Stuttgart: Klett-Cotta, S. 88 (Erstausgabe 1933)
15 Karl König (1974): Brüder und Schwestern. Geburtsfolge als Schicksal. Stuttgart: Klotz (EA 1958)

ten Kapitel betont, dass «*neben Mutter und Vater bei der Sozialisation [...] natürlich auch die in der Familie vorhandenen Geschwister eine hervorragende Rolle spielen*».[16] Auch im aktuellen Forschungsgeschehen in der Familienpsychologie «*herrscht Übereinstimmung dahingehend, dass Geschwister eine herausragende Rolle im Lebenslauf spielen. Ihre Beziehung zueinander ist einzigartiger Natur.*»[17] Und etwas weiter heißt es bei denselben Autoren: «*Neben Eltern und Peers haben sie* [die Geschwister – Anm. J. F.] *eine wichtige Funktion als Sozialisationsagenten, weil Geschwister im täglichen Zusammenleben sich gegenseitig anregen und lernen, sich zu verstehen und auseinanderzusetzen.*»[18]

Die Geschwisterpsychologie-Forschung scheint hier nun langsam nachzuziehen, zu Recht, denn die Identität eines Menschen baut sich aus einer Vielzahl von Identifikationen auf. Dazu stehen – zum Glück! – nicht nur die Eltern zur Verfügung, sondern auch schon sehr früh die Geschwister.

Diese offenkundige Vernachlässigung – oder in Freuds Worten Verdrängung? – der Geschwisterthematik ist auffallend und sachlich nicht gerechtfertigt. Erfreulicherweise hat nun in den letzten Jahren auch die Zahl der Monographien dazu eindeutig zugenommen (vgl. als Beispiele: Forer/Still 1991, Ernst/Angst 1983, Leman 1994 und 1995, Kasten 1993 a, 1993 b, 1994, 1995, 2001, Klagsbrun 1993, Petri 1994, Martensen-Larsen/Sørrig 1995, Dunn/Plomin 1996, Lüscher 1997, Schmid 1997, Sulloway 1997, Veith 2000, Ley 2001 b), wobei die Qualität der Texte sehr unterschiedlich ausfällt. Leider tragen krasse Simplifizierungen, wie etwa bei Leman (1994 und 1995) wenig zur sachlichen Erhellung der Thematik bei. So gibt beispielsweise Leman (1995)[19] u. a. «Tipps» in Form einer Eheglückstabelle, welche Geschwisterkonstellationen für eine Paarbeziehung günstig oder ungünstig ausfallen und bei Forer/Still (1991)[20] erfahren wir, dass Inhaberinnen von Schönheitssalons meistens als zweite Kinder geboren wurden!

---

16 Klaus Hurrelmann/Dieter Ilich (Hrsg.) (1982): Handbuch der Sozialisationsforschung. Weinheim: Beltz, S. 407
17 Manfred Hofer/Elke Wild/Peter Noack (2002): Lehrbuch Familienbeziehungen. Eltern und Kinder in der Entwicklung. Göttingen: Hogrefe, S. 192–193
18 a. a. O., S. 193
19 Kevin Leman (1995): Füreinander geboren. Freiburg: Herder, S. 82
20 Lucille K. Forer/Henry Still (1991): Erstes, zweites, drittes Kind. Reinbek: Rowohlt, S. 103

Das Buch von Ernst/Angst (1983) beinhaltet die Überprüfung einer größeren Zahl von Arbeiten der Fachliteratur zwischen 1946 und 1980 zum Thema Geschwisterreihe und löste eine beträchtliche Diskussion über die Schlussfolgerungen des Autorenpaares aus: Dieses behauptete nämlich, dass sich eine signifikante Bedeutung der Stellung in der Geschwisterreihe für die Entwicklung des Individuums nicht habe beweisen lassen, d. h. dass z. B. Geburtsrangplatz und Position in der Geschwisterreihe keinen bedeutenden und nachhaltigen Effekt auf die Individualentwicklung ausüben. Diese allgemeine Aussage lässt sich durch viele Einzelbeispiele entkräften und wurde mittlerweile auch durch die außerordentlich gründliche Arbeit von Sulloway (1997) widerlegt. Sulloway äußert sich dazu unmissverständlich: «*Allen Einwänden zum Trotz zeigt die Literatur über die Geburtenfolge konsistente Verhaltenstrends. Eine tiefergehende Analyse führt sogar zu noch einem eindeutigeren Ergebnis: Die Arbeiten bestätigen den Einfluss der Geburtenfolge durchgehend.*»[21] Ernst/Angst (1983) ist darin zuzustimmen, dass zwischen strukturellen Geschwistervariablen wie etwa Geburtsrangplatz, Altersabstand, Geschlecht und Persönlichkeitseigenschaften von Geschwistern keine pauschalen, verabsolutierenden Aussagen möglich sind (zum Glück!), sich also etwa aus einer bestimmten Geschwisterposition wissenschaftlich nicht eine zwingende Rolle in der Familie ableiten lässt. Der Weg der Forschung muss weg von einer blinden Berechnung von Korrelationen zwischen Strukturvariablen hin zur Erfassung von Prozessen und Wechselwirkungen zwischen dynamischen Einflussgrößen. Das zeigt aber nur, wie wichtig sorgfältige Einzelfallstudien sind, die wichtige individuelle Hinweise für Beratung und Therapie sowie zum Verständnis der Menschen liefern können.

Existierende Konstellationseffekte lassen sich – so die Erfahrungen vieler psychotherapeutisch tätiger KollegInnen wie auch meine eigene Erfahrung – in konkreten Einzelfällen und Situationen durchaus finden, die von ausschließlich wissenschaftstheoretisch oder mit statistischen Korrelationsverfahren operierenden AutorInnen übersehen werden, weil in einer Literaturübersicht Konstellationseffekte von Einzelfällen leicht verschwinden können. Auch andere Autoren, so etwa Langenmayr (2001)[22] betonen, dass die zukünftige Forschung sich stärker damit beschäftigen sollte, wie die einzelnen Kinder ihre Position in der Geschwis-

---

21 Frank J. Sulloway (1997): Der Rebell der Familie. Berlin: Siedler, S. 94
22 Arnold Langenmayr in: Hartmut Kasten (2001): Geschwister. Vorbilder, Rivalen, Vertraute. München: Reinhardt, S. 88–89

terreihe erleben. Bislang haben sich die ForscherInnen mehr auf die «objektive» Umgebung konzentriert und nicht auf das subjektive Erleben und Deuten der Umwelteinflüsse des Individuums (vgl. dazu mehr in Kap. 2).

Kinder engagieren sich aber vom ersten Lebenstag an aktiv in ihrem Umfeld: Die moderne Entwicklungspsychologie ist von der Vorstellung abgekommen, dass das Kind lediglich ein passiver Behälter für Einflüsse der Umwelt sei (Prägemodell). Seit Adler und Piaget wissen wir, dass Kinder sich aktiv ihre eigenen Welten erschaffen, sich ihnen anpassen (Akkommodation) oder sie umgestalten (Assimilation), verändern. Auch die systemische Psychologie betont die einmalige Stellung jedes Individuums innerhalb der familiären Beziehungsnetze sowie im Gesamtsystem Familie. Es geht also letztlich darum, *«die familiäre Mikrowelt jedes einzelnen Kindes zu analysieren.»*[23] Diesem individuellen Erleben des einzelnen Geschwisters ist deshalb für das Verständnis der Ausbildung von überdauernden Persönlichkeitsmerkmalen ein zentraler Stellenwert beizumessen. Ich werde in diesem Buch an verschiedenen Einzelfall-Beispielen den individuellen Einfluss der Geschwister auf die Entwicklung eines Menschen darstellen.

In jüngster Zeit hat die umfangreiche Untersuchung von Sulloway (1997) die Geschwisterthematik in die Diskussion auch einer breiteren Öffentlichkeit gebracht – u. a. auch durch einen Beitrag in einer Geo-Ausgabe (9/1997). Sulloway sieht die unterschiedliche Geschwisterposition als eine Kette verschiedener Nischen mit verschiedenen Ausgangspunkten und Möglichkeiten, die jeweils von einem Individuum besetzt sind. Sulloway betont dabei zu Recht, dass jedes Familienmitglied die gleichen Ereignisse auf seine eigene persönliche Weise erlebe. Ich werde darauf im nächsten Kapitel ausführlich eingehen.

Interessanterweise scheinen in der Betriebspsychologie bzw. der Managementlehre tiefenpsychologische und hier speziell individualpsychologische Erkenntnisse zur Geschwisterpsychologie schon etwas länger Einzug gehalten zu haben: Das Autorenduo Hugo-Becker/Becker (2000) behandelt in seinem schon in der 3. Auflage erschienenen Handbuch des psychologischen Konfliktmanagements[24] ausführlich psychologische

---

23 Judy Dunn/Robert Plomin (1996): Warum Geschwister so verschieden sind. Stuttgart: Klett-Cotta, S. 192
24 Annegret Hugo-Becker/Henning Becker (2000): Psychologisches Konfliktmanagement. Menschenkenntnis, Konfliktfähigkeit, Kooperation. München: dtv (Erstauflage 1992)

Aspekte zu Rollen und Geschwisterpositionen und deren Einfluss auf das spätere Verhalten im beruflichen Alltag.

Kurze Beispiele aus der Literatur

In Literatur und Literaturwissenschaft beschäftigen sich AutorInnen schon länger und ausgiebiger mit der Geschwisterthematik. So sei an dieser Stelle nur auf den Sammelband von Franzen/Penth (1992)[25] verwiesen, der die Vielfalt von Geschwisterbeziehungen an literarischen (so z. B. Heinrich und Thomas Mann), autobiografischen und erzählerischen Beispielen (u. a. Gebrüder Grimm, «Brüderchen und Schwesterchen») darstellt. Das Literaten-Paar Mann bietet besonders eindrückliche Beispiele für eine lebenslange und ambivalente Beziehung, eine wiederholt aufflackernde Hassliebe. Im Rahmen dieser Einleitung müssen einige kurze Andeutungen genügen. Der jahrelange Schlagabtausch zeigt sich etwa im Vorwurf des jüngeren Thomas an den älteren Heinrich, er müsse «*aus Furcht vor den Leiden des Müßiggangs ein schlechtes Buch nach dem anderen schreiben*»[26], mit dem *Professor Unrat* würde er ein auf schnelle Wirkung zielendes, «*amüsantes und leichtfertiges Zeug*»[27] veröffentlichen. Heinrich reagiert auf den offenkundigen Angriff subtiler: Er bezeichnet Thomas als «*großen Streber wider besseres Wissen*».[28] Sogar die Darstellung der Sexualität in Heinrichs Roman «Jagd nach Liebe» wird zum Streitpunkt in der Bruder-Beziehung: Thomas wirft Heinrich eine vollständig sittliche Unbekümmertheit vor, die Darstellung eines ermüdenden fortwährenden Fleischgeruches![29] Der Bruderzwist wird über Jahre im Briefwechsel der beiden Schriftsteller fortgeführt. Wer sich weiter darin vertiefen möchte, sei auf den umfangreichen Sammelband der Briefe von 1900–1949 verwiesen.[30]

Auch am Beispiel von Armand und François Arouet (Voltaire) lassen sich Spuren eines jahrelangen Geschwister-Konfliktes finden: Voltaire

---

25 Günther Franzen/Boris Penth (1992): Hüten und Hassen. Geschwistergeschichten. München: dtv
26 Thomas Mann im 7. Notizbuch. Zitiert nach: Günther Franzen/Boris Penth (1992): Hüten und Hassen. Geschwistergeschichten. München: dtv, S. 147
27 ebd., S. 147
28 ebd., S. 147
29 ebd., S. 148
30 Hans Wysling (Hrsg.) (1969): Thomas Mann, Heinrich Mann, Briefwechsel 1900–1949. Frankfurt: S. Fischer

lehnte den religiösen Fanatismus seines älteren Bruders ab und verewigte ihn in seinem Stück *Le Dépositaire (1772)*: In einer Szene des Stücks führen zwei Brüder einen Dialog. Der ältere Bruder wird als ein ernsthafter Tor dargestellt, der den ausgefallenen Plan gefasst hat, ein vollkommener Mensch zu werden. Der jüngere dagegen lebt, um zu gefallen und Gefälligkeiten einzuheimsen; er ist zwar etwas wild, dafür aber außerordentlich liebenswürdig, ehrbar sowie überall beliebt.[31] Der biografische Bezug ist unübersehbar.

Schließlich ist auch das Brüderpaar Jacob (1785–1863) und Wilhelm Grimm (1786–1859) nicht nur bekannt geworden als Begründer der Germanistik als Wissenschaft, als Herausgeber von Kinder- und Hausmärchen und vieler altdeutscher Literaturtexte wie Wörterbücher, sondern auch als eine lebenslängliche außergewöhnliche Arbeits- und Lebensgemeinschaft, die erst mit dem Tod des Jüngeren zu einem Ende gelangte.

In jüngster Zeit erinnern auch prominente Geschwisterpaare wie die Schumacher-Brüder (Auto-Rennfahrer) oder die Tennisprofis Serena und Venus Williams an die Geschwisterbeziehungen anhaftenden Gefühle der Rivalität, Eifersucht, Freundschaft und Nähe.

Geschwister und Anamnese

Besonders bei vertiefteren Beratungen, Therapien sowie schulpsychologischen Abklärungen sollten die Geschwisterbeziehungen – wegen ihrer Bedeutung – einen festen Platz in einer sorgfältigen Anamnese einnehmen. Geschwisterkonstellationseffekte können uns wichtige Hinweise auf mögliche Ursachen familiärer oder individueller Konflikte geben, vergleichsweise so, wie der Blutdruck einer von zahlreichen Faktoren ist, die dem Arzt mögliche Hinweise auf körperliche Krankheit oder Gesundheit gibt. Ich halte dabei die Aufarbeitung und Klärung einiger grundlegender Punkte für unerlässlich, die in der nachfolgenden **Tabelle 1-1** aufgeführt werden.

Auch in Supervisionen oder Intervisionsgruppen sollte die Geschwisterthematik nicht außer acht gelassen werden: In Team-Konflikten können ungeklärte Geschwisterbeziehungen eine manchmal nicht unerhebliche Rolle spielen. Ausführlichere Anregungen und konkrete Fragen dazu für Beratung, Abklärung und Therapie finden der Fachmann/die

---

31 vgl. dazu: Frank J. Sulloway (1997): Der Rebell der Familie. Berlin: Siedler, S. 110

1. Einleitung und Einführung   23

Tabelle 1-1: Grundfragen der Geschwisterkonstellation

- Formelle Geschwisterkonstellation (Reihenfolge und Altersabstände der Geschwister)
- Einzelne Rollen und Nischen der Geschwister (informelle Geschwisterkonstellation)
- Geschwister und Geschlecht (z. B. Rollenzuschreibungen)
- Beziehungen und Zugang der KlientInnen zu den einzelnen Geschwistern
- Beziehungen von Mutter und Vater zu den einzelnen Geschwistern, ihre individuellen Erwartungen und Reaktionen sowie eventuelle Präferenzen
- Individuelle, subjektiv-persönliche Wahrnehmung der eigenen Geschwistersituation sowie der einzelnen Geschwister
- Geschwisterprojektionen im Erwachsenenalter in den Bereichen Beruf, Partnerschaft, Freundschaften.

Fachfrau sowie weitere Interessierte im Anhang. Wenn sich PsychologInnen mit Hilfe einer erweiterten Geschwisterbeziehungs-Anamnese dem individuellen Einzelfall zuwenden und seine spezifische Einzelsituation zu analysieren versuchen, werden vermehrt wichtige Erkenntnisse und Schlüsse zur Psychologie der Geschwisterdynamik zutage treten.

Nachfolgend zur schnellen Orientierung eine kurze Übersicht zum Buch:

- Das **2. Kapitel** beschreibt unterschiedliche Geschwisterpositionen, Geschwisterrollen sowie Konstellationen. Welche Chancen und Gefahren bergen beispielsweise bestimmte Konstellationen, wie kommen Nischen zustande, welche Rolle spielt dabei die subjektive Deutung durch den Einzelnen und wie kommt diese zustande?
- Im **3. Kapitel** möchte ich zeigen, wie vielfältig wichtige Einflussfaktoren bezüglich der Geschwisterbeziehungen sind und wie sie wirken können.
- An zentralen ausgewählten Punkten behandelt das **4. Kapitel**, welche Bedeutung Geschwister füreinander sowohl in der Kindheit und Jugend, aber auch im späteren Erwachsenenalter haben (können).
- Unterschiedliche Formen von Rivalität spielen in den meisten Geschwisterbeziehungen zumindest zeitweise eine beträchtliche Rolle: Das **5. Kapitel** geht auf diese Thematik näher ein, beleuchtet die zentrale Rolle der Eltern und zeigt, wie Bevorzugungen und Benachteiligungen entstehen, sich verfestigen oder abbauen können.
- Ausgehend von den vorherigen, theoretisch untermauerten Kapiteln veranschauliche ich in **Kapitel 6** anhand von konkreten Beispielen die unterschiedliche und persönliche Perspektive von jüngsten, ältesten

sowie mittleren Geschwistern. Die Geschichten zeigen Varianten unterschiedlichster subjektiver Wahrnehmungsmuster und Reaktionsweisen und veranlassen LeserInnen vielleicht gelegentlich zu einem Aha-Erlebnis oder einem Schmunzeln!
- Eine gesonderte Betrachtung verdient die schwierige und komplexe Beziehungsgeschichte zwischen den beiden Tiefenpsychologen Freud (Psychoanalyse) und Adler (Individualpsychologie) auf dem Hintergrund ihrer persönlichen Geschwisterproblematik in **Kapitel 7**.
- Wie kann die unterschiedliche Gewichtung des Geschlechts, konkret die massive Bevorzugung eines Knaben durch die Eltern zur prägenden Erfahrung eines Geschwisterpaars (Schwester und Bruder) werden und die beiden bis ins Erwachsenenleben begleiten? Wieweit spielt das Geschlecht in der Geschwistersozialisation eine Rolle? Dazu finden Sie in **Kapitel 8** neben der Geschichte von Maria und Erdal weitere Beispiele.
- Im **9. Kapitel** zeige ich, wann und wie sich Geschwister miteinander identifizieren und von welchen Faktoren es abhängt, wie nahe oder fern sich Geschwister in Kindheit, Jugendzeit und Erwachsenenzeit stehen.
- Im **10. Kapitel** möchte ich anhand verschiedener Beispiele die Häufigkeit von Geschwisterübertragungen im Erwachsenenalter in einigen Bereichen wie Beruf oder Liebe aufzeigen. Daraus ergeben sich fast zwangsläufig als großer Nutzen die Beschäftigung mit der eigenen Geschwistersituation und Anregungen zum persönlichen Weiterdenken.
- Das **11. Kapitel** erörtert sowohl die Möglichkeiten wie die Grenzen der Neugestaltung reiferer Geschwisterbeziehungen im Erwachsenenalter. Es bietet Anregungen und Denkanstöße zu persönlichen Kontakten und eventuell erwünschten Veränderungen dieser Beziehungen mit den Geschwistern.
- Hat es überhaupt einen Sinn, sich als Erwachsener mit der persönlichen Geschwistersituation und -konstellation zu beschäftigen, da Kindheit und Jugendzeit ja unwiderruflich vorbei sind? Warum diese Frage klar mit ja zu beantworten ist, belegt anhand kurzer Texte und Fragmente eine ganze Reihe anschaulicher und eindrücklicher Reflexionen junger Erwachsener auf diese Frage in **Kapitel 12**.
- Der Anhang soll allen interessierten Laien, aber auch Fachpersonen die Möglichkeit geben, die persönlichen Geschwisterbeziehungen bzw. die ihrer KlientInnen anhand gezielter Fragen aufzuarbeiten, zu klären und – sofern gewünscht und möglich – auch zu verändern: Drei entsprechende Fragebogen runden das Buch ab. Eine Hilfe, die eigenen

Geschwisterbeziehungen (sowie den familiären Kontext) oder die von KlientInnen in übersichtlicher und anschaulicher Form abzubilden, bietet das im zweiten Teil vorgestellte und an Beispielen verständlich gemachte Familien-Konstellations-Schema (FKS). Das FKS vermag auf einer Seite die komplexen Beziehungen in einer Familie graphisch anschaulicher wiederzugeben als ausführliche mehrseitige Beschreibungen.

Das Buch ist so konzipiert, dass eine gewinnbringende Lektüre nicht der Reihe nach erfolgen muss; einige Kapitel wecken je nach LeserIn vermutlich mehr, andere weniger Interesse. Sinnvoll erscheint mir allerdings, das Kapitel 2 als Basis für die weitere Entdeckungsreise ins Land der Geschwister zu nehmen, weil ich hier grundlegende Erkenntnisse zur individuellen Dynamik der Geschwisterbeziehung sowie zentrale Aspekte zu Geschwisterkonstellationen darstelle. Das Buch soll auch gerade durch die vielen Beispiele LeserInnen anregen, sich über ihre eigenen Geschwisterbeziehungen klarer zu werden, sowie Chancen und Potenziale solcher Beziehungen besser zu verstehen.

2. Rollen, Nischen, Konstellationseffekte und individuelle Deutungsmuster

Einleitung

Können bestimmte Geschwisterkonstellationen in der Familie für die Entwicklung jedes einzelnen Kindes eine Rolle spielen? Gibt es etwa bestimmte Verhaltens- und Erlebenstendenzen bei Erst- oder Letztgeborenen und, wenn ja, welche? Wie und welche Rollen und Nischen bilden sich wann, warum und unter welchen Umständen heraus? Von welchen Faktoren hängen Rollenkonstellierungen weiter ab? Lassen sich individuelle Konstellationseffekte beobachten? Welche Rolle spielt dabei die individuelle subjektive Interpretation jedes einzelnen Kindes in der Familie?

Die emotionale und kognitive Entwicklung des Kindes ist ein längerer und komplexer Vorgang, an dem viele Faktoren und Variablen beteiligt sind: die Eltern (oder Elternteile) oder andere Erwachsene als primäre und in den ersten Lebensjahren wichtigste Bezugspersonen, die Lehrpersonen, Verwandte und Bekannte, Nachbarn, Freunde der Eltern und der Kinder, das soziale und kulturelle Umfeld und natürlich das Kind selber mit seiner individuellen Art zu reagieren, Einflüsse wahrzunehmen und spezifisch zu deuten und zu verarbeiten. Selbstverständlich spielen auch biologische Faktoren, z. B. eine körperliche Behinderung oder eine Krankheit, eine wichtige Rolle. Auf die uralte Streitfrage, wie viele Persönlichkeitsmerkmale erblich, also genetisch bestimmt sind und zu welchem Prozentsatz die Umwelt eine Rolle spielt, gehe ich in diesem Buch nicht näher ein: Zum einen finden sich je nach AutorIn und Untersuchung ganz unterschiedliche Zahlen (oder Behauptungen) – Sulloway (1997) spricht beispielsweise gar von 30 bis 40 Prozent Vererbung! –, zum anderen lassen sich diese Anteile letztlich gar nicht trennen, da sämtliche biologisch bedingten Anlagen und Dispositionen immer und von Anfang an den Umwelteinflüssen ausgesetzt sind und zusätzlich vom

Individuum schon sehr früh in seiner unverwechselbaren Art verarbeitet werden; die Entwicklungsfaktoren Umwelt (exogener Faktor), Anlage/Dispositionen (endogener Faktor) und Individuum (individuelle subjektive Verarbeitung/Deutung) stehen in einer permanenten Interaktion und lassen sich vermutlich in Bezug auf die Persönlichkeitsmerkmale nie wissenschaftlich einwandfrei trennen.[32] Zudem sind sich die ForscherInnen heute darin einig, dass wenige Aspekte des menschlichen Verhaltens ein genetisch vorherbestimmtes Muster zeigen; auch biologisch bedingte Antriebe des Menschen werden kulturell geprägt, überformt. Verglichen mit anderen Arten haben Menschen bemerkenswert «offene» genetische Programme.[33] Deshalb haben sich seit längerem die beiden Begriffe *Genotyp* (angeborene Ausstattung des Menschen) und *Phänotyp* (die Summe aller beobachtbaren Merkmale eines Individuums, die sich als Ergebnis der Interaktion des Genotyps mit der Umwelt entwickelt haben) etabliert. Dem Genotyp können wir nie in reiner Form begegnen, denn auch ein kleines Kind ist nach wenigen Lebenstagen ein Phänotyp, da es schon von seiner Umwelt beeinflusst wurde und selber seine Entwicklung vom ersten Tag an individuell-spezifisch beeinflusst. Neueste molekularbiologische Forschungen zeigen zudem, dass sogar unsere Gene von Beziehungen und Lebensstilen beeinflusst, ja gesteuert werden (Bauer 2002)[34], also sogar Gene Veränderungen unterworfen sind.

Ein heranwachsendes Kind ist keinen prägenderen Einflüssen ausgesetzt als denen seiner Familie. Zumindest in den ersten acht bis zehn Lebensjahren übt die Familie einen größeren Einfluss auf die Kinder aus als jede andere Gruppe, Organisation oder Institution. Schulen, Vereine, Freunde und Berufstätigkeit wirken alle erst später auf das Leben ein, nach den frühen Jahren, die so prägend – aber nicht determinierend – sind und in denen die grundlegenden Züge der Persönlichkeit eines jeden Menschen geformt werden.

---

32 vgl. dazu auch: Hermann Hobmair (Hrsg.) (1998): Psychologie. Köln: Stam sowie Franz Resch et al. (1999): Entwicklungspsychopathologie des Kindes- und Jugendalters. Weinheim: Beltz
33 vgl. dazu auch die natur-, geistes- und sozialwissenschaftlichen Ergebnisse zur Erziehungsbedürftigkeit und Erziehbarkeit des Menschen. Eine knappe, aber gute Zusammenfassung findet sich in: Hermann Hobmair (Hrsg.) (1996): Pädagogik. Köln: Stam.
34 Joachim Bauer (2002): Das Gedächtnis des Körpers. Wie Beziehungen und Lebensstile unsere Gene steuern. Frankfurt: Eichborn

Häufig vernachlässigt, manchmal aber auch vereinfacht und überinterpretiert wie etwa bei Leman (1994)[35] oder Toman (1987)[36], bleibt im Familiensystem als wichtiger Einflussfaktor die Geschwisterposition, genauer: die individuelle und subjektiv empfundene Geschwisterkonstellation. Wie im einleitenden Kapitel erwähnt, maß schon Adler (1973 b/ 1927) der Familienkonstellation für die Persönlichkeitsentwicklung eine wichtige Rolle zu, ohne ihr allerdings eine deterministische Bedeutung zu geben. Die Berücksichtigung der Stellung in der Geschwisterreihe wird von Adler als wichtige Hilfe für das Verständnis des individuellen Lebensstils eines Menschen gezählt. Es ist offenkundig, dass die letztlich unausweichlichen und dauernden Interaktionen mit den Geschwistern eine grundlegende Erfahrungsebene bilden, auf der die Kinder durch teilnehmende Interaktionen ihre lebensstiltypischen Beziehungsmuster lernen, einüben und verfestigen (vgl. Brunner et al. 1985). Klagsbrun (1993)[37] geht hier noch einen Schritt weiter, wenn sie betont, dass sogar die tiefere und ursprünglichere Grundlage der Identität von Geschwistern in der Geschwisterreihenfolge mit den dazugehörigen Rollen liege. Auf dieser Basis, so Klagsbrun, entwickelt sich das früheste Bild der eigenen Person in der Beziehung zwischen Eltern und Geschwistern und später auch zu Menschen außerhalb der Familie. Wir werden im Folgenden darauf näher eingehen und Beispiele dazu kennen lernen. Sicher bestehen wichtige Verbindungen zwischen der Identitätsentwicklung eines Menschen und seiner erlebten Geschwisterkonstellation: Unzählige geschwisterliche Erfahrungen bilden einen Schatz von Gefühlen, Verhaltens- und Denkmustern, die zur individuellen Ich-Identität, zur Sozial-Identität, zur Geschlechts-Identität wie zur Berufsidentität einen wichtigen, wenn auch häufig unbewussten, übersehenen Einfluss ausüben. Ich möchte hier aber nochmals ausdrücklich betonen, dass die Geschwisterkonstellation zwar einen wichtigen, aber eben nur *einen* von mehreren Hauptfaktoren für die Persönlichkeitsentwicklung darstellt, und dass diese verschiedenen Faktoren einander aufheben oder verstärken können. Es existieren zweifellos Konstellationseffekte, deren Aussagewert aber durch eine einseitig mechanistische Sichtweise stark eingeschränkt wird, da sie das komplexe Geflecht und die Dynamik familiärer Beziehungen zu wenig berücksichtigen: Aus einer geburtsbedingten Position in der Familie lassen sich nicht mit Sicherheit und ausschließlich bestimmte

---

35 Kevin Leman (1994): Geschwisterkonstellation. München: MVG
36 Walter Toman (1987): Familienkonstellation. München: Beck
37 Françine Klagsbrun (1993): Der Geschwisterkomplex. Frankfurt: Eichborn

Verarbeitungsmodi und Verhaltensweisen ableiten, wie es beispielsweise König (1974)[38] tut, der in Bezug auf das soziale Verhalten feste Zuordnungen vornimmt: Der Erstgeborene sei ein traditionsgebundener Mensch, der zweite ein In-sich-Ruhender, ein Freier, Ungebundener, der dritte ein Seltsamer, Fremder, oft Außenseiter, der sich abgeschnitten und minderwertig fühle. Die folgenden Geschwister (4., 5. usw.) würden dann wieder die Verhaltensweisen der Plätze 1, 2 usw. einnehmen. Jeder Geburtsplatz hätte, so König, die ihm zugewiesene Aufgabe! König hat aber insofern Recht, wenn er betont, dass die [persönlich empfundene! – Anm. J. F.] Stellung in der Geschwisterreihe wesentlich die Art und Weise bestimmt, wie jemand auf andere Menschen reagiert, auf sie zugeht. Die Geschwisterkonstellation prägt zwar immer die kindliche Psyche mit, aber – glücklicherweise! – nicht nach einem fest vorgegebenen Schema.

Geschwisterkonstellation und persönlichkeitsabhängige Verarbeitung

Jedes Kind hat eine ganz bestimmte, individuelle Geschwisterposition, Geschwistersituation und damit Konstellation: Es kann Einzelkind sein, es kann ältestes Kind neben einem oder mehreren jüngeren Geschwistern sein, es kann jüngstes Kind sein mit einem oder mehreren älteren Geschwistern, oder es kann eine Mittelstellung zwischen älteren und jüngeren Geschwistern einnehmen. Ein Geschwister kann eine Behinderung aufweisen, erkranken, sterben – oder nach der Trennung von Mutter und Vater stößt u. U. eine neue Mutter/ein neuer Vater mit eigenen Kindern oder ohne Kinder zur Familie (Fortsetzungsfamilie). Dabei können Mutter und Vater oder auch nur ein Elternteil vorhanden sein. Ferner findet ein einziger Junge unter lauter Mädchen oder ein einziges Mädchen unter mehreren Jungen eine wiederum andere Situation vor, die zusätzlich von Geschlechtsrollen-Bildern der Eltern beeinflusst wird. Zudem schafft jedes neue Kind in einer Familie wieder eine neue Ausgangssituation für alle im Familiensystem beteiligten Personen. Das ist mit ein Grund, warum alle Familienkonstellations-Theorien mit Vorsicht zu genießen sind, die unzulässige Vereinfachungen und Generalisierungen enthalten und so dem individuellen Einzelfall nicht gerecht werden.

---

38 Karl König (1974): Brüder und Schwestern. Geburtenfolge als Schicksal. Stuttgart: Klotz, S. 15, 27–29, 79

Keine Geschwisterposition kann generell als günstiger oder nachteiliger eingestuft werden, jede Konstellation birgt immer je nach individueller Situation Vor- und Nachteile, Möglichkeiten, Potenziale, Herausforderungen, Gefahren, Probleme und fördert entsprechend den Umständen und Gegebenheiten besondere Fähigkeiten und Einstellungen. Es gibt zwar Tendenzen und Trends, aber es gilt immer zu beachten, dass zwischen Familienmitgliedern dynamische Beziehungen bestehen. Die Geschwisterposition stellt immer nur *einen* Faktor dar und umfasst so nur Teile des komplexen Beziehungsmusters zwischen Geschwistern. Die Beziehung zu den Eltern, abweichende biografische Lebensverläufe und einschneidende Lebensereignisse, die jedes Geschwisterkind anders betreffen und beeinflussen, verändern sowohl die Geschwistersituation jedes einzelnen Kindes wie seine individuelle subjektive Wahrnehmung, also die Perspektive des Kindes. Systemische, interaktionistische und perspektivische Entwicklungskonzepte müssen daher in den Vordergrund für Erklärungsansätze treten. Trotzdem kann allgemein gesagt werden, *dass die Situation, die ein Kind unter den Geschwistern bzw. in der Familie erlebt, zum (meistens unbewussten) Modell für das spätere Leben werden kann. Jede Situation und Position birgt viele mögliche Chancen und Gefahren für die Entwicklung in sich,* die – das hängt auch von Umgang und Reaktion der Eltern ab – positiv oder negativ zum Ausdruck kommen können. Schließlich werden die individuelle Geschwisterposition und die innerfamiliären Bedingungen von den einzelnen Kindern unterschiedlich erlebt und verarbeitet.

Für alle folgenden Ausführungen gilt also: Es gibt keine wissenschaftlich begründbaren einfachen und pauschalisierenden Eins-zu-eins-Verknüpfungen oder Zuordnungen bzw. vulgär-psychologische Aussagen wie «Die Jüngsten sind immer die Verwöhnten» oder «Der Älteste ist konservativ oder rechthaberisch». Zwischen dem Geburtsrangplatz und Persönlichkeitseigenschaften bestehen keine einfachen Ursache-Wirkungs-Beziehungen. Für die Entwicklung der Persönlichkeit ist weniger die Geschwisterposition an sich als feststehender, kausaler Faktor von Bedeutung. Vielmehr wirken sich die mit einer bestimmten Geschwisterposition verbundenen vielfältigen Einflüsse ganz individuell auf alle Beteiligten aus. Diese Einflüsse können individuell-biografische, soziale, sozioökonomische, politische, kulturelle, religiöse usw. sein. Die Rolle als Ältester – als Beispiel – bedeutet in jeder einzelnen Familie etwas anderes, und der kulturelle Kontext spielt ebenfalls eine beträchtliche Rolle. Jede Konstellation ist einmalig. So nimmt beispielsweise ein erstgeborener Knabe in einer schwerreichen europäischen Adelsdynastie als Thronfolger und Haupterbe eine andere Stellung ein als in einer sozial unterprivilegierten Einelternfamilie, wo dieser Knabe als Ältester mit seiner geschiedenen Mutter und den Geschwistern, später noch mit dem neuen Partner der Mutter und dessen Kindern in engsten räumlichen und finanziellen Verhältnissen zusammenlebt. Auch die schon erwähnten kulturellen Aspekte (Bewertungen von Rollen, Erwartungen an einzelne Rollen) sowie familiäre Werte und Erziehungsstile sind entscheidende Einflussgrößen. *Entscheidend bleibt immer, wie das Kind seine gesamte familiäre, soziale und individuelle (auch geschlechtsspezifische) Situation erlebt, deutet und welche Schlüsse es daraus zieht* (autogene Faktoren). Das gilt ebenso für die Einschätzung der Wirkung unzähliger Umweltfaktoren: Auch die Schicht- oder Konfessionszugehörigkeit kann sich auf Kinder ein und derselben Familie erstaunlich unterschiedlich auswirken, je nach Persönlichkeit (Deutungsmuster), Alter, besonderer Situation jedes Geschwisters usw.

Die ganz persönliche Perspektive des Kindes, seine individuelle Verarbeitungsweise ist der Schlüssel zum Verständnis seines Strebens, Fühlens, Denkens und Handelns: Die (subjektive) Erfahrung ist der wirksame und entscheidende Faktor für die Entwicklung, nicht die (objektive) Umweltsituation oder das Ereignis. Das Kind ist vom ersten Lebenstag an ein aktives Wesen, das seine Eindrücke auswählt, ordnet, verarbeitet, umgestaltet, interpretiert. Tendenzen oder «Gesetze» der Familienkonstellation richten sich deshalb immer nach den Nuancen des Einzelfalles: Jedes Kind findet einmalige und unwiederholbare Gegebenheiten vor und reagiert auf diese in individueller, nie sicher voraussagbarer Weise.

Trotz all dieser Einschränkungen kann festgehalten werden, dass bestimmte Konstellationen entsprechende Verhaltensmöglichkeiten zumindest nahe legen oder wahrscheinlicher machen. Ein älteres Kind hat – besonders bei einem Abstand von mehreren Jahren – einen natürlichen Vorsprung in körperlicher und kognitiver Hinsicht, der bei größerem Altersabstand besonders ausgeprägt zum Ausdruck kommt; diese Überlegenheit schwächt sich erst mit der Zeit ab. Dies ermöglicht dem älteren Kind eher die Rolle des Großen, Stärkeren, Verantwortlichen, Ideen Vorgebenden zu spielen – und das wiederum legt dem jüngeren tendenziell bestimmte komplementäre Reaktionsmuster nahe. Ältere Kinder treten deshalb gehäuft als Lehrende, seltener als Lernende im geschwisterlichen Beziehungskontext auf, und ihr körperlich-kognitiver Vorsprung – besonders bei mehreren Jahren Altersdifferenz – ermöglicht ihnen so eher, Rollen als Erklärende, Helfende, Bestimmende, Korrigierende oder Betreuende einzunehmen. Entsprechend ahmen jüngere Geschwister ihre älteren Brüder und Schwestern häufiger nach als umgekehrt. Mit einem wachsenden Altersabstand wird das Älteste eher als Modell akzeptiert, ein geringer Altersabstand (ein bis drei Jahre) führt tendenziell gehäufter zu ambivalenten Verhaltensweisen und zu Konkurrenz (vgl. dazu auch die Kap. 5 und 9). Die nachfolgenden Erläuterungen und Beispiele beschreiben zwar mögliche – und häufige – Tendenzen und Fälle, es lassen sich aber immer Varianten finden, bei denen der Verlauf eben nicht so ist. Schon Adler hat darauf hingewiesen, indem er den – eine absolute Kausalität verneinenden – Satz geprägt hat: «Es kann alles auch anders sein.» Der Leser/die Leserin wird bei genauerem Nachforschen vielleicht Beispiele aus dem eigenen persönlichen Bekanntenkreis finden, die sich fast lückenlos in die Ausführungen einordnen lassen, und es wird andere Fälle geben, die durch bestimmte Umstände zu gegenläufigen Tendenzen als beschrieben geführt haben. Auch der Autor könnte aus seinem Erfahrungsschatz beispielsweise zur Thematik der ältesten Geschwister mehrere stark gegensätzliche Beispiele aufführen.

Trotz dieser Einschränkung lassen sich gewisse Erlebnisweisen und Verhaltensmuster gehäuft mit einer bestimmten Geschwisterposition beobachten (vgl. z. B. Adler 1973 b[39] und Sulloway 1997[40]). Die Geschwisterposition (älteres vs. jüngeres Kind) zeigt also einen Einfluss auf die Status- und Machtunterschiede, ältere betreuen und dominieren tendenziell und bei größerem Altersabstand ihre jüngeren Geschwister, während diese häufiger Bewunderung (ebenfalls bei deutlichem Altersabstand) (vgl. **Abb. 2-1** auf S. 34) und Nachahmung zeigen. Ein geringer Altersabstand, das zeigen viele Untersuchungen, führt zu mehr Streitigkeiten und Rivalitäten.[41] Ebenso scheinen sich größere Altersabstände positiv auf die Qualität der Geschwisterbeziehung auszuwirken. Bestimmte Geschwisterpositionen und -konstellationen erhöhen also die Wahrscheinlichkeit für das Auftreten eines bestimmten Merkmals, determinieren sie aber nie, da noch weitere gewichtige Einflüsse zu berücksichtigen sind. So spielen z. B. der Aktivitätsgrad des Kindes (Temperament) und die individuelle Beziehung der Elternteile zu jedem einzelnen Kind eine wichtige Rolle. Es kann nicht genug betont werden, dass jeder Elternteil zu jedem einzelnen Kind eine ganz individuelle, unverwechselbare und persönliche Beziehung, ein individuelles Beziehungsmuster, aufbaut und pflegt. Auch (meistens unbewusste) Rollenzuweisungen und

---

39 Alfred Adler (1973 b): Menschenkenntnis. Frankfurt: Fischer (Erstausgabe 1927)
40 Frank J. Sulloway (1997): Der Rebell der Familie. Berlin: Siedler
41 vgl. die zusammenfassende Darstellung von Christine Schmid (1997): Geschwister und die Entwicklung soziomoralischen Verstehens. Berlin: Max-Planck-Institut für Bildungsforschung

Erwartungen sowie Projektionen der Eltern spielen eine nicht zu unterschätzende Rolle. So kann bei einem ältesten Kind ein Rollenwechsel stattfinden, wenn beispielsweise der Vater oder die Mutter dieses Kind aus irgendwelchen Gründen ablehnt oder nicht mag, das zweite Kind aber bevorzugt und als das in jeder Beziehung bessere betrachtet. Geschwisterpositionen sind immer eingebettet in ein hochkomplexes Beziehungsfeld mit den Beteiligten – und dieses Beziehungsfeld kann sich im Laufe der Jahre durch verschiedenste Ereignisse wie Trennung der Eltern, Geschwisterkrankheit oder -tod, Arbeitswechsel oder -verlust der Eltern, Wegzug, Emigration u. v. a. m. verändern. Schon Philosophen wie Heraklit (etwa 540–480 v. u. Z.) haben betont, das Leben sei wie ein Fluss, und es sei unmöglich, zweimal in denselben Fluss zu steigen: Wer in denselben Fluss steigt, dem fließt anderes und wieder anderes Wasser zu. Dieses Bild scheint mir treffend und lässt sich exakt auf die Beziehungsthematik von Geschwistern übertragen: Jedes Kind wächst in eine neue, ganz individuelle, einzigartige Familiensituation hinein, die sich von derjenigen eines älteren oder jüngeren Geschwisters in vielfacher Hinsicht unterscheidet. Die Geschwistersituation und -position prägt zwar immer die kindliche Psyche mit, aber nicht nach einem fest vorgegebenen Schema. Ich werde in diesem Kapitel – etwas später – einige ausgewählte Geschwisterpositionen und ihre häufigen Rollen näher beschreiben, vorerst aber noch auf die Umwelten der Geschwister näher eingehen.

Abbildung 2-1: Bewunderung des älteren Geschwisters. (Zeichnung: Lorena, 6;7.)

Identische oder individuelle Umwelt, gemeinsame (geteilte) oder nichtgemeinsame (nichtgeteilte) Umwelt?

Verhaltensgenetiker untersuchen seit Jahren die Gründe für Unterschiede und Gemeinsamkeiten bei Geschwistern, besonders bei eineiigen und zweieiigen Zwillingen. Geschwister haben die Hälfte der variablen Gene gemeinsam, was sich u. a. in äußeren Merkmalen wie Körperbau, Gesichtszüge, Haarfarbe usw. zeigt. Zudem leben sie – allerdings nur scheinbar – in derselben Familie, haben dieselben Eltern, wohnen in denselben Räumen, leben in der gleichen Wohnumgebung und Nachbarschaft. Scheinbar, weil Befunde der Verhaltensgenetiker zeigen, dass Kinder, die in derselben Familie aufwachsen, im psychischen Bereich nicht sehr ähnlich sind, ja sogar zwei Kinder der gleichen Familie mindestens so verschieden sein können wie Paare von zufällig aus der Population ausgewählten Kindern. In den Worten von Dunn/Plomin (1996): «*Verglichen mit IQ-Differenzen zwischen zufällig ausgewählten Individuen unterscheiden sich Geschwister mit anderen Worten eher, als dass sie sich ähnelten.*»[42] Die Geschwisterkorrelationen sind bei allen Persönlichkeitseigenschaften sehr niedrig.

Die Studie von Dunn/Plomin (1996)[43] kommt zum ähnlichen und zentralen Schluss wie viele andere psychologische Untersuchungen: *Geschwister derselben Familie erleben ihre häusliche Umgebung in vielen Punkten verschieden.* Jedes Kind trifft bei seiner Geburt auf eine andere Familienkonstellation, nimmt in der Familie eine ganz spezifische, einzigartige Stellung ein, bewegt sich in wechselnden Beziehungsfeldern und wächst so in einem unverwechselbaren eigenen psychischen Universum auf (vgl. Ley 2001b[44]). Kinder erleben in einer Familie also etwas pointiert formuliert keine gemeinsame Umwelt. Viele der entscheidenden Umweltfaktoren – so etwa Alter, Größe, Status, Haltung und Erziehungsstil der Eltern innerhalb einer Familie – nehmen für jedes einzelne Kind einer Geschwistergruppe eine jeweils eigene, individuelle Ausprägung an. Anstelle der Erforschung der Umwelteinflüsse auf der Basis einer Unter-

---

42 Judy Dunn/Robert Plomin (1996): Warum Geschwister so verschieden sind. Stuttgart: Klett-Cotta, S. 27
43 Judy Dunn/Robert Plomin (1996): Warum Geschwister so verschieden sind. Stuttgart: Klett-Cotta
44 Katharina Ley (2001b): Geschwisterbande. Liebe, Hass und Solidarität. Düsseldorf: Walter, S. 39

scheidung zwischen Familien muss deshalb, darauf insistieren auch Dunn/Plomin (1996), eine Analyse auf individueller Basis innerhalb der Familie treten. Es gibt deshalb nicht zu generalisierende familiäre Erfahrungen, sondern Erfahrungen des einzelnen Kindes in dieser Familie. Die primäre Frage lautet deshalb: *Wie unterscheiden sich die Erfahrungen der einzelnen Kinder in dieser Familie?* Die besondere Situation der Eltern und der schon vorhandenen Geschwister im Moment der Geburt des Neuankömmlings und danach wird sich kaum wiederholen. Bei jedem Kind ist es wieder anders, weil alle älter werden und ihre persönlichen Erfahrungen sammeln. Beim ersten Kind muss sich das Paar zudem erstmals in die neue Rolle als Eltern begeben und diese Rolle einüben. Natürlicherweise müssen sich Eltern Kindern verschiedenen Alters innerhalb der Familie auch unterschiedlich zuwenden und mit ihnen individuell angepasst kommunizieren. Zu jedem Zeitpunkt sind Geschwister innerhalb einer Familie unterschiedlich alt – abgesehen von Zwillingen –, und der unterschiedliche Entwicklungsstand der Kinder verlangt deshalb auch eine individuelle Behandlung: Eltern müssen mit einem einjährigen Kind anders sprechen als mit einem sechsjährigen, ihm andere Grenzen setzen bzw. Freiheiten gewähren. Wie schon Hofer/Wild/Noack (2002) darlegen, verhalten sich Eltern ihren Kindern gegenüber auch in Abhängigkeit von Alter und Geschlecht des Kindes unterschiedlich, vor allem in den Bereichen Unterstützung, Spiel, Gespräche, Helfen im Haushalt oder Fernsehen.[45] Deshalb erleben Geschwister natürlicherweise immer unterschiedliches Elternverhalten. Zudem tragen selbstverständlich unterschiedliche Erfahrungen in der Geschwisterbeziehung zusätzlich zu den Unterschieden in der jeweiligen Entwicklung jedes einzelnen Kindes maßgebend bei. Weitere Erfahrungen in der Geschwisterbeziehung zeigen sich in Diskrepanzen zwischen den Kindern in Bezug auf die Einnahme der Führungsrolle, der Dominanz, der Kontrolle, des LehrerInnen-SchülerInnen-Verhältnisses u. a. Im gemeinsamen Spiel der Geschwister lassen sich solche Verhaltensunterschiede leicht beobachten.

Auch die Erwartungen, mit denen werdende Eltern der Geburt ihrer Kinder entgegensehen, verändern sich im Laufe der Jahre: Sind sie vielleicht beim ersten Kind noch voller Begeisterung, so empfinden sie spätere Geschwister beispielsweise angesichts einer angespannten Ehesituation eher als eine Last – oder eine Hoffnung auf eine Besserung der partnerschaftlichen Situation durch das Kind. Zudem spielen Besonder-

---

45 vgl. Manfred Hofer/Elke Wild/Peter Noack (2002): Lehrbuch Familienbeziehungen. Eltern und Kinder in der Entwicklung. Göttingen: Hogrefe, S. 209–210

heiten vor oder bei der Geburt, das Geschlecht (vgl. dazu Kap. 8) oder die Gesundheit des Kindes eine weitere Rolle. *Jedes Kind entwickelt so ein eigenes Familienbild.* Zudem werden durch Scheidungen, Umzüge, Adoptionen oder Tageskinder Geschwisterkonstellationen weitreichend geändert. Geschwister haben nie dieselben Eltern oder die gleiche Umgebung, und die Eltern behandeln ihre Kinder – entgegen ihrer Absicht und Überzeugung! – ungleich. Das hat viele Gründe: Viele Eltern sind z. B. beim ersten Kind eher angespannt, beim zweiten schon etwas gelassener aus der Erfahrung mit dem ersten. Die Eltern verändern sich auch selber im Zeitabschnitt zwischen dem ersten und dem letzten Kind, ihre psychische, partnerschaftliche, berufliche, körperliche Situation ist verändert. Vielleicht verhält sich die erfahrene Mutter beim dritten Kind entspannter als beim ersten. In einem anderen Fall spitzt sich die Ehesituation beim letzten Kind dramatisch zu. Jeder Fall ist wieder ein ganz individueller, die Umwelten für die verschiedenen Kinder derselben Familie eben nie gleich. Ja schon bevor die Geschwister miteinander eine Beziehung entwickeln, haben die Eltern längst begonnen, Vergleiche anzustellen – meistens ist den Eltern das gar nicht bewusst: Das zweite Kind ist für sie vielleicht viel ruhiger und stiller im Vergleich zum ersten, das als zappelig und weinerlich wahrgenommen wurde. Auch die finanzielle Lebenssituation der Eltern, ihre Partnerbeziehung, die berufliche Situation u. v. a. m. sind häufig – wenn auch manchmal nur geringfügig – anders. Vieles hängt also auch von der Persönlichkeit der Eltern, ihrem Gesundheitszustand, der Qualität ihrer Partnerbeziehung usw. ab.

Zudem erleben Eltern, auch wenn sie sich noch so Mühe geben, jedes ihrer Kind wieder etwas anders – die Kinder sind ja auch verschieden – und sie erwarten von ihnen, bzw. projizieren meistens unbewusst Unterschiedliches: Das dunkelhaarige Mädchen erinnert die Mutter vielleicht an ihre sanfte, liebevolle Schwester, das zweite braunhaarige, lebendigere Kind an ihren ersten Schulschatz usw. Die physischen und psychischen Differenzen, die unterschiedlichen Aktivitätsgrade und Bedürfnisse (z. B. in Bezug auf Schlaf- und Essgewohnheiten – vgl. Largo 1993/1999[46]) bilden weitere Faktoren, die eine individuelle Wahrnehmung und Behandlung des Kindes verlangen.

Dazu kommt, dass alle Kinder sich eine eigene Welt schaffen. Jedes Kind ist einmalig, entwickelt in seinem Lebensraum seine typische Art zu empfinden, zu handeln. Es gilt deshalb, die Subjektivität von Erlebnis-,

---

46 Remo H. Largo (1993): Babyjahre. Hamburg: Carlsen sowie: Remo H. Largo (1999): Kinderjahre. München: Piper

Erfahrungs- und Verhaltensmöglichkeiten des Individuums, seine subjektive Wirklichkeit, ins Zentrum der Betrachtung und Forschung zu stellen: Diese Forderung steht auch im Einklang mit der neueren Bewältigungsforschung, wonach nicht ausschließlich kritische Ereignisse selbst, sondern vielmehr die individuelle Verarbeitung, das Coping-Muster, Einfluss auf die Persönlichkeitsentwicklung ausüben (vgl. Asendorpf 1999[47]).

Und schließlich tragen auch die Geschwister zur Persönlichkeitsbildung ihrer Kindheitsgefährten in erheblichem Umfang bei (siehe Kap. 4), weil auch sie eine jeweils einmalige, charakteristische Umwelt füreinander und miteinander schaffen und gestalten. Ein ängstliches, zurückhaltendes Kind wird zu einem festen Bestandteil der Umwelt des mutigeren, durchsetzungsfähigeren Geschwisters und fördert damit dessen Fähigkeiten und Verhaltensweisen, so wie es sich selber in diesem Kontext immer wieder als das schwächere wahrnimmt und entsprechend verhält. Klagsbrun (1993)[48] betont, dass dieser Mikrokosmos, den Geschwister füreinander und miteinander schaffen und in dem sie miteinander über viele Jahre leben, meist genauso wichtig wie der elterliche Einfluss sei.

Schließlich müssen auch die nichtgemeinsamen Erfahrungen (nichtgeteilte Umwelt) berücksichtigt werden: Geschwister machen über Jahre außerhalb der Familie schon in der Spielgruppe und Nachbarschaft, im Kindergarten, in der Schule, mit Freunden und Bekannten sowie Lehrpersonen vielfältige unterschiedliche Erfahrungen. Mit zunehmendem Alter der Kinder gewinnen diese Beziehungen zu Personen außerhalb der Familie mehr an Bedeutung. Und zu guter Letzt bieten auch zufällige Ereignisse, mit denen Geschwister im Laufe ihrer Entwicklung konfrontiert werden wie Unfälle, Krankheiten, Todesfälle usw., ganz persönliche Erfahrungen, die ihre individuelle Entwicklung beeinflussen. Aufgrund ihres unterschiedlichen Alters und ihrer Persönlichkeit erleben Geschwister sogar scheinbar gleiche Ereignisse, wie z. B. den Tod eines Familienmitgliedes, unterschiedlich.

Nachfolgend beschreibe ich einige ausgewählte Geschwisterpositionen und zeige mögliche Konstellationseffekte.

---

47 Jens Asendorpf (1999): Psychologie der Persönlichkeit. Bern: Huber; besonders Kap. 6.4
48 Francine Klagsbrun (1993): Der Geschwisterkomplex. Frankfurt: Eichborn, S. 33

Das älteste Kind

«Mein Bruder ist zweieinhalb Jahre jünger als ich. Mein Verhältnis zu ihm ist jeden Tag anders. Einmal sind wir ein Herz und eine Seele, und einmal streiten wir, was das Zeug hält. Dass ich der Größere bin, finde ich gut, denn so lerne ich automatisch, Verantwortung zu übernehmen. Auf keinen Fall möchte ich mit meinem Bruder tauschen, obwohl ich manchmal das Gefühl habe, er werde bevorzugt.»[49]
Philipp, Oberstufenschüler

Für Erstgeborene gibt es innerhalb einer Familie nur Erwachsene als Vorbilder, von denen sie ganz selbstverständlich vieles übernehmen und dies dann häufig jüngeren Geschwistern gegenüber zur Anwendung bringen. Das älteste Kind steht in der Regel zuerst einmal allein im Mittelpunkt des elterlichen Interesses und genießt die ungeteilte Aufmerksamkeit der Eltern. Während einer gewissen Zeit ist es unbestritten konkurrenzlos. Die nachfolgende Geburt eines Geschwisters führt häufig zu einem *Entthronungserlebnis*: Das Ältere empfindet sich in vielen Fällen – vor allem anfänglich – zurückgesetzt, benachteiligt und hat Angst, die bisher ungeteilt erhaltene Liebe und Zuwendung zu verlieren; bei der Eifersucht geht es eigentlich um die Angst vor dem Verlust – von Liebe, Zuwendung, Gegenständen, Eigenschaften, Positionen. In der Beschreibung von Helen Keller tritt dieser Bedrohungsaspekt besonders deutlich zutage:

«Lange Zeit betrachtete ich meine kleine Schwester als Eindringling. Ich wusste, dass ich aufgehört hatte, meiner Mutter einziger Liebling zu sein, und der Gedanke daran erfüllte mich mit Eifersucht. Die Kleine saß ständig auf Mutters Schoß, dort, wo mein gewohnter Platz war, und schien alle ihre Sorge und Zeit in Anspruch zu nehmen.»[50]

Es ist dieser drohende Verlust, die Angst, den Platz zu verlieren, die Wut, Verzweiflung oder Aggression auslösen können, und nicht eine primär bösartige Anlage des Kindes. Mit dem Neuankömmling ist zudem vielfach auch der Appell an das Erstgeborene verknüpft, ab jetzt einsichtig und vernünftig sein zu müssen; eine Forderung, der Maruska Prekop, die ältere Schwester von Jirina (geb. 1929, Diplompsychologin und Schriftstellerin), immer weniger nachkommen wollte:

---

49 zitiert nach: Der Brückenbauer (1996) Nr. 1, Zürich, S. 56
50 Helen Keller zitiert nach: Karl König (1974): Brüder und Schwestern. Stuttgart: Klotz, S. 36–37

«Später fing ich an, eifersüchtig zu sein. Bisher war ich das Nesthäkchen gewesen, und alles drehte sich um mich. Die Mutter war nun mit der Pflege der Kleinen beschäftigt – und Jirina war kein pflegeleichtes Kind. Sie schlief in der Nacht sehr schlecht und war ein bisschen ein kleiner Tyrann, wie sie es auch in ihrem Buch beschreibt. Ich war neidisch, als die Mutter Jirina zu sich ins Bett nahm, ihr etwas vorsang und sie liebkoste. Ich musste still sein, um das Kind nicht zu stören. Was mich auch sehr ärgerte, war, dass ich bei den Spaziergängen nicht mehr im Kinderwagen fahren durfte, sondern Jirina wurde von der Mutter im schönen neuen Kinderwagen gefahren, und ich musste artig zu Fuß gehen. Die Mutter sagte immer: ‹Du bist schon groß und Jirinchen ist noch sehr klein.›.» [51]

Das bisherige Nesthäkchen beobachtet sehr genau die Veränderungen in der Familie, die sich aus seiner Sicht klar zu seinen Ungunsten entwickeln.

Auch im nachfolgenden Gedicht von Wilhelm Busch (aus: Kritik des Herzens, 1874) kommt diese fundamentale kindliche Eifersucht sehr direkt und unverblümt zum Ausdruck:

Die Tante winkt, die Tante lacht:
«He Fritz, komm mal herein!
Sieh, welch ein hübsches Brüderlein
der gute Storch in letzter Nacht
ganz heimlich der Mama gebracht.
Ei ja, das wird dich freun!»
Der Fritz, der sagte kurz und grob:
«Ich hol'n dicken Stein
und schmeiß ihn an den Kopp.» [52]

Die in der Regel anfänglich vorhandene Freude und Liebe gegenüber dem Geschwister verwandelt sich dann in Eifersucht und Feindseligkeit, wenn das Erstgeborene befürchtet, die Zuwendung und Liebe der Eltern zu verlieren. Der schwedische Filmregisseur Ingmar Bergman beschreibt in seinen Lebenserinnerungen «Laterna magica», wie er die Ankunft eines neuen Geschwisters, obwohl er nicht einmal das älteste Kind in der Familie war, erlebte:

«Meine Schwester wird geboren, ich bin vier Jahre alt, und die Situation verändert sich radikal: Eine fette, missgestaltete Person spielt plötzlich die

---

[51] zitiert nach: Mathias Jung (2001): Geschwister. Liebe, Hass, Annäherung. Lahnstein: Emu, S. 68–69
[52] a. a. O., S. 62

2. Rollen, Nischen, Konstellationseffekte... 41

Hauptrolle. Ich werde aus dem Bett meiner Mutter vertrieben, mein Vater strahlt angesichts des brüllenden Bündels. Der Dämon der Eifersucht hat seine Kralle in mein Herz geschlagen, ich bin rasend, weine, scheiße auf den Fußboden und beschmutze mich. Mein großer Bruder und ich, ansonsten Todfeinde, schließen Frieden und machen Pläne, wie man das abscheuliche Geschöpf auf verschiedene Weisen umbringen kann.»[53]

Sicher erleben die meisten Menschen ihre Entthronung nicht so dramatisch wie Bergman, aber das Beispiel zeigt, wie ein solches Ereignis – aus der kindlichen Perspektive ein fürchterlicher Einschnitt – tiefe Spuren hinterlassen kann – und neue Geschwisterbündnisse entstehen lässt. Am Fall von Bergman wird auch deutlich, wie eine Familie in einem dauernden Veränderungsprozess steht: Jedes neue Kind bringt das bestehende Rollengefüge ins Wanken, lässt u. U. neue Koalitionen, manchmal sogar zwischen bisherigen Verfeindeten, entstehen. Das Ausmaß der empfundenen Entthronung, Erschütterung durch die Geburt eines neuen Geschwisters wird von verschiedenen Faktoren maßgebend beeinflusst:

- Das Erstgeborene wird mangelhaft auf die neue Situation vorbereitet.
- Je mehr das Erstgeborene vorher verwöhnt und privilegiert wurde, umso deutlicher wird es den Verlust seiner bisherigen Situation und Position beklagen.
- Der Altersabstand ist klein: Bei einer großen Altersdifferenz (mehr als sechs Jahre) verkraftet das ältere die neue Situation besser, es hat seine Persönlichkeit schon gebildet und seinen Platz, seine Rolle in der Familie schon gefunden und gefestigt.
- Die elterliche Haltung zu den Kindern: Behalten sie die neue Situation des Älteren im Auge, widmen sie ihm immer wieder spezielle Aufmerksamkeit und Zeit – unternimmt z. B. der Vater einmal etwas zusammen nur mit dem ältesten Kind? – oder sind sie vor allem mit dem Neuankömmling beschäftigt? Eine positive Beziehung des Erstgeborenen zur Mutter wie zum Vater fördert eine prosoziale Orientierung und positive Affekte zwischen den Geschwistern, während eine negative Beziehung meistens Rückzug und Feindseligkeit bei den Erstgeborenen auslöst.[54] Eine positive Beziehung zwischen Eltern und Kindern begünstigt eine gute Geschwisterbeziehung.

---

53 Ingmar Bergman zitiert nach: Oluf Martensen-Larsen/Kirsten Sørrig (1995): Grosse Schwester, kleiner Bruder. München: Heyne, S. 27–28
54 vgl. Manfred Hofer/Elke Wild/Peter Noack (2002): Lehrbuch Familienbeziehungen. Göttingen: Hogrefe, S. 197

Schon Freud als Ältester sprach von der Verdrängung eines Kindes durch die Geburt eines nachfolgenden Geschwisters (zu Freuds Geschwistersituation siehe besonders Kap. 7).

Geschickten Eltern gelingt es in den meisten Fällen, das älteste Kind natürlich in die Pflege und Betreuung des «Neuankömmlings» zu integrieren und ihm weiterhin das Gefühl der uneingeschränkten Wertschätzung zu vermitteln. Es zeigt sich, dass Vorbereitungskurse für Eltern und/oder Kinder auf die Geburt des neuen Geschwisters einen positiven Einfluss auf die Beziehung der Geschwister haben.

Älteste Kinder verarbeiten die Geburt eines neuen Geschwisters sehr unterschiedlich: Wenn Sie sich vom jüngeren Geschwister in ihrer Stellung bedroht fühlen, können sie resignieren, wieder auf frühere Verhaltensmuster zurückfallen (Psychoanalytiker sprechen von einer *Regression*) – z. B. Babysprache – oder ihre Stellung behaupten, sich gegenüber dem Jüngeren durchsetzen und ihm zu verstehen geben, wer hier den Ton angibt. Gelegentlich – besonders bei geringem Altersabstand zwischen gleichgeschlechtlichen Geschwistern – lässt sich auch eine Rollenumkehr (Rollentausch) beobachten: Das zweite Geschwister holt das ältere ein und übernimmt dann in praktisch allen Belangen die Stelle des Ältesten. Meistens bedeutet das für das ältere Geschwister eine sehr schwierige Lage, die es manchmal in Resignation oder gar in eine Depression treiben kann. In solchen Situationen kann nicht selten eine Charakterveränderung des älteren Kindes beobachtet werden: Das Kind wird nun zum Beispiel weinerlich, aggressiv, launisch, versucht mit verschiedenen «Unarten» die Aufmerksamkeit wieder zu gewinnen oder zieht sich auffallend häufig zurück. Wenn Eltern diesen Umschwung in den Reaktionen ihres ältesten nicht richtig interpretieren, beginnt unter ungünstigen Bedingungen eine Kette von Missverständnissen. Das Aufholen durch das jüngere Geschwister wird für das Ältere vor allem dann zur Katastrophe, wenn die Eltern die Position, die individuelle Persönlichkeit ihres Kindes nicht stützen, nicht stärken.

Unter günstigen Umständen erwerben die Ältesten eine *fürsorgliche und hilfsbereite Haltung* (sie helfen den Jüngeren z. B. bei den Hausaufgaben oder sind ihre Beschützer; vgl. **Abb. 2-2**). Viel hängt hier von der Haltung und dem Geschick der Eltern ab: Wenn Eltern das älteste Kind stützen, ihm weiterhin genügend Platz einräumen und ihm Zeit widmen, sind die Voraussetzungen für eine positive Entwicklung günstig. Verschiedene Autoren (Kasten 2001; Hofer/Wild/Noack 2002) heben auch hervor, dass eine sichere Bindung zwischen den Eltern und dem ersten Kind für die Entwicklung einer positiven Geschwisterbeziehung wichtig ist. Die Erstgeborenen identifizieren sich so mit einem oder beiden

2. Rollen, Nischen, Konstellationseffekte... **43**

Abbildung 2-2: Freude und Stolz über das neue Geschwister. (Foto: Privataufnahme.)

Elternteilen und entwickeln besondere Fähigkeiten, andere zu beschützen, ihnen zu helfen oder sich für andere verantwortlich zu fühlen. Viele ältere Geschwister freuen sich auch gemeinsam mit den Eltern auf den Neuankömmling und entwickeln keine negativen Gefühle auf ihr Geschwister: Sie sind stolz auf das jüngste Familienglied und lieben und umsorgen es. Oft werden ältere Geschwister zur Betreuung der jüngeren herangezogen und lernen früh, Verantwortung zu übernehmen. Es ist eine wichtige Aufgabe der Eltern, dem älteren Kind zu vermitteln, dass es das Neugeborene lieben kann, ohne dabei zu kurz zu kommen und regredieren zu müssen, und dass es unabhängig vom Neuankömmling seinen Platz bei ihnen behält. So schreibt eine 19-jährige Frau dazu:

«Ich bin die älteste von drei Mädchen. Trotzdem habe ich nie Eifersucht gegenüber den jüngeren gespürt. Warum? Als die jüngere Schwester auf die Welt kam, hat mich meine Mutter in die Betreuung des Babys immer einbezogen. Ich durfte schon früh viel helfen und war stolz darauf. So hatte ich auch nie das Gefühl, weniger geliebt zu sein. Ich fühlte mich nie bedroht in meiner Situation als Älteste.»

Hier erlaubt die Mutter eine Partizipation und ermöglicht dem Kind, die Rolle als Große zu spielen – sie erlangt Geltung als Helferin, als Unterstützerin der Mutter. Eine andere Älteste, Anna, schreibt zum Stichwort Verantwortung:

«Da ich ja schon mit zwei Jahren so verantwortungsbewusst war, durfte ich auch jede Verantwortung übernehmen, die meiner Schwester nicht zugetraut wurde, zum Beispiel mit einem Hundertmarkschein einkaufen gehen, über tausend Mark von der Bank abholen. Ich denke, ich hatte schon eine besondere Position in der Familie.» [55]

Verantwortung zugesprochen erhalten beinhaltet aber vielfach zwei Seiten: Es bedeutet meistens Privilegien zu erhalten wie Belastungen auf sich zu nehmen. Für ältere Kinder ist es von existentieller Bedeutung, dass ihre Bestrebungen, groß zu sein, genügend Anerkennung finden. Ansonsten spürt das Kind die Gefahr, übersehen zu werden, wenn es sich zu vernünftig den Erwachsenen sowie den Geschwistern gegenüber verhält. Es kann allerdings auch belastend werden, wenn solche Kinder fortwährend als gutes Vorbild für jüngere Geschwister dienen müssen und bei ungenügendem Vorbildverhalten gerügt und zur Verantwortung gezogen werden. Eine Lehrerin beschreibt die positiven wie negativen Aspekte ihrer Rolle als ältestes verantwortliches Mädchen wie folgt:

> «Ich bin die älteste von zwei Kindern und betrachte mich als sehr selbständig und verantwortungsbewusst. Dies kommt daher, weil mein Bruder fünf Jahre jünger ist und meine Mutter allein erziehend war. Ich musste oft auch nach ihm schauen und hatte die Verantwortung, dass wir beide pünktlich in der Schule waren. Ich hörte oft auch den Satz: ‹Mach das nicht, du bist fünf Jahre älter, du musst deinem Bruder ein gutes Vorbild sein.› Trotzdem habe ich es genossen, einen Bruder zu haben, denn ich hatte dadurch immer einen Spielgefährten, vor allem in den Ferien. Als mein Bruder klein war, durfte ich ihm auch die Flasche geben oder ihn umziehen und ‹herumbäbele› [schweizerdeutsch für «mit Puppen spielen»; Anm. des Verlags]. Er war für mich ein tolles Baby. Natürlich war ich auch neidisch und eifersüchtig.»

Besonders in großen Familien kann das *Verantwortungsgefühl*, der immerwährende Druck, für jüngere Geschwister verantwortlich zu sein, oft auch sehr belastend sein (vgl. dazu auch Kap. 9). Zudem kann das Aufpassen auf jüngere Geschwister auch als lästig empfunden werden, besonders wenn Eltern dies dem älteren wiederholt auftragen. Brüder können stören, zu Plagegeistern werden, wie Boris Penth[56] schreibt:

---

55 zitiert nach: Mathias Jung (2001): Geschwister. Liebe, Hass, Annäherung. Lahnstein: Emu, S. 66

56 Boris Penth in: Günter Franzen/Boris Penth (1992): Hüten und Hassen. Geschwistergeschichten. München: dtv, S. 127

«*Einer meiner Freunde hatte einen kleinen Bruder, auf den er manchmal aufpassen musste, wenn wir spielen wollten. Er störte, war im Weg, also musste er weg. Sein Wimmern und Klopfen rührte uns nicht. Sollte er ruhig im dunklen Schrank stehen, solange er nicht unsere Kriminalstücke durch dumme Fragen und Mitspieleifer unterbrach.*»

Die Ambivalenz von Macht und Belastung im Verhältnis von älteren zu jüngeren Geschwistern kommt auch treffend in einer weiteren Passage von Penth zum Ausdruck:

«*Natürlich hat es mir auch gefallen, den kleinen Bruder zu führen und dabei meine Macht zu spüren. Aber es war ebenso Belastung, stets als der Vernünftigere gefordert zu sein.*»[57]

Gelegentlich können auch nachfolgende Geschwister in die Rolle des ältesten Kindes geraten. Der folgende kurze Bericht einer 18-jährigen Frau zeigt dabei besonders, wie starke Überforderungsgefühle entstehen können:

«Nachdem meine Schwester ausgewandert war, bekam ich die Rolle als die Älteste zugeschrieben. Damals war ich zehn Jahre alt und sieben Jahre älter als mein kleiner Bruder. Schon meine Schwester kümmerte sich als ältere wie eine Mutter um mich und meinen Bruder. Durch ungünstige Umstände übernahm ich nun diese Funktion. Das ging so weit, dass ich mich überforderte und trotzdem nicht von diesem Aufpassen und Sorgen für den Bruder loslassen konnte. Es ging so weit, dass ich sogar Mutterinstinkte für ihn entwickelte. Das Ganze ereignete sich deshalb, weil meine Mutter uns, d. h. meine Schwester, den Bruder, meinen Vater und mich verließ. Somit gab mir mein Vater in meinem zehnten Lebensjahr eine Verantwortung in die Hand, die über die normale Aufgabe eines älteren Geschwisters weit hinausging. Dadurch entwickelte sich für viele Jahre ein sehr schwieriges Verhältnis zu meinem Bruder. Erst etwa seit einem Jahr lernte ich von der ganzen Situation etwas Abstand zu nehmen und meinen Bruder als Bruder und nicht als mein Kind zu sehen. Ich sehe heute rückblickend, dass ich mit dieser Aufgabe völlig überfordert war, es aber trotzdem gut machen wollte. Deshalb musste ich meine eigenen Bedürfnisse und Wünsche immer in den Hintergrund stellen.»

Wegen ihres Altersvorsprungs und der größeren Reife billigen die Eltern dem Ältesten häufig auch entsprechende Rechte zu, sei das mehr Taschengeld, längeres Aufbleiben am Abend, besondere Fernsehsendungen anschauen zu dürfen, längere Ausgangszeiten u. v. a. m. Jüngere Geschwister versuchen dies tendenziell immer zu unterlaufen, was die älteren mit Argusaugen bemerken und entsprechend rasch darauf reagieren.

---

57 a. a. O., S. 136

Es zeigt sich für die älteren Geschwister manchmal aber auch, dass es doch einen gewichtigen Vorteil darstellt, durch die Geburt eines Geschwisters nicht mehr das Kleinste in der Familie zu sein bzw. sich gegenüber dem kleineren profilieren zu können. Simone de Beauvoir gibt uns ein Beispiel, das zeigt, wie – unter bestimmten Bedingungen – ein jüngeres Kind unter der Dominanz und Brillanz der älteren Schwester leiden kann:

> «Auf den zweiten Platz verwiesen, musste sich ‹die Kleine› fast überflüssig fühlen. Ich war für meine Eltern ein neues Erlebnis gewesen; meine Schwester hatte weit größere Mühe, sie in Staunen zu setzen oder aus der Fassung zu bringen; mich hatte man noch mit niemandem verglichen, sie aber verglich ein jeder mit mir [...] Was Poupette auch tat [in ihrer Schule – Anm. J. F.], der Abstand der Zeit, die Sublimierung durch die Legende wollte, dass mir alles besser geglückt war als ihr; kein Bemühen, kein Erfolg verhalfen ihr jemals dazu, sich gegen mich durchzusetzen. Als Opfer eines unangreifbaren Fluchs litt sie und saß am Abend oft weinend auf ihrem Stühlchen. Man warf ihr mürrisches Wesen vor: Es entstammte einzig und allein ihrem Minderwertigkeitsgefühl.»[58]

An einer anderen Stelle schließt de Beauvoir ihre Betrachtungen über ihre Schwester mit folgenden Worten ab: «*Sie hat mir geholfen, mich selbst zu bestätigen.*»[59]

De Beauvoirs außerordentlich differenzierte und feinfühlige Wahrnehmung ihrer Schwester und ihre Reflexionen über deren Bedeutung für die eigene persönliche Identitätsentwicklung zeigen ein weiteres Mal die Bedeutung von Geschwisterkonstellationen und -beziehungen.

Eine Älteste, angehende Vorschullehrerin, schildert kurz, was sie in ihrer Familie als Vor- und als Nachteil in der Position als Älteste empfand:

> «Was man als Vor- bzw. als Nachteil empfindet, hängt stark vom einzelnen Kind ab. Das eine genießt es, Vorbild zu sein, und für das/die Jüngere/n Verantwortung zu übernehmen, ein anderes ist schlicht überfordert. Ich persönlich bin selbst ältestes von zwei Mädchen. Ich war meist gerne größer und habe sehr auf meine Schwester aufgepasst. Das ‹Pfad markieren› empfand ich dagegen eher als mühsam.»

---

58 Simone de Beauvoir (1969): Memoiren einer Tochter aus gutem Hause. Reinbek: Rowohlt, S. 42
59 Simone de Beauvoir (1974): Alles in allem. Reinbek: Rowohlt, S. 14

> Beim Eintritt in den Kindergarten stieß sie auf bisher unbekannte Schwierigkeiten: «Im Kindergarten war ich sehr scheu und zurückhaltend. Ich wusste nicht, was ich dort sollte, was man da macht, und plötzlich waren alle gleich alt und mindestens gleich gut wie ich, wenn nicht sogar besser! Ich war plötzlich nicht mehr die Überlegene. Meine Schwester hingegen wusste durch mich später sehr gut, wie es im Kindergarten läuft, und konnte so von meinen Erfahrungen profitieren.»

Erstgeborene *markieren* – wie die junge Frau im vorherigen Beispiel angedeutet hat – häufig *auch Pfade* für die nachfolgenden Geschwister, sei dies schulisch-beruflich, in Bezug auf das Ausgehen u.v.a.m. Da Erstgeborene zu Beginn ihres Lebens in der Regel mit den Eltern allein sind, identifizieren sie sich meistens direkter mit ihnen, ihren Werten und ihrem Erziehungsstil als ihre nachgeborenen Geschwister und legen mehr Wert darauf, sie zufrieden zu stellen. Umfangreiche langjährige Untersuchungen, z. B. von Sulloway (1997)[60] zeigen, dass älteste Geschwister überdurchschnittlich häufig zu Tendenzen wie *Konservativismus, Kontrollverhalten, Oben-sein-wollen, keine Fehler zeigen bzw. zugeben können* u.a.m. neigen. Das kann sich bei der Ankunft des neuen Geschwisters aber unter Umständen auch – kurz- oder längerfristig – drastisch verändern, wenn das Ältere beginnt, sich oppositionell zu verhalten und die Eltern darauf nicht adäquat eingehen können.

Viele älteste Kinder reagieren – wie schon in früheren Absätzen in diesem Kapitel dargestellt – aber nicht (nur) wütend oder eifersüchtig auf den Neuankömmling, sondern freuen sich im Gegenteil, sind stolz auf «ihr» Baby und lieben es sehr. Sie präsentieren stolz ihr Geschwister überall herum, trösten es, passen ihre Sprache erstaunlich feinfühlig dem Kleinen an, wiederholen die Worte mit leiser, fürsorglicher Stimme wie die Eltern es ihm vorgemacht haben, schmusen mit ihm usw. Neben der Teilhabe an der Betreuung des jüngeren Geschwisters entschärft sich die Situation auch, wenn Eltern gemeinsam mit dem älteren Kind überlegen, warum das Baby jetzt weint, unglücklich ist und was man tun könnte. Zudem lernen Älteste durch die freundlichen Ermahnungen der Eltern, den Kleinen nicht weh zu tun und sie zu beschützen, auch positive Elemente eines Verantwortungsgefühls, das zu einem wichtigen Teil des Selbstbildes werden kann. Das kann u. U. soweit gehen, dass sie die Abhängigkeit der Jüngeren mit allen Mitteln fördern und sie lange – zu lange! – als «Baby», als schwach und klein behandeln. Zudem erlebt das

---

60 Frank J. Sulloway (1997): Der Rebell der Familie. Berlin: Siedler

älteste Kind – besonders ausgeprägt bei einem Altersabstand von mehreren Jahren – seine Überlegenheit über das oder die jüngeren Geschwister: Es ist größer, stärker, kann besser klettern und schwimmen, schneller rennen, was sein Selbstwertgefühl stärkt.

Die *Auseinandersetzung um Dominanz und Kontrolle*, häufiges Thema der Ältesten, zeigt sich auch in Spielen wie dem Lehrer-Schüler-Spiel: Meistens verspüren Älteste nur Lust, die Rolle der Lehrperson einzunehmen. Besteht schließlich das jüngere Geschwister einmal auf einem Rollentausch, schwindet das Interesse des bisherigen Lehrers/der bisherigen Lehrerin meistens rapide. Starke *Machtmittel*, um jüngere Geschwister zum «Spuren» zu bringen, sind u. a. kommandieren, befehlen, schimpfen, aber auch Bestechung, Belohnung, Entzug von Belohnung, Kritik, Lächerlichmachen und Auslachen und natürlich die überlegene Körperkraft. Den Jüngeren bleibt dann meistens nur übrig zu weinen, die Eltern um Hilfe zu bitten oder die Älteren immer wieder zu nerven, bis diese schließlich doch nachgeben – oder auch nicht. Erstgeborene sind ihren Geschwistern – besonders bei größerem Altersabstand – über Jahre praktisch in jeder Hinsicht überlegen, was ihr Selbstbild wie dasjenige der nachfolgenden Geschwister prägt.

Wie dargestellt, entwickeln sich zwischen Ältesten und Jüngeren komplexe und teilweise auch *widersprüchliche Gefühle und Beziehungsmuster*, die sich in rascher Abfolge abwechseln können: Zuerst beschützen, bald darauf wegstoßen, vor Freunden verteidigen, danach auslachen. Älteste Kinder übernehmen auch häufig die Rolle als *Anführer*, als elternähnliche Figur, als *Autorität*, an die sich die Jüngeren wenden können, die Rat geben und Respekt verlangen. Sie erwarten, dass sich die Jüngeren an sie wenden. Halten sich diese an die vorgegebenen Spielregeln, funktioniert die Geschwisterbeziehung aus der Sicht der Ältesten problemlos. Schwieriger wird es häufig dann, wenn die jüngeren Geschwister neue Spiel- und Beziehungsregeln einfordern und sich die älteren nicht damit abfinden können. Im günstigen Fall fungieren Älteste gegenüber ihren jüngeren Geschwistern nicht selten auch als FürsprecherInnen, als Anwälte und VorkämpferInnen: Auf dem Pausenplatz verteidigen sie das jüngere Geschwister zwar gegen ältere Schüler, zu Hause aber hat es die Rangfolge ohne Einschränkungen und ohne Widerrede zu respektieren.

In der Regel *pfaden* älteste Geschwister auch *den Weg* für die Jüngeren in Bereichen wie: erste Vorschul- und Schulerfahrungen, außerfamiliäre Ferien- und Schullager, längeres Aufbleiben am Abend, der Ausgang mit FreundInnen, erste Liebesaffären und -erfahrungen, Ablösungsprozesse von den Eltern. Sie übernehmen so eine wichtige Schrittmacher-Funktion.

2. Rollen, Nischen, Konstellationseffekte... 49

Die Führerrolle und die Verantwortung für die jüngeren Geschwister, aber auch die beschriebene Tendenz zu Kontrollverhalten und Besserbleiben-Müssen macht die älteren in manchen Fällen auch *einsamer:* Zwar gehen die Jüngeren auf sie zu, bitten um Rat oder Zuwendung, aber ihnen steht meistens innerhalb der Familie niemand für entsprechende Bedürfnisse auf der horizontalen Ebene zur Verfügung. Die Gefahr der Einsamkeit wird zusätzlich dadurch verstärkt, dass man als ältestes und «vernünftiges» Kind seine Eifersucht, Angst, Wut, Konkurrenzgefühle und das mitunter nicht zu unterdrückende Gefühl, auch wieder einmal klein und umsorgt zu werden, nicht zugeben kann. Und wenn, so höchstens, wenn das jüngere Geschwister im Lager oder bei der Großmutter in den Ferien weilt. Dann sind regressive Verhaltensweisen weniger blamabel. Ältesten Kindern wird also tendenziell häufiger die Chance geboten, Verantwortung zu übernehmen, «vernünftig» – aus der Sicht der Erwachsenen! – zu reagieren, aktiv zu sein, drohende Gefahrenherde zu erkennen. Als ein Risiko kann die Haltung: «Ich muss oben sein, gewinnen, ich darf keine Schwächen zeigen, mich nicht überholen lassen», bezeichnet werden. Wenn das doch geschieht, stellt das für das Ältere nicht selten eine große Bedrohung dar, die mit verschiedenen Mitteln abgewehrt werden muss, wie der englische Rockmusiker Julian Dawson[61] nachfolgend aus der Sicht des Jüngeren beschreibt: *«Ich versuchte, dieses Defizit durch verstärkte Leistungen auszugleichen, gewann alle Preise der Schule, erhielt ein Stipendium [...] und saß schließlich mit meinem älteren Bruder in derselben Klasse, nachdem ich ein Jahr übersprungen hatte [...] Seine Reaktion bestand in noch größerer Distanziertheit während unserer Schulzeit. Er hänselte mich wegen meiner (immer noch) hohen Stimme und ließ mich deutlich spüren, dass ich jünger und unerfahrener war.»*

Andere Geschwister, die eingeholt werden, sich vom jüngeren bedroht fühlen, zeigen manchmal noch massivere Reaktionen der Eifersucht, indem sie sich mit körperlicher Gewalt oder psychischem Druck zur Wehr setzen: Schläge, permanente Drohungen, Auslachen, Hänseln, Negieren und Kontaktverweigerung sind einige Strategien solcher älterer Geschwister.

Die Gefühle und Verhaltensweisen einem neuen Geschwister gegenüber sind, wie schon erwähnt, in der Regel äußerst komplex und vielfach ambivalent; das zeigt sich auch in weiteren Reaktionen des Ältesten: Freude und Eifersucht, Stolz und Ärger. Das ältere Kind muss sich –

---

61 Julian Dawson in: Günter Franzen/Boris Penth (1992): Hüten und Hassen. Geschwistergeschichten. München: dtv, S. 102

als wichtige Entwicklungsaufgabe – gemäß seiner erreichten Alters- und Entwicklungsstufe äußerlich und innerlich der neuen Situation anpassen. Wenn ein ältestes Kind sich durch ein andersgeschlechtliches Geschwister unter Druck gesetzt fühlt oder gar Benachteiligungen erlebt – so etwa ein älteres Mädchen durch die Geburt des männlichen «Stammhalters» –, so kann es leicht auf die Idee kommen, seine schlechtere Lage der eigenen Geschlechtsrolle zuzuschreiben. Manchmal lässt sich dann bei solchen Mädchen eine Protesthaltung gegen die erwarteten weiblichen Verhaltensweisen beobachten: Die Mädchen verhalten sich ausgeprägt knabenhaft, burschikos und wehren sich so lange gegen die aus ihrer Sicht schlechtere Rolle als weibliches Wesen.

Das Verhältnis vom ältesten zum nachgeborenen Geschwister ist selbstverständlich von vielen Faktoren abhängig: Dabei spielen auch die charakterlichen Eigenarten der beiden sowie die Stellung bei den Eltern eine wichtige Rolle, wie das folgende Beispiel des Theologen Hartwig von Schubert zeigt, der in seinem Text[62] sehr offen und ungeschminkt seine Gefühle gegenüber dem jüngeren Bruder wiedergibt:

«Mit niemandem möchte er es verderben. Er schien tatsächlich der festen Überzeugung zu sein, jedermann könnte gar nicht anders als ihn lieben und alle müssten ihm in Freundlichkeit zugewandt sein. Wenn er mit seinem glockenreinen Knabensopran Lieder sang, hätte ich ihn erwürgen können: So ein Ausbund an penetranter Redlichkeit. Dabei ist er nicht dumm. Er kann gut argumentieren, wenn er will. Ich höre ihm manchmal auch gerne zu, wenn er erzählt aus seiner Traum- und Märchenwelt. Aber es bleibt alles immer rein und klar [...] Natürlich fasziniert er meine Mutter. Sie haben eine Innigkeit und Vertrautheit miteinander, die ich schon bald peinlich fand. Wenn ich als Kind gegen sie rebellierte, dann stellte er sich immer auf ihre Seite in all seiner penetranten Vernünftigkeit und wollte sich als Friedensstifter wichtig machen. Ich finde es zum Kotzen. Dieser Schleimer, Schmeichler, Leisetreter.»

Ältere eifersüchtige Geschwister vermögen – das legt von Schubert anschaulich dar – sehr starke negative Gefühle wie Hass und Wut zu entwickeln, besonders wenn sie sich ungerecht behandelt fühlen oder zur Einschätzung gelangen, das Geschwister könne sich ungerechtfertigterweise ins bessere Licht rücken. Bei der nächsten Gelegenheit suchen sie es deshalb dem anderen zu zeigen, heimzuzahlen. Als älterer konnte von Schubert besser Schach spielen als sein Bruder. Er schreibt:

---

62 Hartwig von Schubert in: Günter Franzen/Boris Penth (1992): Hüten und Hassen. Geschwistergeschichten. München: dtv, S. 39

2. Rollen, Nischen, Konstellationseffekte... 51

«*Ich genoss es natürlich auch, ihn schachmatt zu setzen und vernichtend zu schlagen. Ich merkte sofort, welche Fehler er machte und verriet ihm nie, worauf es beim Schachspielen ankommt [...] Wir haben uns einander nicht geöffnet. Im Grunde war es eine Welt des Misstrauens, in der wir lebten, keiner hat dem anderen getraut, jeder war eifersüchtig auf seine Sache bedacht. Zu einem Austausch kam es nie.*»[63]

Geschwister können, am obigen Beispiel leicht erkennbar, unter bestimmten Umständen nie wirklich in eine freundschaftliche Beziehung treten, wenn sich einzelne dabei in ihrer Rolle bedroht und benachteiligt fühlen – ein Verlust letztlich für beide Seiten.

Die Ankunft eines jüngeren Geschwisters stellt für das Erstgeborene also eine neue Herausforderung und Entwicklungsaufgabe dar, die ganz unterschiedlich erlebt und verarbeitet werden kann. Die neue Lebenssituation verlangt eine Antwort. Die Mehrzahl der Bilderbücher zum Thema Geschwister kreisen um dieses Thema (vgl. Literaturverzeichnis). Das Älteste versucht aufgrund der vorliegenden Umstände nach dem Versuch-und-Irrtum-Prinzip einen Weg, eine «Lösung» dieses Problems zu finden. Deshalb müssen seine Verhaltensweisen als eine aktive Bewältigungsstrategie – nämlich die elterliche Zuwendung und Aufmerksamkeit (wieder) zu sichern – verstanden werden. Nachfolgend liste ich eine ganze Reihe von Möglichkeiten, Varianten und Verarbeitungswegen auf, die in den meisten Fällen auch kombiniert oder zeitlich verschoben ausprobiert werden – nicht nur von Erstgeborenen, sondern von jedem Kind, das ein jüngeres Geschwister bekommen hat. Das Ziel allen Bemühens des scheinbar plötzlich schwierigen oder auch überraschend «pflegeleichten» Kindes besteht immer darin, seinen Platz zu behaupten oder einen neuen einnehmen zu können, die elterliche Zuwendung und Liebe nicht zu verlieren, auf sich aufmerksam zu machen, nicht vergessen oder in die zweite Reihe zurückgedrängt zu werden. Viele älteste Kinder zeigen mehrere der in **Tabelle 2-1** auf S. 52 aufgeführten – manchmal auch hintereinander auftretenden – Verhaltensweisen als Reaktion auf eines oder mehrere nachgeborene Geschwister, andere bleiben unauffällig, weil sie andere Wege finden, ihren Platz in der Familie zu erhalten.

Eine häufig zu beobachtende Reaktion von erstgeborenen Kindern auf die Interaktionen zwischen ihren Müttern und Geschwistern besteht darin, das Verhalten des Babys, das die Aufmerksamkeit der Mutter (oder des Vaters) hervorgerufen hat, nachzuahmen, um ebenfalls Auf-

---

63 ebd., S. 41

Tabelle 2-1: Mögliche Reaktionen des Erstgeborenen auf eine neues Geschwister

- Trennungsängste, Verlassenheitsängste
- nächtliche Ängste: Das Kind will (wieder) im Bett der Eltern schlafen.
- verstärktes Anlehnungs- und Zärtlichkeitsbedürfnis
- Rückzug, Groll, schmollen
- regressive Tendenzen (will wieder gewaschen/getragen werden, erneutes Einkoten und/oder Einnässen, sich an Eltern klammern, will wieder Schnuller, kindlichere Sprache), verstärkte Unselbständigkeit, Angst vor Toilette, gesteigerte orale Bedürfnisse
- Dominanz und gesteigerte Aggressivität: Jüngeres plagen, ihm drohen, schlagen, dem Jüngeren Angst einflößen («Ich spüle dich die Toilette hinunter!»)
- Provokation der Mutter/des Vaters: Die Mutter ist nun plötzlich immer blöde, gemein usw.
- verstärkte Wutausbrüche gegen Eltern(teile), Geschwister oder sich selbst (bis zu selbstzerstörerischen Tendenzen), größere Reizbarkeit/Unausgeglichenheit
- verschieben von Wut und Unlustgefühlen auf Katze, Plüschbär usw.
- Eskalation von verstärktem Bindungsverhalten bis hin zu Aggressivität zum einen Elternteil (häufig die Mutter) besonders trotzig, kleinkindhaft, gegenüber dem anderen hingegen in der Rolle des Großen und Vernünftigen
- Spott/Auslachen des Geschwisters
- Nachahmen des jüngeren Geschwisters, besonders wenn dessen Verhalten Aufmerksamkeit und Zuwendung erregt
- Passivität, Verweigerungshaltung
- hilft dem Kleineren, ist besonders aufmerksam und lieb zu ihm, tröstet es bei Unwohlsein, schenkt ihm Esswaren, Spielsachen usw.
- mütterliche oder väterliche Rolle gegenüber dem Jüngeren, häufig in Form einer verstärkten Identifikation mit einem Elternteil
- gesteigerte Kooperation und Partizipation gegenüber den Bezugspersonen
- Ambivalenz zwischen Groß- und Kleinsein (manchmal will es klein, dann groß sein)
- psychosomatische Reaktionen: wiederholte Klagen über Bauch- oder Kopfschmerzen; Essprobleme, kein Appetit, Verstopfung
- erhöhte Weinerlichkeit (z. B. bei Verletzungen, Sturz, Misserfolg)
- Betonung des Großseins, Machtdemonstrationen gegenüber dem Jüngeren
- immer das Gegenteil vom Verlangten tun
- aktive Beteiligung an der Pflege/Betreuung des Jüngeren, Nachahmen der elterlichen Pflegehandlungen
- Gleichgültigkeit, Distanziertheit gegenüber Mutter/Vater/Geschwister
- plötzliches oder erneutes Stottern
- Hyperaktivität (deshalb: Vorsicht mit voreiligen ADS-/HKS-/ADHD-/POS-Diagnosen!)
- stereotype Verhaltensweisen
- Rollenumkehr: Verhält sich wie das Kleinere, verweigert, Rolle des Älteren einzunehmen. Wird das Jüngere von den Eltern betont in Schutz genommen, so gewinnt das Kleinsein an Attraktivität!
- vermehrter Drang zu Nachbarskindern, starke Außenorientierung

- starke Identifikation und Bindung an Vorschul-Lehrperson, die jetzt lieber, schöner, besser als die Mutter ist: Die Vorschule bietet eine willkommene Horizonterweiterung und zugleich eine Bestätigung des Großseins sowie ein Vorrecht gegenüber dem Jüngeren.
- Fantasielügen
- vermehrte Zuwendung zu Ersatzobjekten: Puppe, Bär usw.

merksamkeit zu erlangen. Dunn/Plomin geben dazu zwei anschauliche Beispiele. Im ersten Beispiel spielt der 14 Monate alte Malcolm mit seiner Mutter, aufmerksam beobachtet von der dreijährigen Virginia:

> Mutter zu Malcolm (der mit Lego-Bausteinen spielt): «Ich baue dir ein kleines Auto, Malcolm.»
> Virginia: «Ich will auch eins.»
> Mutter zu Malcolm: «Soll ich dir ein Auto bauen? Hm?»
> Virginia: «Lass ihn nicht die roten Steine nehmen.»
> Mutter zu Malcolm (ihn hochnehmend und seine Laute imitierend): «Wauau! Wauau!»
> Virginia: «Darf ich mich neben dich setzen? Darf ich auf die Knie?»
> Mutter zu Virginia: «Fragst du das nur, weil Malcolm hier oben sitzt?»
> Virginia: «Ja.»
> Mutter zu Virginia: «Also dann komm.»

Hier erreicht die ältere Schwester Zuwendung nicht über Protest und Schreien, sondern durch das Verlangen nach der gleichen Aufmerksamkeit.

Das zweite Beispiel zeigt uns, wie sich Duncan über das Nachahmen des jüngeren Geschwisters den erwünschten Kontakt mit der Mutter schafft.

> Mutter zu Robbie: «Nein! Hör auf!»
> Duncan kommt sofort angelaufen und beginnt ebenfalls, Zeitungen aus dem Regal zu ziehen, wobei er die Mutter ansieht.
> Mutter zu Duncan: «Nein, Duncan, du musst nicht auch noch damit anfangen! Du weißt es besser, oder? Duncan: Nein!»[64]

Wie schon mehrfach erwähnt, hängt vieles vom Verhalten der Eltern und ihrer Bindung zum älteren Kind ab, wieweit sie die Bedürfnisse des älteren richtig wahrnehmen und angemessen darauf reagieren können. Meistens lässt sich im Verhalten der Geschwister ein regelmäßiger Wechsel von Friedens- und Krisenzeiten beobachten, was völlig normal ist.

---

64 Judy Dunn/Robert Plomin: Warum Geschwister so verschieden sind. Klett-Cotta Stuttgart 1996, S. 91–92

Solange diese Erscheinungen nicht zu einseitig und lang anhaltend auftreten, d. h. sich also beispielsweise aggressive/regressive und kooperative/prosoziale Verhaltensweisen abwechseln, sind sie keineswegs als neurotisch zu bezeichnen. Erst wo die Entfaltungsmöglichkeiten des Kindes eingeschränkt werden und sich Anzeichen häufen, dass es leidet, ist es angezeigt, eine Fachperson (KinderpsychologIn, ErziehungsberaterIn) beizuziehen. (Welche diagnostischen Bedingungen für eine ernsthafte Verhaltens- und emotionale Störung gegeben sein müssen, erörtere ich ausführlicher in Kap. 5.) In den meisten Fällen klingen die Eifersuchtssymptome des ältesten Kindes wieder ab, wenn es sich an die neue Situation gewöhnt und von den Eltern richtig einbezogen wird.

Zuletzt sollte hier aber auch deutlich festgehalten werden, dass die Geburt eines neuen Geschwisters auch eine wichtige Chance für das ältere darstellt, aus einer vielleicht zu besitzergreifenden, einengenden Mutter- oder Vater-Kind-Beziehung herauszutreten und so neue Entwicklungsschritte zu machen. Die Zuwendung der Eltern gegenüber dem Neuankömmling erlaubt so einen wichtigen Schritt für den Autonomie- und Ablösungsprozess des erstgeborenen Kindes.

Das zweitgeborene Kind

Die Beziehung zwischen Eltern und Kindern ist fließend, dynamisch und vielen Einwirkungen ausgesetzt: So ändern sich zum Beispiel mit jedem neugeborenen Kind viele familiäre Bedingungen. Das älteste Kind erlebt mit der Ankunft eines Geschwisters eine gänzlich neue Situation: Es ist nun plötzlich nicht mehr das kleinste und schwächste Glied in der Familie. Das Zweitgeborene hingegen erlebt meistens den Vorsprung des älteren Geschwisters. Dies stellt einen starken Anreiz für das jüngere dar: Es reagiert darauf entweder mit vermehrten Anstrengungen, dem älteren nachzueifern oder es gar einzuholen (oder sogar zu überholen), oder es sucht sich ein anderes, «unbesetztes Feld» oder gibt auf dem entsprechenden Gebiet auf. *Nacheifern* ist grundsätzlich eine günstige Verhaltenstendenz und lässt sich bei allen Geschwistern beobachten: Es ist ein entscheidender Baustein, ein Motor der psychischen Entwicklung. Eine zukünftige Erzieherin, Mona, berichtet dazu anschaulich aus ihrer Kindheit:

«Ich habe einen zwei Jahre älteren Bruder. Bis ich etwa acht Jahre alt war, eiferte ich ihm in allem nach. Ich wollte aber nicht einfach dasselbe wie er, sondern ich wollte es besser tun als er! So begann ich zum Beispiel schon im Kindergarten seine Hausaufgaben der 1. Klasse mitzulösen. Dies war für ihn

nicht einfach, da ich ihn vor allem in der Mathematik häufig übertrumpfte. Als ich endlich auch in die Schule kam, wollte ich unbedingt das bessere Zeugnis erreichen, als er es im selben Klassenzug hatte. Dies gelang mir bis zur 6. Klasse.

Ich begann zu reiten wie er, suchte mir aber auch neue Hobbys. So begann ich zu zeichnen, was er meiner Ansicht nach nicht gut konnte. Ich ärgere mich noch heute, dass er eines Tages ein wunderschönes Bild in der Schule malte und dieses Bild heute noch bei uns zu Hause über dem Esstisch hängt, während von mir nirgendwo ein Bild hängt!

Ich merke, dass ich auch heute noch das starke Gefühl habe, ihn übertrumpfen zu wollen: wo, ist eigentlich gleichgültig. Heute ist er in der Lehre, ich am Abschluss meiner Ausbildung an der Pädagogischen Hochschule. Es würde mich ehrlich gesagt sehr freuen, wenn mein Abschluss besser ausfallen würde als seiner.»

Solange Geschwister einander nacheifern und voneinander profitieren, können Eltern durchaus beruhigt sein. Erst wenn das Nacheifern zu einem erbitterten Ringen führt, die Geschwister in ein Fieber geraten, entstehen Probleme und zeichnen sich Gefahren und u. U. auch Nachteile für die psychische Entwicklung ab, die nicht übersehen werden sollten. Einige Nachteile schildert uns Mona im weiteren wie folgt:

«Ich merke aber auch, dass ich nicht nur mit meinem Bruder im Vergleich stehe, sondern auch andere übertrumpfen möchte, nicht nur meinen Bruder. Ich lege einen unheimlichen Ehrgeiz an den Tag, besser zu sein als meine Kolleginnen. Dies macht das Leben nicht einfacher und nervt manchmal auch andere, die mir mein rivalisierendes Verhalten gelegentlich auch vorwerfen.

Ich realisiere aber auch, dass ich mich gegen meinen Bruder auch irgendwie durchsetzen musste. Er war viel stärker als ich – trotzdem wollte ich doch nicht nach seiner Pfeife tanzen. Mit körperlichen Drohungen erreichte ich bei ihm nichts, da war er mir weit überlegen. Also musste ich auf Worte zurückgreifen. Häufig verwickelte ich ihn in ein Streitgespräch, und da er mir in Worten unterlegen war, konnte er sich schlecht wehren. Bevor er dann zuschlagen konnte, rannte ich in mein Zimmer, schloss mich ein oder schrie so laut, dass meine Mutter kam und mich schützte. Somit hatte ich gewonnen.

Ich merke heute, dass ich auch mit anderen Menschen in meinem Leben ähnlich umgehe – nicht immer zu meinem Vorteil.»

Gelingt dem Jüngeren das Aufschließen zum Älteren, so kann man häufig beobachten, wie sich das Ältere zurückzuziehen beginnt: Es gibt auf dem entsprechenden Gebiet auf (z. B. Zeichnen) und/oder wendet sich einer anderen Beschäftigung zu (z. B. Musikinstrument), die noch «unbesetzt» ist. So erklärt ein Kind nun plötzlich das Klavierspielen als blöd und will unbedingt auf Saxofon umsteigen. (Selbstverständlich lässt sich nicht jeder Wechsel damit erklären; es gibt noch viele weitere Gründe!) Meistens hält das auf einem Gebiet (z. B. Musikinstrument, Sport, handwerkliche Kompetenz, einzelne Schulfächer oder die Schule als Ganzes, Freundschaften) unterlegene oder sich unterlegen fühlende Geschwister – das kann durchaus auch das ältere sein! – nach einem neuen Bereich Ausschau. Dieses neue Feld muss dem Kind – die Darstellung stammt von Veith (2000)[65] und wird hier in einer leicht veränderten Version wiedergegeben – Folgendes bieten:

1. gute Aussichten auf Erfolg, d. h. Anerkennung durch andere, wichtige Menschen
2. Es muss in dieser Disziplin besser sein können als das Geschwister oder sogar am besten: Das Geschwister mag oder kann sich hier nicht in Konkurrenz begeben und/oder findet das blöd und langweilig.
3. Das neue Betätigungsfeld muss dem Kind ermöglichen, sich vom Geschwister abzusetzen, um damit seine Besonderheit, seine Andersartigkeit herausstreichen zu können (eigene Nische).

Der wichtigste Faktor ist dabei immer das Maß, in dem sich das zweite Kind zurückgesetzt *fühlt,* weniger die objektive Situation, wie sie sich vielleicht aus der Sicht außenstehender Personen darstellt. Jüngere erleben ihre «Minussituation» häufig viel stärker als es der Realität entsprechen würde. Zwischen Geschwistern muss es aber nicht zwangsläufig zu Konkurrenzsituationen kommen. Zu all den beschriebenen spielen natürlich wiederum viele weitere Faktoren, auf die ich im 3. Kapitel ausführlicher eingehe, eine moderierende oder verstärkende Rolle, so etwa der Altersabstand, die Persönlichkeit und das Geschlecht der Geschwister, kritische Lebensereignisse wie Unfälle und vieles mehr. Viele jüngere Geschwister spüren intuitiv in der Auseinandersetzung mit ihren älteren Geschwistern, wo deren Schwachpunkte sind, und versuchen dann in der Regel, genau dort besser zu sein (oder zu werden). Besonders bei geringerem Altersabstand gelingt es ehrgeizigen und ausdauernden jüngeren Geschwistern nicht selten, den Leistungsvorsprung des älteren einzuholen oder gar zu überholen.

---

65 vgl.: Peter Veith (2000): Jedes Kind braucht seinen Platz. Geschwister in der Familie. Freiburg: Herder, S. 80

Jüngere Geschwister erweisen sich häufig auch als sehr genaue BeobachterInnen ihrer älteren Geschwister und sind durch deren Vorsprung außerordentlich motiviert zu lernen, es dem älteren nachzutun. Sie beobachten etwa das Ältere beim Hausaufgaben-Lösen und lernen so quasi nebenbei vielfach schon vor der Schule lesen und schreiben. Jüngere Geschwister schließen sich in der Regel gerne den älteren an: Die prosoziale Tendenz schon von ganz kleinen Kindern, ihre Anpassungsbereitschaft (soziale Adaptation) ist ein wichtiger Entwicklungsbaustein und legt den Grundstein für viele Lernprozesse im Umgang mit älteren Geschwistern.

Eine weitere Entwicklungsaufgabe ergibt sich für die Zweitgeborenen durch die Geburt eines dritten Kindes: Eine eventuelle Status- und Rollenunsicherheit kann dazu führen, dass es sich in der Spannung zwischen progressiv und regressiv gerichteten Entwicklungsanregungen befindet. Strebt es dem älteren nach oder sucht es Zuwendung und Beachtung durch ein kleinkindhafteres Verhalten?

Mittlere und spätere Kinder

Die Persönlichkeitsentwicklung des mittleren Kindes hängt neben der Beziehung zu den Eltern auch stark von seinen älteren und jüngeren Geschwistern ab. Versucht es beispielsweise, dem Erstgeborenen Konkurrenz zu machen, zeigen sich vielerlei Möglichkeiten: Schließt es auf oder überholt gar das ältere, dann kann es die Position des Ältesten einnehmen (1). Gelingt dies hingegen nicht, orientiert es sich in eine andere Richtung (2). So kann etwa eine jüngere Schwester mit einem Erstgeborenen schulischen «Genie» vor der Nase allem, was mit Schule zu tun hat, den Rücken kehren und statt dessen die ganze Energie in den Sport oder ein anderes «unbesetztes» Gebiet verlegen. Unter Umständen können aber auch alle anderen Kinder ein starkes schulisches Streben entwickeln und schließlich auf diesem Weg zu Erfolg gelangen. Eine weitere Variante zeigt das Beispiel der großen älteren Schwester, die innerhalb und außerhalb der Familie als Schönheit bewundert wird. Hier versucht nun die jüngere mit guten Lernleistungen Anerkennung zu erlangen – was ihr schließlich auch gelingt. Wie an diesen kurzen Beispielen ersichtlich wird, spielen auch das Geschlecht und der Altersabstand eine Rolle. Jüngere (und besonders jüngste) Geschwister reagieren häufig außerordentlich empfindlich, wenn der Vergleich mit älteren Geschwistern zu ihren Ungunsten ausfällt. Deshalb wenden sie sich mit besonderer Vorliebe Dingen zu, die jene noch nicht für sich entdeckt und besetzt haben.

Sie finden besonders Gefallen an allem, was ihnen erlaubt, auch einmal auf einem Gebiet eine überlegene Position zu erreichen. Unter anderen Umständen können aber auch durchaus alle Kinder ein starkes schulisches Streben entwickeln und zu Erfolg gelangen.

Gespräche mit Erwachsenen, die in ihrer Kindheit mit älteren und jüngeren Geschwistern zusammengelebt haben, sind besonders aufschlussreich in Bezug auf die Selbstbeschreibung ihrer Position. So beschreiben einige ihre Position als «die goldene Mitte», aus der sie eigentlich nur profitiert hätten: Von den älteren konnten sie lernen, was sich bewährt und was man besser unterlassen sollte, jüngeren gegenüber konnte man sich als die Großen und die Vorbilder präsentieren. Das hängt damit zusammen, dass mittlere Kinder gleichzeitig eine Doppelrolle einnehmen: Sie sind sowohl das jüngere wie das ältere Kind; zudem haben sie auch für eine bestimmte Zeit die Vor- und Nachteile der Rolle des Jüngsten kennen gelernt. Die Vielfalt der unterschiedlichen Rollenerfahrungen bzw. das mögliche Rollenpotenzial ist bei dieser Geschwisterposition also besonders groß. Die Doppelrolle verhilft einigen dieser Geschwister zu wichtigen Kompetenzen der Kompromissfähigkeit und des diplomatischen Geschicks. Für andere mittlere Kinder hingegen sieht die Ausgangslage weniger günstig aus: Sie erleben sich als ewige AußenseiterInnen, die häufig alleine waren, da sich die älteste/der älteste und die jüngeren Geschwister zusammengetan haben. *«Ich blieb allein, war immer irgendwo daneben, aber nicht dabei, eine Außenseiterin»*, so beschrieb mir ein junge Frau ihre persönlich empfundene Geschwistersituation. Andere mittlere Kinder fühlen sich oft vernachlässigt, übersehen, anonym: Das erste Kind war etwas Besonderes, das dritte und letzte genoss den Status als Kleines und Herziges, nur das Mittlere war nichts Besonderes. Der Außenseiterstatus ist selbstverständlich nicht mit einer bestimmten Geschwisterposition verbunden.

In einer anderen Familienkonstellation kann das Mittlere zu jung für Privilegien sein, über die sein älteres (z. B. am Abend am längsten aufbleiben dürfen) oder jüngeres Geschwister (z. B. von der Mutter in den Kindergarten gefahren zu werden) verfügt – und es ist zu alt, um sich die Streiche und Späße zu erlauben, die das jüngste zum besten gibt. Andere mittlere Kinder fühlen sich zu kurz gekommen, als «Sandwich»: Der Vater beschäftigte sich vor allem mit dem ältesten Kind, das jüngste galt als Lieblingskind der Mutter. Ein ähnlicher Fall ist mir aus meiner Beratungspraxis noch in lebhafter Erinnerung: Die Familie bestand aus einem patriarchalisch denkenden Vater, der unterwürfigen und leicht depressiven Mutter sowie drei Kindern, dem ältesten Peter, der drei Jahre jüngeren Vera und dem fünf Jahre jüngeren Reto. Die Rollenverteilung in dieser Familie wirkte sich für das Mädchen besonders ungünstig aus: Peter der älteste war von Anfang an der Sohn des Vaters, der sich von ihm die Realisierung seiner eigenen, nicht erfüllten grandiosen Wünsche erhoffte und ihn in allem privilegierte, auch gegenüber der Mutter. Die jüngere Vera erlebte nur zwei Jahre der speziellen Zuwendung durch die Mutter, bis diese wieder schwanger war und sich rasch mit dem jüngsten verband. Fanden die zwei Knaben ungehindert ihre unangefochtenen Rollen, der älteste als Gescheiter und Genie, der jüngste als Witziger, Herziger und Spontaner, so blieb das zunehmend ernste und traurige Mädchen ohne eine klare positive Rolle in der Familie. Ihre Heimatlosigkeit führte schließlich zu einer nicht mehr übersehbaren Rückzugstendenz, so dass die Eltern gezwungen waren, ihr Augenmerk stärker auf Vera zu richten. Die daraufhin eingeleitete Beratung führte leider zu keiner nennenswerten Besserung, da die Familie kurz nach Beratungsbeginn wegzog und der Vater am neuen Ort nicht bereit war, seine wertvolle Zeit mit «Psychoheinis» zu vergeuden.

Später geborenen Kindern wird in der Literatur (z. B. Sulloway 1997) tendenziell eine größere Offenheit für neue Sichtweisen zugeschrieben: Später Geborene würden sich weniger mit den Eltern identifizieren, eher dazu neigen, Autoritäten in Frage zu stellen und mehr Eigenschaften wie unkonventionell, abenteuerlustig und rebellisch aufweisen als Älteste. Sulloway liefert in seinem Buch dazu eindrucksvolle einzelne Beispiele, die allerdings bei näherer Betrachtung zeigen, dass eben nicht nur die Geburtenfolge, sondern auch weitere Faktoren zur Erklärung dieses Phänomens herangezogen werden müssen, wie etwa: die Beziehung der einzelnen Kinder zu den Eltern, das Geschlecht, Persönlichkeitsmerkmale der Geschwister u. v. a. m. Später Geborenen wird vom selben Autor auch ein gutes Gespür für menschliches Verhalten zugeschrieben: Dies sei eine nützliche Strategie, um mit den älteren und mächtigeren Geschwistern fertig zu werden.[66] Allerdings: Wer immer rivalisiert, vermag sich schwer in den anderen einzufühlen.

---

66 Frank J. Sulloway (1997): Der Rebell der Familie. Geschwisterrivalität, kreatives Denken und Geschichte. Berlin: Siedler, z. B. S. 60, 70, 86–89, 428

Das jüngste Kind

> «Ich habe zwei ältere Geschwister. Mein Bruder ist zwei Jahre, meine Schwester vier Jahre älter als ich. Meine Schwester findet, dass ich weniger helfen müsse und mir mehr erlauben könne. Teilweise stimmt das schon. Auf jeden Fall möchte ich mit meinen Geschwistern nicht tauschen. Jüngste zu sein, finde ich total gut.»[67]
> *Barbara, Oberstufenschülerin*

Die Situation jüngster Geschwister mit ihren Träumen, Grenzen und Ängsten scheint die Menschheit schon immer beschäftigt zu haben. So finden wir von der Antike bis in die neuere Zeit zwar in den meisten Ländern das Erstgeburtsrecht, das dem ältesten Kind, meistens dem ältesten Sohn, das Familienerbe zuspricht. Trotzdem nehmen aber in der religiösen Überlieferung wie in Mythen und Märchen die jüngsten Kinder einen besonderen Platz ein. Schon in der Bibel lässt sich – darauf weist Klagsbrun (1993) hin – feststellen, wie sich jüngere gegen ältere Geschwister durchsetzen – drei Beispiele:

1. Isaak behauptet sich gegen den älteren Ismael.
2. Joseph, von seinen älteren Brüdern in die Sklaverei verkauft, steigt zum einflussreichen Minister des Pharaos auf.
3. Nicht Aaron, sondern sein jüngerer Bruder Moses führt die Israeliten aus Ägypten ins verheißene Land. Klagsbrun (1993)[68] weist darauf hin, dass in über 100 Märchen der Gebrüder Grimm in 93 Prozent aller Geschichten, in denen drei Kinder vorkommen, das dritte gewinnt.

Jüngste Kinder befinden sich zumindest in der frühen Kindheit meistens in der Lage des kleinsten und schwächsten Familienmitgliedes, sie erleben die Welt zumindest zeitweilig aus einer «Froschperspektive»: Alle anderen sind größer, stärker, schneller, gescheiter, geschickter usw. Als Kleinstes zu gelten, das weniger kann und darf und für dieses und jenes noch zu klein ist, kann für ein Kind sehr belastend wirken. Umgekehrt machen Jüngere aber oft auch die beglückende Erfahrung, dass sie bei Problemen nicht alleine stehen und Hilfe bekommen: Sie können sich – mehr noch als Älteste – auf andere Geschwister abstützen. Zudem lassen sich Jüngere tendenziell auch eher als Älteste helfen, weil ihre Geschwisterposition dies ja auch eher nahe legt. Jüngste können aber wie erwähnt eben auch darunter leiden, nicht so ernst genommen zu werden, als

---

67 zitiert nach: Der Brückenbauer (1996) Nr. 1, Zürich, S. 56
68 Francine Klagsbrun (1993): Der Geschwisterkomplex. Frankfurt: Eichborn, S. 78

Babys, als Kleine zu gelten, die noch nicht so «durchblicken» – und aus diesem Problem einen Charakter entwickeln, sich von niemandem helfen zu lassen.

Einige Jüngste behalten das Gefühl des Kleinen und Schwachen (und die «Froschperspektive») dann auch noch in späteren Beziehungen bei: Sie fühlen sich auch dort immer noch (oder wieder) wie zu Hause und unterschätzen eigene Kräfte und Möglichkeiten. Jüngste Kinder können aber auch ein Streben entwickeln, die älteren Geschwister einzuholen oder gar zu überholen (vgl. dazu Kap. 6). Sie leben nach dem Motto: «Denen werde ich es schon noch zeigen! Die werden noch staunen, was ich alles kann!» In vielen Fällen finden Jüngste in der Familie auch einen Platz als humorvolle und originelle Kinder. Dazu schreibt eine älteste Schwester: «*Ich habe eine zwei Jahre jüngere Schwester, die schon von klein auf mit ihrem Witz und mit schlagfertigen Argumenten die Aufmerksamkeit aller auf sich gezogen hat.*» Andere, weniger mutige Jüngste neigen manchmal zur Resignation, und wieder andere finden einen anderen «unbesetzten» Platz als «Kleine», «Herzige» oder «Altkluge» – und nützen dies auch zu ihren Gunsten kräftig aus. Jüngere Kinder werden auch häufiger – überwiegend von der Mutter – besonders verwöhnt. Das hat nicht nur Vorteile.

Abbildung 2-3: Jüngere Geschwister soll man nicht unterschätzen.... (Aus: Geschwister sein dagegen sehr! by Schulz. Aus dem Amerikanischen übertragen von Manfred Miethe. © für die deutschsprachige Ausgabe: Baumhaus Medien AG, Frankfurt a. Main/Zürich, 2001.)

Für jüngste Kinder ist es in den meisten Fällen von existentieller Bedeutung, bei den älteren Geschwistern dabei sein zu können, nicht «abgehängt» zu werden. Eine 18-jährige Frau drückt dies folgendermaßen aus:

> «Ich bin die Jüngste und wollte daher nie den Anschluss verlieren. Ich wollte immer mithalten. Ich hatte den Willen, so zu sein wie sie (die älteren Geschwister), und habe gelernt, dafür zu kämpfen. Nicht dass ich sie direkt nachmachen wollte: Ich wollte eher etwas Spezielles sein. Ich habe so auch angefangen, Dinge in die Hand zu nehmen, z. B. in der Schule, bei den Pfadfindern, in kleinen Gruppen die Leitung zu übernehmen, die Leute anzuschieben, zu motivieren. Allerdings mache ich das zu Hause nie, weil es meine ältere Schwester tut.»

Eine andere Frau, als sechstes Kind die Jüngste, durfte beim Fußballspiel mit ihren älteren Geschwistern nur mitspielen, wenn sie die unbeliebteste Rolle (als Torhüter) einnahm. Aus ihrer Sicht nahmen die Geschwister keinerlei Rücksicht und schossen die Bälle sogar extra hart Richtung Tor. Der Wunsch, unbedingt mit den Großen zusammen zu sein, war stärker als alles andere. Sie schilderte mir, wie weh die Schüsse der Geschwister häufig taten – aber sie wusste auch: Wenn ich mich beklage oder gar weine, werde ich ausgeschlossen. Um nur wenigstens dabei zu sein, nahm sie alles in Kauf: Schmerzen, Blut, Verstauchungen, Wut, Auslachen, Spott.

Jüngste Kinder erleben vielfach auch in gewissen Zeitabschnitten ambivalente Situationen mit ihren älteren Geschwister: Im einen Augenblick werden sie liebkost und verhätschelt, im nächsten abgewiesen, herabgesetzt oder verspottet. Sehen Eltern (und Geschwister) in ihnen vor allem die herzigen Babys, wird von ihnen entsprechend wenig erwartet. Einige dieser Kinder wehren sich mit der Zeit gegen diese Zuschreibung und versuchen, der Familie das Gegenteil zu beweisen, andere übernehmen diese Rollenzuschreibung und bauen sie aus: Kinder können die ihnen zugewiesenen Rollen annehmen, verändern oder zurückweisen. Nur der Einzelfall zeigt jeweils die entsprechende Folgerung des jüngsten Kindes klar.

Besonders bei jüngsten Kindern mit einem großen Abstand zu den älteren, besonders zum ältesten Geschwister, lässt sich manchmal eine Glorifizierung desselben beobachten. Sie benutzen die älteren als Modell, als Maßstab, ahmen sie nach, vergöttern sie. Dieses Nacheifern, auch die Bewunderung, beinhaltet für die Entwicklung des jüngeren durchaus eine positive Komponente – erst bei einer zu ausgeprägten Glorifizierung kippt es in eine ungünstige Richtung. In einigen Fällen kann die Abhängigkeit von älteren Geschwistern extreme Formen annehmen, die sogar zu einer lebenslangen und fast blinden Verehrung gegenüber dem älteren führen kann. Dabei läuft das jüngere Gefahr, in seiner Identitätsentwicklung gehemmt zu werden, quasi nur eine vom älteren abgeleitete Identität aufzubauen. Ältere Geschwister können für jüngere eine fast magische Gestalt annehmen: Für sie tut man alles, um wenigsten dabei sein zu dürfen, man läuft ihnen hinterher, will unbedingt mit ihnen spielen, wenn auch nach den Spielregeln der älteren. Das ältere Geschwister wird u. U. als so groß, so mächtig und stark erlebt, dass man daneben nur noch klein und unfähig dasteht. Das kann für die emotionale Situation des jüngeren bisweilen fast unerträglich werden, wie in der Erinnerung der Kinder- und Jugendpsychotherapeutin Hanna Schubert[69] sichtbar wird: *«Mit zwölf Jahren kam sie [die ältere Schwester – Anm. J. F.] ins Internat, und ich muss gestehen, ich war froh, als sie fortging. Immer war sie mir voraus, in allem war sie mutiger, besser und schneller als ich. Nur eines konnte ich besser: schneller, lauter und effektiver heulen. Aber oft half mir das auch nicht.»*

Kein Mensch, schon gar nicht ein Kind, hält ein solches Gefühl über längere Zeit aus; permanente Minderwertigkeitsgefühle paralysieren das Selbstwertgefühl und verlangen nach einer Entlastung. So muss der Weggang der älteren Schwester ins Internat für Hanna Schubert als glückliche Lösung bezeichnet werden.

Viele jüngere Kinder leiden zeitweise unter Minderwertigkeits- oder Unzulänglichkeitsgefühlen, weil sie andauernd mit ihren stärkeren und kompetenteren Geschwistern konfrontiert sind: Diese können alles besser (oder behaupten das zumindest, oder es macht für das jüngere den Anschein). Sigrid schreibt über ihre ältere Schwester Britta:

«Sie war dreieinhalb Jahre vor mir da, und ich konnte mich anstrengen, wie ich wollte, ich holte nicht auf. Ich war nie gleichwertige Freundin, so sehr ich mich auch bemühte. Ich war immer die kleine Schwester, sie war perfekt. Sie war, was Äußerlichkeiten anging, hübsch, adrett, gepflegt, fleißig und ordentlich, freundlich und höflich. Ich denke, ich habe sie immer sehr geliebt und bewundert. Ich habe versucht, sie zu verstehen und ihr nahe zu sein, und wäre gerne Freundin und Vertraute gewesen. Das war ich aber nie.[70]

---

69 Hanna Schubert in: Günter Franzen/Boris Penth (1992): Hüten und Hassen. Geschwister-Geschichten. München: dtv, S. 85
70 zitiert nach: Mathias Jung (2001): Geschwister. Liebe, Hass, Annäherung. Lahnstein: Emu, S. 257

Manchmal leiden jüngste Kinder noch Jahre später, in der Pubertät oder im Erwachsenenalter, unter außerordentlich starken Minderwertigkeitsgefühlen, die sich zu einem ausgeprägten Minderwertigkeitskomplex (Adler) verfestigt haben, weil sie jahrelang jeden Menschen in ihrem Umfeld als älter, stärker, erfahrener, kompetenter, gescheiter usw. erlebt haben bzw. teilweise immer noch erleben. Gleichzeitig entwickeln jüngere Kinder aber auch den tiefen Wunsch, von ihren älteren Geschwistern ernstgenommen zu werden. Es ist ihnen dabei nicht bewusst, dass die älteren durchaus auch ihre Anerkennung brauchen.

Besonders verletzend wirken sich die Kritik, gönnerhafte Herabsetzung und die herablassende Zurückweisung aus, mit der ältere Geschwister die Bemühungen und Ideen der jüngeren abtun. Zudem spüren viele jüngere Kinder, dass sie den angebeteten Geschwistern oft lästig sind, zum Beispiel wenn deren Freunde da sind oder wenn die Eltern verlangen, das jüngere zum Spielen mitzunehmen. Viele ältere Geschwister weisen dann die jüngeren barsch aus dem Zimmer oder lassen sie beim Spielplatz einfach links liegen.

Jüngste Kinder *profitieren* aber häufig auch von älteren Geschwistern, die ihnen den Weg vorgebahnt haben und die Mühe des «Spurens» ersparen. Das ältere Vorbild erleichtert vielfach auch neue Erfahrungen, da man sich auf dieses Geschwister abstützen, aus der Beobachtung und der Schilderung des älteren lernen kann. Von älteren Geschwistern erfahren jüngere Geschwister Wichtiges aus der Schule, über und im Umgang mit anderen Menschen, sie profitieren von den vorgelebten erfolgreichen wie ungünstigen Strategien. Bei Schulschwierigkeiten stehen meistens andere Geschwister zur Verfügung, nicht selten auch aufgrund elterlicher Anweisungen. So übernehmen ältere Geschwister häufig eine Schrittmacherfunktion für das jüngste. Viele Eltern sind zudem in der Erziehung beim jüngsten Kind weniger streng, gelassener, wodurch diesem häufig auch mehr Freiräume zugebilligt werden – was ältere Geschwister häufig genau registrieren und den Eltern nicht selten vorwerfen.

Das nachfolgende Beispiel stammt von einem jüngsten Mädchen. Die mittlerweile erwachsene Frau – sie steht kurz vor dem Berufsbeginn als Vorschullehrerin – beschreibt ihre Situation mit den entsprechenden Vor- und Nachteilen wie folgt:

> «Ich bin das jüngste Kind in meiner Familie. Da ich das einzige Mädchen bin, habe ich sicherlich noch eine speziellere Rolle. Ich wurde sehr verwöhnt. Wenn ich etwas ungeschickt angepackt habe, hieß es von Seiten der Eltern oft: ‹Sie ist halt die

> Kleinste, ihr müsst noch Verständnis haben!› Darüber nervte ich mich oft, denn es wurde mir so gezeigt, wie klein und unbeholfen ich sein musste. Ich musste mich sehr oft bestätigen und mich bemerkbar machen. Das war für mich ein anstrengender Kampf. Der Vorteil dabei war aber: Ich bekam viel früher mehr Sackgeld und durfte länger von zu Hause wegbleiben als meine Brüder im gleichen Alter. Diese nahmen oft eine beschützende Haltung mir gegenüber ein. Oftmals konnte ich es nicht begreifen, wieso meine Brüder zum Beispiel länger aufbleiben und etwas im Fernsehen schauen durften. Ich fühlte mich stark benachteiligt und wollte unbedingt auch dabei sein.
> In nächster Zeit wird es schwierig für mich sein. Ich bin die einzige, die noch zu Hause wohnt. Bald möchte ich auch ausziehen. Die Trennung wird für meine Mutter sehr schwer sein. Das letzte Kind muss sie nun hergeben! Es fällt mir schwer, ihr das anzutun. Aber irgendwann werde ich den Schritt machen müssen.»

Im Wunsch nach Anerkennung durch ältere Geschwister liegt aber für jüngere auch ein wichtiger *Entwicklungsanreiz*: Im Bestreben, die Minderwertigkeits- oder Unzulänglichkeitsgefühle zu überwinden, entwickeln sie häufig großen Ehrgeiz und erstaunliche Ausdauer im Bemühen, die bewunderten Geschwister einzuholen oder gar zu überholen. Nicht wenigen gelingt dies auch, meistens nicht zur Freude des Älteren. Gelegentlich ist die Lebensstilentwicklung jüngster Kinder gefährdet durch Riesenansprüche oder durch ein Verharren in Gefühlen der Hilflosigkeit und Minderwertigkeit. Einige entwickeln im Schlepptau Kräfte, die sie alleine nie mobilisieren könnten. So berichtet die Schauspielerin Verena Buss in einem autobiografischen Text[71] dazu:

«Und dann die gemeinsamen Mutbeweise! – Hintereinander vom Balkon oder dem noch höheren Gartenhaus in die Tiefe springen. Was für eine Lust, den anderen zu zeigen, dass man keine Angst hatte. Nur nicht die Kleinste bleiben. Das musste überwunden werden. Nur den Größeren in nichts nachstehen. Wurde auf das Kleinsein angespielt, folgten wütende, jähzornige, blutige Bisse.»

Das Verhältnis der Geschwister Heinrich und Thomas Mann beinhaltete sowohl eine persönliche wie auch eine literarische Konkurrenzsituation: Obwohl beide bekannte und anerkannte Schriftsteller wurden, galt Thomas der Jüngere als der Begabtere und Erfolgreichere. Da Thomas

---

71 Verena Buss in: Günter Franzen/Boris Penth (1992): Hüten und Hassen. Geschwister-Geschichten. München: dtv, S. 26

seinen älteren Bruder nicht kränken wollte, ließ er sich nur in die Berliner Akademie der Künste wählen, wenn Heinrich ebenfalls aufgenommen wurde – ein Zeichen von Geschwistersolidarität trotz lebenslanger und heftiger Konkurrenz!

Bei größerem Altersabstand müssen Jüngere dabei andere Strategien gegenüber den körperlich und intellektuell überlegenen Geschwistern einsetzen, viele Spielarten lassen sich dabei beobachten: Streitlust, Provokation, Schmollen, verdeckter Kampf, häufiges Weinen. Manche Jüngste – besonders wenn sie einen größeren Abstand zu den älteren Geschwistern aufweisen und sich immer wieder in der Rolle des Kleinen, Schwachen sehen –, greifen auf diese letzte «Waffe» zurück, um geschont zu werden, um ein Nachgeben der anderen zu erreichen. Einige Jüngste behalten in unglücklichen Fällen dieses Verhalten auch später noch bei und setzen es unbewusst in für sie schwierigen Konfliktsituationen als ihr vertrautes, automatisiertes Verhaltensmuster wieder ein. Andere jüngere und jüngste Kinder provozieren die älteren Geschwister, bis die Eltern herbeistürmen und ihre Kleinen gegen die vermeintlich ungerechten Angriffe durch die älteren in Schutz nehmen. Damit ist allerdings der nächste Konflikt schon vorprogrammiert.

Je nach Geschwisterkonstellation und -umständen erwerben jüngste Kinder aber auch *soziale Eigenschaften* wie Freundlichkeit oder Diplomatie, sie können weiter auch pragmatische oder manipulative Tendenzen entwickeln, indem sie andere Menschen geschickt für sich und ihre Zwecke einspannen.

Der Wissenschaftshistoriker Sulloway (1997)[72] hat in einer umfangreichen Untersuchung – gestützt auf eine halbe Million Daten aus mehr als sechstausend Lebensläufen! – in mehr als zwanzigjähriger Forschungsarbeit festgestellt, dass jüngste (und jüngere) Geschwister im Gegensatz zu den ältesten, die sich tendenziell eher mit den Eltern und deren Werten identifizieren, eher dazu neigen, andere Wege zu beschreiten und etablierte wissenschaftliche Theorien in Frage zu stellen. Der frühe Widerstand gegenüber den älteren Geschwistern kann in manchen Fällen durchaus den Grundstein für eine spätere rebellische und innovative Einstellung im Erwachsenenalter bilden. Allerdings muss dabei immer auch die Beziehung zu den Eltern als Faktor einbezogen werden: Älteste, die sich beispielsweise gegen den Vater aufbäumen und diesen Widerstand in der Familie zumindest über eine längere Zeit auch beibehalten,

---

72 Frank J. Sulloway (1997): Der Rebell der Familie. Berlin: Siedler

können sich dann ebenso zu RebellInnen, InnovatorInnen oder DissidentInnen in Wissenschaft, Kunst usw. entwickeln.

Das zuletzt geborene Kind in einer Familie ist zudem das einzige, dessen Position sich nie verändert. Allerdings macht es dabei in der Kindheit meistens auch nie die befriedigende Erfahrung, größer, stärker, klüger zu sein als eines seiner Geschwister. Wenn bei jüngeren Geschwistern die Erfahrung überwiegt, sie seien schwächer, ungeschickter, dümmer als andere, kann dies zu einer generalisierenden Selbsteinschätzung, zu einer Grundmeinung führen: Ich bin einfach weniger Wert als die anderen! Erst später, so etwa in der Schule, bieten sich (vielleicht) erste Gelegenheiten, ältere Geschwister mit besseren Noten zu überholen oder im Instrumentalunterricht gleichzuziehen. Für ältere Geschwister kann dies dann sehr schwierig werden.

Je nach Perspektive der Jüngsten sehen Schilderungen über ihre Kindheit ganz unterschiedlich aus: *«Immer musste ich die alten Kleider des älteren Bruders nachtragen»*, beklagt sich noch der 50-jährige Mann, während ein anderer meint, er sei außerordentlich stolz gewesen, wenn er jeweils die Hose oder das Hemd des großen Bruders, trotz deutlicher Gebrauchsspuren, noch tragen durfte. Eine Jüngste schließlich freut sich noch heute an der Erinnerung, wie sie dank der plötzlich guten finanziellen Lage im Elternhaus – die Eltern gewannen in einem Wettbewerb den gutdotierten ersten Preis – immer im Kaufhaus eigene neue Kleider auslesen durfte und die älteren Brüder das mit sarkastischem Kommentar quittierten, da die Eltern wenige Jahre früher noch jeden Kauf sorgfältig abwägen mussten.

Bei jüngsten Kindern, die sehr umsorgt und verwöhnt wurden, lässt sich gehäuft die Neigung beobachten, keine oder geringere Verantwortung als ältere zu übernehmen: Sie sind sich gewohnt, dass andere für sie die Sache wieder einrenken, sich um sie kümmern, die schmutzigen Kleider waschen, das Handtuch zusammenlegen oder in der Waschbox deponieren. Auch organisatorische Aufgaben überlassen sie anderen Menschen. Manchmal lernen jüngste Kinder mit Weinen und Wutanfällen, sich um eine Anforderung zu drücken: Das Mitleid der Größeren führt dazu, dass diese die Sache für sie in Ordnung bringen (müssen). Wenn jüngste Kinder eine solche Gangart nicht im Jugend- und Erwachsenenalter ablegen, stellen sich in Partnerschaften oder beruflichen Angelegenheiten später vielfach Schwierigkeiten ein. Das Gefühl, nichts oder nur wenig selber tun zu müssen, da andere das schon erledigen oder einrenken, kann entwicklungshemmend in vielerlei Hinsicht werden: Nicht so selten sind bei solchen Menschen Fähigkeiten wie Verantwortungsbewusstsein, Selbständigkeit, Ausdauer oder Pflichtbewusstsein zu wenig ausgebildet. Die Erwachsenenwelt verlangt aber z. B. Selbständigkeit, Unabhängigkeit, Verantwortungsbewusstsein, Zuverlässigkeit, Gegenseitigkeit, Kooperation, Mündigkeit.

Kinder ohne Geschwister (Einzelkinder)

In der Bundesrepublik Deutschland wachsen rund die Hälfte aller Kinder ohne Geschwister auf.[73] Über so genannte Einzelkinder existieren viele Aussagen, Theorien und Mythen: Sie seien verwöhnt, arrogant, frühreif, asozial, egozentrisch usw. Stimmt das? Was ist daran wahr? Kasten (1995)[74] weist in seiner Monographie zu Recht darauf hin, dass mit dem Begriff Einzelkinder regelmäßig Bedeutungen wie vereinzelt, einsam, Einzelgänger usw. verknüpft werden. Seine (und auch andere) Untersuchungen belegen aber keine dieser Annahme als generelle Tendenz – auch Geschwisterkinder können sich allein, unverstanden, überbehütet usw. fühlen. Untersuchungen zeigen zudem, dass Einzelkinder in der Klassengemeinschaft und bei gleichaltrigen FreundInnen genauso beliebt sind wie Geschwisterkinder.[75] Aufgrund der bisherigen Forschungsarbeiten sind zudem Einzelkinder im Vergleich zu Geschwisterkindern sogar seltener psychisch auffällig; älteste scheinen am stärksten gefährdet zu sein.[76] Auch gibt es keine typischen, verallgemeinernden Charaktereigenschaften von Einzelkindern: Natürlich finden sich einzelne Beispiele von egozentrischen Einzelkindern, die Mühe in sozialen Gruppen haben – nur gibt es ebenfalls viele Kinder mit ähnlichen Merkmalen, die mit Geschwistern aufwachsen. Deshalb müsste eigentlich der Begriff Einzelkinder – wie dies auch Kasten (1995) nachdrücklich betont – durch Kinder ohne Geschwister ersetzt werden. Ich tue das im Folgenden nur der Einfachheit halber nicht. Trotzdem bietet die Ausgangslage, als Kind

---

73 Hartmut Kasten (1995): Einzelkinder. Aufwachsen ohne Geschwister. Berlin: Springer, S. 13
74 a. a. O., S. 1
75 a. a. O., S. 113
76 vgl. dazu: Hans-Christoph Steinhausen (2000): Seelische Störungen im Kindes- und Jugendalter. Stuttgart: Klett-Cotta, S. 21 sowie: Hans-Christoph Steinhausen (1996): Psychische Störungen bei Kindern und Jugendlichen. München: Urban und Schwarzenberg, S. 22

ohne Geschwister aufzuwachsen, einige mögliche Gefahren, aber auch Chancen.

Vorweg also nochmals: Die meisten Vorurteile zu Einzelkindern sind nicht haltbar. Das Vorliegen besonderer Lebensumstände ist wichtiger als die Tatsache, ohne Geschwister aufzuwachsen. Nennenswerte Probleme ergeben sich also weniger aus der Einzelkind-Situation an sich, sondern aufgrund ungünstiger Familienverhältnisse: Ein Mangel oder ein Zuviel an Zuwendung, also eine unangemessene Betreuungsumwelt, stellt für jedes Kind eine Gefährdung dar und ist nicht spezifisch für Einzelkinder. Im Unterschied zu Geschwisterkindern leben geschwisterlose Kinder aber häufiger in Ein-Eltern-Familien: Inwieweit das für die Kinder wiederum einen Vor- oder Nachteil darstellt, hängt aber wiederum weitgehend von der individuellen Familiensituation (inner- und außerfamiliäre Betreuungsverhältnisse, sozioökonomische Lage, Beziehung zu den beiden Elternteilen, Regelungen und Verhältnis der leiblichen Eltern, Beziehungen zu neuen PartnerInnen der leiblichen Eltern usw.) ab.[77] Es gibt somit keine einheitlichen Ein-Kind-Familien.

Besonders charakteristisch für Einzelkinder ist sicher, dass sie nicht entthront werden, in der Regel die Aufmerksamkeit der Eltern nicht teilen müssen sowie über lange Zeit eine besondere Beachtung erfahren. Sofern ein Einzelkind mit beiden Elternteilen aufwächst, lassen sich Chancen wie Risiken erkennen: Bei einer ausgesprochen positiven Eltern-Kind-Beziehung mit genügend Raum zur individuellen Entfaltung sowie angemessenen Sozialkontakten zu Gleichaltrigen (Spielgruppe, Nachbarskinder) profitiert das Kind von seiner Situation. Kümmern sich die Eltern zu einengend, kontrollierend und/oder verwöhnend um ihr einziges Kind, sieht die Lage etwas anders aus. Diese Situation kann dann – muss aber nicht! – manchmal in Spiel- und Vorschulgruppen zu Problemen führen: Das Einzelkind ist sich dann nicht gewohnt, dass noch andere Kinder da sind und es die Erzieherin im Kindergarten teilen muss. Vieles hängt dabei auch von der Persönlichkeit des Kindes ab. Der englische Dichter Kirkup (1957) beschreibt in seiner Biografie «The Only Child – An Autobiography of Infancy» seine persönliche Situation als Einzelkind mit folgenden Worten:

«Ich war ein recht einsames Kind, obgleich ich mir dieser Einsamkeit nicht bewusst war. Ich war am liebsten allein. Aber zugleich wurde ich von der Sehnsucht zerrissen, unter anderen Menschen und in ihrem Kreise sein

---

[77] Hartmut Kasten (1995): Einzelkinder. Aufwachsen ohne Geschwister. Berlin: Springer, S. 24

zu können. Ich liebte den Gedanken an das Zusammensein mit einer geradezu Whitman'schen Intensität. Wenn ich aber eine Weile im Kreis der Vettern und Kusinen gewesen war, hatte ich schon wieder den dringenden Wunsch, allein zu sein. Ich konnte mich darin selbst nicht verstehen. Es war der Beginn eines inneren Konfliktes, der mich viele Jahre lang unglücklich machen sollte.» [78]

Es war für ihn zeitweise sogar schwierig und mühsam, die Gegenwart anderer Menschen zu ertragen: *«Meine Mutter erzählt, dass es sie manchmal fast rasend machen konnte, wenn ich steif und unbeweglich dasaß, ohne ein Wort zu reden, während andere Kinder meines Alters nur so daherplapperten. Wenn freundliche Unbekannte zuweilen stehen blieben, um sich mit mir zu unterhalten, konnten sie kein Wort aus mir herausholen.»* [79]

Auch Friedrich, ebenfalls ohne Geschwister aufgewachsen, litt sehr unter dem Einzelkinddasein, besonders verstärkt durch ein kleinbürgerliches Milieu, wo die katholische Lebensluft miefig und sexualfeindlich, die Elternteile bestimmend und gefühlskarg beziehungsweise schwach und zurückgezogen waren. Rückblickend schreibt er dazu:

«Das Schlimmste war, dass ich mich immer allein fühlte. ‹Keiner spielt mit mir›, wie oft habe ich diesen Satz ausgesprochen. Meine Sorgen und Ängste konnte ich auch nicht mit einem Bruder oder einer Schwester teilen. Abends, wenn ich im Bett lag, weinte ich oft und fühlte mich einsam und verlassen. Keine ‹Verschwörung›, keine ‹Geheimnisse›, von denen die Eltern nichts wissen sollten. Nein, ich habe alles zu Hause erzählt – wo denn sonst!» [80]

Die Schilderung des Knaben lassen starke Ängste erkennen, die sich natürlich nicht allein durch die Einzelkindsituation, sondern mit weiteren erzieherischen Einflüssen erklären lassen. Bei Friedrich kam noch erschwerend dazu, dass er zu anderen Kindern in seinem Umfeld keine Verbindung fand und so fast ohne gleichaltrige Freunde aufwuchs. Die Einzelkindsituation verursacht also nicht per se Einsamkeitsgefühle: Es müssen noch weitere Faktoren hinzukommen.

Einzelkinder können gelegentlich auch eine Sonderbehandlung anstreben. Einzelkinder, die aus bestimmten Gründen (Wohnquartier ohne

---

78 James Kirkup, zitiert nach: Karl König (1974): Brüder und Schwestern. Stuttgart: Klotz, S. 29
79 a. a. O., S. 30
80 Mathias Jung (2001): Geschwister. Liebe, Hass, Annäherung. Lahnstein: Emu, S. 45

2. Rollen, Nischen, Konstellationseffekte... **71**

Kinder) bis ins Kindergartenalter kaum mit anderen Kindern in Kontakt kommen, lernen nicht in ausreichendem Maße soziale Erfahrungen mit Gleichaltrigen: wie man streitet, argumentiert, sich zusammen freut, gemeinsam etwas plant und durchführt, sich hilft und helfen lässt u. v. a. m. Allerdings hängt auch hier wiederum vieles von den Eltern ab: wie sie ihr Kind behandeln, ob sie das Kind früh in Kontakt mit anderen Kindern bringen (z. B. Krabbel- und Spielgruppe, Nachbarskinder, Spielplätze aufsuchen) usw. Manchmal lässt sich beobachten, dass Eltern (und häufig die Großeltern) das Einzelkind besonders stark verwöhnen[81] und ihm aus bester Absicht alle Schwierigkeiten aus dem Weg räumen. Viele Einzelkinder zeigen allerdings überhaupt keine der geschilderten Merkmale. Ein Grund dafür kann zum Beispiel in so genannten «Ersatzgeschwistern» gefunden werden: Eine große Zahl von Einzelkindern pflegt mit Nachbarskindern manchmal über Jahre eine intensive Beziehung und findet so reichlich Erfahrungsmöglichkeiten auf einer ähnlichen Erfahrungsebene. So schreibt Frau N.:

«Ich war halt ein Einzelkind, aber ich hab das eigentlich nie so empfunden, weil ich von klein auf schon sehr umgänglich war. Ich hatte schon immer eine Freundin oder Bekannte.»[82]

Vielfach schaffen sich Einzelkinder auch «Fantasiegeschwister», mit denen sie sprechen, spielen, die sie bemuttern oder «bevatern», mit denen sie ausführliche und mitunter komplizierte Dialoge führen. Auch Stofftiere nehmen hierbei eine verstärkte Ersatzobjektfunktion (Winnicott) für ein nicht vorhandenes Geschwister ein. Dies gilt natürlich vor allem bei Vorschulkindern. Aus vielen Erzählungen mit Einzelkindern entnahm ich auch vielfach den Wunsch, ein jüngeres Geschwister zum Spielen oder ein älteres als Helfer oder Beschützer, z. B. in der Schule auf dem Pausenhof, zu haben. Einige gewitzte Einzelkinder «bestellen» bei ihren Eltern gar ein solches Geschwister nach «Maß» (z. B. Geschlecht, Merkmale).

Im Gegensatz zu allen anderen Geschwistersituationen ruhen alle Erwartungen, positive wie negative, bewusste und unbewusste, nur auf dem einen Kind: Bei mehreren Kindern können elterliche Projektionen leichter verteilt werden, bei einem Einzelkind ist dies nicht der Fall. Sind

---

81 vgl. zum Thema Verwöhnung ganz allgemein, nicht nur in Bezug auf Einzelkinder: Jürg Frick (2001): Die Droge Verwöhnung. Beispiele, Folgen, Alternativen. Bern: Huber
82 zitiert nach: Hartmut Kasten (1995): Einzelkinder. Aufwachsen ohne Geschwister. Berlin: Springer, S. 47

die Erwartungen dem Kind mit seinen Möglichkeiten und Neigungen angepasst, führt dies zu keinen Problemen. Versuchen hingegen Eltern, ihre unerfüllten und ersehnten Wünsche in einem Kind fortzuführen und zu verwirklichen, wird ein starker Druck auf dieses Kind ausgeübt, dem es im günstigen Fall gewachsen ist oder den es geschickt zu modifizieren weiß, an dem es aber auch scheitern kann.

Negativen elterlichen Einflüssen ausgesetzt zu sein, stellt für alle Kinder in einer Familie ein Risiko dar; Einzelkinder sind dabei tendenziell verletzbarer als Geschwisterkinder – und zwar besonders dann, wenn sie über längere Zeit intensiv diesen Einflüssen (z. B. Depression der Mutter, Streit der Elternteile um Sorgerecht und Geld, starke Verwöhnung oder Ablehnung) ausgesetzt sind und gleichzeitig keine Möglichkeit finden, über FreundInnen, SchulkameradInnen, Großeltern usw. gegenwirkende oder ausgleichende Kräfte mobilisieren zu können. Das Einzelkind ist – neben dem ältesten Kind – zudem stärker der Gefahr ausgesetzt, bei entsprechend disponierten Eltern(teilen) zum Partnerersatz (Parentifizierung) zu werden (vgl. dazu auch Kap. 3). Nicht nur bei Alleinerziehenden, aber bei diesen tendenziell häufiger, kann das Kind einen zentralen Stellenwert einnehmen und dem Elternteil einen Gegenpol in einer als sinnentleert empfundenen Lebenswelt, sei das beruflich oder privat, bieten (vgl. Kasten 1995[83]).

Die Situation der Einkind-Familie führt tendenziell zudem zu einer stärkeren Bezogenheit auf Ältere bzw. auf Erwachsene (Erwachsenenorientierung, Elternzentrierung), seien dies die Eltern oder später die Lehrpersonen in der Schule. Solche Kinder zeigen sich gelegentlich recht altklug, sehr «vernünftig», frühreif, und es gelingt ihnen sehr gut, mit Erwachsenen in Kontakt zu kommen; ja einige sind sehr geübt und führen das Gespräch mit LehrerInnen oder anderen Erwachsenen wie kleine Kommunikationsprofis. Viele Einzelkinder werden auch früh zu übermäßig Vertrauten der Eltern, etwa wenn die Eltern noch sehr jung sind, das Kind mit einem Elternteil aufwächst oder Eltern in ihrem Kind positive Anteile von sich selber sehen. Einzelkindern werden gelegentlich auch Dinge anvertraut, die ihnen nicht zuträglich sind, die sie überfordern, nicht ihrer Entwicklung angemessen sind. Bei Einzelkindern mit besonderer, d. h. übermäßiger Zuwendung und Aufmerksamkeit von Seiten der Eltern läuft das Kind Gefahr, einen lebensstiltypischen Anspruch auf eine einzigartige Sonderstellung zu entwickeln, immer im

---

[83] Hartmut Kasten (1995): Einzelkinder. Aufwachsen ohne Geschwister. Berlin: Springer, S. 138

Mittelpunkt sein zu wollen.[84] In ungünstigen Fällen tragen solche Kinder ihre verinnerlichten und unangemessenen Vorstellungen auch in spätere Beziehungen im Erwachsenenalter hinein und erleben dann bisher unbekannte Schwierigkeiten, da das Gegenüber nicht mit der gewohnten Aufmerksamkeit reagiert.

Auf der anderen Seite muss auch betont werden, dass Einzelkinder – besonders bei Berufstätigkeit beider Elternteile – bei einem partnerschaftlichen Erziehungsstil eine überdurchschnittlich ausgeprägte Selbständigkeit zu entwickeln vermögen, was ihnen später in vielen Lebenssituationen zugute kommt.

Schließlich stellt sich jede Einzelkindsituation auch von der Wunschstruktur der Eltern als eine individuelle dar: Wenn die Eltern gerne noch ein zweites Kind gehabt hätten, dies aber nicht möglich war, so bedeutet das einen anderen Ausgangspunkt, als wenn sie eigentlich gar keine Kinder wollten und dann aus «Unachtsamkeit» ein Kind in die Welt setzten. Ist der Einzelkindstatus von den Eltern bewusst gewählt, kann das Kind von der vermehrten und ungeteilten Aufmerksamkeit der Eltern durchaus profitieren, sofern sie nicht übertrieben ausfällt.

Der folgende Bericht einer 20-jährigen Frau illustriert eine Spielart des Einzelkindes mit den entsprechend subjektiv empfundenen Vor- und Nachteilen:

> «Ich wurde von meinen Eltern und Großeltern sehr verwöhnt. Das sehe ich inzwischen, obwohl ich es früher sehr schön fand, als erheblichen Nachteil an. Ich merke zum Beispiel, dass ich mit Dingen, die mir gehören, nicht sehr vorsichtig umgehe. Einzelkindern wird oft unterstellt, sie können nicht teilen und wollen sowieso alles nur für sich allein haben, doch das ist bei mir weniger der Fall. Solange ich habe, gebe ich denjenigen, die ich mag, gerne. Ich habe auch kein Problem damit, wenn ich einen Menschen mit einem anderen teilen muss. Doch bin ich eigentlich eher ein Einzelgänger. Wenn zu viele Menschen um mich herum sind, kriege ich fast Panik und muss mich entfernen. Ich denke, wenn ich Geschwister gehabt hätte, wäre das vielleicht etwas anders. Aber durch diese Familiensituation war ich schon früher oft alleine. Aber da ich glücklicherweise eine wunderbare Freundin hatte, der ich mich anvertrauen konnte, musste ich in der Schule nicht allein sein. Ich hatte mir aber immer einen älteren Bruder gewünscht, der mich beschützen könnte und der mir auch ein bisschen den Weg geebnet hätte.»

---

84 vgl. dazu: Jürg Frick (2001): Die Droge Verwöhnung. Beispiele, Folgen, Alternativen. Bern: Huber

Im zweiten Fall skizziert eine 21-jährige Frau ihre persönliche Sicht als Einzelkind mit Vor- und Nachteilen: Die frühe Trennung der Eltern mit ihren Folgen und der Aspekt des Teilens stehen im Zentrum ihrer Ausführungen:

> «Da ich Einzelkind bin, habe ich nie erfahren können, wie es ist, einen Bruder oder eine Schwester oder ganz einfach Geschwister zu haben. Einzelkind zu sein hat sowohl Vorteile wie auch Nachteile. Einerseits erhält man von den Eltern, bei mir vor allem von meiner Mutter, die volle Aufmerksamkeit und muss diese mit niemandem teilen, andererseits fühlte ich mich oft allein. Durch die Scheidung meiner Eltern – ich war sieben Jahre alt – wurde das Gefühl des Alleinseins noch zusätzlich verstärkt. Ich wünschte mir nun ganz fest ein Geschwister, das mich in dieser Zeit tröstete und bei mir war. Auch beim Spielen fühlte ich mich allein, obwohl ich schnell lernte, mich mit mir selber zu beschäftigen.
> Durch meine offene Art hatte ich nie Probleme, andere Kinder zum Spielen zu finden. Da entstand dann eher das Problem des Teilens. Da ich nie teilen musste, hatte ich anfangs Mühe mit anderen Kindern, doch ich begriff schnell, dass Teilen dazugehörte und in einer Gesellschaft wichtig war. Ich lernte dies früh, da ich ja immer den Kontakt mit anderen Kindern pflegte. Meine Mutter achtete darauf, dass sie mich nicht zu stark verwöhnte. Aber die Tatsache, Einzelkind zu sein, war nun mal da.»

Viele Einzelkinder wünschen sich ein Geschwister, entweder ein jüngeres zum Gern-Haben und Spielen oder ein älteres als Helfer/in oder Beschützer/in. Fatke[85] weist sowohl auf die entwicklungs- wie die tiefenpsychologische Bedeutung von Geschwisterfantasien hin: Der fantasierte Wunsch nach einem Geschwister kann zum Beispiel die Funktion einer Abgrenzung von einer überbehütenden Mutter, der Distanzierung von zu ausgeprägter elterlicher Abhängigkeit wie des Kontaktes mit anderen Kindern, vorerst in Form eines Geschwisters, einnehmen. Einzelkinder «erfinden» manchmal Geschwister, denen sie einen eigenen Namen geben und die ihnen befehlen, nicht zu gehorchen. Ein Junge im Vorschulalter schilderte mir, «Palo» habe ihm gesagt, er müsse noch nicht nach Hause kommen und dürfe noch draussen spielen. Dieser Junge hatte eine sehr besorgte Mutter mit einem einengenden Erziehungsstil. «Palo» erfüllte eine Art Hilfsfunktion als Gegenautorität zur Mutter (und zum Vater). Solche Fantasiegeschwister verschaffen einem Kind so die Gelegenheit, Themen, Probleme und Konflikte, die es mit dem Intellekt

---

85 Reinhard Fatke: Geschwisterphantasien-Phantasiegeschwister. In: Gunther Klosinski (Hrsg.) (2001): Verschwistert mit Leib und Seele. Tübingen: Attempto, S. 101–124

noch nicht begreifen und bewältigen kann, auf eine ihm gemäße Art zu bearbeiten und in die eigene Erfahrungswelt zu integrieren. Fatke betont dabei, solche Fantasiefiguren nicht nur als Kompensation realer Enttäuschungen zu verstehen, sondern sie als einen fortwährenden Prozess der Selbstverständigung und Verselbständigung anzusehen. Fantasiegefährten in Form von irrealen Geschwistern übernehmen so zumindest zeitweilig eine wichtige Funktion als Übergangsobjekte (Winnicott), wie sie bei jüngeren Kindern ein Teddybär oder ein Plüschäffchen sein kann.

Andere Positionen, Konstellationen und Faktoren

Neben der Geburtenfolge, der individuellen Verarbeitung durch das Kind, dem Umgang der Eltern, ihrem Erziehungsstil, der Partnerbeziehung, der Geschlechtszugehörigkeit (und der individuellen Reaktion darauf: der Umgebung und des Kindes), dem Aussehen und der Begabung spielt wie schon erwähnt auch das *relative Alter der Geschwister zueinander* eine Rolle: Kinder mit geringem Altersunterschied konkurrieren tendenziell häufiger miteinander als Geschwister, die ein Altersunterschied von fünf oder mehr Jahren trennt. Es gibt zudem fast unzählige Geschwistersituationen: Halb- und Stiefgeschwister, Adoptivkinder, ältester Bruder von Brüdern, jüngstes Mädchen von Schwestern, Zwillinge usw. Zudem kann der Einfluss einer im Haus lebenden weiteren Bezugsperson, z. B. der Großmutter, von großer Bedeutung sein. In jeder Familie konstelliert sich ein unverwechselbares soziales Gefüge, in dem tausenderlei Möglichkeiten des Beziehungsaustauschs und der Rolleneinnahme möglich sind. Der einzige Knabe unter vier Mädchen bedeutet in der eher patriarchalisch strukturierten Familie etwas anderes als in einer vom Gleichheitsideal der Eltern ausgehenden Familienform. Das einzige Mädchen unter einer Schar von Knaben kann z. B. in die Rolle der Prinzessin hineinwachsen, aber auch neben den Buben untergehen – oder von den Knaben überall hin mitgenommen und einbezogen werden. In einer weiteren Familie kann sich eine Koalition der Kinder gegen die Eltern oder gegen einen Elternteil entwickeln – mit individuellen Vor- und Nachteilen für alle Beteiligten.

Systemisch betrachtet muss ergänzt werden, dass sich in einem Familiensystem[86] als Ganzes mehrere Subsysteme (Untergruppen) bilden, die

---

86 vgl. dazu auch den Anhang

dauernden Veränderungen unterworfen sind und auch untereinander neue Subsysteme entwickeln: Neben dem elterlichen und partnerschaftlichen Subsystem (Mutter-Vater und Frau-Mann) enthält das Familiensystem auch ein geschwisterliches Subsystem (Kinder), das wiederum in weitere Subsysteme aufgegliedert werden kann – so z. B. ein Subsystem, beinhaltend die älteste Schwester und den jüngsten Bruder gegen das Subsystem, das nur die mittlere Schwester umfasst oder zwei Geschwister-Subsysteme der Kleinen und der Großen. Je nachdem, wie gut oder schlecht das elterliche und partnerschaftliche Subsystem funktionieren, können auch neue komplexe Gebilde entstehen: Bei einer zunehmend schlechten (dysfunktionalen) Eltern- und Partnerbeziehung schlägt sich als eine mögliche Variante die Mutter zunehmend auf die Seite der mittleren Schwester und bildet neu ein vertikales Subsystem (Elternteil-Kind) gegen das eher horizontal strukturierte Subsystem (älteste Schwester-jüngster Bruder). Der Vater, ausgeschlossen und allein, zieht sich allmählich völlig aus der Familie zurück, entwickelt eine heimliche Liebesbeziehung zu einer Frau und bringt schließlich das familiäre System zum Zusammenbruch, weil die Ehefrau davon erfährt, den Mann vor die Türe setzt und die Scheidung einreicht. Das ganze Familiensystem wird so neu konstelliert, viele Varianten und Folgen sind denkbar: Durch den Auszug des Vaters schließen sich neu die drei Geschwister gegen die Mutter zusammen (1) oder die übriggebliebene Familie bildet ein neues gemeinsames System, bestehend aus allen drei Kindern und der Mutter (2) oder die ältesten zwei Geschwister schließen sich neu zusammen und grenzen sich mit ihrem Subsystem gegen die Mutter und das jüngste Geschwister ab usw. Vielerlei Spielarten sind möglich, die wiederum einer dauernden Veränderung unterworfen sind. Wenn eine Mutter das eine (oder mehrere), der Vater das andere Kind (oder mehrere) an sich bindet, zerbricht psychologisch betrachtet die Familiengemeinschaft; die geteilten, d. h. aufgeteilten Geschwister bilden kein eigenes Subsystem mehr. Solche Über-Kreuz-Bindungen lassen sich manchmal in gescheiterten oder geschiedenen Ehen beobachten. Die betroffenen Geschwister vermögen so meistens keine eigene gute Bindung zueinander aufzubauen. Ich möchte zum Abschluss aber betonen, dass sowohl gut funktionierende wie instabile oder zerbrochene Familien (und damit Familienbeziehungen überhaupt) immer dynamische Gebilde darstellen, die sich permanent entwickeln, verändern, neu konstellieren – z. B. nach einer Trennung der Eltern, dem Auszug eines Geschwisters –, aber manchmal auch in Bezug auf die Rollenzuschreibung erstaunlich konstant sein können.

Die Bedeutung der «tendenziösen Wahrnehmung»[87] und die «Grundmeinungen»

Es kann nicht genug betont werden, und ich möchte deshalb an dieser Stelle nochmals deutlich festhalten, dass alle beschriebenen Erlebnis- und Verhaltensweisen immer *Möglichkeiten* wiedergeben. Jedes Kind – in welcher Situation auch immer – wächst in einer individuellen und einmaligen Situation auf, die von unzähligen sich gegenseitig beeinflussenden Faktoren bestimmt wird: *Prägend bleibt nicht die reale, sondern die empfundene und individuell gedeutete Geschwistersituation.* Kein Kind wächst in derselben Situation und Umgebung auf, bei jedem Kind sind die Umstände – wenn manchmal auch scheinbar nur geringfügig – verschieden: Beide Elternteile sind bei der Geburt des ersten Kindes nicht in der gleichen Lage wie beim zweiten oder dritten Kind, sie erleben auch jedes Kind als Individuum und behandeln es entsprechend unterschiedlich, auch wenn sie sich um eine faire, gleiche oder identische Behandlung bemühen. Auch die weitere Umgebung, die Zeitumstände, die Spielkameraden, später die Freunde und Lehrpersonen usw. sind nicht dieselben. Kurz: Jedes Kind wächst in eine individuelle, einmalige Situation hinein, die nie wieder (für ein nächstes Geschwister) dieselbe sein wird, sein kann. Darauf haben in neuerer Zeit verschiedene AutorInnen hingewiesen, so etwa Dunn/Plomin (1996)[88]. Auch Lempp betont dies, wenn er schreibt: «*Wir müssen davon ausgehen, dass der Mensch vom Beginn seines Lebens an eine unendlich große Zahl von Eindrücken kognitiv und emotional aufnimmt, die sich zu einem sich allmählich verfestigenden und stets verfügbaren Wissen und damit auch zu einem individuellen Verhalten summieren. Diese Erfahrungen sind bei jedem Menschen anders und absolut individuell.*»[89]

Individuell sind ferner auch die bewussten und unbewussten Erwartungen, Rollen, Projektionen und Charakterzuschreibungen an ein Kind. Das Kind erlebt, deutet und verarbeitet seine Geschwister- und Geschlechtssituation individuell persönlich, es sieht sowohl seine Geschwis-

---

87 Zur tendenziösen Wahrnehmung sei besonders verwiesen auf: Reinhard Brunner et. al. (Hrsg.) (1985): Wörterbuch der Individualpsychologie. München: Reinhardt, S. 32–37.
88 Judy Dunn/Robert Plomin (1996): Warum Geschwister so verschieden sind. Stuttgart: Klett-Cotta
89 Reinhart Lempp: Geschwisterbeziehung in der Forschung. In: Gunther Klosinski (Hrsg.) (2000): Verschwistert mit Leib und Seele. Tübingen: Attempto, S. 229

ter wie sich selber aus einem ganz persönlichen, subjektiven Blickwinkel, schafft sich eine eigene, persönlich gefärbte Mikro-Welt. Diese Perspektive bestimmt letztlich wichtige Teile des Verhaltens des Kindes. Die vielfältigen und unzähligen Erlebnisse und Erfahrungen verarbeitet das Kind auf eine ganz persönliche und individuelle Art und verankert sie in seinen ihm nicht bewussten Grundmeinungen[90]: Grundmeinungen sind Einstellungen, Schlussfolgerungen, Meinungen über sich, die anderen Menschen und die Zukunft, sie repräsentieren die verdichteten Schlüsse aus den Erfahrungen der ersten Lebensjahre. Adler nennt diese in den ersten Lebensjahren entwickelten und verfestigten Grundmeinungen auch den «Lebensstil» eines Menschen, der natürlich nicht aufgrund objektiver Folgerungen sowie bewusster Überlegungen und Reflexionen entsteht, sondern dem Gesetz der tendenziösen und selektiven Wahrnehmung gehorcht: Das Kind «wählt» unbewusst aus seinen vielen Erfahrungen aus, ordnet diese und setzt sie zu einer persönlichen Lebenslinie (Lebensplan) zusammen. Natürlich spielen elterliche Einflüsse für die Entwicklung des Lebensstils eine zentrale Rolle: Ob ein Kind ein eher freundliches oder eher negatives Selbstbild entwickelt, liegt nicht einfach in seinem freien Ermessen.

Das konstruktivistische Paradigma geht von einem teilweise ähnlichen Ansatz aus: Man spricht dort von einer persönlichen Identitätskonstruktion. Erlebnisse und Erfahrungen mit Geschwistern aus der Kindheit sind deshalb immer subjektiv geprägt wie erinnert: Einzelheiten werden weggelassen oder nehmen einen überdimensionalen Platz ein. Als kleines, aber typisches Beispiel dafür steht die folgende Geschichte einer meiner StudentInnen, die sich im Alter von 24 Jahren wie folgt erinnert und das selber richtig als Konfabulation bezeichnet.

Konfabulation
Immer, wenn meine Freunde und ich in vergangenen Jahren über die Schandtaten unserer Geschwister gesprochen haben, habe ich mit Genuss von der Brutalität meines kleineren Bruders erzählt: Als ich etwa viereinhalb Jahre alt war, halfen mein zwei Jahre jüngerer Bruder und ich unserer Mutter beim Jäten im Garten. Meine Mutter hatte eine Hacke, und auch mein Bruder machte sich mit einer kleinen Hacke ans Werk. Selbstverständlich wollte ich auch eine, da aber keine mehr übrig war, versuchte ich, meinem Bruder das kleine Exemplar zu entreißen. Die-

---

90 Peter Veith beschreibt in seinem empfehlenswerten Buch die Entwicklung von Grundmeinungen ausführlicher, besonders im Zusammenhang mit Geschwistern. Peter Veith (2000): Jedes Kind braucht seinen Platz. Geschwister in der Familie. Freiburg: Herder

ser gab sie nicht her, im Gegenteil. Er brauchte sie zu seiner Verteidigung und schlug sie mir auf den Kopf. Beim Arzt erzählte er dann noch stolz, was er getan hatte. Sichtbar ist diese Gewalttat heute noch, denn ich habe am Kopf eine etwa fünf Zentimeter lange Narbe davongetragen.
Bei den meisten Freunden stieß diese Geschichte auf das erwartete Entsetzen und auch auf Mitgefühl. Als aber meine Mutter vor ungefähr zwei Jahren einmal mitbekam, wie ich die Geschichte erzählte, zog sie mich nachher beiseite und erklärte mir Folgendes: Mein Bruder und ich haben uns zwar um die Hacke gestritten, und es stimmt auch, dass er sie mir auf den Kopf geschlagen hat. Diese kleine Verletzung ist aber schnell wieder verheilt und heute nicht mehr sichtbar. Die Narbe habe ich aber schon, seit ich zwei Jahre alt bin, zu dem Zeitpunkt konnte mir mein Bruder noch nichts anhaben. Ich habe mit einer Katze gespielt, die mich plötzlich angefallen hat. Beim Versuch zu flüchten, habe ich mir den Kopf an einer Mauerecke aufgeschlagen!»

Solche Grundmeinungen helfen dem Kind, sich in der unübersichtlichen und bisweilen verwirrenden Welt zu orientieren, sich zurechtzufinden und zu funktionieren nach dem Prinzip der *Komplexitätsreduktion:* Die Vielfalt der Erfahrungen und Eindrücke werden zu zentralen, häufig schwarz-weiß geprägten Aussagen oder Inhalten verarbeitet und komprimiert – allerdings stark beeinflusst vom Verhalten und den Rollenzuschreibungen der Eltern. Dadurch ordnen Kinder die vielen Eindrücke, mit denen sie konfrontiert sind. Diese Komplexitätsreduktion schafft für das Kind eine gewisse Sicherheit und Berechenbarkeit in seinem Umfeld, denn das Kind braucht verlässliche Orientierungen. Ähnliche Prozesse lassen sich auch noch im Erwachsenenalter feststellen: Komplizierte Naturerscheinungen werden personifiziert (Wirbelstürme/Orkane erhalten Namen wie Lothar, Hoch- und Tiefdruckgebiete heißen Helga oder Pius!) und gesellschaftliche Probleme werden auf einzelne Menschengruppen (Ausländer raus!) reduziert. Grundmeinungen repräsentieren für das Kind letztlich «Wahrheiten», sie sind eine Art Brille, die individuell gefärbt oder getönt ist. Mit dieser persönlichen Brille sehen Kinder (und später auch die Erwachsenen) häufig nur noch das, was diesen Grundmeinungen entspricht, und sie blenden Widersprüche dazu aus. Die persönliche Brille leitet nun weitgehend ihr Fühlen und Denken und konstelliert ihre Selbst- wie die Einschätzung anderer Menschen (Selbst- und Fremdbild). So ordnet ein Kind, das von der Meinung beherrscht wird, in seiner Familie gegenüber dem Geschwister benachteiligt zu sein, alle Erfahrungen in dieses Schema ein: Jede vermeintliche, nur schon vermutete Zweitrangigkeit merkt es sich; eine aber ebenfalls mehrfach stattgefundene Privilegierung als Jüngstes genügt nicht als Korrektiv für dieses Wahrnehmungsmuster. In der Schule können zum

Beispiel Kinder auch bei einer verständnisvollen und netten Lehrperson längere Zeit in einer kritischen und vorsichtigen Abwehrhaltung verharren, weil sie z. B. mit einem vorgefassten Bild über Lehrpersonen, entwickelt in der Auseinandersetzung mit den Eltern und dem älteren Bruder, in den Unterricht kommen und unbewusst immer darauf warten, bis dieser nur «vermeintlich» oder anfänglich freundliche Lehrer sein wahres Gesicht zeigt. Grundmeinungen sind persönlich gefilterte Gefühls- und Denkmuster, die Kinder in der frühen Kindheit gefühlsmäßig als Gewissheiten entwickeln, bevor sie sprechen und darüber nachdenken können.

Grundmeinungen können sich auch aufgrund von Missverständnissen ausbilden: Ein Mädchen, das seinen kleinen Bruder liebt, aber auch etwas eifersüchtig auf ihn ist, zieht in mehreren aufeinander folgenden Nächten eine Decke über sich und weckt ihren Bruder in der Rolle eines Bären, der hungrig ist und ihn auffressen will: Der Bruder erschrickt fürchterlich und meint aufgrund seines Alters (knapp zwei Jahre), es sei ein echter Bär, der ihn bedrohe. Die Eltern versuchen jeweils den schreienden Knaben zu beruhigen, glauben, er habe einen schlechten Traum gehabt und ahnen nicht, dass die ältere Schwester dahintersteckt. Der Knabe steht so während mehrerer Monate große Ängste aus. Erst später realisiert er schließlich die wahren Hintergründe: Es ist seine ältere Schwester, die ihn jeweils als Bär ängstigt! Er braucht längere Zeit, bis er zu der als «böse» empfundenen Schwester wieder ein ungestörteres Verhältnis findet; seine Grundmeinung über sie beinhaltet so eine Zeitlang die Auffassung einer gefährlichen, gemeinen, ihm nicht wohlgesinnten Schwester, die ihn nicht gerne hat und ihn deshalb geplagt hat. Da die Eltern damals mit der Schwester – als die Sache auskam – schimpften, verstärkten sie ungewollt sein Bild über die Schwester.

Kinder bilden in den ersten sechs, sieben Lebensjahren ein Repertoire solcher Grundmeinungen, die «Wahrheiten», Aussagen, Annahmen und Überzeugungen über vier Bereiche enthalten. In **Tabelle 2-2** habe ich – in Anlehnung an Veith (2000)[91] – leicht verändert diese Grundmeinungen zusammengefasst und veranschaulicht.

Beck (1986)[92] hat in seiner berühmten Theorie der kognitiven Triade der Depression die Punkte 1, 2 und 4 detailliert beschrieben und zeigen können, wie depressive Menschen sich selber, die anderen Menschen

---

91 a. a. O., S. 47
92 vgl. dazu Aaron T. Beck et al. (1986): Kognitive Therapie der Depression. Weinheim: Beltz; besonders S. 41–51

Tabelle 2-2: Grundmeinungen

1. **Über sich selbst:** eigene Fähigkeiten, Fertigkeiten, Eigenschaften, Haltungen (Beispiele: «Ich kann gut zeichnen.», «Ich werde immer benachteiligt.», «Ich bin langsamer bzw. dümmer oder … als die anderen.», «Nur wenn ich Höchstleistungen vorweisen kann, lieben mich meine Eltern.»)
2. **Über andere Menschen:** wie die einzelnen Geschwister, Mutter und Vater, Lehrpersonen, Verwandte usw. (Beispiele: «Meine Eltern mögen mich.», «Die Lehrerin hat etwas gegen mich.», «Mein älterer Bruder ist intelligenter als ich.»)
3. **Über die Umwelt:** Lebensbereiche und Materialien im Umfeld des Kindes (Beispiele: «Lego-Spielen ist lässig.», «Im Wald finde ich immer interessante Dinge.»)
4. **Über die Zukunft, das Leben:** Hier stehen Aufgaben, Anforderungen, Übergänge und Entwicklungsaufgaben sowie die Zukunft im Vordergrund (Beispiele: «Im Kindergarten mag mich wohl niemand?!», «Die Schule ist ein Ort des Misserfolges für mich.», «Ich werde sicher in den Sommerferien wieder nette Kinder am Strand kennen lernen.»)

und die Zukunft ausgesprochen negativ beurteilen. Kinder, die in ihrer Familie ausgeprägt negative Grundmeinungen entwickeln, also die Welt durch eine schwarz getönte «Brille» selektiv betrachten, haben eine für ihre psychische Gesundheit und Zukunft ungünstige tendenziöse Wahrnehmung verinnerlicht.

Geschwister und Sprache

Verschiedene AutorInnen, so u. a. auch Schenk-Danzinger (1988)[93], weisen auf die Bedeutung der Geschwistersituation für die Sprachentwicklung hin: Da sich Eltern mit einem Einzelkind tendenziell intensiver und ausgiebiger beschäftigen und es auch entsprechend mehr sprachliche Zuwendung erfährt, sind Einzelkinder in ihrer sprachlichen Entwicklung Kindern mit mehreren Geschwistern häufig voraus. Einzelkinder, die bis ins Kindergartenalter wenig mit Gleichaltrigen in Kontakt kommen, sind so auch sprachlich stärker auf Erwachsene ausgerichtet, was nicht selten zu manchmal erstaunlichen Sprachkompetenzen führen kann. Auf der anderen Seite entwickeln sich Kinder mit nur wenig älteren oder wenig jüngeren Geschwistern sprachlich oft etwas langsamer,

---

[93] Lotte Schenk-Danzinger (1988): Entwicklungspsychologie. Wien: Bundesverlag, S, 278 f.

weil sie sich gegenseitig in der kleinkindhaften Sprachweise verstärken. Bei Zwillingen, besonders bei eineiigen, ist dies besonders ausgeprägt, da Zwillinge – noch mehr als bei anderen Geschwisterkonstellationen – eine eigene Sprache, einen privaten Code entwickeln und sich manchmal sogar über Jahre darin bewegen. Wiederum spielen auch hier weitere, schon vorher genannte Faktoren eine moderierende oder verstärkende Rolle.

Nischen, Geschwisterrollen und Komplementärrollen

Jedes Kind braucht seinen Platz: So heißt auch der Titel des Buches von Veith (2000)[94] über Geschwister. Jedes Kind ist in seiner Entwicklung auf der Suche nach einer eigenen *unverwechselbaren Individualität* und Identität. Es hat ein Bedürfnis, sich von anderen zu unterscheiden, in bestimmten Bereichen besonders, eben individuell zu sein – man könnte auch von einem natürlichen Individuationsdruck sprechen. Diese Verhaltenstendenz macht auch evolutionsbiologisch einen Sinn: Ein Kind erhält eher Zuwendung und persönliche Betreuung als charakteristisches, unverwechselbares Individuum, das von den Eltern als solches auch wahrgenommen wird. Kinder erreichen am ehesten Zuwendung, wenn es ihnen gelingt, unterschiedliche Beziehungsbereitschaften der Eltern auf sich zu lenken. Jedes Kind strebt nach Anerkennung, Bestätigung, Zuwendung, Bejahung, es sucht sich ein Feld, in dem es Chancen hat, einen Platz, eine Nische, Zuwendung, Anerkennung, Geltung zu erlangen. Mit dem Begriff *Nische* lässt sich beschreiben, wie die einzelnen Familienmitglieder im Familiensystem unterschiedliche, individuelle Rollen ausbilden. Geschwister schaffen sich, abhängig von vielerlei Faktoren wie Geburtenfolge, Geschlecht, physischen Eigenschaften oder Temperament unterschiedliche Rollen im System Familie und entwickeln aus diesen verschiedene Methoden, um bei den Eltern anzukommen, anerkannt, akzeptiert und geliebt zu sein. Im Bemühen um Zuwendung der Eltern entwickeln Kinder ein breites Spektrum von Strategien: Sie versuchen zum Beispiel auf direkte Weise durch Helfen, Gehorchen, Streiten (mit dem Geschwister oder den Eltern), durch Rebellion oder Schmeicheln, oder auf indirekte Weise durch Rückzug, Schmollen usw. zu ihrem Recht und Platz zu kommen. Es hängt zudem nicht unwesent-

---

94 Peter Veith (2000): Jedes Kind braucht seinen Platz. Freiburg: Herder

lich vom Alter sowie von Körpergröße und -kraft ab, welche Strategie für ein Kind jeweils die wirkungsvollste ist. Die Ältesten suchen die Gunst der Eltern zum Beispiel zu erhalten, indem sie sich den jüngeren Geschwistern gegenüber als Ersatzeltern und fürsorglich zeigen. Damit ist diese Nische für die nachfolgenden Geschwister – zumindest in ihrer spezifischen Ausprägung – besetzt. Wenn die Kinder älter werden, prägen sie auch ihre Nischen meistens noch unterschiedlicher aus: Das eine Kind erlangt dann so beispielsweise Anerkennung mit sportlichen Leistungen, während das andere durch künstlerische Fähigkeiten auf sich aufmerksam macht. Ein drittes Kind versteht es vielleicht besonders gut zu vermitteln und gilt mit der Zeit als Diplomat der Familie. Weil Geschwister verschiedene Nischen besetzen (müssen) – und dies tun auch Zwillinge, sogar eineiige –, erleben sie die Familie auf individuelle, unterschiedliche Weise.

Kinder, später auch Jugendliche und Erwachsene, holen sich die Zuwendung zuerst in der Primärgruppe, der Familie, und hier über Jahre fast ausschließlich bei den Eltern sowie den Geschwistern. Was Sulloway (1997) in Anlehnung an Darwin das Prinzip der Differenzierung (Divergenzprinzip) nennt, drängt Geschwister also dazu, *besondere Profile* zu entwickeln: Ein Kind zeigt besondere Neigungen fürs Malen, ein anderes für Sport, das dritte für Musik, das vierte für soziale Angelegenheiten, das fünfte für besondere schulische Leistungen, das sechste für Bücherwissen, das siebte für besondere Hilfsbereitschaft usw. Wenn ein Kind schließlich keinen Weg findet, sich durch irgendwelche Leistung bemerkbar zu machen, kann es unter bestimmten Umständen durch Schulversagen, aggressives Verhalten oder Leistungsverweigerung die besondere Aufmerksamkeit nun quasi auf der negativen Seite auf sich ziehen. Wenn sich ein Kind im Schatten seiner erfolgreichen oder beliebten Geschwister fühlt, kann es sich auch durch Krankheiten (z. B. Anorexia nervosa, Adipositas usw.) oder durch Überempfindlichkeit, Wehleidigkeit, Ungeschicklichkeit oder häufige Unfälle ins Zentrum der familiären Aufmerksamkeit rücken.

Die Wahl-, Variations- und Kombinationsmöglichkeiten sind fast endlos. Die Ausprägung von Unterschieden stellt differentialpsychologisch also eine nützliche Strategie dar, wenn Kinder um knappe Ressourcen wie die Zuwendung durch die Eltern konkurrieren. Sulloway (1997)[95] geht sogar soweit zu sagen, dass Koexistenz nur durch evolutionäre Diversifikation möglich sei: Kinder durchlaufen in ihrer Ent-

---

95 Frank J. Sulloway (1997): Der Rebell der Familie. Berlin: Siedler, S. 102

wicklung einen Prozess der adaptiven Anpassung, um sich in der Familie ihre eigene Nische zu schaffen. Diese Suche kann sogar bis ins Erwachsenenalter fortgesetzt werden, indem die erwachsenen Kinder nun PartnerInnen suchen (und finden), mit denen sie hoffen, bei den Eltern nun endlich angesehen zu werden: Die Heirat einer «guten Partie» stellt einen solchen Fall dar. Im andern Fall suchen benachteiligte bzw. sich benachteiligt fühlende Geschwister mit dem Partner einen höheren sozialen Status zu erreichen, um das konkurrierende Geschwister endlich einmal überrunden zu können. Ich werde diesen Aspekt in Kapitel 9 nochmals aufgreifen.

In einer Familie besteht also für jedes Kind die zentrale und lebenswichtige Aufgabe, eine besondere, individuell ausgestaltete und befriedigende Rolle, einen Platz, eine persönliche Nische zu finden. Man könnte die Familie als ein Gebilde mit verschiedenen Nischen darstellen, die jeweils von einem Individuum besetzt werden. Jede Nische eröffnet spezifische günstige Ausgangspunkte. Auch wegen dieser unterschiedlichen Ausgangspunkte erlebt jedes Familienmitglied die gleichen Erlebnisse auf seine individuelle Weise. Später geborene Kinder sehen sich in ihrer Entwicklung so mit einer anderen Aufgabe konfrontiert als ihre älteren Geschwister: Ihr zentrales Problem ist es, eine von der Umwelt anerkannte, andere Nische zu finden, die keine einfache Kopie der Erstgeborenen-Nische ist. So versuchen die jüngeren Geschwister, sich auf einem Gebiet hervorzutun, auf dem ältere Geschwister noch keine überlegene Position erlangt haben, das also noch unbesetzt ist.

Ein Beispiel für die Nischensuche (und Nischenfindung) ist die US-amerikanische Familie von Ralph Nader, dem Anwalt der VerbraucherInnen und KonsumentInnen. Im jugendlichen Alter spezialisierten sich die Nader-Geschwister in Bezug auf Sprachen, Kulturen und die Geschichte ganz unterschiedlich: Shafeek, der älteste, wählte für sich die USA und Kanada und erwarb einen akademischen Grad an einer kanadischen Universität. Claire als Zweite spezialisierte sich auf den Mittleren Osten und schrieb eine Magisterarbeit zu diesem Themenbereich. Laura, die dritte, auserkor Mexiko und Lateinamerika und verfasste eine entsprechende Diplomarbeit. Ralph, der jüngste, hatte sich für China und den Fernen Osten entschieden: Er studierte und lernte Chinesisch, Russisch sowie Arabisch, wandte sich dann aber zunehmend der Sicherheit der KonsumentInnen zu und galt schließlich im Präsidentenwahlgang von 2001 als zwar integrerer, aber chancenloser Kandidat[96].

---

96 vgl. dazu: a. a. O., S. 112

Das Nader-Beispiel veranschaulicht aber auch sehr schön, wie etwa im schulisch-beruflichen Bereich alle Geschwister Akademiker werden können, d. h. also schulisch erfolgreich geworden sind und damit alle Geschwister einen akademischen Platz gefunden haben. Es ist also nicht so, dass ein Kind schulisch erfolgreich ist, das andere aber quasi zwangsläufig scheitern oder einen ganz anderen Weg einschlagen muss. Hier zeigt sich wiederum, dass einfache Kausalitätsschlüsse der Komplexität der Nischensuche und Rollenfindung nie gerecht werden.

Die Übernahme der verschiedenen Rollen sowie die Besetzung von Nischen geschieht in einem allmählichen und längeren, keineswegs bewussten Prozess. Bei der «Rollenwahl» sind neben spezifischen Umständen – z. B. darf in einer Familie aus finanziellen Gründen nur ein Kind ans Gymnasium und anschließend studieren – auch Fähigkeiten, Persönlichkeitseigenschaften und bewusste wie unbewusste Selbsteinschätzungen von großer Bedeutung. Sie werden im engen Zusammenwirken mit der Umwelt, d. h. primär einmal mit den Eltern und eventuell vorhandenen Geschwistern, über positive oder negative Prozesse wie Anerkennung bzw. Ablehnung meistens herangebildet und verstärkt. Die Sicherung des eigenen Platzes im Leben – und das heißt primär einmal für Jahre in der Familie – spielt eine existentielle Rolle für jeden Menschen. Dazu gibt es viele Möglichkeiten, die vom Kind, den Eltern und den vorgegebenen Rahmenbedingungen bestimmt werden.

Da jeder Mensch eine individuelle Persönlichkeit ist und entsprechend eine unverwechselbare Identität anstrebt, sucht er sich auch eine Rolle, die in dieser spezifischen, individuellen Ausprägung nur einmal möglich ist. In einer Familie kann auf Dauer meist nur einmal eine bestimmte Rolle besetzt werden. Deshalb finden sich in einer Familie selten Kinder, die in ihrer Persönlichkeit, ihrem Lebensstil, ihren Neigungen fast gleich oder sehr ähnlich sind. Wenn beispielsweise einem Kind die Identität «liebenswürdig, freundlich und zuverlässig» zugesprochen wird und es diese Rolle besetzt, erhöht es die Wahrscheinlichkeit, dass das Geschwister ein anderes Gebiet finden und belegen wird, z. B. als Intellektueller, Denker. Je nach Konstellation können solche Unterschiede und Zuschreibungen zu einer befriedigenden Identität der Kinder führen.

Ich erwähne hier kurz einige häufig anzutreffende Rollenelemente: beliebt, ehrgeizig, unternehmungslustig, faul, fleißig, intelligent, kompliziert, reif, extrovertiert, introvertiert, sensibel, verträumt, fantasievoll, originell, verantwortungsbewusst, sozial, erfolgreich, freundlich, rebellisch, fügsam, gut angepasst u. v. a. m. Eine negative oder zu einseitige

Zuschreibung als Dumme/r, Böse/r, Komplizierte/r usw. kann hingegen zum Mühlstein am Hals des Kindes werden (vgl. Bank & Kahn 1994) und eine befriedigende Identitätsentwicklung schwerwiegend behindern; die Komplementärrollen sind dann zu polarisiert oder einseitig negativ besetzt. Die Abgrenzung zu einem anderen Geschwister gelingt natürlich am leichtesten über gegensätzliche bzw. über Komplementärrollen. Ich zähle im Folgenden stark vereinfacht und zugespitzt formuliert einige harmlosere sowie ausgeprägtere, negativ-polarisierte Konstellationen von Rollen mit zwei Geschwistern auf (**Tab.** 2-3), wobei selbstverständlich Kombinationen, Zwischentöne und Veränderungen möglich sind und die weitaus häufigere Variante darstellen. Veith (2000)[97] gelangt in seiner Darstellung teilweise zu ähnlichen Gegensatzpaaren.

So kann sich etwa der ältere Bruder mit der Zeit zum «Theoretiker» entwickeln und entsprechende Neigungen und Vorlieben aufbauen. Der jüngere Bruder dagegen wird zum «Praktiker», der nicht lange grübeln und theoretisieren will, sondern sich viel stärker für konkrete Dinge und anschauliche Zusammenhänge, für praktische Tätigkeiten interessiert. Damit finden beide einen unverwechselbaren und ungefährdeten, d. h. nicht konkurrenzierten Platz in der Familie.

Tabelle 2-3: Komplementärrollen (Persönlichkeitsaspekte)

- «Schwierige» vs. leicht zu Handhabende/Unkomplizierte
- Empfindliche/Hypersensible vs. Robuste
- Ernsthafte vs. Lockere/Nachlässigere/Clowns
- Originelle vs. Unauffällige
- Gescheite/Genies vs. «Dumme»
- «Playboys» bzw. HedonistInnen vs. Sittenstrenge
- Ängstliche vs. Mutige
- Charmante vs. Spröde
- «Schöne» vs. «graue Mäuse» (Unauffällige)
- Liebe («Engel») vs. Böse («Teufel»)
- Hilfreiche/Altruistische vs. Egoistische
- Komplizierte vs. Unkomplizierte
- Fleißige vs. Faule
- Sonnenschein vs. Traurige
- Brave vs. Freche
- MärtyrerInnen/Opfer vs. TäterInnen
- MinimalistInnen vs. SchafferInnen/Gewissenhafte
- PraktikerInnen vs. TheoretikerInnen usw.

---

97 Peter Veith (2000): Jedes Kind braucht seinen Platz. Freiburg: Herder, S. 88

2. Rollen, Nischen, Konstellationseffekte... 87

Es muss hier aber unbedingt noch ergänzend festgehalten werden, dass Geschwister in einer Familie gleichzeitig auch viele gemeinsame Eigenschaften entwickeln können: Neben Aspekten wie dem gleichen Dialekt/der gleichen Sprache, ähnlichen Gesten u. ä. finden sich auch Familien, wo alle beispielsweise alle drei Kinder eher scheu, brav und/oder kooperativ, herzlich, extrovertiert sind – oder wo alle Kinder im Vorschul- und Schulalter stottern. Die angesprochenen Unterschiede zwischen Geschwistern, die Nischen begründen, sind manchmal auch recht gering.

Vielfach wird dabei übersehen, dass diese Rollenverteilung in Komplementärrollen funktional verstanden und interpretiert werden muss: Das bravere Kind profitiert vom Stempel des frechen, bösen Kindes – es sei denn die Eltern finden Bravheit blöd –, der Sittenstrenge profitiert in einer entsprechend strukturierten Familie vom abweichenden Verhalten des Geschwisters und kann sich auf dessen Kosten edler und besser fühlen. Beim Braven besteht allerdings auch die Gefahr, dass sein Charakter korrumpiert wird: Sein Brav-Sein verhindert nicht selten ein solidarisches Verhalten mit einem Geschwister. Zudem engt die Bravheit ein Kind in seinen Lebensmöglichkeiten ein, weil dieses Kind immer darauf aus ist, es den anderen Menschen, besonders Autoritätspersonen wie den Eltern oder Lehrpersonen, recht zu machen. Eigenständigere, grenzerweiternde oder gar hedonistische Tendenzen können so zu kurz kommen, zu wenig ausgebildet werden. Aus der Bevorzugung können sich so also auch problematische Charaktereigenschaften entwickeln.

Allerdings ist in den meisten Fällen eine komplexe Mischung verschiedener Rollen bei einem Kind zu beobachten: Es ist zum Beispiel furchtsam und kompliziert, charmant und hilfreich, verdeckt aber vielleicht auch sehr ehrgeizig. Jede Familie hat so ihre eigene unverwechselbare Rollenaufteilung. Je weniger Eltern ihre Kinder auf eine bestimmte und unveränderliche Rolle festlegen (unbewusste oder bewusste Rollenzuschreibungen), desto eher vermag ein Kind auch, verschiedene Rollen und ihre Möglichkeiten und Facetten zu erproben und zu entwickeln.

Die fixierende Rollenzuschreibung, vor allem natürlich die negativ gefärbte (z. B. «*böses, dummes, langsames*» Kind), kann für das betroffene Geschwister quasi zu einem Gefängnis werden – und im Sinne der selbsterfüllenden Prophezeiung *(self-fulfilling prophecy)* schließlich übernommen werden. Dieser Prozess vollzieht sich langsam, schrittweise und über einen längeren Zeitraum. Mit der wachsenden Resignation beginnt das Kind allmählich, die negative Beurteilung zu akzeptieren, und entwickelt schließlich die unbewusste Devise: Wenn ihr mich so seht, dann bin ich eben auch so. Das Kind wird dann trotzig, versteift sich in einer Verweigerungshaltung, spricht nicht mehr, flucht und schimpft, plagt die Geschwister usw.

Ungünstige Konstellationen zeigen sich auch bei Paarvarianten wie etwa «Sonnenschein-Kinder» und «Schattenkinder»: Das Schattenkind steht im wahrsten Sinne des Wortes im Schatten des erfolgreichen oder besonders attraktiven oder lieben Kindes, es ist oder gilt als weniger schön, hat mehr Probleme, ist vielleicht stiller, zurückgezogener. Wahre Tragödien können sich so manchmal über Jahre abspielen – unbemerkt oder unverstanden von den Familienmitgliedern. Einige Schattenkinder versuchen mit der Zeit, durch regressives oder aggressives Verhalten auf sich aufmerksam zu machen, andere sind zutiefst verletzt durch die dauernd empfundene Zweitrangigkeit. Im günstigen Fall suchen und finden Schattenkinder außerhalb der Familie Menschen, von denen sie sich verstanden und akzeptiert fühlen und die sie unterstützen – das können Nachbarn, Verwandte, Lehrpersonen usw. sein.

Ein ebenso überraschendes wie eindrückliches Beispiel eines Schattenkindes stellt die Schauspielerin Brigitte Bardot dar, die – zumindest aus ihrer Sicht – im Schatten der Schwester Mijanou aufwuchs:

«Ich spürte, dass ich mich täglich mehr von meinen Eltern entfernte, während sie sich Mijanou immer mehr annäherten. Diese offenkundige Bevorzugung meiner kleinen Schwester habe ich bis heute nicht verkraftet [...] Sie war hübsch, zart, ein bisschen falsch und lief dauernd zu den Eltern, um mit tränenerstickter Stimme zu petzen, was ich ihr angetan hätte. Resultat: Ich bekam die Peitsche ... Ich hörte meine Mutter zu ihren Freundinnen sagen: ‹Zum Glück habe ich meine Mijanou, die mir alle Freude dieser Welt bereitet. Die arme Brigitte wurde von der Natur in jeder Hinsicht stiefmütterlich behandelt›.»[98] *Brigitte fand sich hässlich, glaubte, sie sei adoptiert worden: «Ich weinte, wenn ich in den Spiegel schaute. Wirklich, ich war hässlich. Dieses Selbstbild hat mich nie verlassen. Ich hätte alles gegeben, um Mijanou mit ihrem taillenlangen roten Haar, den veilchenblauen Augen zu ähneln und der Liebling meiner Eltern zu sein. Warum hatte der liebe Gott mich mit dunklem, glattem Haar erschaffen, das nicht zu bändigen war, mit kurzsichtigen Augen, die mich zur Brillenschlange machten, und mit Zähnen, die vorstanden und mich zwangen, eine Zahnspange zu tragen?»*[99]

---

98 zitiert nach: Mathias Jung (2001): Geschwister. Liebe, Hass, Annäherung. Lahnstein: Emu, S. 186-187
99 ebd., S. 186–187

Wer Brigitte Bardot nur als das später erfolgreiche und weltberühmte Sexsymbol kennt, ist vermutlich erstaunt über das damalige Selbstbild und das empfundene kindliche Elend.

Allerdings muss hier betont werden, dass Rollenaufteilungen in vielen Fällen veränderlich sind und häufig auch bereichsspezifisch entwickelt und festgelegt werden: Selten zeigt ein Geschwister alle positiv beurteilten Eigenschaften, Kompetenzen und Fähigkeiten in sich vereint. Das gute und das böse Kind: Beides gibt es in dieser Form natürlich nicht, da weder das eine Kind einfach «böse» noch das andere nur «lieb» ist. Es sind vielmehr Abstufungen auf einer Skala, und das eher «böse» Kind lebt jene Aggressionen aus, die das brave nicht zu leben wagt. Das so für Außenstehende brav erscheinende Kind ist – im Gegensatz zu seinem Geschwister – aggressionsgehemmt, hat quasi «Beißhemmungen»[100] und drückt sich vor der unbequemen Aufgabe, durch Abgrenzung und Widerstand wie sein Geschwister auf Ablehnung oder Zurechtweisung zu stoßen. Das so genannt *«gute Kind wiederum erlebt jene Einfühlung, Sanftheit und Soziabilität, die das ‹böse› Kind nicht lebt und sich damit um wichtige Charakteranteile beraubt. Jedes der beiden gegensätzlichen Kinder delegiert also einen ungelebten Teil an den andern.»*[101] Beide Kinder erreichen bei diesem Vorgang sowohl einen emotionalen Gewinn wie einen Verlust: Das böse Kind genießt seine Unangepasstheit, erobert mit seinem Eigensinn die Welt und schafft sich einen beträchtlichen Freiraum. Dafür muss es mit dem Etikett des familiären Sündenbocks zurechtkommen. Das brave Kind lebt auf der einen Seite unangefochten und wird geliebt, häufig auch bevorzugt, verzichtet aber dafür auf die Verfolgung eigener Ideen und die Umsetzung selbst gesteckter Ziele, beraubt sich unter Umständen sogar der Möglichkeit einer autonomeren, selber erarbeiteten Identitätsentwicklung.

Tabelle 2-4 auf S. 90 will stark vereinfacht einige Varianten aus der unendlichen Fülle von Möglichkeiten der Rollenkonstellationen in einer Familie exemplarisch wiedergeben und zeigen, welche Nischen mit welchen Persönlichkeitseigenschaften besetzt werden können. Unterschiedliche Rollen führen immer auch zu spezifischen Konstellationseffekten. Die Beispiele stammen alle aus meiner Beratungspraxis.

---

100 vgl. Mathias Jung (2001): Geschwister. Liebe, Hass, Annäherung. Lahnstein: Emu, S. 80
101 ebd., S. 80

Tabelle 2-4: Geschwisterrollen in Familie

Rolle 1. Kind	Rolle 2. Kind	Rolle 3. Kind	Rolle 4. Kind
konservativer, traditionsbewusster, autoritätsgläubiger Knabe	rebellischer, kämpferischer Knabe	originelles, unkonventionelles Mädchen	–
dominierendes, verantwortungs- und pflichtbewusstes Mädchen	handwerklich-künstlerisch sehr fähiges Mädchen	sehr zurückgezogenes, stilles, fantasievolles Mädchen	Beliebter Unterhalter, steht im Mittelpunkt der Familie (Knabe)
Rebellin, Kämpferin (Mädchen)	Diplomat, Vermittler, Kommunikator (Knabe)	lieb, nett, unkompliziert, fröhlich, weiblich (Mädchen)	konfliktscheuer, ängstlicher Knabe
«minimalistischer», bequemer, «fauler» Knabe	ehrgeiziges, initiatives Mädchen	ruhiger, vernünftiger, gelassener Knabe	–
schönes, attraktives Mädchen	intellektuelles, hochgeistiges Mädchen	–	–
«Professor», hochintelligenter Knabe	ernstes, zurückgezogenes, stilles, trauriges Mädchen	herziger, spontaner, pfiffiger Knabe	–
Wildfang, beliebtes, extrovertiertes Mädchen	fleißiges, trauriges, zurückgezogenes Mädchen, das immer zu Hause bleibt, viel liest und keine FreundInnen hat	–	–

In Familien mit mehreren Kindern existieren zudem noch viele weitere mögliche Aufteilungen (Subgruppen), so etwa in die Großen, die Mittleren und die Kleinen oder in Schwierige, «Pflegeleichte», Intelligente und Dumme usw.

Es ist ein ganz reizvolles Unterfangen, bekanntere Geschwister ebenfalls nach den obigen Kriterien zu klassifizieren. **Tabelle 2-5** führt beispielhaft und stark verkürzt sechs solcher Geschwisterpaare auf, wobei der Einfachheit halber eventuell vorhandene weitere Geschwister hier nicht

Tabelle 2-5: Geschwisterrollen bekannter Personen

Name	Rolle 1	Rolle 2
William und Henry James	William (wird später Psychologe): entspannt, gesellig, gewandt, aktiv, selbstbewusst	Henry (wird später Schriftsteller): Lieblingssohn der Mutter, zurückhaltend, still, wenig anpassungsfähig, unsicher
Alfred und Laurence Housman	Alfred (wird später Dichter und schreibt viele Bücher): präzise, diszipliniert, zurückhaltend	Laurence (wird später ebenfalls Dichter, umfangmäßig geringes Gesamtwerk): zerstreut, impulsiv, warmherzig
Marcel und Robert Proust	Marcel: weckt Sorge und Bewunderung	Robert: gilt als zuverlässig, eifrig, gehorsam
James und Stanislaus Joyce	James: zeigt starke Gefühle, introvertiert	Stanislaus: Rolle des Zuhörers Gefährten/ Botengängers, offenherzig
Armand und François Arouet	Armand: Jansenist, galt als verschlossen, zurückhaltend, sehr fromm, religiöser Fanatiker, Verteidiger von Gott und dem Status quo	François (Voltaire): extravertiert, radikaler Aufklärer, Religions-Kritiker, in heftigem Konflikt zu Vater und Bruder
Wilhelm und Alexander Humboldt	Wilhelm: Wird Staatsmann, beherrscht viele Sprachen, Kenner des klassischen Altertums, begründet Berliner Universität	Alexander: Einer der erfolgreichsten Forschungsreisenden seiner Zeit, bedeutender Botaniker und Geologe

berücksichtigt sind. Auch diese Rollen beinhalten bestimmte Nischen und Persönlichkeitsmerkmale. Ich stütze mich bei diesen Angaben weitgehend auf die ausführlichen Darstellungen von Dunn/Plomin (1996)[102] und Sulloway (1997)[103] und fasse diese hier in dieser neuen Form kurz zusammen.

---

102 Judy Dunn/Robert Plomin (1996): Warum Geschwister so verschieden sind. Stuttgart: Klett-Cotta, S. 14 f., 96 (für James und Housman), S. 18 (für Proust), S. 35 (für Joyce).
103 Frank J. Sulloway (1997): Der Rebell der Familie. Berlin: Siedler, S. 110 f., 132 f., 209 (für Voltaire)

Wie ich in diesem Kapitel schon mehrfach aufgezeigt habe, wird jedes Kind von vielfältigen erworbenen und verinnerlichten Grundmeinungen beeinflusst und angetrieben. In **Tabelle 2-6** führe ich einige häufige Rollen mit den möglichen Grundmeinungen des Kindes, den Handlungsfolgen und möglichen entsprechenden geschwisterlichen Komplementärrollen auf. Veith (2000)[104] hat mich mit seinem Buch zu dieser Darstellung angeregt: Seine Grafik habe ich verändert, ergänzt und zusätzlich mit der Spalte der Komplementärrolle erweitert.

Tabelle 2-6: Rollen, Grundmeinungen, Folgen und Komplementärrollen

Rolle	mögliche (unbewusste) Grundmeinungen («private Logik»)	daraus sich ergebende mögliche Handlungen	Komplementärrolle eines Geschwisters
Sonnenschein, Herzige, Fröhliche	«Wenn ich keine Probleme bereite, fröhlich, pflegeleicht und vernünftig bin, dann werde ich geliebt, geschätzt, bevorzugt.»	gehorcht leicht, gibt elterlichen Forderungen und Anweisungen rasch nach	ernst, unauffällig, traurig oder «schwierig», aggressiv, streitsüchtig
Böses Kind, Sündenbock	«Wenn man mich schon nicht gerne hat, dann versuche ich, auf der negativen Seite Aufmerksamkeit und Zuwendung zu erhalten.»	Stören, Aggressivität, kämpferische Haltung, «streitsüchtig»	«liebes» Kind, engelhaft, überangepasst, muss alles immer zur Zufriedenheit aller machen
AußenseiterIn	«Wenn ich anders bin als die anderen, das Unübliche tue, mich abgrenze, dann finde ich Beachtung.»	innerer und äußerer Rückzug in Familie und außerfamiliären Feldern, ev. Zusammenschluss mit anderen AußenseiterInnen	beliebte und bewunderte Unterhalterin, steht im Mittelpunkt der Familie

---

104 Peter Veith (2000): Jedes Kind braucht seinen Platz. Freiburg: Herder, S. 89

Rolle	mögliche (unbewusste) Grundmeinungen («private Logik»)	daraus sich ergebende mögliche Handlungen	Komplementärrolle eines Geschwisters
RebellIn, KämpferIn	«Nur wenn ich unablässig kämpfe und rebelliere, komme ich nicht zu kurz, kann ich mich für erlittenes Unrecht rächen.»	Widerstand gegen elterliche Normen, Streiten, Argumentieren	brav, angepasst, übermäßig konziliant
MinimalistIn, «Faule/r»	«Wenn ich nichts/wenig selber tue, kann ich keine Fehler machen/werde ich nicht kritisiert/abgelehnt/macht jemand anderes (Eltern, Lehrpersonen) die Aufgaben für mich.»	wenig Einsatz in einigen (z. B. Schule) oder mehreren Bereichen, demonstriert bequemliches Verhalten, rasch mit eigenem Beitrag zufrieden, wenig Ehrgeiz	ehrgeizig, fleißig, tüchtig
unkompliziert, kontaktfreudig, gesellig	«Ich kann gut auf Menschen zugehen und komme bei ihnen an.»	offen im Kontakt, geht auf andere zu, kooperativ	einsam, scheu, «kompliziert», sensibel
Sittenstrenge/r, Rigide/r	«Nur wenn ich besonders hohe/höchste Leistungen erbringe bzw. Anforderungen erfülle, bin ich liebenswert und habe einen besonderen Platz.»	nörgelnde und negativistische Tendenzen anderen gegenüber; äußert primär Kritik. Übermäßige Strenge mit sich selber und anderen (Richter), selten mit sich und den eigenen Leistungen zufrieden, depressive Tendenz	liebenswerter, gefälliger Charmeur oder lockerhedonistisch orientiert
AltruistIn	«Wenn ich helfe, teile, nachgebe usw. mag man mich, werde ich gelobt.»	sehr hilfsbereit, kann sich gut in andere einfühlen, freigebig/großzügig	egoistisch, egozentrisch

Rolle	mögliche (unbewusste) Grundmeinungen («private Logik»)	daraus sich ergebende mögliche Handlungen	Komplementärrolle eines Geschwisters
ClownIn	«Nur wenn ich immer lustig bin, ausgefallene Ideen aufbringe und komische Sachen mache, bin ich etwas wert, hat man mich gerne.»	immer zu Späßen aufgelegt; versucht, die anderen zum Lachen zu bringen; humorvoll	ernsthaft, regt sich über «dumme» Sprüche und Ideen des Clowns/der Clownin auf, stellt sich darüber
Unvermögen/ Schwäche zeigen	«Wenn ich hilflos, bedürftig, schwach, krank bin, ist man nett, nachsichtig zu mir, fordert man weniger von mir, vermeide ich Blamagen.»	Kind sitzt leise weinend in einer Ecke des Kindergartens	starker älterer Bruder
Gewissenhafte/r, Gründliche/r	«Durch meine Zuverlässigkeit und Genauigkeit bekomme ich Anerkennung und werde geliebt.»	genau, sorgfältig, Neigungen zu Perfektionismus, geht der Sache auf den Grund, zuverlässig	locker, nachlässig, verspielt, originell
Professor, Genie	«Ich habe meinen Platz in der Familie und die Liebe durch akademische oder entsprechende musisch-gestalterische Bestleistungen bzw. durch ausgewählte brillante Ideen.»	sehr ehrgeizig, theoretisch orientiert, ausdauernd, hartnäckig	praktisch orientiert oder intellektuell langsam, Schul- und Lernprobleme
angepasstes, integriertes Migrantenmädchen (älteres von insgesamt zwei Kindern)	«Wenn ich mich der fremden Kultur anpasse, komme ich besser an und kann meinen Eltern helfen.»	offen, lernt rasch die Gewohnheiten der neuen Kultur, hilfsbereit, spricht perfektes Deutsch	starker Bezug zum Heimatland der Eltern, setzt Traditionen fort, lernt neue Sprache unzureichend (Migrantenknabe)

Allerdings bedeutet jede eingenommene Rolle immer auch ein Stück weit eine Einengung der potenziell vorhandenen Möglichkeiten. Ein Teil des Lebens wird so ausgeblendet oder eingeschränkt, bleibt unterentwickelt. So lernt beispielsweise ein Kind in der Rolle des Sonnenscheins zu wenig, Konflikte zuzulassen, auszuhalten und durchzustehen. Es lernt zu wenig Durchsetzungsvermögen und setzt das Lächeln auch in Situationen ein, wo andere Mittel sinnvoller wären.

Wir haben in diesem Kapitel unter anderem deutlich erkennen können, dass die erlebte und individuell gedeutete Geschwisterkonstellation eine wichtige psychologische Variable darstellt, denn sie repräsentiert und spiegelt unzählige soziale Interaktionserfahrungen in den langen Jahren der Persönlichkeitsentwicklung, die auch im Erwachsenenalter eine wichtige Rolle spielen können: Erste/r oder zweite/r zu sein, viel oder weniger Macht zu besitzen, sich einer Autorität eher zu beugen oder gegen sie zu rebellieren, sich bei Auseinandersetzungen schuldig oder im Recht zu fühlen, sich stärker in der Helfer- oder Hilflosen-Rolle zu bewegen: All dies und noch vieles mehr sind Tendenzen, die sich während der Kindheit aufgrund einer individuellen und einmaligen Geschwister- und Familienkonstellation entwickeln und zu dauerhaften Charakterzügen eines Menschen zu werden vermögen.

3. Wichtige Einflussfaktoren auf Geschwisterbeziehungen

Die Beziehungsmuster innerhalb einer Familie werden von unzähligen Faktoren beeinflusst, sowohl von den einzelnen Mitgliedern wie auch von außenstehenden Personen und Ereignissen. Auf Geschwister wirken neben den im zweiten wie in diesem Kapitel aufgeführten Faktoren auch noch indirekte: Nicht nur die direkte Beziehung zu den Eltern ist bedeutungsvoll, sondern auch die wahrgenommene, beobachtete Beziehung zu den anderen Geschwistern. Wie die Eltern mit dem Geschwister umgehen, wie sie es ansprechen, loben, tadeln, fordern und fördern – all dies spürt schon ein kleines Kind auf der emotionalen Ebene, lange bevor es seine Beobachtungen in Worte fassen oder gar darüber reflektieren kann. Die Beobachtung der intensiven Zuwendung der Mutter zum Geschwister kann alle Zuneigung verblassen lassen, die man selbst erfahren hat; die Schläge, die der ältere Bruder einsteckt, führt ein beobachtendes Kind möglicherweise zu größerer Vorsicht gegenüber dem entsprechenden Elternteil. Nicht nur das direkte, sondern auch das indirekte, am Geschwister beobachtete elterliche Verhalten hat also einen nicht zu unterschätzenden Einfluss auf die Entwicklung.

Letztlich lassen sich Einflussfaktoren auf Geschwisterbeziehungen nie säuberlich voneinander trennen, alles hängt eigentlich mit allem zusammen, alle Faktoren stehen in einer gegenseitigen Interaktion zueinander, sind – systemisch betrachtet – gegenseitig voneinander abhängig und in einem permanenten Wechselspiel. Wenn ich im Folgenden trotzdem aus der Fülle von möglichen Einflussfaktoren einige weitere aufführe, dann deshalb, um durch Veranschaulichung die Komplexität der Thematik etwas zu reduzieren und gleichzeitig auf konkrete Punkte hinzuweisen, die von Bedeutung sein können.

Absolutes Alter der Familienmitglieder

Eltern bekommen ihre Kinder in unterschiedlichen Alters- und Lebensphasen: Es bedeutet etwas anderes, ob eine Mutter mit 18 Jahren ungewollt schwanger wird, heiraten muss oder ob sie nach einer längeren beruflichen Tätigkeit zum Entschluss kommt, nun eine Familienphase einzuschalten und mit ihrem Partner gemeinsam Berufsleben und Erziehung zu gestalten. Die sehr junge Mutter befindet sich noch in der Phase der Adoleszenz und empfindet vielleicht die ungewollte Ankunft eines Kindes als Beeinträchtigung ihres Lebens, ihrer momentanen Wünsche. Bei der schon wesentlich älteren Mutter stehen hingegen häufig reifliche Überlegungen, vielleicht auch ein längeres Warten auf die ersehnte Schwangerschaft und meistens auch mehr Projektionen dahinter: Das Wunschkind soll zur Zufriedenheit im neuen Lebensabschnitt verhelfen, alle Entwicklungsschritte des Kindes sollen möglichst intensiv und bewusst miterlebt, ja ausgekostet werden usw.

Altersdifferenz zwischen den Geschwistern

Angesichts des vergleichsweise geringen Altersunterschieds und der gemeinsamen Zugehörigkeit zu einer anderen Generation als die Eltern können sich Geschwister leichter miteinander identifizieren, sich auch aneinander orientieren, nicht selten auch gegenseitig kopieren und spiegeln (vgl. Klagsbrun 1993[105]). Eine geringe Altersdifferenz fördert, besonders bei gleichgeschlechtlichen Geschwistern, tendenziell eher Rivalität und Aggressivität, als wenn Geschwister acht, zehn oder mehr Jahre trennen, sie also – entwicklungspsychologisch betrachtet – in gänzlich anderen emotional-kognitiven Welten leben und damit weiter voneinander entfernt sind. Zwischen Geschwistern mit kleinem Altersabstand entwickelt sich tendenziell häufiger auch eine engere, gefühlsintensivere, aber deshalb nicht unbedingt konfliktfreie Beziehung als zwischen Geschwistern mit einem sehr großen Altersabstand. Natürlich finden sich auch viele andere Varianten. Kasten (2001)[106] bestätigt in seiner Zusammenfassung den Befund, dass mit wachsendem Altersunterschied ältere Geschwister in zunehmendem Maße die dominante Rolle etwa des Anleiters, des Anregers, des Lehrers übernehmen, während deutlich

---

[105] Francine Klagsbrun (1993): Der Geschwisterkomplex. Frankfurt: Eichborn, S. 39
[106] Hartmut Kasten (2001): Geschwister. Vorbilder, Vertraute, Rivalen. München: Reinhardt, S. 85

jüngere Geschwister eher bereit sind, das Verhalten des Älteren nachzuahmen oder zumindest seine Rolle zu akzeptieren. **Tabelle 3-1** fasst einige Schwerpunkte und Tendenzen zusammen.

Tabelle 3-1: Einflüsse des Altersabstandes von Geschwistern

Altersunterschied	Klassifikation	eher positiv	eher negativ
1–3 Jahre	kleiner Altersunterschied	gemeinsame Beschäftigungen, Aktivitäten, Interessen	unter Brüdern häufiger Handgreiflichkeiten
		in der Regel enge emotionale Beziehung	Vergleiche können Neid, Konkurrenz, Rivalität und Aggressivität fördern.
		Tutoren-Effekt: Jüngere Geschwister übernehmen häufig Satzgebilde, Redewendungen, Meinungen, Ansichten.	
		Vergleiche können zu produktiven Leistungen führen.	
3–6 Jahre	mittlerer bis großer Altersunterschied	tendenziell weniger aggressive Auseinandersetzungen, je größer der Altersunterschied	wenige gemeinsame Interessenfelder, je größer der Abstand ist
		Ältere Geschwister übernehmen häufig Betreuungsaufgaben und können Vorbilder werden.	großer Unterschied in der Selbständigkeit
		Tutoren-Effekt: Jüngere Geschwister übernehmen häufig Meinungen, Ansichten des älteren Geschwisters.	
mehr als 6 Jahre	großer Altersabstand	Betreuung des jüngsten Geschwisters fördert Sozialkompetenzen des Betreuerkindes.	wenige bis keine gemeinsamen Interessen
		Erziehung/Betreuung durch die älteren Geschwister ist eine Entlastung für die Eltern.	Geschwister leben in verschiedenen Welten.
		kaum Konkurrenz unter den Geschwistern	

Diese Tabelle soll und kann lediglich einen vereinfachten, dafür übersichtlichen Eindruck über tendenziell positive oder negative Einflüsse des Altersunterschiedes auf die Beziehung unter den Geschwistern wiedergeben. Da diese von vielen weiteren Faktoren abhängt, sind im Einzelfall auch ganz andere Auswirkungen und Aspekte möglich.

Geschwisterzahl, Familiengröße

In Kleinfamilien besteht die Gefahr, dass die meist vielfältigen Erwartungen und Projektionen der Eltern konzentriert auf wenige Kinder gerichtet werden: Dies kann, je nach Umständen, von den Kindern als Druck (zu hohe, viele und einseitige Erwartungen), aber auch als Chance (optimale Zuwendung und Förderung) empfunden werden. In großen Familien besteht auch eher die Gelegenheit, Freiräume zu finden, aber auf der anderen Seite auch die Gefahr, unter den vielen Geschwistern unterzugehen, zu wenig Beachtung zu finden oder kaum ein individuelles Profil entwickeln zu können.

Geschwisterzusammensetzung

Hier ergeben sich fast unzählige Kombinationsmöglichkeiten. Als Beispiele seien genannt: Bruder und Schwester, zwei Brüder und eine mittlere oder jüngere oder älteste Schwester, zwei Schwestern und drei Brüder, drei Mädchen, vier Knaben usw. Zudem spielen dabei die Altersunterschiede und die Geschlechtsrollenbilder der Eltern sowie deren bewusste und unbewusste, explizite wie implizite Zuweisung eine wichtige Rolle. Die Kapitel 2, 6, 8 und 9 bieten dazu einige Anstöße und Beispiele.

Geburtsrangplatz

Diesen wichtigen Aspekt habe ich im 2. Kapitel ausführlicher behandelt und erwähne ihn hier nur der Vollständigkeit halber.

Wohnort, soziokulturelles und sozioökonomisches Umfeld, Religion

Eine Familie aus einer höheren Schicht ermöglicht ihren Kindern in der Regel andere Bildungsmöglichkeiten als beispielsweise eine bildungsferne, der Unterschicht angehörige ausländische Familie. Kinderfeindliche Umgebungen beeinträchtigen die Entfaltung im Freien und führen dazu, dass sich Geschwister vermehrt in der Wohnung aufhalten müssen. Das kann zu vermehrten Reibereien oder aber zu einer vertieften gegenseitig positiven Beziehung untereinander beitragen.

Auch der Faktor Religion spielt in Familien manchmal heute noch eine gewichtige Rolle: Das in patriarchalisch-religiösen Familien über Jahrhunderte praktizierte Erstgeburtsrecht des ältesten Kindes führte nicht nur bei Bauernfamilien dazu, dass der Älteste den Hof übernahm (im bäuerlichen Erbrecht galt über Jahrhunderte das männliche Erstgeburtsrecht) – und die Geschwister meist mager entschädigte – oder im Königshof die Nachfolge des Vaters antrat, sondern hinterließ auch tiefe Spuren in der (unbewussten) Bewertung der Geschlechter in der Erziehung. In religiös-orthodoxen Familien sind Mädchen bis heute in vielen Bereichen benachteiligt und in ihren Entfaltungsmöglichkeiten eingeschränkt, Knaben gelten dort immer noch als «Stammhalter» und werden in vielerlei Hinsicht bevorzugt. Im Kapitel 7 lege ich dies u. a. kurz am Beispiel von Freud und seinen Schwestern dar.

Individuelles Verhältnis der Eltern zu den einzelnen Geschwistern

Ich behandle diesen zentralen Punkt an mehreren Stellen in diesem Buch – so beispielsweise in den Kapiteln 2 und 5 – und erwähne ihn hier nur der Vollständigkeit halber.

Bevorzugung und Benachteiligung durch Eltern bzw. Elternteile

Die elterliche Haltung bezüglich der einzelnen Kinder in einer Familie spielt eine prominente Rolle bei der Frage, wie sich Geschwister miteinander vertragen. Deshalb habe ich diese Thematik in Kapitel 5 ausführlicher behandelt: Es widmet sich ausgiebig den vielfältigen Hintergründen und Folgen elterlicher Bevorzugung.

Partnerersatz und Parentifizierung

Manchmal drängt ein Elternteil gefühlsmäßig, unabsichtlich und unbewusst einem Kind die Rolle des Ersatzpartners/der Ersatzpartnerin auf, d. h. das Kind muss die Rolle eines Elternteils übernehmen. Mehrere Gründe lassen sich dafür finden: Der Partner der Mutter ist zur Freundin ausgezogen oder er kann die Bedürfnisse nach Wärme, Nähe, Verständnis, Zärtlichkeit und Bestätigung nicht (mehr) erfüllen. So rückt der Knabe allmählich in die Rolle des Ersatzmannes, er ist für die Mutter der kleine Mann, der für seine charmanten Sprüche von ihr bevorzugt und belohnt wird. Das Geschwister wird dies sehr genau wahrnehmen und entsprechend weniger gut auf den Knaben (und auch auf die Mutter) zu sprechen sein. Besonders wenn sich ein Elternteil vom Partner zu wenig geliebt oder verletzt fühlt, steigt die Wahrscheinlichkeit, dass er sich eines (oder mehrere) der Kinder als Verbündeten sucht. Das Bündnis mit einem Elternteil vergiftet die Beziehung der Geschwister praktisch immer.

Für Rosa als Älteste war die familiäre Lage besonders bedrückend: die Mutter schwach und depressiv, der Vater weggegangen und die jüngere Schwester körperbehindert: «*Meine Mutter sagte immer ‹wenn ich dich nicht hätte›. Sie sagte mir auch, dass sie nicht mehr leben wollte. Da war ich etwa acht Jahre alt. Ich glaube, ich musste ihr Partnerersatz sein, Stütze für ihr Leben, sie trösten, seit mein Vater gegangen war. Ich habe sie vor allem und jedem beschützt, koste es, was es wolle. Wenn sie Streit hatte, war ich tagelang in absoluter Panik. Ich habe für alles in ihrem Leben gesorgt, ich musste ‹perfekt› sein ... Ich war die Tüchtige, die Trösterin, die Praktische, der Konfliktlöser. Ich verteidigte meine Mutter bis aufs Messer.*»[107] Eine solche Rolle und Aufgabe überfordert jedes Kind, ja jeden Erwachsenen. Kein Wunder waren die beiden Schwestern sehr zerstritten – und sind es geblieben.

In einem anderen Fall verliert ein Mann seine Gattin schon früh durch eine tödliche Krebserkrankung. Die eine Tochter, häufig die älteste oder diejenige, die der Partnerin am meisten ähnlich ist, vielleicht fast gleich aussieht, wird vom Vater besonders verwöhnt, umworben. Wenn diese Tochter ihre erotische Wirkung auf den Vater spürt, kann so unter Umständen eine für beide Seiten problematische Beziehung bis hin zu sexuellen Kontakten entstehen. Eventuell vorhandene Geschwister können mit dieser speziellen Beziehung zum Vater kaum konkurrieren, werden dies der Schwester aber mit ihren Mitteln zu verstehen geben.

---

107 in: Mathias Jung (2001): Geschwister. Liebe, Hass, Annäherung. Lahnstein: Emu, S. 56

Die Partnerrolle wirkt als zusätzliche Belastung, wenn der Vater zudem weitere private und berufliche Sorgen vor der Tochter ausbreitet und von ihr «erwachsene» Reaktionen und Antworten erwartet, die sie zwangsläufig überfordern. Vater und Tochter verwischen die vorhandenen Subsystemgrenzen (Eltern- bzw. Partnersubsystem, Kindersubsystem), was zwangsläufig für alle Beteiligten schwerwiegende Folgen hat.

Bei einer Parentifizierung muss ein Kind die Rolle eines Partners (Elternteiles) übernehmen. Dabei kommt es zusätzlich zu einer Rollenumkehr, das heißt der Elternteil übernimmt die Rolle des Kindes: Die Mutter bewegt sich zum Beispiel in der Rolle der kleinen kindlichen Prinzessin, die vom Sohn bewundert, umsorgt, verhätschelt, wird. Dieser spielt den überlegenen, vernünftigen, beschützenden männlichen Part. Besonders bei psychisch kranken oder alkohol-, tabletten- und drogensüchtigen Eltern sind solche Rollenwechsel wiederholt anzutreffen. Zwar sind hier die Kinder meistens schon im Schulalter, trotzdem bedeutet das für jedes Kind eine Überforderung sowie die Aufgabe der eigenen Kindheit und Jugend. Die Parentifizierung eines Kindes führt häufig zu Machtkämpfen mit den Geschwistern oder zu einer starken Abgrenzung. Der unbewusste Gewinn für das parentifizierte Geschwister liegt in seiner Unentbehrlichkeit sowie in der herausgehobenen Stellung in der Geschwistergruppe (vgl. Petri 1994). Diese Machtposition verführt es fast zwangsläufig zur Dominanz über die Geschwister, was Neid, Wut sowie heftige Rivalitätskämpfe auslösen kann.

Erziehungsstil der Eltern

Einen bedeutenden Einfluss auf die Art der Geschwisterbeziehung nehmen Eltern durch die Art und Weise, wie sie auf ihre Kinder eingehen, sie erziehen, d. h. also etwa loben, strafen, ermutigen, helfen, unterstützen, gewähren usw.; darauf weisen einige Autoren hin, so etwa Weber (1986), Hobmair (1996), Stapf (1977), Kasten (2001) oder Veith (2000). Dieses elterliche Verhalten lässt sich auch zusammengefasst als Erziehungsstil bezeichnen.

Erziehungsstile sind *«relativ ausgeprägte Verhaltensmuster eines Erziehers oder Lehrers, die sich durch typische Erziehungs- und Unterrichtspraktiken charakterisieren lassen»*, schreiben Schaub/Zenke (2000).[108] Bezogen

---

108 Horst Schaub/Karl G. Zenke (2000): Wörterbuch Pädagogik. München: dtv, S. 192

auf die Familie ist die Definition von Krapp/Weidenmann (2001) vielleicht noch präziser: Unter Erziehungsstil verstehen sie *«ein Bündel von auf Erziehung bezogenen Einstellungen und Verhaltensweisen»*.[109] Dieser neuere Definitionsversuch kann als kleinster gemeinsamer Nenner für die vielfältigen Präzisierungsversuche der Erziehungsstilforschung der letzten Jahrzehnte von Lewin (1939) bis Krohne (1988) und weitere AutorInnen verstanden werden und meint grundsätzliche Verhaltens- und Einstellungstendenzen der Erziehungspersonen. Das heute verbreitetste Schema zur Beschreibung von erzieherischem Verhalten entwickelten Maccoby & Martin (1983); es beinhaltet vier Haupt-Erziehungsstile, die ich nachfolgend kurz zusammenfasse:[110]

- *Autoritativer Erziehungsstil:* Dieser Stil verbindet Akzeptieren mit Lenkung und angemessen hohen Forderungen an die Kinder. Anforderungen werden begründet und gelten nicht absolut; Kinder haben ein Mitspracherecht trotz klarer Regeln.
- *Autoritärer Erziehungsstil:* Hier wird streng und inflexibel erzogen, es gibt keine Begründungen oder Diskussionen von Regeln, auf Bedürfnisse der Kinder wird nur wenig eingegangen.
- *Permissiver Erziehungsstil:* Hier besteht zwar eine positive Beziehung zu den Kindern; permissive Eltern stellen aber wenig Anforderungen und neigen zu großer Nachgiebigkeit oder zur Inkonsequenz.
- *Vernachlässigender Erziehungsstil:* Geringe Anforderungen an Verhalten und Leistung der Kinder, gepaart mit wenig Engagement für die Erziehungsaufgabe und einem Mangel an Akzeptanz und Bejahung charakterisieren diesen Stil.

Als primäre Bezugspersonen und Erwachsene üben Eltern auf die Kinder einen fast magischen Einfluss aus: Als bewunderte, manchmal vielleicht auch gefürchtete Personen zeigen sie tagtäglich durch ihren Umgang mit den Kindern, was richtig, falsch, tolerierbar, freundschaftlich oder gemein ist. Ihr Erziehungsstil färbt so unweigerlich auch auf die Qualität der Geschwisterbeziehung ab. Dabei gibt es natürlich große Unterschiede im praktizierten Erziehungsverhalten der Eltern. Sind sich Mutter und Vater in den wichtigen Fragen einig, erleben die Kinder einen mehr oder weniger konsistenten Erziehungsstil; spüren sie hingegen häufige Unstimmigkeiten und anhaltende Meinungsverschiedenheiten in wichtigen

---

109 Andreas Krapp/Bernd Weidenmann (Hrsg.) (2001): Pädagogische Psychologie. Weinheim: Beltz, S. 288
110 vgl. dazu: Christoph Perleth/Albert Ziegler (Hrsg.) (1999): Pädagogische Psychologie. Grundlagen und Anwendungsfelder. Bern: Huber, S. 14–17

Fragen, so passen sich die Kinder meistens – zumindest nach außen – dem Stil der mehr Macht ausübenden Elternfigur an. Tendenziell kann festgehalten werden, dass ein autoritativer Erziehungsstil in der Regel eine günstigere Voraussetzung für ein überwiegend positives Geschwisterverhältnis schafft als ein autoritärer, vernachlässigender oder permissiver Stil.

Bei autoritären Erziehungspraktiken übernehmen Kinder vielfach die beobachteten Methoden der Eltern im Sinne des Modelllernens (Bandura 1976)[111] und wenden sie dann unter sich an: Bei einem Überwiegen des autoritären Erziehungsstils lässt sich häufig beobachten, wie das älteste Kind gegenüber dem oder den jüngeren oder schwächeren jene Beziehungsform einsetzt, die es bei seinen Bezugspersonen kennen gelernt hat. Nach Perleth & Ziegler (1999) neigen autoritär erzogene Kinder im Umgang mit anderen Kindern zum sozialen Rückzug oder zeigen gehäuft aggressives Verhalten: beides ungünstige Verhaltensweisen für befriedigende Geschwisterbeziehungen.[112] Aggressives Verhalten in der Familie durch autoritäre Erziehung betonen auch Krapp/Weidenmann (2001); zusätzlich weisen sie auf ein vermindertes Selbstwertgefühl sowie auf erhöhte Angstbereitschaft dieser Kinder hin.[113] So setzt sich die soziale Vererbung quasi geradlinig fort: Die durch die Eltern erlebte Gewalt wird bei der aggressiven Variante am – meistens schwächeren – Geschwister ausgelebt und als Verhaltens- und Denkmuster so weitertrainiert. Die jüngeren Geschwister lernen, dass sie sich mit List oder Macht oder einem Zusammenschluss zur Wehr setzen können, oder sie versuchen, mit passiven Methoden oder Unterwerfung über die Runden zu kommen. Leider verinnerlichen dabei meistens beide Seiten die Auffassung, dass Gewalt und Macht unabdingbare Mittel der Beziehungsgestaltung sind, eine Lektion, die für spätere Liebesbeziehungen eine schlechte Vorbereitung darstellt.

Bei einem Überwiegen der permissiven Variante fühlen sich die Geschwister ungeborgen, vernachlässigt, unsicher: Jüngere können sich an ältere Geschwister hängen, oder die Geschwister suchen im günstigen Fall untereinander oder außerhalb der Familie kompensatorische Beziehungserfahrungen, so etwa bei Nachbarn, ErzieherInnen in Kindertagesstätten usw.

---

111 Albert Bandura (1976): Lernen am Modell. Stuttgart: Klett
112 Christoph Perleth & Albert Ziegler (Hrsg.) (1999): Pädagogische Psychologie. Bern: Huber, S. 16
113 Andreas Krapp/Bernd Weidenmann (Hrsg.) (2001): Pädagogische Psychologie. Weinheim: Beltz, S. 378

Bei einer eher verwöhnenden Erziehung – in der Erziehungsstilforschung ist auch vom überbehütenden Erziehungsstil die Rede[114] – finden sich häufig komplementär strukturierte Geschwisterbindungen: Die Beziehung Älteste(r)-Jüngere(r) ist dann vielfach gleichbedeutend mit der Rollenverteilung Verwöhner(in)-Verwöhnte(r). Das älteste Kind spielt nun die Rolle des Zuverlässigen, Kompetenten und Erfolgreichen, das dem jüngeren alle Schwierigkeiten aus dem Weg räumt, während das jüngere als herziges Nesthäkchen, als Sonnenschein, aber vielleicht auch als Unselbständiges, als «Dummchen» seinen Platz einnimmt.

Die negativsten Auswirkungen zeigt eindeutig der vernachlässigende Erziehungsstil: Wie Perleth & Ziegler (1999) festhalten, entwickeln diese Kinder meist keine sichere Bindung – und sie haben häufig schlechte Beziehungen zu anderen Kindern. Auch ausgeprägte Impulsivität und/oder aggressive Verhaltensstörungen sind häufig.[115]

Der autoritative Erziehungsstil, wo Eltern die Kinder angemessen fördern und fordern, kindgemäße Regeln aufstellen, Rückhalt vermitteln und gleichzeitig auch Freiräume ermöglichen, bietet sowohl den einzelnen Kindern wie den Geschwistern untereinander die besten Entwicklungschancen und gilt in der Erziehungsstilforschung klar als günstigste Variante (vgl. dazu z. B. Hobmair 1996, Krohne/Hock 1994, Schneewind 1999, Perleth/Ziegler 1999). Perleth & Ziegler (1999) betonen zusätzlich die höhere soziale Kompetenz im Umgang mit anderen Menschen.[116] So zeigen Untersuchungen beispielsweise auch deutliche Zusammenhänge zwischen frühen Erziehungseinflüssen und späterem Einfühlungsvermögen der Kinder.[117]

Selbstverständlich kommen die hier nur kurz skizzierten Erziehungsstile kaum in reiner Form, sondern meistens als Tendenzen und in Mischungen vor.

Partnerbeziehung der Eltern

Eine befriedigende bis beglückende Partnerschaft zwischen Mutter und Vater bietet Geschwistern ein wichtiges Beziehungsmodell für das Ver-

---

114 vgl. Sabine Walper/Reinhard Pekrun (Hrsg.) (2001): Familie und Entwicklung. Göttingen: Hogrefe, S. 68
115 Christoph Perleth & Albert Ziegler (Hrsg.) (1999): Pädagogische Psychologie. Bern: Huber, S. 16
116 ebd., S. 16
117 vgl. Hermann Hobmair (Hrsg.) (1996): Pädagogik. Köln: Stam, S. 235

hältnis zwischen Frau und Mann, aber auch zwischen Menschen überhaupt. Partnerbeziehungen spiegeln für Kinder in der Familie ein überaus starkes und anhaltend wirksames Beziehungskonzept. Kindergärtnerinnen und ErzieherInnen in Tagesstätten können häufig aus dem Spiel der Kinder in einer Ecke ganze Kommunikationsmuster und Haltungen von Mutter und Vater heraushören.

Körperbau

Eine weitere zu berücksichtigende Größe, die den Trend beim Geburtenfolgefaktor auf den Kopf stellen oder ihn zumindest aus dem Gleichgewicht bringen kann, besteht in einem ausgeprägten Unterschied von Körperbau und körperlichen Fähigkeiten. So kann beispielsweise bei zwei Brüdern mit geringem Altersunterschied der viel kräftigere, robustere und bald auch größere jüngere Knabe die Rolle des Großen einnehmen (Rollenumkehr). Wenn dann bei Verwandtschaftszusammenkünften die Brüder verwechselt werden, d. h. der jüngere als der ältere angesprochen wird, führt das für den Letztern unter Umständen zu schmerzlichen Erfahrungen.

Fantasien und Erwartungen der Eltern vom einzelnen Kind

Diesen Aspekt werde ich in Kapitel 5 vor allem bezüglich Bevorzugung und Benachteiligung eines Geschwisters ausführlicher darstellen. Schon die Bestätigung der Schwangerschaft setzt – so Bank & Kahn (1994) – oft bestimmte, bis anhin meistens nur verborgen schlummernde elterliche Fantasien und Wünsche über Identität und Geschlecht des Babys, Veränderungen in der Familie oder sogar über die Zukunft des Kindes in Gang.[118] Ein unruhiges, schreiendes Baby wird häufig in dieser Rolle festgeschrieben. Bank & Kahn (1994)[119] betonen sogar, dass Temperamentsunterschiede bei Säuglingen aus derselben biologischen Familie oft in einer frühen Identitäts- und Rollenzuschreibung durch die Familienmitglieder – häufig durch Vergleiche – resultieren oder vertieft werden.

---

118 Stephen P. Bank/Michael D. Kahn (1994): Geschwister-Bindung. München: dtv 1994, S. 27
119 ebd., S. 28

Ein friedliches, ruhiges Mädchen gilt dann als still und unkompliziert, die aktivere, mehr auf äußere Reize reagierende Schwester als nervös, lebhaft oder unstet. Besonders bei eineiigen Zwillingen gibt es in der Regel schon bei der Geburt Rollen- und Identitätszuschreibungen durch die Eltern. Bei allen Zuschreibungen besteht die Gefahr, dass sie, einmal in Gang gesetzt, sich verstärken (im Sinn einer *self-fulfilling prophecy*) und verfestigen. Problematisch ist dies natürlich vor allem bei negativen Zuschreibungen.

Geschwistersituation/Geschwisterbeziehung und Geschwisterposition der Eltern

Selbstverständlich spielt auch die Geschwisterbeziehung der Eltern in ihrer Herkunftsfamilie eine wichtige Rolle: Eltern liegt in den meisten Fällen die eigene Geschwisterposition emotional näher. Dies bedeutet, dass sie sich besser in die Kinder mit demselben Geburtsrangplatz einfühlen können; dies gilt besonders, wenn auch das Geschlecht übereinstimmt und das Kind sie stark an sie selbst erinnert (z. B. äußerliche Merkmale, Persönlichkeitseigenschaften). Manchmal lassen sich so auch unbewusste Bevorzugungen und Abneigungen der Eltern gegenüber ihren Kindern erklären, die von Außenstehenden manchmal offenkundig und mit Verwunderung zur Kenntnis genommen werden. Wie solche unbewussten Projektionen in der Erziehung der eigenen Kinder eine Rolle spielen können, werde ich in Kapitel 10 an Beispielen belegen.

Außerfamiliäre Bezugspersonen

Großeltern, Verwandte, Lehrpersonen beeinflussen das Beziehungsgeschehen in einer Familie meistens in beträchtlichem Ausmaß, wenn auch eher indirekt. So kann etwa eine gute Beziehung zu einer Lehrperson zu guten schulischen Leistungen führen und einem Kind, das sich bisher seinem Geschwister unterlegen gefühlt hat, dazu verhelfen, eine selbstbewusstere Position im geschwisterlichen Subsystem einzunehmen. Auch die umgekehrte Variante ist selbstverständlich möglich.

In einer Familie mit vier Kindern erhielt der zweitälteste, ein Knabe, von seinem Paten jeweils zu Geburtstag und Weihnachten außerordentlich teure Geschenke, welche die Geschwister heimlich bewunderten und um die sie ihren Bruder beneideten. Aus Eifersucht rächten sich die weniger reich beschenkten Geschwister jeweils mit Attacken, abwertenden

Bemerkungen, Zerstören von Geschenken u. a. am privilegierten Bruder. Die drei «Zu-kurz-Gekommenen» schlossen sich allmählich immer mehr gegen den Bruder zusammen und plagten ihn nach Möglichkeit. Die Bevorzugung durch den Paten entwickelte sich über die Jahre zu einem schwerwiegenden Störfaktor in der Geschwisterbeziehung – die Privilegierung erwies sich so schließlich als Bumerang.

Freunde der Geschwister, Peers

Eine große Bedeutung für die Art der Geschwisterbeziehung kommt der Haltung, der direkten oder unausgesprochenen Meinung der Freunde eines Geschwisters zu, besonders im Schulalter und in der Pubertät. Findet ein Kollege/eine Kollegin eines Geschwisters dessen jüngeren oder älteren Bruder (oder die Schwester) blöd, komisch, hochnäsig oder dumm, so verschlechtert sich die Geschwisterbeziehung in den meisten Fällen, weil dieses Urteil Distanzierungsbemühungen gegenüber dem negativ taxierten Geschwister hervorruft. Umgekehrt rückt eine positive Einstellung zur «coolen» oder originellen Schwester (oder zum lässigen, attraktiven Bruder) die Geschwister noch (oder wieder) näher zueinander. Distanzierungs- oder Annäherungsprozesse – wobei erstere im Jugendalter weit häufiger sind – finden sich besonders in der Zeit der Vorpubertät und Pubertät, wo sich die Interessen und Lebensstile der meisten Geschwister differenzieren, individualisieren und schließlich verfestigen.

Charakter/Persönlichkeit und besondere Merkmale der Geschwister

Ein Kind kann in einer Familie, in der sein Geschwister bei allem, das es in die Hände nimmt, erfolgreich ist, massiv leiden. Besonders bei begabten, fähigen Kindern oder Kindern, die den Eltern (und den Geschwistern) sehr attraktiv erscheinen, findet sich praktisch immer ein ungeschicktes, weniger präsentables Kind, das unter dem «Sonnenschein» oder dem «immer Erfolgreichen» leidet. Umgekehrt bietet ein Problemgeschwister, das immer wieder, ob im Kindergarten, in der Schule, auf dem Spielplatz oder auch nur in der Familie größere Schwierigkeiten bereitet, den anderen Kindern die Chance, sich in der Rolle des Pflegeleichten, Herzigen, Beliebten oder Intelligenten zu profilieren.

Ein anderer Fall zeigt sich wiederum etwa, wenn Eltern ein Kind aus einer anderen Kultur adoptieren und dieses Kind sich äußerlich von den anderen Geschwistern unterscheidet. Eine 18-jährige junge Frau schildert dazu die folgende Situation:

> «Mein Bruder wurde von meinen Eltern aus Indien adoptiert. Er hat also eine dunkle Haut. Indem ich schon von klein auf mit einem dunkelhäutigen Knaben aufgewachsen bin, war Auslachen für mich nie ein Thema, obwohl es in meiner Kindheit noch üblich war, dass Schwarze in der Schweiz wegen ihrer Hautfarbe ausgelacht und diskriminiert wurden. Dadurch, dass mich meine Eltern von Geburt an mit einem dunkelhäutigen Menschen konfrontiert haben, war dies für mich das Normalste auf der Welt, dass es auch noch andersfarbige Menschen auf der Welt gibt. Ich bin so weltoffener geworden.
> Mein Bruder hat die Eigenschaft, dass er nur akzeptieren kann, was seine Meinung ist. Ich musste also meine Wünsche immer zurückstellen, da es sonst mit ihm immer Krach gab. Das hat sich bis heute ausgewirkt: Ich habe auch heute Mühe, meine Interessen zu vertreten und durchzusetzen. Ich gebe rasch nach – leider. Ich weiß, dass das falsch ist, aber ich habe das so verinnerlicht, dass ich das nicht so schnell loswerde!»

Kritische Lebensereignisse

Zu den kritischen Lebensereignissen zählen Faktoren und Entwicklungen wie etwa: Trennung der Eltern, Tod eines Elternteils/eines Geschwisters, Wegzug vom bisherigen Wohnort, Erkrankung eines Elternteils/ eines Geschwisters, Unfälle, Kriegserfahrungen, größere Wertdifferenzen u. a. (vgl. Kasten 2001). Wie schon in Kapitel 2 ausführlich dargelegt und begründet, gilt auch hier: Die Auswirkungen vieler Ereignisse, die von den Geschwistern auf den ersten Blick gemeinsam erleben werden (wie zum Beispiel eine Krebserkrankung der Mutter, die Arbeitslosigkeit des Vaters oder der gravierende Motorradunfall des ältesten Bruders), manifestieren sich bei den Kindern in derselben Familie oft erstaunlich unterschiedlich. Was für das ältere Geschwister eine relativ geringfügige Änderung in seinem Lebensalltag bedeuten kann, erweist sich für das dreijährige als Katastrophe – in einem anderen Fall kann die Wirkung auf zwei Geschwister aber gerade auch umgekehrt sein. Trotz dieser Tatsache erliegen auch sonst differenziert argumentierende Autoren manchmal der Versuchung, grob vereinfachende Aussagen zu den Auswirkungen solch kritischer Ereignisse zu machen. So behauptet beispielsweise Sulloway (1997) an einer Stelle, dass der Verlust eines oder beider Elternteile bei Erstgeborenen Engstirnigkeit zu Folge habe![120]

---

120 Frank J. Sulloway (1997): Der Rebell der Familie. Berlin: Siedler, S. 460

Manchmal kann sich eine Häufung von stressauslösenden Ereignissen für ein Kind fast zu einer Bedrohung auswachsen: Nachdem es mit der neuen Lehrperson in der Schule nicht mehr zurechtkommt, zieht kurz darauf die beste Freundin weit weg. Im günstigen Fall schließt sich das betroffene Kind seinen Geschwistern (oder einem Geschwister) enger an und/oder sucht sich eine außerfamiliäre Kontakt- und Bezugsperson. Andernfalls kann das Kind unter ungünstigen Vorzeichen in zunehmende Depressionszustände geraten, was wiederum einen beträchtlichen Einfluss sowohl auf das Geschwister-Subsystem wie auf die Eltern hat.

In einem anderen Fall bedeutet der Tod der Mutter zwar ein tragisches und folgenschweres Ereignis, kann aber bezüglich der Geschwisterbeziehung ein neue Möglichkeit eröffnen. So beschreibt Max Born, der Nobelpreisträger in Physik, wie ihn der Tod der Mutter seiner jüngeren Schwester näher brachte. Max war das älteste von zwei Kindern und vier Jahre alt, als die Mutter starb. Er schreibt:

«Nie war jemand da, zu dem wir Kinder mit unseren kleinen Sorgen und Freuden Zuflucht nehmen konnten wie andere Kinder zu ihrer Mutter. Umso mehr hielten meine Schwester und ich zusammen. Wir spielten miteinander und entwickelten eine Art Geheimsprache, für alles erfanden wir verzerrte Ausdrücke, mit denen wir uns in Gegenwart der Erwachsenen unterhalten konnten, ohne verstanden zu werden.» [121]

Zu Borns enger Beziehung – fast eine Art Zwillingserfahrung – mit seiner Schwester wäre es vermutlich nicht gekommen, wenn a) die Mutter nicht gestorben wäre und b) er die Rolle der Autoritätsperson (der große, starke, unnahbare Bruder) eingenommen hätte.

Eine negative Langzeitauswirkung auf die Geschwisterbeziehung durch Heirat eines Geschwisters etwa tritt vor allem dann ein, wenn sich der Schwager/die Schwägerin nicht gut mit dem/der neuen Partner/in des Geschwisters versteht: «Schwierige», d. h. zum Beispiel überkritische oder eifersüchtige Schwäger/Schwägerinnen beschleunigen in solchen Fällen die auseinanderstrebenden Kräfte der erwachsenen Geschwisterschaft. Bei gegenseitiger Sympathie kann sich das Verhältnis zwischen den Geschwistern hingegen verbessern. Ähnlich, das heißt immer auf einen konkreten und individuellen Beziehungshintergrund bezogen, müssen die anderen Ereignisse bezüglich ihrer Folgen verstanden werden. So schränkt beispielsweise die räumliche Entfernung den direkten

---

[121] ebd., S. 152

physischen Kontakt zwischen Geschwistern fast immer ein – so etwa der Auszug des ältesten Bruders zum Studium in eine weit entfernte Universitätsstadt oder die Übersiedelung einer Schwester in einen anderen Kontinent –, aber nicht unbedingt den emotionalen: Physische Distanz kann, muss aber nicht auch psychisches Auseinanderdriften bedeuten. Allerdings vermag – und dies muss auch als Chance betrachtet werden – besonders in den ersten Jahren des Erwachsenenalters die räumliche Distanz auch das Bemühen der Geschwister, die Entwicklung einer individuellen Persönlichkeit auszuweiten, zu stärken. Besonders bei Beziehungen, die eng sind oder wo ein Geschwister stark auf das andere ausgerichtet, ja fixiert und abhängig ist, leistet die Trennung eine Art adoleszente Geburtshilfe, um eigene Entscheidungen zu treffen, so etwa im Berufs- und Privatleben, ohne sich dauernd auf den Rat, die Unterstützung oder den Beifall des anderen zu verlassen. So vermögen Trennungen auch Selbständigkeits- und Autonomieprozesse der Geschwister zu fördern.

Allerdings besteht bei räumlichen Distanzen schon auch die Gefahr, sich allmählich auch emotional zu entfernen, wenn die Kontakte nicht regelmäßig gepflegt werden. In anderen Fällen bedeutet die Distanz für ein Geschwister wiederum die Chance, das verhasste, von den Eltern stark bevorzugte Lieblingskind nicht mehr ständig vor der Nase zu haben und ein neues Beziehungsnetz aufzubauen.

Auch der Eintritt ins Berufsleben markiert für junge Frauen und Männer neue Chancen auf dem Weg zur Entwicklung einer individuellen Persönlichkeit: Geschwister können sich bei Berufs- und Schulwahlentscheidungen unterstützen – oder sich durch eine persönliche Wahl vom Geschwister endlich vermehrt abgrenzen. Die berufliche Entwicklung zum Computer-Spezialisten schafft einen eigenen, «geschwisterfreien» Geltungs- und Tätigkeitsbereich, da der ältere Bruder einen ganz anderen Weg als Deutsch- und Geschichtsstudent eingeschlagen hat.

Das Eingehen einer tieferen und stabileren Liebesbeziehung stellt ein weiteres Feld für Individuationsprozesse der Geschwister dar. Als tendenziell günstig für eine Liebesbeziehung kann gelten, wenn die Loyalität zum Partner/zur Partnerin über der Loyalität zu Eltern und Geschwistern steht. Zu enge Geschwisterbindungen auch noch im Erwachsenenalter stellen immer einen potenziellen Störfaktor für Liebesbeziehungen dar. Im ungünstigsten Fall vermag eine zu starke Bindung zwischen Geschwistern sogar einen Keil zwischen zwei LiebespartnerInnen zu treiben.

Schließlich gilt es, noch einen weiteren Aspekt zu berücksichtigen: unterschiedliche Wertvorstellungen, die sich häufig nach der Ablösung vom Elternhaus weiter individualisieren und vertiefen. Im günstigen Fall nimmt die Geschwisterbeziehung durch differierende Wertvorstellungen etwa betreffend Lebensstil, Umgang mit Geld, Politik, Religion oder Kindererziehung keinen Schaden, sondern wird dadurch angeregt oder bereichert. In anderen Fällen, etwa wenn die eine Geschwisterfamilie besonders fromm oder politisch rechthaberisch auftritt und/oder gar noch Eltern (-teile) Partei für die eine Seite nehmen, indem sie etwa eine Schwiegertochter oder einen Schwiegersohn ablehnen, wird das Beziehungssystem der Geschwister meist nachhaltig, gelegentlich auch endgültig ge- oder zerstört.

Manchmal vermögen Geschwister angesichts einer weiteren Entwicklungsaufgabe, der Versorgung der alten Eltern oder der Verarbeitung des Todes von Vater und/oder Mutter, vorübergehend oder auch längerfristig ihren Zwist beiseite zu schieben und ihre Beziehung wieder zu verbessern. Neu erwachte Gefühle der Familienloyalität, der Solidarität und positive Erinnerungen an vergangene gemeinsame, gute Zeiten ermöglichen es, solche Prozesse anzustoßen. In anderen Fällen vermag der Tod eines oder beider Elternteile das schon distanzierte oder gar feindselige Verhältnis der Geschwister vollends zu zerstören: So steht dann etwa der Streit um die Verteilung des Erbes im Zentrum des neuerlichen Streits, lässt alte Rivalitäten neu aufleben und reißt alte, unverheilte Wunden wieder auf.

Viele Geschwister berichten aber auch, dass das Wissen, einen Bruder oder eine Schwester zu haben, auf den oder die man sich verlassen kann, auch wenn man u. U. weit voneinander entfernt lebt, besonders in späteren Jahren eine Art Grundgefühl der Sicherheit repräsentiert: Wenn andere Beziehungen scheitern und auseinandergehen – Geschwister bleiben einem fast lebenslänglich erhalten, auf sie kann man sich letztlich immer verlassen.

Krankheiten, Behinderung und Tod von Geschwistern

Ausbruch, Verlauf, Bedeutung von und Reaktionen auf Krankheiten erleben Kinder über Jahre primär an sich, ihren Eltern und an ihren Geschwistern.

Bei einer chronischen Erkrankung eines Kindes besteht fast immer die Gefahr, dass die ganze Aufmerksamkeit der Eltern dem kranken

Geschwister geschenkt wird.[122] In die Traurigkeit über die ernsthafte Erkrankung mischen sich meist auch Selbstmitleid, ein Gefühl der Ungerechtigkeit und Hass auf die Krankheit und/oder das Geschwister und/oder die Eltern. Die gesunden Geschwister fühlen sich zu kurz gekommen, und nicht wenige entwickeln Krankheitsfantasien: Sie «wünschen» sich eine schwere Krankheit und stellen sich dann vor, wie die Eltern reagieren würden. Je ausgeprägter das Gefühl des Benachteiligtseins auftritt, desto stärker sind in der Regel auch die Gegenfantasien der Geschwister. Ein junger Mann schilderte mir, er habe sich mehrmals als Kind vorgestellt, wie er von einem Auto überfahren werde und wie dann die Eltern entsetzt, traurig und voller Schuldgefühle an *seinem* Grab stehen und ihre Fehler beklagen würden. Andere wünschen, das kranke Geschwister wäre fort oder würde sterben, und bekommen dann Schuldgefühle.

Durch die Krankheit oder die Behinderung eines Kindes müssen sich Eltern auf eine unvorbereitete Situation einstellen. Dabei spüren die gesunden Kinder – besonders bei einer unheilbaren Krankheit oder einer schweren Behinderung – mit feinen Antennen, wie sie nun unter Umständen als letzte verbleibende potenzielle Erfolgsträger die Wünsche und Erwartungen der Eltern verstärkt zu erfüllen haben.

Letztlich stellt jede Familie mit ihren Mitgliedern ein einzigartiges Gebilde dar. So kann unter günstigen Bedingungen das gesunde Geschwisterkind aus der Tatsache, dass die Eltern so stark vom kranken oder behinderten in Anspruch genommen sind, auch die Chance packen und schon früher als andere Kinder Eigenschaften wie Unabhängigkeit, Selbständigkeit und Verantwortungsbewusstsein entwickeln. Gelingt dies, können gegenüber dem kranken Geschwister durchaus auch nützliche Tugenden wie Mitgefühl und Hilfsbereitschaft entstehen.

Natürlich hängt es auch von der Art der Krankheit, der Haltung der Eltern, dem gesunden Kind selber – findet es andere Ressourcen? – und seinem Alter ab, wie sich die Krankheit eines Kindes auf die Familie auswirkt. Kleine Kinder mit einer eher unsicheren Bindung zu einem oder beiden Elternteilen können auch die Vorstellung entwickeln, sie seien an der Erkrankung des Geschwisters schuld oder sie könnten auch ernstlich erkranken.

Stirbt ein Geschwister, so löst dies beim überlebenden Kind je nachdem tiefe Gefühle von Verlust, Liebe, Angst, Erleichterung oder Schuld-

---

122 vgl. dazu: Ilse Achilles (2002): «…und um mich kümmert sich keiner!» Die Situation der Geschwister behinderter und chronisch kranker Kinder. München: Reinhardt

gefühle und Selbstbezichtigung aus. Besonders der plötzliche, unerwartete Tod lässt für Geschwister weder Raum noch genügend Zeit für Abschied und Versöhnung. Geht dem Tod eine längere Erkrankung voraus, stehen dieselben Gefühle viel weniger stark im Zentrum, da sie durch den vorangegangenen langen Krankheitsprozess gemildert worden sind und so leichter verarbeitet werden können.

Alkohol und Drogen

Substanzmissbrauch von Eltern stellt Kinder vor vielfältige und schwierige Probleme. Leider wird dies in unserer Gesellschaft noch weitgehend tabuisiert und in der Literatur fast gänzlich ausgespart.[123] Alkohol- und drogenabhängige Eltern (-teile) gestehen sich in den seltensten Fällen ihre Sucht ein und hüllen die Familie in ein meist unausgesprochenes Geflecht von Geheimnis und Schweigen. Die Verleugnung der Suchtproblematik wird zum Familiengeheimnis, das auf keinen Fall nach außen dringen darf. In Alkoholikerfamilien weisen die Rollen der einzelnen Mitglieder als Trend eine deutlich erhöhte größere Rigidität und größere Unveränderbarkeit[124] auf: Jedes Kind hat in diesem Familiensystem eine bestimmte Aufgabe zu erfüllen.

In vielen Fällen sind es die älteren Kinder, die für den süchtigen Elternteil eine Krückenfunktion, eine Art Hilfs-Ich übernehmen müssen: Sie bringen den Süchtigen den gewünschten Alkohol, die Zigaretten, die Tabletten, sie verschieben für sie Termine und erledigen andere wichtige Dinge, die eigentlich in den elterlichen Bereich gehören. So parentifizieren süchtige Eltern ihre Kinder ungewollt. Diese sind dadurch frühreif, selbständig, früh erwachsen, aber auch überfordert, da häufig auch noch die Betreuung jüngerer Geschwister ansteht. Sie fühlen sich meistens allein, nur auf sich gestellt und sind für ihr Alter zu ernst, zu vernünftig. Sie schlucken die Wut, die Enttäuschung und bleiben in sich gekehrt, einsam, traurig.

In günstigen, allerdings seltenen Fällen können sich Geschwister suchtkranker Eltern ein Stück weit zusammenschließen, einander etwas Trost und Zuneigung schenken. Meistens entstehen aber angesichts der

---

123 Dies belegt zum Beispiel Cécile Ernst (1989): Alkoholmissbrauch, Alkoholabhängigkeit, Alkoholismus. Eidgenössische Drucksachen- und Materialzentrale Bern.
124 vgl. dazu: Françine Klagsbrun (1993): Der Geschwisterkomplex. Frankfurt: Eichborn, S. 228

schwierigen familiären Problematik und der damit verbundenen Überforderung vielmehr Bitterkeit und Wut auf den Verrat der Eltern. Die mangelnde Unterstützung, die massiv eingeschränkte bzw. einseitige Zuwendung des süchtigen Elternteils, das Auf-sich-selbst-bezogen-Sein des Süchtigen löst massive Unmutsgefühle bei den betroffenen Kindern aus, die sie nur teilweise auf ihre Eltern richten können. Solche Gefühle verschieben sich stattdessen in der überwiegenden Zahl auf die oder das Geschwister: Die jüngeren Geschwister fühlen sich vom parentifizierten älteren bevormundet, drangsaliert, das ältere ärgert sich über die «Undankbarkeit» und Widerborstigkeit des jüngeren und die zeitliche Belastung, die seine Betreuung beansprucht. Da den Älteren angesichts der vielen zusätzlichen Aufgaben kaum Zeit zur freien Verfügung bleibt, verstärken sich ihre negativen Gefühle auf den/die vermeintlichen VerursacherInnen, die jüngeren Geschwister.

Weitere moderierende und protektive Faktoren

Die Resilienzforschung der letzten beiden Jahrzehnte weist auf den hohen Stellenwert des familiären Umfeldes als Stütz- und Schutzfaktoren für Kinder in schwierigen Lebensverhältnissen hin.[125] Im Mikrobereich gehören auch die Geschwister dazu. So vermögen (meistens) ältere Geschwister in belasteten Familien unter günstigen Bedingungen, d. h. besonders wenn sie sich auf außerfamiliäre Ressourcen (z. B. Lehrpersonen, Freunde, Eltern von Freunden usw.) abstützen können, den jüngeren ein Stück weit Halt, Orientierung, Fürsorge, Verlässlichkeit, Sicherheit und Mut zu vermitteln. Das gemeinsame Spielen und Lernen mit emotional stabilen und kompetenten außerfamiliären Kindern, die positive Beziehung zu einer Lehrperson u. a. stärken Kinder so in ihrem Selbstwertgefühl und tragen dazu bei, im innerfamiliären Beziehungsnetz einen befriedigenden Platz zu finden. Besonders Kinder, die sich in

---

125 vgl. dazu: Günther Opp/Michael Fingerle/Andreas Freytag (Hrsg.) (1999): Was Kinder stärkt. Erziehung zwischen Risiko und Resilienz. München: Reinhardt. Allerdings werden hier Geschwister nur in einem Satz als wichtige Stütz- und Schutzfaktoren miterwähnt, ohne deren Einfluss und Bedeutung näher zu spezifizieren, und im Sachregister des Buches werden Geschwister nicht einmal erwähnt! Eine kurze Zusammenfassung wichtiger Ergebnisse der Resilienzforschung findet sich in: Jürg Frick (2001b): Protektive Faktoren in Kindheit und Jugend. In: Psychologie und Erziehung. Zeitschrift der Schweizerischen Vereinigung für Kinder- und Jugendpsychologie. Solothurn: SKJP Nr. 1/2001

der Familie benachteiligt fühlen, erhalten so eine Chance, ihre Bedürfnisse zumindest teilweise doch noch befriedigen zu können.

Bei der systematischen Erforschung der enorm wichtigen Rolle von Geschwistern als protektive Faktoren steckt die Resilienzforschung allerdings noch in den Anfängen.

4. Geschwister und ihre Bedeutung füreinander

> «Ich habe eine vier Minuten ältere Zwillingsschwester und keine anderen Geschwister mehr. Welche Bedeutung hat sie für mich?
> 1. Freundin/Partnerin. Sie ist für mich mehr als ‹nur› eine Schwester. Wir haben viele gemeinsame Interessen und ähnliche Meinungen oder Weltanschauungen. Mit ihr rede ich auch über ganz andere Dinge als mit meinen Eltern. Wir streiten uns auch, finden aber doch immer wieder zueinander. Ich darf sie auch kritisieren (und sie mich auch), ohne dass die andere gleich beleidigt ist. Sie ist und wird für immer einer der wichtigsten Menschen in meinem Leben sein. Ich weiß, dass ich von ihr geliebt werde.
> 2. Rivalin/Konkurrentin. Durch den enorm kleinen Altersunterschied ist das Konkurrieren zwischen uns schon klar vorhanden. Jede will gleich gut, wenn möglich besser sein als die andere. So hat sie schon mit der Musik aufgehört, da ich ziemlich gut im Gitarrenspielen bin. Ich hätte auch nie den gleichen Sport ausgeübt wie sie, da irgendwie auch die Angst vor dem Vergleich da ist. Es ist aber nicht nur negativ: So spornen wir uns auch gegenseitig an. Wir reden auch über dieses Problem zusammen und finden es dann auch blöd, sich so anzustellen. Ich habe gelernt, immer mein Bestes zu geben, aber auch Niederlagen zu akzeptieren.»
>
> *(Reflexionen einer 19-jährigen Frau)*

Was die junge Frau beschreibt, bestätigt in etwas anderen Worten auch die gegenwärtige Forschung der Familienpsychologie. Nach Hofer/Wild/Noack (2002)[126] herrscht «*im aktuellen Forschungsgeschehen Übereinstimmung dahingehend, dass Geschwister eine herausragende Rolle im Lebenslauf spielen. [...] Neben Eltern und Peers haben sie eine wichtige Funktion als Sozialisationsagenten, weil Geschwister im täglichen Zusammenleben sich gegenseitig anregen und lernen, sich zu verstehen und auseinander zu setzen.*» Und für den Psychologen Mathias Jung (2001) sind Geschwister auch bedeutsame «*Vorbilder, Tankstellen und Rückversicherungen.*»[127]

---

[126] Manfred Hofer/Elke Wild/Peter Noack (2002): Lehrbuch Familienbeziehungen. Göttingen: Hogrefe, S. 193
[127] Mathias Jung (2001): Geschwister. Liebe, Hass, Annäherung. Lahnstein: Emu, S. 272

Einige dieser Bedeutungsaspekte und -inhalte sollen in diesem Kapitel erschlossen und an Beispielen erläutert werden.

Ein reichhaltiges Beziehungsfeld

Geschwister spielen im Beziehungsgeflecht von Menschen eine kaum zu unterschätzende Rolle. Wir können heute als gesicherte Erkenntnis festhalten, dass sie einen wesentlichen Faktor für die individuelle Entwicklung darstellen und zwar insbesondere in den Bereichen Kognition, Emotionen, Sozialverhalten und Persönlichkeitseigenschaften. Neben den Eltern sind sie die nächsten Beziehungspersonen, mit denen die anderen Geschwister die ganze Bandbreite von Gefühlen, Reaktionen und Handlungsmustern ausprobieren, durchspielen und modifizieren können. Geschwister vergleichen – mit keinem anderen Menschen vergleichen sich Kinder zumindest in den ersten wichtigen Lebensjahren mehr als mit ihren Geschwistern! – und bewerten sich, bewundern und kritisieren einander gegenseitig, sagen einander die Meinung, rivalisieren miteinander, helfen und streiten, lieben und hassen einander, richten sich aneinander aus, üben Macht aus oder unterziehen sich dem mächtigeren Geschwister, passen sich an, wollen ganz anders sein oder den anderen übertreffen. Geschwister ermöglichen Abgrenzung, Nähe und Selbstwerdung, erlernen kooperative Aushandlungsprozesse. Stilles wie offenes Vergleichen kann sich sehr stark auf das Selbstwertgefühl auswirken, wie auch die Meinungen und Bewertungen durch das Geschwister einen beträchtlichen Einfluss auf die Konstituierung des Selbstwertgefühls haben können. Dass dabei die erlebte Geschwisterposition und das Hinaufschauen zu den Großen eine wichtige Rolle spielen kann, beschreibt rückblickend eine junge Frau unter einem selbstgewählten Titel.

> «Nicht erwischen lassen!
> Ich erinnere mich noch ganz genau, wie ich lernte, auf dem großen Fahrrad zu fahren.
> Es war ein Nachmittag. Niemand war zu Hause. Ich stand am Küchenfenster und entdeckte, dass das Fahrrad meiner Mutter ganz verlassen am Trottoir stand. Damals hatten die Fahrräder noch keine Ständer, sondern man stellte die Pedale ~~auf~~ Randsteinhöhe – damit konnte das Fahrrad im Stand gehalten werden.
> ~~Während~~ ich auf das Fahrrad starrte, ließ ich in Gedanken die Aufstiegsszenen ~~meiner~~ Mutter, meiner Schwester, meines Vaters und meines Bruders passieren. ~~Ein Gefühl~~ des Mutes, genauer gesagt, des ‹jetzt oder nie› überkam mich. Schon

> trampelte ich die Treppe hinunter auf die Straße. Das Fahrrad lockte: Hände auf den Lenker, mit dem linken Bein, auf das erhöhte linke Pedal, rechtes Bein ganz schnell auf das andere, Gleichgewicht halten ... Ich bestieg das Fahrrad und fuhr los. Es war großartig! Ein gutes kribbeliges Gefühl begleitete mich.
>
> **Hintergründe**
>
> Damals konnten meine zwei älteren Geschwister schon mit dem großen Fahrrad fahren. Ich noch nicht. Doch das wollte ich auch unbedingt lernen. Oft beobachtete ich meine Mutter vom Fenster aus, wie sie aufs Rad stieg. Auch meinen Vater beobachtete ich, wie er sich auf die Lenkstange stützte, sein Bein ganz elegant über den Sattel schwang und losfuhr. Bei ihm waren die Beobachtungen mit Bewunderungsgefühlen begleitet. Ich war die Jüngste von insgesamt drei Geschwistern. Nicht selten ließen mich meine älteren Geschwister spüren, dass ich noch ‹feucht hinter den Ohren› sei. Oft befürchtete ich ihr Belächeltwerden, was mich nicht selten demotivierte. Wahrscheinlich suchte ich mir darum oft Gelegenheiten, mir vieles anzueignen, wenn niemand in meiner Nähe war.»

Aus dem Beispiel wird ersichtlich, dass die junge Frau die Großen bewunderte und deren Fertigkeiten auch beherrschen wollte. Individualpsychologisch gesprochen ließ sie sich nicht entmutigen, suchte aber einen passenden Moment, um bei möglichen Misserfolgen nicht ausgelacht, entmutigt zu werden.

Vergleichsprozesse finden zwischen Geschwistern schon erstaunlich früh statt. Dunn/Plomin (1996) berichten aus ihrer Cambridge-Studie ein schönes Beispiel: Der 30 Monate alte Andy, ein sensibles und eher ängstliches Kind, hört den stolzen Kommentar der Mutter über seine energische und übermütige jüngere Schwester Susie, der es gerade gelungen ist, sich erfolgreich über ein Verbot der Mutter hinwegzusetzen:

Mutter zu Susie (liebevoll): «Susie, Du bist ein entschlossener kleiner Teufel!»
Andy zur Mutter (traurig): «Ich bin kein entschlossener kleiner Teufel.»
Mutter zu Andy (lachend): «Nein! Was bist du? Ein armer kleiner Junge!» [128]

Obwohl Andy noch nicht genau versteht, was «ein entschlossener kleiner Teufel» genau ist, spürt er, wie seine Schwester von der Mutter eingeschätzt wird und wie sehr er sich offenbar von ihr unterscheidet. Geschwister beobachten einander zudem – lange Zeit auf einer unbewussten Ebene – über Jahre ganz genau: Wo der eine Erfolg hat, wird das

---

[128] Judy Dunn/Robert Plomin (1996): Warum Geschwister so verschieden sind. Stuttgart: Klett-Cotta, S. 135

andere aufgeben oder versuchen, den Erfolg zu wiederholen oder gar zu übertreffen, und wo der andere seine Schwächen zeigt, wird der eine erst recht Erfolg suchen. Das obige Beispiel der jungen Frau zeigt noch etwas Weiteres, was in der Psychologie häufig übersehen wurde: Das Kind wächst nicht als kleines, hilfloses Wesen auf, das von der Umwelt geprägt, geformt wird, sondern zeigt sich als Mensch, der von Anfang an aktiv an den Verhältnissen, unter denen er aufwächst, teilnimmt, sie beeinflusst, gestaltet, umgestaltet, aufnimmt, verarbeitet, interpretiert. Zudem spielen Informationen darüber, was andere Menschen von einem denken, wie sie mich einschätzen, eine entscheidende Rolle sowohl bei der Entwicklung wie der Konstituierung des eigenen Selbstwertgefühls und Selbstbewusstseins. Für diesen Aspekt der Identitätsentwicklung spielen Geschwister und die Unterschiede von Geschwistern eine prominente Rolle.

Bindung und Autonomie sind Grunddimensionen der menschlichen Entwicklung und spielen im Eltern-Kind- wie im Geschwister-Geschwister-Verhältnis eine zentrale Rolle. Damit verbunden ist ein typisches Merkmal von sämtlichen Geschwisterbeziehungen: ihre Ambivalenz. Im Gedicht von Manfred Mai kommt dies besonders anschaulich zum Ausdruck:

Meine Schwester
Meine Schwester ist fünfzehn
und wirklich nett.
Mit ihr kann ich reden,
am besten im Bett.

Sie erklärt mir fast alles,
was ich wissen will,
und will ich nichts wissen,
ist sie einfach still.

Wenn es Streit gibt zu Hause,
hilft sie meistens mir
und knallt voller Wut
ganz laut mit der Tür.

Meine Schwester ist fünfzehn
Und richtig gemein,
will ich mit ihr reden,
schläft sie meistens ein.

Sie erklärt mir fast gar nichts,
und hab' ich 'ne Frage,
sagt sie manchmal bissig:
Du bist eine Plage!

Wenn es Streit gibt zu Hause,
ist es meistens wegen ihr,
doch ich werde geschimpft
und kann nichts dafür.

Meine Schwester ist fünfzehn
und mal so, dann mal so,
mal könnte ich sie...
und mal bin ich froh.[129]

---

129 Manfred Mai in: Jutta Grützmacher (Hrsg.) (1996): Geschwistergeschichten. Stuttgart: Klett, S. 11

Geschwister bieten ein Trainingsfeld, um Beziehungsmuster einzuüben und zu modifizieren. Dabei können sie häufig voneinander profitieren, wie das nächste amüsante Beispiel etwa bezüglich der Dimensionen Selbstkonzept, Bestätigung, Zärtlichkeitsbedürfnis und Rollenübernahme treffend zeigt: Elly, eine ältere Schwester, mochte ihre jüngere Schwester Carrie, «*weil sie ein bisschen wie ein Baby ist und ich gerne so tue, als ob sie mein kleines Baby ist, und ich mag es, sie zu trösten, wenn sie weint ... und sie sagt, wie schön ich jetzt aussehe...*» Carrie sagte: ‹Es ist sehr schön mit Elly ... Elly ist sehr lieb – sie hat mir viele Lieder beigebracht, die sie bei Browns gelernt hat, weil sie da immer hingeht ... Sie ist eine sehr nette Schwester ... die Spiele, die sie sich ausdenkt, und auch andere Sachen – die Spiele, die wir kaufen, und so.›»[130]

Von der frühesten Kindheit bis zum Tod eines Geschwisters finden unzählige gegenseitige Beeinflussungen statt, Geschwister prägen einander und gestalten gleichzeitig ihre ganz individuelle Beziehung zueinander, sie sind – wie es M. Jung einmal formuliert hat, «*die Hefe im gären-*

Abbildung 4-1: Verbundenheit und Zärtlichkeit beim gemeinsamen Spiel. (Foto: Privataufnahme.)

---

130 Judy Dunn/Robert Plomin (1996): Warum Geschwister so verschieden sind. Stuttgart: Klett-Cotta, S. 127–128

den Teig der Persönlichkeit».[131] Sie stimulieren die Fantasie, helfen beim Uhren-Lesen, Radfahren, Schwimmen usw. Positive wie negative Anteile jeder Geschwisterbeziehung durchziehen den ganzen Lebenslauf und Lebensentwurf eines Menschen und zwar sowohl real durch Erfahrungen wie durch die verinnerlichten Geschwisterbilder. Im Austausch mit Geschwistern erfahren wir unseren Wert und den Wert des anderen, erleben Ermutigung und Entmutigung, lernen Tricks und Methoden, um uns gut oder besser im Vergleich zu ihnen zu fühlen. Geschwister lernen dabei in einem Wechselspiel aktive (z. B. sprechen, streiten, teilen) und passive (z. B. warten, überlegen, weglaufen) Methoden einzusetzen. Geschwisterbindungen reichen schon in die ersten vorsprachlichen Tage der frühesten Kindheit zurück und bestehen, individuell sehr unterschiedlich in der Intensität und Qualität, meistens bis ins hohe Alter. Man kann deshalb zu Recht behaupten, dass sie die dauerhaftesten aller Bindungen eines Menschen repräsentieren. So sterben Eltern in der Regel schon früher, Freunde/Freundinnen wechseln mitunter und Liebesbeziehungen lösen sich immer häufiger auf. Bei Geschwistern ist es anders: Sie können sich nicht scheiden lassen – und selbst wenn sie über Jahre zerstritten sind oder alle Kontakte und Brücken zueinander abgebrochen haben, ist die viele Jahre gemeinsam erlebte Kindheits- und Jugendzeit ein unauslöschliches und prägendes verinnerlichtes Beziehungsfeld mit allen Sonnen- und Schattenseiten. Die Bindung (oder Beziehung) zu Geschwistern hat eine ähnlich tiefe Bedeutung für einen Menschen wie die Bindung an seine Eltern.

Horizontal-symmetrische Beziehungserfahrungen

Im Gegensatz zur vertikalen oder asymmetrischen, d. h. auf ungleicher Stufe basierenden Eltern-Kind-Bindung sind Geschwisterbeziehungen tendenziell stärker horizontal, symmetrisch, d. h. auf gleicher Ebene strukturiert: Ley (2001b) spricht von einer «Horizontalsozialisierung». Geschwister gehören zur selben (oder ähnlichen) Altersgruppe – oder systemisch ausgedrückt zu einer besonderen Subgruppe (Kinder) – mit entsprechenden Vorrechten (z. B. spielen, lärmen, nur Teilverantwortung) wie Einschränkungen (z. B. elterliche Regeln einhalten müssen,

---

131 Mathias Jung (2001): Geschwister. Liebe, Hass, Annäherung. Lahnstein: Emu, S. 26

Abhängigkeiten). Natürlich besteht auch zwischen den einzelnen Geschwistern oft ein Machtgefälle, häufig mit einer klaren Hierarchie, aber eher selten in dem Ausmaß wie zwischen Eltern und Kindern. Kinder sind untereinander, darauf weist Klagsbrun (1993) hin, auch ehrlicher als mit den Eltern, meistens ohne große Angst vor Ablehnung oder Strafe. Die Freiheit, so Klagsbrun, die Geschwister im Umgang miteinander genießen können, und die relative Gleichheit, die durch die Zugehörigkeit zur selben oder ähnlichen Altersgruppe entsteht, ermöglicht eine größere Intimität als in der Beziehung zu den Eltern. So nehmen und geben sich Geschwister Kritik auf eine Weise, wie sie nur zwischen Menschen mit gleichem oder ähnlichem Status möglich ist, oder sie streiten (und versöhnen sich) in Formen, die in Kind-Eltern-Beziehungen nicht so leicht möglich sind. Eine 24-jährige Frau gibt uns dazu ein schönes Beispiel:

> «Ich habe eine Schwester, die fast vier Jahre älter ist als ich. Ein wichtiger Punkt ist, dass ich gelernt habe, mich zu wehren. Ich wäre wohl kaum so schlagfertig geworden ohne meine Schwester. Bis sie auszog, stritten wir uns häufig, täglich. Jede versuchte, die noch besseren Argumente im Wettstreit zu finden, um Recht zu bekommen. Wir spiegelten uns gegenseitig unser Verhalten, nahmen kein Blatt vor den Mund und waren immer sehr direkt. Häufig provozierte ich sie mit Absicht, um wieder mit ihr streiten zu können. Heute kommen wir gut zusammen aus, wir sind immer noch sehr direkt miteinander, kommen aber gut aus und sind eigentlich Freundinnen.»

Zudem entwickeln und verändern sie Regeln und Rituale des Umgangs, die nur für sie gelten, oder erfinden und benutzen eine private, geheime Sprache (Code), die nur sie verstehen. Schließlich hüten sie gemeinsame «Kindergeheimnisse» und reden über ihre Eltern und deren Erziehungsmethoden. Wenn sie etwas älter und kritischer gegenüber den Eltern geworden sind, verabreden sie sich nicht selten, wie sie auf die nächste elterliche Erziehungsmaßnahme reagieren sollen. Zu all diesen Punkten finden sich natürlich immer wieder verschiedenste Varianten sowie Ausnahmen.

Ferner verbringen Geschwister oft mehr Zeit miteinander als mit den Eltern und lernen aneinander Facetten kennen, die den Eltern meistens verborgen bleiben. Geschwister stehen einander also entwicklungspsychologisch gesehen näher als den Eltern. Weiter entwickeln Kinder im Zusammensein mit ihren Geschwistern subtile Fähigkeiten der Menschenkenntnis: Sie lernen, die Gedanken und Gefühle des Geschwisters zu durchschauen, schon feinste Andeutungen verbaler oder mimischgestischer Art mit der Zeit richtig zu deuten und darauf möglichst optimal zu reagieren: Wie kann ich den großen Bruder dazu bringen, mir bei den Hausaufgaben zu helfen? Wann ist der günstigste Zeitpunkt, ihn zu fragen? Mit welchen Methoden bin ich am ehesten bei ihm erfolgreich? Geschwister lernen im Umgang miteinander subtile Kenntnisse über die Eigenarten, Wünsche, Grenzen, Stärken und Schwächen des anderen. In der folgenden Schilderung einer 23-jährigen Erzieherin wird das besonders anschaulich:

> «Die Auseinandersetzungen mit meiner älteren Schwester waren immer verbal. Selten wurden wir handgreiflich. Die Auseinandersetzungen waren immer heftig, trotzdem gab es Grenzen: So griff ich sie z. B. nie wegen ihrer Größe an, weil ich genau wusste, dass dies ihre große Wunde war. Schon früh lernte ich, mich mit Worten zu wehren, versuchte mich durchzusetzen, Argumente zu (er)finden. Lange Zeit gewann meine Schwester diese Streitereien. Der schönste Tag für mich war, als sie schließlich nach einer längeren heftigen verbalen Auseinandersetzung weinend ins Zimmer flüchtete, denn ich merkte nun, dass ich mich auch durchsetzen konnte und langsam älter wurde. An diesem Tag realisierte wohl meine Schwester, dass ich nicht mehr alles mit mir machen lassen würde.»

Solche «Expertenfähigkeiten» eignen sich Kinder schon sehr früh an, ohne sich dessen in der Regel wirklich bewusst zu sein – und sie setzen diese Kenntnisse auch entsprechend ein. So erworbene und wiederholt erfolgreich umgesetzte «Strategien» werden dann verfestigt und von den Kindern auf andere Personen und Situationen übertragen, ganz nach dem Lernprinzip von Versuch und Irrtum. In der nachfolgenden Geschichte von Rita und Agi sehen wir auf eindrückliche Weise, wie solche Muster von Menschenkenntnis – oder besser Geschwister-Menschenkenntnis! – eingesetzt werden: Die ältere Rita spürt ganz genau, wie ausgerichtet ihre jüngere Schwester Agi auf sie ist, und versucht sich durchzusetzen mit einer cleveren Strategie bei der Problemstellung, wer von den beiden im neuen Etagenbett oben schläft, was – so zeigt das Beispiel – vorderhand auch zu gelingen scheint.

Das Stockbett[132]

Es ist heute Vormittag geliefert worden. Nun steht es in der Mauernische links von der Balkontür.
Eigentlich ist's ja ein Ungetüm, denkt die Mutter, an seinen Anblick muss man sich erst gewöhnen, aber jetzt haben die Kinder wenigstens mehr Platz im Zimmer. Gleich danach denkt sie: Ob das nicht wieder ein Grund zum Streiten sein wird? Was soll ich machen, wenn beide das obere Bett haben wollen? Wenn es um das Bett keinen Krach gäbe, wäre das wirklich ein Wunder. Um die kleinsten Dinge gibt es ja in letzter Zeit einen Krach. Rita, die ältere, müsste schon so vernünftig sein, ihrer Schwester die Wahl zu lassen, doch das ist kaum zu erwarten.
Während die Mutter das Mittagessen vorbereitet, kommt sie von dem Gedanken nicht los, dass ihr ein unangenehmer Nachmittag bevorsteht. Sie kann schließlich nicht ahnen, welchen Plan sich Rita längst zurechtgelegt hat. Rita will Agi mit einem Trick dazu bringen, das untere Bett zu nehmen. Agi will ja immer tun, was Rita tut.
Seit Rita die Schultasche nicht mehr auf dem Rücken trägt, schleppt auch Agi die Tasche unter dem Arm. Beginnt Rita ein bestimmtes Buch zu lesen, hat Agi plötzlich für dasselbe Buch Interesse. Einmal hat sich Rita mit Mutters rosa Nagellack den Nagel des kleinen Fingers angestrichen. Und wer hatte am nächsten Tag ebenfalls einen rosa lackierten Fingernagel? Natürlich Agi.
«Ich kauf' mir schnell einen Eislutscher», sagt Rita, als sie auf dem Heimweg in die Nähe der Konditorei kommen.
«Da kauf' ich mir auch einen», sagt Agi.
«Ach was, ich spar' mir das Geld lieber», sagt Rita.
«Eigentlich will ich auch keinen Eislutscher», sagt Agi prompt.
Das ist die letzte Probe gewesen, denkt Rita, sicher klappt es mit dem Bett genauso. Die alten Betten und Matratzen lehnen neben der Tür der Hausmeisterwohnung. Rita und Agi laufen kichernd und flüsternd die Treppe hinauf. Sie sind gespannt, wie das Stockbett aussieht. Die Frage, wer oben und wer unten schlafen wird, scheint vorerst noch ohne Bedeutung.
Doch als sie davorstehen, sagt Rita: «Also, ich will unbedingt das untere, Mama, das find' ich so toll gemütlich wie eine Höhle!»
«Ihr werdet euch schon einigen», meint die Mutter. «Und jetzt kommt, das Essen ist fertig.»
«Mama, ich will aber auch das untere!» Agis Stimme klingt weinerlich. «Wieso kann sich's die Rita aussuchen?»
«Du meine Güte, mir reicht 's bald, Kinder!»
«Wieso denn, Mama?» ruft ihr Rita nach. «Ich hab' gar keine Lust, mit der Agi zu streiten. Meinetwegen soll sie das untere haben, bitte sehr, ich bin ja nicht so!»
«Ehrlich?» fragt Agi verblüfft. «Ich kann es haben?»
«Einer muss eben das Opfer bringen», antwortet Rita mit einem gespielten Seufzer. Innerlich jubelt sie. Ihr Trick ist gelungen. Agi ist darauf hereingefallen. Und sie selber bekommt, was sie sich gewünscht hat. Sie bekommt das obere Bett.

---

132 Vera Ferra-Mikura in: Jutte Grützmacher (Hrsg.) (1996): Geschwistergeschichten. Stuttgart: Klett, S. 12–15

Gleich nach dem Essen räumt Agi ihre Lieblingspuppen in das untere Bett ein. Rita steigt zwei Sprossen an der Leiter hinauf.

«Da muss ich jetzt alle Tage wie ein Aff' herumklettern», sagt sie. «Und wenn ich in der Nacht dringend aufs Klo muss, wird das überhaupt ein Riesenspaß!»

«Du gehst doch nie in der Nacht aufs Klo», wendet Agi ein.

«Ach, du bist ja so obergescheit», sagt Rita überraschend sanft.

An diesem Abend finden beide das Fernsehen nicht so interessant wie sonst.

«Wir gehen heute früh schlafen», sagt Rita. «Das neue Bett ausprobieren. Und die neuen Leselampen.»

«Das ist schrecklich aufregend», stimmt ihr Agi zu.

Dann verschwinden sie einträchtig im Kinderzimmer.

«Gefällt's dir auch ein bisschen da oben?» fragt Agi, nachdem sie in das untere Bett gekrochen ist. «Bist du gar nicht traurig?»

«Sei still, sonst heul' ich gleich», brummt Rita.

«Du, Rita ...»

«Sonst noch was?»

«Weißt du, Rita ...»

«Menschenskind, du störst mich beim Lesen.»

«Ach so», sagt Agi.

Nach einer Weile sagt sie wieder: «Du, Rita ...»

«Geht das vielleicht die ganze Nacht so weiter?»

«Nein, ich möcht' dir nur etwas sagen, bevor wir einschlafen – nämlich –, dass es goldig von dir ist, mir die Höhle zu lassen – das vergess' ich dir in meinem ganzen Leben nicht – denn jetzt weiß ich, du hast mich gern, denn einem, den du nicht magst, hättest du nicht nachgegeben.»

«Jaja, ist schon recht», antwortet Rita. Sie starrt in ihr Buch, ohne zu lesen. Jetzt ist ihr wirklich zum Heulen.

«Oft denk' ich, dass ich dir nur auf die Nerven geh», kommt es dumpf aus dem unteren Bett, «weil ich immer sein will wie du.»

Rita klappt das Buch zu und schiebt es unters Kopfkissen. «Ist doch alles halb so schlimm, Agi, ehrlich.»

«Du, Rita ...»

Rita knipst ihre Leselampe aus. «Zerbrich dir nicht länger den Kopf, Agi. Und schlaf gut im neuen Bett.»

«Du auch», sagt Agi.

«Träum was Schönes.»

«Du auch», sagt Agi. Und nach einer Pause: «Darf ich einmal – es muss ja nicht heute sein –, darf ich einmal ausprobieren, wie es oben ist?»

«Menschenskind!» sagt Rita. «Was willst du?»

«Nur ein einziges Mal ausprobieren», murmelt Agi.

Da rückt Rita zur Wand, und einen Seufzer unterdrückend, sagt sie: «Also bitte, worauf wartest du noch? Komm gefälligst herauf, solang ich noch wach bin.»

Im Laufe der Jahre übertragen sich diese unzähligen Erfahrungen mit Geschwistern, nun schon in bestimmten charakteristischen Verhaltens- und Gefühlsmustern verdichtet – die Individualpsychologie spricht vom

«Lebensstil» (Adler 1973 a) – auf die Welt außerhalb des engeren Familienkreises, also auf Vorschul- und SchulkameradInnen, Freunde usw. und später auch auf gleichaltrige Erwachsene. Geschwister können also für die individuelle und soziale Entwicklung eines Heranwachsenden, aber auch für den späteren Erwachsenen auf verschiedenen Ebenen von großer Bedeutung sein (vgl. dazu auch Kap. 10). Aus der Sozialpsychologie wissen wir, dass der Mensch seine Identität vor allem durch Vergleiche mit anderen Menschen entwickelt und konsolidiert.[133] Die zentralen Fragen für jeden Menschen und besonders für den heranwachsenden lauten: Wer bin ich? Was bedeute ich den anderen? Wie möchte ich sein? Wie werde ich sein? Wie soll ich sein? Diese Fragen richten sich nicht nur an die Eltern, sondern ganz wesentlich auch an Mitglieder der horizontalen Ebene, also Geschwister, später dann auch an Peers. Besonders die Ich-Bildung geschieht häufig ganz entscheidend über die Identifizierung (und De-Identifizierung) mit Geschwistern: Indem ich Eigenschaften eines älteren Bruders, einer älteren Schwester nachahme und mir aneigne, erweitere ich das Spektrum meiner Selbstkompetenz, meiner Gefühle, meiner Handlungsmöglichkeiten. Kind sein heißt ja, unaufhörlich neue Eigenschaften und Fähigkeiten zu erwerben und zu verfeinern – und auf diesem Entwicklungsweg sind Geschwister zentrale Personen; sie sind unsere BegleiterInnen, zeitweilig unsere KritikerInnen, unsere Fans wie auch unsere GegnerInnen (vgl. Jung 2001).

Geschwister lernen voneinander auch Vertrauen, Verlässlichkeit, Verschwiegenheit und bekommen – meistens vom älteren Geschwister – eine Einführung in die geistige Welt: Sie lernen neue, bis anhin unbekannte Gebiete oder Richtungen der Musik, der Literatur, der Philosophie, des Sports u. v. a. m. kennen, die sie annehmen, adaptieren oder ablehnen können.

Schließlich vermögen Geschwister in ihrem familiären Subsystem eine Eigenwelt der Fantasie, des Spiels, eine Gegenwelt und Gegenmacht zur Welt und Macht der Erwachsenen, der Eltern, zu schaffen, die persönliche – reale wie fantasierte – Freiräume und Erfahrungen ermöglicht. Geschwister schaffen sich eine eigene Welt aus Realität und Fantasie, in der nur sie zu Hause sind, in der sie bestimmen können. Besonders in unzähligen Varianten von Rollenspielen lassen sich unterschiedlichste

---

133 vgl. dazu Karl Haußer (1995): Identitätspsychologie. Berlin: Springer. Haußer blendet in seinem Buch die Rolle der Geschwister im Identitätsbildungsprozess leider fast gänzlich aus. Ausführlicher dafür: Ulrich Schmidt-Denter (1996): Soziale Entwicklung. Weinheim: Beltz

Verhaltensweisen, Gefühle oder Kognitionen einüben, verändern, vertiefen: Vater-Mutter-Kind-Spiele in verschiedenen Rollen erlauben die Befriedigung von Anlehnungs-, Sicherheits- oder Versorgungsbedürfnissen und ermöglichen auch Wechsel in Erwachsenenrollen, wo Gefühle der Grandiosität und der Kompetenz erlebbar werden. Auch Einfühlung, Perspektivenwechsel, Perspektivenübernahme, Kommunikation und Sprachkompetenz sind weitere Lern- und Erlebnisfelder im geschwisterlichen Spiel.

Abbildung 4-2: Geschwister als SpielpartnerInnen. (Zeichnung: Lorena, 6;7.)

Modelle, Vorbilder, Identifikationsobjekte, Abgrenzungsobjekte

«Die Verhaltensweisen und Strategien, die der Bruder oder die Schwester entwickeln, um die täglichen Herausforderungen zu bewältigen, die Art und Weise, wie sie den Eltern begegnen und diese auf sie reagieren, wie ihr Verhalten von Eltern und Umgebung bewertet, hervorgehoben oder bestraft wird, wie die Geschwister Beziehungen knüpfen, Freunde finden, auf Ablehnung stoßen, ist für die Geschwister – nicht nur für die jüngeren – Modell und Lernfeld. Stellvertretend für einen selbst, erprobt das Geschwister Handlungsmöglichkeiten, erarbeitet Lösungsstrategien, erfindet und verfeinert Fertigkeiten.» [134]

Abbildung 4-3: Ältere Schwester als Vorbild. (Foto: Privataufnahme.)

---

134 Julia Papst: Geschwister, die zärtlichen Rivalen. In: Und Kinder (1999). Zürich: Marie-Meierhofer-Institut, Nr. 63, S. 11

Ältere Geschwister, besonders wenn sie einige Jahre älter sind und bewundert werden, repräsentieren für jüngere manchmal fast magische Vorbilder und übernehmen häufig eine Art Pionier-Funktion für die jüngeren: Kinder orientieren sich in ihrem Verhalten, in der Wahl ihrer Methoden und ihren Einstellungen oft am Verhalten ihrer älteren Geschwister, besonders wenn deren Verhalten als erfolgreich oder als positiv bewertet wird. Ein Bruder oder eine Schwester werden – jetzt noch mehr als in den ersten Lebensjahren – zum Objekt für bewusstere Vergleiche und Identifikation. Ist die Bewunderung für ein älteres Geschwister fast grenzenlos, dann verlieren jüngere Geschwister manchmal die Realität aus den Augen und vermögen weder sich noch die eigene Wirkung auf andere überhaupt halbwegs angemessen abzuschätzen. Die 21-jährige Marina war fast geblendet von der älteren Schwester, von der sie alles und über lange Zeit unkritisch übernahm:

> «Der Reiz, genau gleich wie meine Schwester zu sein, war bei mir schon immer vorhanden. Ich wollte immer so sein wie sie. Ich glaubte, alles was sie tat, sei gut und sie hätte alles, was man braucht. Wenn sie sich breite Hosen kaufte, wollte ich unbedingt auch breite Hosen. Hörte sie Punk-Musik, begann ich auch, Punk-Musik zu bevorzugen. Ich merkte nie, dass sie mich auch ab und zu bewunderte; ich konnte beispielsweise besser auf Leute zugehen, und wenn sie etwas haben wollte, schickte sie mich los. Ich bemerkte aber nicht, dass ich ihr hier überlegen war. Erst jetzt merke ich, dass sie mich auch in vielen Dingen bewundert und mir nacheifert! Dieses Gefühl ist sehr schön! Ich glaubte immer, ich sei weniger Wert als sie. Ich wünschte mir sehnlichst auch eine kleine Schwester zu haben, welche mir nacheifert und mich bewundert. Ist das vielleicht auch noch ein Grund, warum ich diesen Beruf gewählt habe (Erzieherin in einer Vorschuleinrichtung)?»

Die folgende Beschreibung einer 20-jährigen Frau zeigt einige dieser Aspekte deutlich.

> *Große Vorbilder*
> «Da ich drei ältere Geschwister habe, waren meine Geschwister für mich große Vorbilder. Obwohl der Altersunterschied groß ist/war (7 bis 10 Jahre), versuchte ich oft, ihnen nachzueifern. So zeichnete ich beispielsweise oft dieselben Muster wie meine Schwester, oder versuchte in der gleichen Schrift zu schreiben wie sie. – Auch heute sind sie zum Teil noch meine Vorbilder. Ich finde ihre Lebensformen gut und kann mir vorstellen, auch einmal so zu leben. Aber da ich auch erwachsen bin, schaue ich sie nicht mehr mit ‹großen Augen› an und bewundere nicht mehr alles an ihnen. Ich habe meine eigenen Werte gefunden; gleichzeitig teilen wir aber viele Ansichten und Vorstellungen, d.h. ich merke, wie ich viele von ihnen von meinen Geschwistern übernommen habe.»

4. Geschwister und ihre Bedeutung füreinander

Das ältere Geschwister bringt dem jüngeren unzählige Dinge aus allen möglichen Lebensbereichen bei, die es noch nicht kennt, und erweist sich dabei oft als besserer, das heißt kindsgemäßerer Lehrmeister als erwachsene Bezugspersonen wie die Eltern: Für die Bereiche Sprache, Spiel und Sozialverhalten konnte das mehrfach nachgewiesen werden.[135] So übernehmen beispielsweise jüngere Geschwister zuweilen komplette Satzgebilde, die Satzmelodie sowie Redewendungen und spezifische Äußerungen ihrer etwas älteren Geschwister – hier lässt sich der Tutoren-Effekt besonders anschaulich beobachten (vgl. dazu auch Kap. 2). Allein der Altersvorsprung verschafft älteren Geschwistern häufig die Chance (oder Last!), als Vorbild für jüngere zu dienen. Diese Vorbildfunktion kann für das jüngere Kind häufig als völlig natürlich und normal erscheinen. Emil Penth[136] schreibt rückblickend dazu:

«Meine zweieinhalb Jahre ältere Schwester Inge war immer voraus, schon im frühen Kindesalter. Ich war von ihr abhängig, was sie sagte, wurde getan, und was sie machte, war Vorbild; nicht dass unsere Eltern dies so bestimmt hätten, nein, durch ihren Altersvorsprung ist es so geworden.»

Geschwister können auch durch besondere Fähigkeiten oder äußerliche Merkmale für (meistens jüngere) Geschwister zu wichtigen Vorbildern werden: Die attraktive Schwester, die von vielen bewundert wird, der intelligente Bruder mit seinen ungewöhnlichen Ideen und Anschauungen, die sportliche Schwester mit ihren frühen Erfolgen – sie alle können für jüngere Geschwister wichtige Identifikationsfiguren werden, denen sie nachstreben oder die sie heimlich bewundern. Sammelt das ältere Geschwister Briefmarken und legt es sie in ein Album ab, macht ihm das jüngere dies nach. Verlegt sich schließlich das Vorbild nur noch auf Pflanzen- oder Tiermotive, kann auch da das Kopieren weitergehen. Jüngere Mädchen können gelegentlich stundenlang in den Kleidern der bewunderten älteren Schwester heimlich während deren Abwesenheit vor dem Spiegel stehen und Jungen imitieren den älteren Bruder im Tonfall und im Auftreten auf dem Schulhof, rauchen heimlich dieselbe Zigarettenmarke oder hören die gleiche Musik wie das große Vorbild – meistens allerdings zum Leidwesen der unfreiwilligen Idole. Der Drogenkonsum älterer Geschwister bildet in vielen Fällen einen wichtigen Fak-

---

135 Hartmut Kasten (1995): Einzelkinder. Aufwachsen ohne Geschwister. Berlin: Springer, S. 97
136 Emil Penth in: Günter Franzen/Boris Penth (1992): Hüten und Hassen. Geschwister-Geschichten. München: dtv, S. 71

tor beim Aufbau ähnlicher Konsumgewohnheiten jüngerer Geschwister. Die Suchtforschung handelt dies auch unter dem Begriff «Verführungstheorie» ab: Je stärker die Bindung und je besser die Qualität der Beziehung zum älteren Geschwister, umso stärker wirken sich dessen Konsumgewohnheiten auf das oder die jüngeren Geschwister aus (vgl. Kasten 2001[137]). In anderen Familien kommt es vor, dass die zwei Schwestern am Telefon kaum voneinander zu unterscheiden sind: Stimme, Rhythmus, Tonfall, Tempo und Wortwahl sind identisch, ja manchmal sogar auch bezüglich der Handschrift scheinen die beiden gleich zu sein, genauer: Die jüngere übernimmt all dies in der Regel von der älteren Schwester.

Wie die älteste Schwester für das dritte Mädchen anspornend, ja antreibend, wirken kann, zeigt uns anschaulich das nächste Beispiel einer 25-jährigen Frau. Selbstkritisch und reflektierend erwähnt sie auch die damit verbundenen Verhaltenstendenzen der Neugier wie der Ungeduld und Strenge, die zum Nacheifern in einer engen Beziehung stehen.

> «Ich bin die Jüngste von drei Geschwistern und habe noch zwei ältere Schwestern. Sie sind im Abstand von je einem Jahr geboren. Ich bin ein ‹Nachzügler-Kind› und habe zur Mittleren einen Abstand von sechs Jahren.
> Meine Schwester Iris war und ist mein großes Vorbild für mich. Sie hat häufig auf mich aufgepasst und mit mir gespielt.
> Früher habe ich mich wegen des Altersunterschiedes oft ausgegrenzt gefühlt. Ich war immer die Kleine und verstand sowieso nichts! Das war aber auch ein Ansporn für mich, immer alles wissen zu wollen. Da hat sich eine Neugierde und auch Ungeduld entwickelt. Auch heute will ich alles gleich verstehen und können. Wenn es einmal nicht gleich klappt, bin ich sehr streng und ungeduldig mit mir. Manchmal passiert es auch, dass ich bei einem Familientreffen in gewissen Momenten das Gefühl habe, nicht dazuzugehören. Dieses Gefühl führe ich auf die Erfahrungen als Kleinste zurück. Auch habe ich heute noch das Gefühl, dass meine Schwestern den besseren Kontakt zueinander haben als zu mir, was aber anscheinend gar nicht stimmt.»

Allerdings kann das ältere Geschwister auch unfreiwillig eine negative Vorbildrolle einnehmen: Dann nämlich, wenn dieses in der Familie eine schlechte Stellung hat, also zum Beispiel das schwarze Schaf ist, oder wenn die Beziehung zu diesem Geschwister ausgesprochen schlecht ist. So vollzieht sich eher eine Abgrenzung, eine De-Identifizierung durch die anderen Geschwister.

---

137 Hartmut Kasten (2001): Geschwister. Vorbilder, Rivalen, Vertraute. München: Reinhardt, S. 116

Grundsätzlich kann beobachtet werden, dass das letztlich auf einem Gebiet (z. B. Sport, handwerklicher Bereich, Schule, beliebt sein) unterlegene Geschwister – das kann auch das ältere sein! – nach einem neuen, d. h. unbesetzten Bereich sucht.

In anderen Fällen findet sich eine ungemein enge Beziehung zwischen zwei Geschwistern, wie sie Hanne Wiegand am Beispiel mit ihrer zwei Jahre jüngeren Schwester beschreibt. Ihre Beziehung war sehr eng, zumindest zeitweise fast symbiotisch. Zwischen den beiden hatte sich eine sprachliche und körperliche Nähe entwickelt, *«die ich mit niemand anderem habe, haben kann, weil mich nur mit G. eine so weit in die Vergangenheit hineinreichende, einzigartige Beziehung verbindet. Es gibt Bilder, Fotografien von uns, auf denen wir immer zu zweit zu sehen sind. Bilder, die in mir die Vorstellung hervorrufen, wir seien Zwillinge oder mehr noch, überhaupt nicht getrennt, eigentlich nur eine Person mit unterschiedlichem Aussehen gewesen. Das Phantasma, mit ihr identisch zu sein, wurde in zurückliegenden Phasen unserer Beziehung ganz greifbar und schlug sich bei mir auch körperlich nieder. Als es ihr während der ersten Jahre des Studiums schlecht ging, wenn sie flippte, mit ihrer veränderten Lebensweise nicht klarkam oder krank war, habe ich darunter gelitten, und zwar nicht im Sinn von Mitleid oder Anteilnahme; nein, ich hatte körperliche Symptome, was ihr weh tat, tat mir weh, was sie bedrückte, bedrückte mich.»*[138] Diese Symbiose ging sogar so weit, dass «wir verwechselt werden wollten, wir wollten identisch sein, um uns vor den Zugriffen durch die Familie, vor den Bedrohungen der Sexualität zu schützen.»[139]

Kinder können aber auch – wie schon angedeutet – auf ihre Geschwister abstoßend wirken bzw. den Wunsch entstehen lassen, nicht so wie sie zu sein: launisch, aggressiv, grollend, still und brav usw. Sie distanzieren sich von der als negativ empfundenen Identität[140] des Bruders/der Schwester (vgl. dazu auch Kap. 2). Diese Abgrenzung kann sich über Jahre entwickeln und bis in die Berufswahl Einfluss nehmen, wie das nächste Beispiel anschaulich zeigt:

---

138 Hanne Wiegand in: Günter Franzen/Boris Penth (1992): Hüten und Hassen. Geschwister-Geschichten. München: dtv, S. 162
139 ebd., S. 164
140 vgl. zur jugendlichen Rolle der negativen Identität: Gerd Mietzel (2002): Wege in die Entwicklungspsychologie. Kindheit und Jugend. Weinheim: Beltz, S. 392–393

«Ich habe einen jüngeren Bruder, der als Programmierer in einer großen Firma arbeitet. Wir sind nur ein Jahr auseinander. Er versuchte mir alles nachzumachen, ich fühlte mich zunehmend bedrängt. Hatte ich Freunde gefunden, lief er einfach mit. Ich konnte ihn nicht davonjagen, weil meine Mutter meinte, ich müsse ihn eben mitnehmen, er sei ja der Jüngere und eben etwas scheu. Dabei wollte ich etwas eigenes haben, meine Freunde für mich haben. Er kam aber meistens mit, was mich sehr ärgerte. Zwar beklagte ich mich zu Hause, aber die Mutter verlangte von mir als ältere Einsicht. Erst als ich schließlich nach Z. in die Schule ging, nutzte ich die Gelegenheit und suchte mir dort neue Freunde. Er blieb im Dorf und ich genoss es sehr, unabhängig von ihm meine Freunde zu haben, nicht immer alles mit ihm teilen zu müssen. Ich wollte einfach endlich einmal etwas für mich haben.
Diese Abgrenzung sehe ich auch darin, dass ich mit Computern nichts zu tun haben möchte. Er hat mir so indirekt bei meiner Berufswahl (Kleinkindererzieherin) geholfen! Er ist ein richtiger Computerfanatiker. Ich wollte nie in einem Zimmer vor einer Computerkiste sitzen wie er und so verbohrt werden wie er. Ich suchte einen Beruf, um hinauszukommen, um mit Menschen den Umgang zu pflegen.» *(Annette, 26)*

Ein bisschen Über-Ich: Geschwister als Fortsetzer und Stellvertreter elterlicher Erziehungstätigkeit[141]

In der Regel werden älteren Geschwistern häufig erzieherische Rollen und Aufgaben gegenüber meistens jüngeren Geschwistern zugeschrieben. Wie wir schon gesehen haben, nehmen ältere Geschwister diese Aufgabe teilweise auch von sich aus wahr. Ältere Kinder spielen in den meisten Familien eine wichtige Rolle als Betreuungspersonen, wenn die Eltern noch nicht zu Hause oder im Ausgang sind. Die elterliche Funktion wird dabei von den älteren sehr unterschiedlich ausgeübt und von ihren jüngeren Geschwistern ebenfalls sehr verschieden erlebt.

Rivalen

Die Rivalität ist vor allem unter Geschwistern vorhanden, die keinen großen Altersunterschied zueinander aufweisen; häufig haben sie auch

---

[141] Diese Kapitelüberschrift habe ich dem Buch von Gunther Klosinski (Hrsg.) (2000): Verschwistert mit Leib und Seele. Tübingen: Attempto, S. 89 (Beitrag von L. Liege) entnommen.

das gleiche Geschlecht. Die vorher zitierte junge Frau (Titel: Große Vorbilder) schreibt dazu:

«*Bei meinen Schwestern war dies der Fall* [zwei Jahre Altersunterschied; Anm. des Autors]. *Diese konkurrierten vor allem um ‹Schönheit›. Ich selber habe mich nie in einer Konkurrenzsituation befunden, weil ich viel jünger war und mich sowieso nicht mit ihnen identifizieren konnte: Als ich in den Kindergarten ging, waren sie schon Teenies.*»

Die Rivalitätspalette ist fast unendlich: Im Zentrum steht aber zuerst einmal die Rivalität um die Zuneigung und Zuwendung der Eltern. Wer kommt besser an? Wen mag Mama, Papa lieber? In Kapitel 5 gehe ich noch ausführlicher auf die Rivalitätsthematik ein.

Freunde, HelferInnen, Vertraute, TrostspenderInnen

Klagsbrun (1993)[142] schildert aus ihrer psychotherapeutischen Praxis ein eindrückliches Beispiel, wie die ältere Schwester für den Bruder zu einer Oase angesichts des brutalen und alkoholabhängigen Vaters werden konnte: Zu ihr konnte er flüchten, bei ihr durfte er vieles abladen und sie fragen, was eigentlich los ist. Dann beruhigte die Schwester den eingeschüchterten Knaben und erklärte ihm, dass die Attacken und Ausbrüche des Vaters nicht seine Schuld seien und mit ihm nichts zu tun hätten. Besonders in disharmonischen Familien können Geschwister im günstigen Fall eine intensive Beziehung entwickeln und ungenügende Aspekte der familiären Interaktionen wenigstens teilweise kompensieren.

Geschwister vermögen einander auch auf dem Pausenhof in der Schule behilflich zu sein: Vielfach verteidigen ältere ihre jüngeren Geschwister gegenüber Drohungen und Angriffen seitens anderer Schulkinder, was nicht ausschließt, dass kurz darauf zu Hause die beiden Geschwister wieder heftig streiten. Ein sehr schönes Beispiel für Geschwistersolidarität erlebte ich an einer Mittelschule: Neben der Eingangstür zum Prüfungsraum schrieb eine Mittelschülerin, deren jüngere Schwester gleich ihre Aufnahmeprüfung zu absolvieren hatte, mit Kreide in großen Buchstaben: «*Viel Glück Schwester – ich weiß, dass du es schaffst!*»

---

142 vgl. dazu: Francine Klagsbrun (1993): Der Geschwisterkomplex. Frankfurt: Eichborn, S. 18

In anderen Fällen helfen Geschwister einander bei Hausaufgaben, sind ZuhörerInnen bei ersten Liebesproblemen, trösten nach dem Bruch einer Liebschaft oder sind RatgeberInnen für erste Kontaktanbahnungsversuche zum anderen Geschlecht, geben einander Halt in schwierigen Situationen. Besonders ältere Geschwister vermögen mit ihrem altersbedingten und kognitiven Vorsprung ihren jüngeren Geschwistern häufig eine unschätzbare Hilfe zu sein. Die ältere Schwester als Lehrerin, Vorbild und Helferin ist vor allem bei Schwestern eine häufige Variante, so auch bei Sabine und Elvira: Sabine «*brachte mich zum Lesen von Belletristik. Sie konnte mir gut Lehrstoff von Mathematik und Chemie erklären. Sie war echt geduldig! Sie konnte gut zuhören, als ich Liebesprobleme hatte. Sie war meine einzige Ansprechpartnerin in dieser Zeit. Sie war mein Vorbild ... Ich spüre Dankbarkeit ihr gegenüber: Sie hat mich verstanden, so wie ich war. Sie hat es geschafft, meine ‹Schattenseiten› direkt anzusprechen.*»[143] Wer sich in dieser wichtigen Zeit des Erwachsenwerdens auf eine solch verständnisvolle Schwester abstützen kann, verfügt über eine unschätzbare Ressource, die in der Resilienzforschung auch als protektiver Faktor bezeichnet wird (vgl. Opp et al. 1999).

Aber auch bei Streitigkeiten zwischen den Eltern schließen sich Geschwister – wenn vielfach auch nur vorübergehend – enger zusammen und verhindern oder verringern durch geteiltes Leid Gefühle der Einsamkeit und der Verzweiflung. In günstigen Konstellationen wachsen stabile und andauernde Beziehungsmuster der gegenseitigen Hilfe zwischen Geschwistern heran, die für beide Seiten auch für das spätere Leben von großer Bedeutung sein können: Wenn alle Stricke reißen, kann man immer noch/wieder auf den Bruder/die Schwester zurückgreifen!

Auch eine frühe Trennung der Eltern oder der Verlust eines Elternteils, eine meistens große emotionale Belastung für kleine Kinder, kann die Geschwisterbeziehung verändern, vertiefen. Eine 20-jährige Mittelschülerin schildert ihre persönliche Verarbeitung dieser Thematik:

«Mein Bruder ist zwei Jahre jünger als ich. Ich habe ihn sehr gerne, obwohl wir viel gestritten haben, als wir noch klein waren. Für mich hat er eine sehr große Bedeutung. Unsere Mutter starb, als ich 12 Jahre alt war, er zählte erst 10. Seit dort verspürte ich eine große Verantwortung für ihn. Ich wollte oder musste eine Mutterrolle übernehmen, ohne dass mir dies damals so richtig bewusst war. Ich wollte für ihn immer das Beste. Ich glaube, da war ich sehr froh, dass ich die Zeit mit jeman-

---

143 zitiert nach: Mathias Jung (2001): Geschwister. Liebe, Hass, Annäherung. Lahnstein: Emu, S. 112

> dem verbrachte, der genau dasselbe erlebte. In dieser Zeit gab es niemanden sonst, der das fühlen konnte, was mich bewegte.
> Heute, obwohl wir getrennt leben, weiß ich genau: Ich habe einen Bruder, der mich liebt, obwohl ich das nicht direkt von ihm so zu hören bekomme. Für mich ist mein Bruder alles, was ich noch habe, und die gemeinsamen Jahre in dieser schwierigen Zeit waren sehr entscheidend für meine persönliche Entwicklung. Ich weiß nicht, wie ich diese Jahre ohne meinen Bruder überstanden hätte!»

Verbündete

In jedem Altersabschnitt, besonders häufig aber in der Pubertät schließen sich Geschwister häufig (wieder) enger zusammen, um in der sich nun verstärkt stattfindenden Ablösung von den Eltern genügend Energie und Unterstützung zu bekommen. Adoleszentes Leben vollzieht sich besonders in horizontalen Beziehungsfeldern, wo sich Gleichaltrige und eben auch Geschwister in Fantasie und Realität als BegleiterInnen, MitstreiterInnen und als Übergangsobjekte für spätere Freunde und LiebespartnerInnen als Erfahrungspotenzial anbieten. Kritik an elterlichen Meinungen oder Anordnungen über Ausgangszeiten, Sexualität, Taschengeld, nötige Anschaffungen, Ferien, Essgewohnheiten, Konsumgüter, Politik, Berufswahl u. v. a. m. und die Ausweitung des von den Eltern gewährten Freiraums gelingt eher mit der Unterstützung eines Geschwisters, das mit Argumenten die eigene Position untermauert. Geschwister ermöglichen auch einen leichteren Austausch über Schamgefühle, Größenfantasien und Ängste aller Art, besonders mit der Angst, erwachsen zu werden, als Eltern. Manchmal nehmen solche geschwisterlichen Unterstützungssysteme komplexe Formen an: Der jüngere der Brüder erhält schließlich nicht zuletzt dank der Intervention des älteren eine neue Snowboard-Ausrüstung, dafür deckt er jenen bei den nächtlichen Ausflügen und berichtet den Eltern am Frühstückstisch völlig überzeugend vom Schnarchen des tatsächlich bis in die frühen Morgenstunden Abwesenden.

Wird das Verhältnis zweier Geschwister in der Kindheit noch von Rivalität bestimmt, so zeigen sich dann im Jugendalter manchmal neue Beziehungsmuster, wie das folgende Beispiel einer knapp 19-jährigen jungen Frau anschaulich illustriert:

> «Ich bin die älteste von drei Geschwistern, meine Schwester ist knapp zwei Jahre jünger, mein Bruder fünf Jahre. Durch den relativ geringen Altersunterschied zu meiner Schwester herrschte und herrscht zum Teil immer noch eine gewisse Rivalität, da sie versucht, mich einzuholen – und ich versuche natürlich, den Abstand

> zu wahren. Durch unsere häufig heftigen Auseinandersetzungen habe ich gelernt, mich durchzusetzen. Jetzt, wo ich nun versuche, mich von zu Hause abzulösen, habe ich mit meiner Schwester eine ganz neue Beziehung. Sie versucht immer wieder, mir ‹im Kampf gegen die Eltern› zu helfen und mich zu unterstützen. Sie spielt nun für mich, da die Rivalität in den Hintergrund getreten ist, eine sehr wichtige Rolle als Vertraute und Verbündete, aber auch als zusätzliche Freundin, die mich sehr gut kennt und bei der ich mich nicht zu verstellen brauche, da sie alle meine Macken kennt. Auch weiß ich, dass sie für mich da ist und hinter mir steht. Das ist ein gutes Gefühl für mich.»

Geschwisterliche Beziehungsmuster sind also über die Zeit vielfach auch wieder veränderbar – in alle Richtungen! (vgl. dazu auch Kap. 11)

Zärtlichkeitsbedürfnisse, Liebesobjekte und erotische Objekte

Befinden sich Geschwister schon im späteren Kindheits- oder Jugendalter, so übt ein Baby-Geschwister manchmal einen besonderen Reiz auf sie aus: Sie können mit ihm das Bedürfnis nach Schmusen und Zärtlichkeit befriedigen, ohne gleich das Gesicht zu verlieren. Aber auch bei weniger ausgeprägten Altersdifferenzen kümmern sich Ältere intensiv und äußerst fürsorglich um ihr jüngeres Geschwister, herzen und küssen es und können so ihre eigenen Zärtlichkeitsbedürfnisse außerhalb der Eltern-Kind-Beziehung befriedigen. Anstelle des Stoffbären nimmt nun das kleine Geschwister die neue Rolle eines Übergangsobjektes ein und wird mit vielen Zärtlichkeiten beglückt. Zärtlichkeitsbedürfnisse sind aber noch keine erotischen Bedürfnisse und in fast allen Geschwisterbeziehungen anzutreffen. Viele zärtliche Gefühle zwischen Geschwistern haben noch nichts mit Sexualität oder sexuellen Gefühlen zu tun.

Viele Kinder verlieben sich – meistens vorübergehend – in ein bewundertes Geschwister. Besonders bei kleineren Kindern stellt dies ein häufiges Faktum dar: Der größere Bruder liebt seine herzige, blondgelockte Schwester, diese bewundert und mag den mutigen und hilfsbereiten Bruder. Die meisten Schwestern und Brüder erinnern sich an erotische Fantasien gegenüber andersgeschlechtlichen Geschwistern, besonders in der Pubertät. Solche Fantasien können auch in eine sexuelle Anziehung münden. Erotische, auch sexuelle getönte Anziehungen zwischen Geschwistern, besonders in der Pubertät und Adoleszenz, müssen als normaler Bestandteil der Gefühlsbindung betrachtet werden und lösen sich dank eigenen Liebesbeziehungen meistens wieder völlig auf. Viele verschiedene Kombinationen in unzähligen Varianten lassen sich hier beobachten. Das Geschwisterliche enthält durch seine Intimität und Nähe eine ambivalente Mischung von Zuneigung, Zärtlichkeit und Verbundenheit. Im geschwisterlichen Raufen kann es zu erregenden Körperkontakten, Umarmungen und mehr kommen. Vielfach lassen sich dabei außerordentlich starke, intensive Gefühle – auch körperlich spürbar – erkennen. Ley (2001b)[144] betont aus ihrer langjährigen Erfahrung, dass ungeklärte Brüder- und Schwesternbeziehungen mit den dazugehörigen Fantasien durchaus auch eine Liebesbeziehung verunmöglichen oder sie zumindest nachhaltig stören können. So können bisherige Partnerkonflikte und eine (ungeklärte) Geschwisterbindung in einem engen Zusammenhang stehen. Aber auch eine frühe und polarisierte Rollenaufteilung zweier Geschwister, beispielsweise von zwei Schwestern in die Schöne und die Intellektuelle, meistens ausgelöst und verstärkt durch Eltern (-teile) und Freunde, vermögen anfänglich erst leichtere Unterschiede zu rigiden Differenzierungs- und Abgrenzungsprozessen zu verfestigen. Meistens leidet das in der unattraktiven Rolle steckende Geschwister.

Geschwistern unterschiedlichen Geschlechts bietet sich auch die Möglichkeit, das andere Geschlecht zu verstehen, zu erfassen, wie es denkt, fühlt, sich verhält, was es gerne hat und was es abstößt. Viele Geschwister, vor allem Mädchen, geben sich auch Tipps für das richtige Verhalten bei einem Rendezvous. Nicht nur die Eltern sind Modelle für den Umgang mit dem anderen Geschlecht, auch bewunderte Geschwister können einen bedeutenden Einfluss auf die sexuelle Identitätsentwicklung haben. Sie können gleichgeschlechtlichen Geschwistern als sexuelle Pioniere[145] dienen über Identifizierung, Modellbildung und Idealisierung, aber auch im abgrenzenden Sinn über Differenzierung oder De-Identifizierung – letzteres tritt dann ein, wenn das Sexualverhalten des Geschwisters abgelehnt wird. Gleichzeitig besteht auch die Chance, eine Einstellung zu sich selbst als Liebesobjekt zu gewinnen: Die Schwester, die vom Bruder geliebt und bestätigt wird, erlebt ihn auch als positive gegengeschlechtliche Figur und überträgt diese Erfahrung mit großer Wahrscheinlichkeit auch auf spätere Beziehungen mit Männern. Dasselbe kann natürlich auch in der gegenteiligen, negativ geprägten Variante stattfinden.

---

144 Katharina Ley (2001b): Geschwisterbande. Liebe, Hass und Solidarität. Düsseldorf: Walter, S. 43
145 vgl. Stephen P. Bank/Michael D. Kahn (1994): Geschwister-Bindung. München: dtv, S. 130

Die Dynamik des Geschlechterverhältnisses spüren Kinder zuerst bei den Eltern, später auch in der Beziehung zu oder von Geschwistern. Diese können zum Vorbild, manchmal auch zum Schreckbild des künftigen Partners/der künftigen Partnerin werden.

Die sexuelle Entwicklung wird durch Identifikation oder Rivalität mit einem gleichgeschlechtlichen Geschwister, das als attraktiv oder abstoßend empfunden wird, stark beeinflusst. Erotische Gefühle zwischen Geschwistern finden sich häufiger, als viele Menschen denken. Dies ist nahe liegend, da Geschwister einander altersmäßig näher stehen als Eltern und Kinder, wo sich ja auch erotische Gefühle entwickeln können. Viele Fälle von sexuellem Missbrauch von Vätern an Töchtern belegen die vollzogene Grenzüberschreitung im Erotischen.

Die verbreitet stattfindenden und für eine normale Entwicklung völlig natürlichen Doktorspiele von Geschwistern dienen der Erkundung des eigenen wie des fremden Körpers. Doktorspiele lassen sich nicht allein auf sexuelle kindliche Wünsche zurückführen. Petri (1994)[146] betont zu Recht, dass damit gleichzeitig ein weiteres Erfahrungsspektrum verbunden ist: die soziale Funktion des Spiels, die Schulung der Körperwahrnehmung, die Erforschung des Körpers des anderen (wie klopft ein Herz, wie rumpelt der Bauch, wie hört sich der Atem im Brustkorb an?), die Feinmotorik (eine «Wunde» verbinden), die Einübung der Fähigkeit zum Mitleid u. v. a. m. Doktorspiele werden vor allem von Neugier geleitet, weniger von sexuellen Interessen.

Bleiben die Geschwisterbeziehungen nach der Phase der kindlichen Doktorspiele im normalen Rahmen, d.h. ohne intime Berührungen, dauernde Anspielungen oder sexuelle Kontakte, so bieten sich im Erotischen auch Möglichkeiten, sich der eigenen äußerlichen Eigenschaften und Vorzüge sowie deren Wirkungen auf das Gegenüber bewusst zu werden und spielerisch solche beabsichtigten Wirkungen in einem überschaubaren Feld, quasi in einem geschützten Rahmen, auszuprobieren. Sexuelle Identität entwickelt sich primär über äußere Einflüsse. Besonders bei Mädchen werden über das Schminken, die Frisur, die Bekleidung oder das Parfüm solche Wirkungen getestet. Dabei sind am ehesten in ihrem Selbstwertgefühl stark verunsicherte Jugendliche, die in der Erwiderung solcher Avancen die Bestätigung ihrer brüchigen Identität erleben, gefährdet, weiterzugehen, als für sie gut ist. Die erotische Anziehungskraft zwischen Geschwistern ist auch immer wieder in der Literatur

---

146 Horst Petri (1994): Geschwister – Liebe und Rivalität. Zürich: Kreuz, S. 42

ein Thema, so zum Beispiel in Cocteaus Erzählung «Kinder einer Nacht», dargestellt in Penth.[147]

Es kann gelegentlich auch vorkommen, dass ein als erotisch empfundenes Geschwister einen Einfluss – als unbewusstes Modell – auf die Wahl des späteren Liebespartners hat: Die neue Freundin gleicht beispielsweise äußerlich auffallend der älteren oder jüngeren attraktiven Schwester!

Schwierig für beide Seiten wird es, wenn die Geschwisterliebe über stark erotische Gefühle schließlich zu regelmäßigen sexuellen Kontakten führt – eindrücklich dargestellt im Spielfilm von Fredi Murer, «Höhenfeuer» (1985). In der überwiegenden Zahl der Fälle sind es die älteren Brüder, die eine jüngere Schwester missbrauchen.

BeziehungspartnerInnen

In der Familie erlernen Kinder und Jugendliche die wichtigsten Modelle für Beziehungsmuster. Sie beobachten die Beziehungen der Eltern untereinander, sie spüren anfangs unbewusst, später teilweise bewusst, wie Mutter und Vater je zu den einzelnen Geschwistern in der Familie stehen, welche Rollen sie ihnen zuweisen. Geschwister bieten aber noch ein zusätzliches wichtiges Erfahrungsfeld für Beziehungsmuster, sie sind füreinander zumindest in den ersten Lebensjahren auch die wichtigsten SpielpartnerInnen. Dies wird gut erkennbar in der Schilderung von Katia, einer 24-jährigen Erzieherin: *«Als Kind waren meine Schwestern für mich die wichtigsten Spielpartnerinnen. An und mit ihnen habe ich viele wichtige Sozialkompetenzen gelernt (z. B. streiten, sich durchsetzen, teilen, nachgeben, verzeihen). Besonders weil wir keine Nachbarskinder im gleichen Alter hatten, waren sie für mich wichtig. Der geringe Altersabstand (jeweils eineinhalb Jahre) ermöglichte uns ein enges Zusammenspielen.»*

Weiteres dazu habe ich schon in der Einleitung zu diesem Kapitel angesprochen.

---

147 Boris Penth, Kinder der Nacht. Szenen aus einer Erzählung von Jean Cocteau. In: Günter Franzen/Boris Penth (1992): Hüten und Hassen. Geschwister-Geschichten. München: dtv, S. 20–24.

Projektionsfiguren, Objekte der Verschiebung von Feindseligkeit und Aggression

(vgl. Kasten 2001)
Die Ambivalenz von menschlichen Beziehungen bringt es mit sich, dass vor allem negative Gefühle oder Anteile bei sich abgespalten und verdrängt oder in andere projiziert werden können. Vor allem negative Anteile bei sich zu realisieren und diese zu ertragen, stellt für die meisten Menschen keine leichte Herausforderung dar; die Erwachsenenwelt – erwähnt seien als Beispiel nur Fremdenhass und Rassismus – bietet genügend Anschauungsbeispiele. Das ist bei Kindern nicht viel anders. Ein Kind, das in der Schule Misserfolge in der Leistung erfährt oder sozial gemieden wird und dies nicht an Ort und Stelle abreagieren kann, was häufig nicht möglich ist – man denke an unangenehme Konsequenzen von Seiten der Lehrperson –, richtet so häufig unbewusst seine Wut dann zu Hause auf ein jüngeres Geschwister, dem es nun alles Mögliche vorwirft. Dieses versteht dann die Welt nicht mehr, warum der ältere Bruder oder die ältere Schwester so eklig und gemein ist, ohne dass irgendein Anlass dazu ersichtlich wäre. Auf diese Weise vermögen Geschwister negative Gefühle abzutragen und zu verarbeiten. In extremen, allerdings sehr seltenen Fällen, vermögen Kinder, genauer Jugendliche mit langanhaltenden antisozialen Verhaltensweisen für das meistens deutlich jüngere Geschwister bei ausgeprägt feindseligem Verhalten sogar zu einem Risikofaktor für die Entstehung von Verhaltensstörungen zu werden.[148] Dies tritt dann auf, wenn das jüngere keine Möglichkeit findet sich zu wehren oder nirgendwo Unterstützung in seiner schwierigen Lage erhält, also dem aggressiven Verhalten des Geschwisters mehr oder weniger hilflos und über längere Zeit ausgesetzt bleibt. Für ältere Geschwister bieten sich jüngere – besonders bei einem großen Altersunterschied – als Ventile für Wut, Hass und Ohnmachtgefühle besonders leicht an, weil sie sich in den ersten Jahren kaum wehren können. Boris Penth[149] skizziert in aller Offenheit solche Szenen aus seiner Kindheit:

«Ich habe dich von klein auf auch meinen Hass spüren lassen, meine Ohnmacht an dir abreagiert ... Ja, ich hatte in dir jemand, den ich lieben, quälen und bestrafen konnte, wann immer es mir beliebte. Pubertäre Ohn-

---

148 vgl. dazu: Franz Resch et al. (1999): Entwicklungspsychopathologie des Kindes- und Jugendalters. Weinheim: Beltz, S. 24.
149 Boris Penth in: Günter Franzen/Boris Penth (1992): Hüten und Hassen. Geschwister-Geschichten. München: dtv, S. 130 f.

machtgefühle ließen sich in kleine Machtdemonstrationen ummünzen ... Damals war ich der Riese und er der Wicht.»

Penths Bruder, volle 13 Jahre jünger, vermochte sich in den ersten Lebensjahren so gegen den viel älteren Bruder kaum wirkungsvoll zur Wehr zu setzen, was der ältere genau spürte und entsprechend ausnützte. Geschwister erproben aneinander so letztlich auch die Kontrolle aggressiver Impulse, weil sie sich gezwungenermaßen immer wieder miteinander arrangieren müssen. Geschwisterbeziehungen bieten damit auch ein wichtiges Übungsfeld für die Kontrolle aggressiver Impulse, sie ermöglichen ein Ausloten der Grenzen und spiegeln, wo und wann man zu weit gegangen ist.

Loyalität

Die Geschwister oder ein Teil der Geschwister halten gegen die Außenwelt zusammen, auch wenn sie in der Familie streiten und sich bekämpfen (solange Geschwister noch miteinander streiten, sind sie auch miteinander verbunden!). Beschimpfungen und Drohungen gegen die kleine Schwester auf dem Schulhof werden vom älteren Bruder mit Prügel gegen die Urheber quittiert, aber in der Familie beschimpft derselbe Bruder die Schwester häufig als lästig und doof. Für Außenstehende, die mit der Familie näher vertraut sind, wird diese Teil-Loyalität besonders deutlich: Nach außen hält die Familie Meier durch dick und dünn zusammen, aber in den familiären eigenen vier Wänden löst sich die Innigkeit rasch im Streit auf.

Empathie

Der bekannte Kinderpsychiater Lempp (2000) hat in verschiedenen seiner Beiträge[150] immer wieder auf die Bedeutung der Geschwister für die Empathienentwicklung hingewiesen: Empathie lässt sich schon früh und leicht im Kontakt mit Geschwistern erwerben. Die Fähigkeit zur Empathie gilt in der modernen Psychologie als eine unabdingbar wichtige

---

150 vgl. z. B.: Reinhart Lempp: Geschwisterbeziehung in der Forschung. In: Gunther Klosinski (Hrsg.) (2000): Verschwistert mit Leib und Seele. Tübingen: Attempto, S. 220 ff.

Kompetenz für eine befriedigende Lebensgestaltung.[151] Für das erfolgreiche Hineinwachsen in die komplexe soziale Welt ist es für jeden Menschen unabdingbar, die Gefühle, Motive und Handlungen der anderen zu verstehen. Für Lempp (2000)[152] bieten Geschwister so in einer vielfach feindlichen und gefühllosen Welt eine wichtige Möglichkeit, Kompetenzen in emotionaler Intelligenz, in der Fähigkeit zur Solidarität zu entwickeln. Geschwister sind also wichtige Akteure bei der Entstehung von Einfühlungsvermögen sowie der Fähigkeit zur Perspektivenübernahme und zur gegenseitigen Hilfe.

HelferInnen bei der Bewältigung von wichtigen Entwicklungsaufgaben

(vgl. Kasten 2001)

Kinder stehen in ihrem Leben von Anfang an immer wieder vor neuen Aufgaben, Anforderungen, Hindernissen. Besonders bedeutsame Themen kristallisieren sich um den Bereich der Schule, der Freundschaften, der ersten Liebesbeziehungen sowie der allmählichen und fortschreitenden Ablösung von den Eltern. Wie ich in den vorherigen Abschnitten schon für die beiden ersten Themen dargelegt habe, können Geschwister – meistens die älteren – dabei eine unerlässliche und wichtige Hilfe sein, da sie über mehr Erfahrungen verfügen und ihre Kenntnisse diesbezüglich reichhaltiger sind. Geschwister vermitteln aber ihren jüngeren Geschwistern auch in vielen Situationen Schutz, Rat und Sicherheit – außerordentlich wertvolle Hilfen angesichts der vielen Aufgaben und Schwierigkeiten, die das Leben bereithält. Dazu äußert sich Christa (23) wie folgt:

> «In meiner Familie habe ich die Rolle der Jüngsten gezogen. Wenn ich über diese Tatsache bis heute nachdenke, hat mich diese Rolle in vielen Punkten geprägt, sicher aber auch verändert.
> Meine beiden Brüder sind drei und fünf Jahre älter als ich. So stand ich ganz klar als das kleinste, schwächste Glied in der Familie da. Dies hatte natürlich auch seine

---

151 vgl. dazu etwa: Doris Bischof-Köhler: Zusammenhänge zwischen kognitiver, motivationaler und emotionaler Entwicklung in der frühen Kindheit und im Vorschulalter. In: Heidi Keller (Hrsg.) (1999): Handbuch Entwicklungspsychologie. Bern: Huber, S. 349–354.

152 Reinhart Lempp: Geschwisterbeziehung in der Forschung. In: Gunther Klosinski (Hrsg.) (2000): Verschwistert mit Leib und Seele. Tübingen: Attempto, S. 231

positiven Seiten. Die großen Brüder als Beschützer und Helfer in Schul- und anderen Angelegenheiten standen mir zur Seite. Immer konnte ich Rat holen, erstmalige Erfahrungen waren mir schon von den Erzählungen der Brüder vertraut. Ich denke, dieses Aufgehobensein hat mich sehr geprägt und gab mir Sicherheit.
Durch die älteren Geschwister erhielt ich oft Einblick ins Leben der Großen. Was mich natürlich faszinierte. So eiferte ich meinen Brüdern in vielen Dingen nach, wollte alles, was sie durften und konnten. Ich schaute bei ihnen, wie es geht, und wurde schnell selbständig. Alles wollte ich selber können, selber erledigen – so wie sie! Diese Eigenschaft ist mir bis heute geblieben. Noch immer hole ich gerne Rat, doch dann will ich diesen selbständig ausführen.»

Hilfen bieten ältere Geschwister auch bei der Ablösung: Das längere Wegbleiben von zu Hause infolge des Neueintritts ins Gymnasium oder in die Berufslehre, neue körperliche Empfindungen und neuartige, zum Teil auch beängstigende intensive sexuelle und andere Gefühle, Gedanken über einen Kirchenaustritt, den Sinn des Lebens, den Auszug aus dem Elternhaus, Überlegungen und Ideen zur unerwartet eingetretenen Schwangerschaft – all dies und vieles mehr sind für betroffene Jugendliche eminent wichtige Themenfelder, worüber sich vielfach leichter zuerst einmal mit einem Geschwister statt mit Erwachsenen sprechen lässt. Was meint der ältere Bruder, die große Schwester dazu? Wie könnte ich das anstellen? Was soll ich tun? Wie soll ich mit den Eltern darüber reden? Was soll/muss/kann ich ihnen zumuten/sagen? Kann mir eine außenstehende Person, z. B. der Lehrmeister, die Lehrerin, eher helfen? In einer einigermaßen guten Geschwisterbeziehung lässt sich über diese Fragen meistens leichter sprechen als mit den Eltern, die einer anderen Generation angehören und eventuell schneller mit Vorwürfen, Angst usw. reagieren. Die Ablösung von den Eltern, für die meisten Jugendlichen eine konflikträchtige Entwicklungsaufgabe, kann durch ein älteres und verständnisvolles Geschwister erleichtert werden, wie das nächste Beispiel von Caroline im Rückblick auf diese Zeitspanne veranschaulicht:
«*Dankbar macht mich auf jeden Fall, dass er mir ein Stück weit geholfen hat, mich von meinen Eltern loszulösen. Udo hat mich ein paar Mal mit auf Feten genommen und mir sogar, als ich gerade den Führerschein hatte, sein Auto geliehen (in das ich gleich eine Beule gefahren habe).*»[153]

Geschwister können einander auch neue Felder ermöglichen, die Augen für andere Wege öffnen, sie ermutigen. Die folgende kurze Schil-

---

153 in: Mathias Jung (2001): Geschwister. Liebe, Hass, Annäherung. Lahnstein: Emu, S. 75

derung betrifft den Ausbildungsbereich. Eine 19-jährige Mittelschülerin schreibt:

> «Als meine ältere Schwester die Aufnahmeprüfung ans Gymnasium bestanden hatte, habe ich mir erstmals überlebt, später auch eine Mittelschule zu besuchen. Sie hat mir sozusagen den Weg geöffnet in eine neue Welt, eine andere Welt. Von mir aus wäre ich nicht auf diese Idee gekommen und hätte eher eine Lehre absolviert. Eine höhere Schule traute ich mir nicht zu. Ihr Erfolg am Gymnasium und ihre Aufforderung an mich, doch ebenfalls die Aufnahmeprüfung zu versuchen, waren für mich ausschlaggebend für meinen weiteren beruflichen Weg. Ich bin heute, vor allem dank ihr, im letzten Jahr meiner Mittelschulzeit.»

Auch bei der Bewältigung anderer neuer Lebenssituationen oder Entwicklungsaufgaben, etwa der Bewährung in der neuen Welt der Schule oder – nach einer Migration – in der fremden Kultur, sind Geschwister von unschätzbarem Wert, sie sind im günstigen Fall Lotsen in einem schwierigen Gewässer.

Gegenmodelle

Geschwisterbeziehungen können jedoch für eines oder auch beide eine Belastung darstellen, die dazu führt, dass ein Mensch später unbewusst versucht, die Wiederholung von unangenehmen und negativen, meistens schmerzhaften Kindheitserfahrungen zur vermeiden. Eine Frau merkt in einem Beratungsgespräch, wie sie immer wieder der Bekanntschaft einer ähnlichen Art von Männern aus dem Weg geht: Männern, die sie irgendwie an ihren älteren Bruder erinnern, mit dem sie fast ständig im Streit gelegen sei. Negative Geschwistererfahrungen vermögen auch, wie schon angedeutet, einen erheblichen Einfluss auf die Wahl eines Intimpartners/einer Intimpartnerin auszuüben.

Spiegel des eigenen Verhaltens

Montaigne (1998)[154] stellt in seinen berühmten Essais im Kapitel über Knabenerziehung dar, wie die Umgebung des heranwachsenden jungen Menschen eine wichtige Rolle in der Persönlichkeitsentwicklung spielt. Er führt dazu das treffende Bild des Spiegels ein:

---

154 Michel de Montaigne (1998): Essais. Gesamtübersetzung von H. Stilett. Frankfurt: Eichborn, S. 87

«*Diese weite Welt ... ist der Spiegel, in den wir schauen müssen, um uns aus dem rechten Blickwinkel zu sehen. Kurz, ich will, dass sie das Buch des Zöglings sei.*»
So wie die Welt dem Kind und Jugendlichen einen Spiegel seines Verhaltens vorhält, ihm – modern gesprochen – ein Feedback seiner Handlungen gibt, lernt es/er, seine Äußerungen und seine Taten zu hinterfragen und schließlich zu modifizieren. Die «weite Welt» Montaignes bedeutet in der Kindheit zuerst einmal die Familie, d. h. die Eltern und die Geschwister. Außerhalb der sozialen Erfahrung gibt es kein Selbst: Der Spiegel ist unabdingbar für die Selbstentwicklung und die Selbsterkenntnis (vgl. auch Bank & Kahn 1994[155]). Neben den Eltern sind es über viele Jahre primär die Geschwister, die einander in einem unablässigen interaktiven Wechselspiel sämtliche Verhaltensweisen spiegeln. Das berühmte kommunikationspsychologische Axiom von Watzlawick (2000)[156], «man kann nicht nicht kommunizieren», trifft vollumfänglich auch auf die Beziehungen zwischen Geschwistern zu. Der gezielte oder unbeabsichtigte Fußtritt des Bruders muss ebenso auf irgendeine Art und Weise beantwortet werden wie das Zunge-Herausstrecken gleichfalls eine Reaktion verlangt. Im Wechselspiel der geschwisterlichen Aktion und Reaktion erfahren Kinder zahllose wichtige Lektionen über menschliche Wünsche, Bevorzugungen und Abneigungen, über angenehmes und unangenehmes, geschicktes und ungeschicktes Verhalten, und sie lernen auf einer unbewussten oder vorbewussten Ebene viel über sich, ihre Verhaltensweisen und über die anderen Menschen. Geübte Kinder entwickeln sich so über Jahre allmählich zu kleinen ExpertInnen in praktischer Menschenkenntnis. Dabei werden sie angeregt, eigene Einstellungen und Handlungsweisen zu überprüfen, zu hinterfragen oder zu modifizieren. Sie entwickeln vielfältige Methoden des Streits, der Versöhnung, Handlungsweisen zur Differenzbereinigung, ja sogar erste diplomatische Fähigkeiten – und sie lernen schließlich immer differenzierter, den Standpunkt anderer zu begreifen.

In der Regel sprechen Geschwister untereinander auch ungeschminkter und direkter, was manchmal zwar im Moment schmerzhaft, aber dafür auch umso lehrreicher sein kann. Die Spiegelfunktion des Geschwisters kommt in der folgenden Betrachtung einer knapp 20-jährigen Studentin zum Ausdruck:

---

155 Stephen P. Bank/Michael D. Kahn (1994): Geschwister-Bindung. München: dtv, S. 42 f., 67
156 Paul Watzlawick (2000): Menschliche Kommunikation. Bern: Huber, S. 50–55

«Ich bin die Ältere, d. h. ich habe eine kleinere Schwester. Es ist gar nicht so leicht zu sagen, was mir meine Schwester gab, damit ich mich so entwickelte, da ich (immer) alles vorgemacht habe, weil ich die erste war. Indem sie für mich häufig wie ein Spiegel wirkte, konnte ich meine Fehler besser wahrnehmen und verbessern. Ich lernte zu teilen, sie zu akzeptieren und auch ihre Hilfe anzunehmen. Durch ihre Reaktionen auf mein Verhalten sah ich, was ich Gutes oder Schlechtes gesagt oder getan hatte. Das gab (und gibt) mir irgendwie einen Rückhalt. Ich habe sie einfach unheimlich gerne und bin froh, sie zu haben, obwohl wir sehr verschiedene Persönlichkeiten sind!»

Die Spiegelung führte in diesem Beispiel sogar zu einer Vertiefung und Wertschätzung der geschwisterlichen Beziehung.

Geschwister und Berufswahl

Einige Autoren, so etwa Martensen-Larsen/Sørrig (1995)[157], stellen auch Zusammenhänge zwischen der eigenen Geschwisterposition und der Berufswahl her. So konnte das Autorenpaar in einer Untersuchung an 302 Pastoren zeigen, dass überdurchschnittlich viele Pastoren in der Familie als älteste Kinder aufwuchsen. Viele Menschen suchen sich eine berufliche Laufbahn aus, in der sie die Rolle weiterspielen können, die sie schon in der Familie eintrainiert haben. Älteste Kinder, die ihre Familienposition zumindest nicht erheblich negativ erlebt haben, können ihre Verantwortung aus der Familie in einem Lehrberuf oder als Vorgesetzte weiterführen.

Das schlechte Verhältnis zwischen zwei Brüdern mit geringem Altersabstand führt in einem anderen Fall den jüngeren dazu, eine ganz andere berufliche Laufbahn als der ältere einzuschlagen: Als Berufsmusiker bezeichnet der jüngere seinen älteren Bruder als «öden Bank- und Geldtypen». In einer Familie von zwei Mädchen mit einem Altersabstand von vier Jahren lernte die ältere den Beruf der Erzieherin. Die kleinere nahm ihr großes Vorbild auch für ihre Berufswahl als Maß und wurde ebenfalls Erzieherin – auf der gleichen Altersstufe der Kinder. Solche Berufswahlprozesse sind den Geschwistern häufig nicht bewusst: Präferenzen und Abneigungen entstehen unbewusst und über Jahre, die beruflichen Entscheide fallen später dann meistens intuitiv, emotional – rationale Begründungen werden dann natürlich nachgeliefert, sind aber nicht immer sehr überzeugend.

---

157 Oluf Martensen-Larsen/Kirsten Sørrig (1995): Große Schwester, kleiner Bruder. Prägung durch die Familie. München: Heyne, S. 156 ff.

Vielfältige Sozialisationsprozesse zwischen Geschwistern

Gruntz-Stoll (1989)[158] hat Sozialisationsprozesse in Kindergruppen näher beleuchtet. Auf einer Mikro-Ebene lässt sich so zeigen, wie fast unendlich vielfältig die Prozesse analog auch zwischen Geschwistern ablaufen, was alles erlebt, eingeübt, korrigiert oder verfestigt werden kann. Wichtig dabei ist festzuhalten, dass diese Prozesse fast gänzlich unbewusst ablaufen und dementsprechend von den Beteiligten – wenn überhaupt – meist erst viel später reflektiert werden können. Neben eher elterngesteuerten Geschwisterbeziehungen finden sich so auch eher autonom strukturierte Geschwisterverbindungen. **Tabelle 4-1** ist eine – ausgehend von Gruntz-Stoll (1989) – von mir erheblich ergänzte und auf die Geschwister bezogene Darstellung von Sozialisationsprozessen zwischen Geschwistern.

Tabelle 4-1: Sozialisationsprozesse zwischen Geschwistern

Kinder werden in Geschwistergruppen:	Kinder erfahren bzw. erhalten in Geschwistergruppen:
belehrt	Unterweisung
unterwiesen	Zurechtweisung
unterstützt,	Unterstützung, Hilfe
betreut, umsorgt, gepflegt	Bindung
nachgeahmt	Beziehung
bewundert, verehrt	Ermutigung
geachtet	Zutrauen, Vertrauen
ermahnt	Achtung
bedroht	Verehrung, Bewunderung
getadelt	Zuneigung, Liebe
bestraft	Ermahnung, Vorwürfe, Tadel
belohnt	Anerkennung
beherrscht, unterdrückt	Rollen, Stellung
ermutigt	Zugehörigkeit
erzogen	Sicherheit, Geborgenheit
überwacht	Zuwendung
einbezogen	Bloßstellung
ausgeschlossen	Bestrafung, Beschimpfung
abgelehnt	Überordnung
ausgelacht, geneckt, verspottet,	Unterordnung
angenommen, anerkannt	Einordnung usw.
beschimpft, bloßgestellt, usw.	

---

158 Johannes Gruntz-Stoll (1989): Kinder erziehen Kinder. Sozialisationsprozesse in Kindergruppen. München: Ehrenwirth, S. 18; vgl. auch S. 12

Gruntz-Stolls Darstellung, die ich verändert und auf Geschwisterbeziehungen adaptiert habe, zeigt die ganze Palette von Beziehungsprozessen, macht deutlich, wie diese vielfach mit starken Gefühlen verbunden sind und dass damit häufig auch – besonders bei lang anhaltenden Formen der Bloßstellung oder Beschimpfung – Probleme für die Betroffenen entstehen können.

Einige Gemeinsamkeiten von Geschwisterbeziehungen

In **Tabelle 4-2** fasse ich kurz einige ausgewählte wichtige Bedeutungen und Themen von Geschwisterbeziehungen über das ganze Leben, von der Kindheit bis zum Alter, zusammen.

Tabelle 4-2: Einige Gemeinsamkeiten von Geschwisterbeziehungen

→ Die Geschwisterbeziehung ist meist die längste Beziehung im Leben eines Menschen!

in Kindheit und Jugend:
- Geschwister sind häufig Modelle.
- Auseinandersetzung: ein Spiel mit gemeinsamen Regeln
- Nähe (Bindung) vs. Abgrenzung (Autonomie)
- Rivalität vs. Freundschaft
- Hilfe bei der Identitätsentwicklung und bei der Ablösung von den Eltern
- Geschwister als stützende oder gefährdende Wegbegleiter

in der Erwachsenenzeit:
- häufig «Ruhen» der Geschwisterbeziehung oder lockerere Kontakte oder selektive Rivalität
- Gemeinsames: Pflege der alten Eltern, Erbangelegenheiten

im Alter:
- häufig Annäherung und Intensivierung der Beziehung
- gegenseitige Unterstützung und/oder Aufbrechen/Intensivierung alter Rivalitäten
- häufig Unterstützung bei verwitweten Bruder-Schwester-Paaren

→ Geschwisterbeziehungen ändern sich meistens mehrfach während des Lebens.
→ Bestimmte Geschwister-Verhaltensmuster können u. U. erstaunlich konstant bleiben.

Die meisten Menschen realisieren nicht, wie prägend ihre Geschwister für sie und wie wichtig sie umgekehrt für ihre Geschwister waren (und bleiben). Diese Tatsache wird in den Kapiteln 10 bis 12 noch vertieft erörtert.

Geschwister als Überlebenshelfer

Zum Schluss soll noch über ein extremes, aber eindrückliches Beispiel für die Kraft von geschwisterlichen Beziehungen angesichts einer lebensbedrohlichen Situation berichtet werden: Es handelt sich um die Waisenkinder von Teresin (Theresienstadt), über die Anna Freud (1952)[159] in ihrem berühmt gewordenen Bericht Zeugnis abgelegt hat.

Sechs Kinder, nicht leibliche Geschwister, wurden gleich nach der Geburt (und der Ermordung ihrer Eltern durch die Nazis) in eine Abteilung für elternlose Kinder des tschechischen Konzentrationslagers Teresin gebracht. Nur für das leibliche Wohl der Kinder war gesorgt, Kontakte zu Bezugspersonen konnten nicht hergestellt werden, da das Personal ständig wechselte. Peter, John, Leah, Paul, Miriam und Ruth waren zwischen sechs und zwölf Monate alt. Nach der Befreiung des KZs durch die Alliierten wurden die sechs Kinder – nun rund zwei Jahr alt – in einem Kinderheim in England untergebracht, wo sie von Anna Freud und MitarbeiterInnen betreut wurden. Zeigten sich die Kinder bei der Ankunft den Erwachsenen gegenüber äußerst wild, unruhig, abweisend und feindselig, sah dies untereinander anders aus: Die Kinder pflegten einen positiven Umgang miteinander. Wenn eines fehlte, waren alle anderen beunruhigt, sie ließen einander immer zu Ende reden, waren liebevoll und einfühlsam, wenn ein Kind Kummer hatte, und sie nahmen auf jede erdenkliche Art aufeinander Rücksicht: Keines der Kinder wollte beispielsweise im unteren Stockwerk bleiben, wenn die anderen in der oberen Etage waren, keines war zu einem Spaziergang zu gewinnen, wenn die übrigen nicht mitkamen. Obwohl es auch unter diesen Kindern zu Streitigkeiten kam, konnten Anna Freud und ihre MitarbeiterInnen keine ausgeprägten Rivalitäten oder Feindseligkeiten feststellen. Das gemeinsame traurige Schicksal, der frühe Elternverlust und das Aufwachsen in den ersten Lebensjahren ohne eine angemessene erwachsene Be-

---

159 Anna Freud/Dora Burlingham (1952): Infants Without Families. New York: International University Press; vgl. dazu auch Gerd Mietzel (2002): Wege in die Entwicklungspsychologie. Kindheit und Jugend. Weinheim: Beltz S. 127–128

zugsperson führte bei diesen Kindern dazu, dass sie untereinander eine starke emotionale Bindung mit außerordentlich ausgeprägten positiven Gefühlen entwickelten. Diese tiefen emotionalen Bindungen halfen ihnen im Sinne eines entscheidenden protektiven Faktors vermutlich, mit ihrem grausamen Schicksal fertig zu werden. Mit der Zeit konnte dann auch ein Vertrauensverhältnis zu den sie betreuenden Erwachsenen aufgebaut werden. Aus den sechs Kindern wurden schließlich Erwachsene, die den Anforderungen des Lebens gewachsen waren und die in ihrem späteren Leben nicht negativ auffielen. Der außergewöhnliche und seltene Fall dieser Kinder zeigt, welche positiven sozialen Kräfte zwischen Kindern zur Entfaltung kommen können, wenn sie ohne Eltern in einer lieblosen und menschenfeindlichen Umgebung aufwachsen müssen.

Bank & Kahn (1994)[160] haben in ihrer langjährigen therapeutischen Arbeit mit Menschen noch weitere erstaunliche Beispiele für die enorme Kraft einer wechselseitigen Geschwisterloyalität gefunden, die den betreffenden Kindern und Jugendlichen trotz sadistischer oder vernachlässigender Eltern bzw. Pflegeeltern half, mit außerordentlichen und erstaunlichen gegenseitigen Unterstützungssystemen ihr psychisches und physisches Überleben zu sichern. Allerdings – das muss einschränkend erwähnt werden – weisen die von Bank & Kahn geschilderten Fälle einige wichtige Besonderheiten auf: Im einen Beispiel hatten die beiden Brüder Bob und Stan schon in der frühen Kindheit einen sehr hohen Zugang zueinander und erlebten bis zu ihrem neunten bzw. elften Lebensjahr eine glückliche Kindheit mit ermutigenden und aufmerksamen Eltern, so dass der anschließende Aufenthalt bei den sadistischen Pflegeltern weniger Schaden anrichten konnte. Bei den vier Jerome-Brüdern – ein zweites Beispiel, das Bank & Kahn aufführen – verschlimmerte sich die familiäre Lage ebenfalls erst, als die Brüder rund 10, 11, 15 und 21 Jahre alt waren und schon eine tiefere gemeinsame emotionale Basis zueinander aufgebaut hatten.

---

160 Stephen P. Bank/Michael D. Kahn (1994): Geschwister-Bindung. München: dtv, S. 102–108

5. Bevorzugung, Benachteiligung und Rivalität

Der Titel dieses Kapitels fasst einige uralte menschliche Themen (und Probleme) zusammen, die sich schon in der Bibel – wie ich bereits bezüglich Kain und Abel erläutert habe –, aber auch in Märchen wiederfinden: Die ungleiche Behandlung von Geschwistern etwa in den Geschichten von Aschenputtel, den zwölf Brüdern, den sechs Schwänen oder der weißen und der schwarzen Braut.

Wie kommt es, dass in der gleichen Familie Kinder bevorzugt, offensichtlich mehr positive Zuwendung erhalten und andere benachteiligt, ja abgelehnt werden können? Oder bilden sich Kinder dies nur ein, da doch alle Eltern ihre Kinder gerne haben? Wie entstehen Rivalitäten zwischen Geschwistern, welches sind die Rivalitätshintergründe und die Rivalitätsfelder? Warum sind Rivalitäten zwischen Geschwistern so häufig? Was ist normale Rivalität und wo wird sie zum Problem? Diese und weitere Fragen sollen im folgenden Kapitel besprochen werden. Dabei gilt häufig, dass sich Eltern in verschiedenen Phasen einem Kind enger verbunden fühlen können und ihm mehr Aufmerksamkeit widmen. Das ist völlig normal, wenn über die Jahre jedes Kind entsprechend berücksichtigt wird und es nicht zu klaren und anhaltenden Präferenzen führt. Zudem führt die individuelle Eigenart der Kinder fast zwangsläufig zu unterschiedlichen Gefühlen und Reaktionen der Eltern.

Eifersucht – und die zentrale Rolle der Eltern

Grundsätzlich gilt, dass die Haltung der Eltern die zentrale Einflussgröße bei der Frage ist, ob zwischen Geschwistern eher eine kooperative oder aber eine stark konkurrierende oder gar ablehnende Tendenz überwiegt. Kinder arrangieren sich trotz zeitweiliger Eifersucht und Rivalität, wenn die Eltern das Verhältnis nicht durch andauernde Bevorzugung oder übermäßige Behütung eines Geschwisters stören; darauf habe ich an verschiedenen Stellen des Buches hingewiesen. Aus negativen Geschwisterbeziehungen, z. B. aufgrund von einseitiger – realer oder empfundener – Bevorzugung durch die Familienmitglieder (primär natürlich durch Elternteile), können sich aber unter bestimmten Umständen auch Dramen entwickeln, wie die nachfolgende kurze Meldung aus der Neuen Zürcher Zeitung vom 6.8.1992 andeutet.

> «**Brudermord aus Eifersucht in München**
> München, 5. Aug. (ap) Aus Eifersucht hat ein 15-jähriger türkischer Knabe am Sonntag seinen elfjährigen Halbbruder in München mit einem Elektrokabel erdrosselt. Das gestand er im Verhör nach anfänglichem hartnäckigem Leugnen in der Nacht zum Mittwoch, wie der Dezernatsleiter beim Münchner Polizeipräsidium am Mittwoch vor Journalisten erklärte.
> Die Leiche des Elfjährigen war am Dienstag bei einer Suchaktion in einem Gebüsch gefunden worden. Die beiden Halbbrüder waren seit Sonntag nacht von den Angehörigen als vermisst gemeldet. Der ältere wurde am Montag von der Polizei am Münchner Hauptbahnhof aufgegriffen. Bei einer ersten Einvernahme gab er an, er habe ausreißen wollen, sich deshalb nach einem gemeinsamen Spaziergang von seinem um vier Jahre jüngeren Bruder getrennt und ihn seither nicht mehr gesehen.
> Nach dem Auffinden der Leiche fiel der Verdacht aber bald auf den 15-jährigen Burschen, der dann bei einer zweiten Einvernahme die Tötung auch gestand. Er habe sich von seinem Vater und seiner Stiefmutter, der leiblichen Mutter des jüngeren Bruders, stets zurückgesetzt gefühlt, erklärte der Jugendliche gegenüber der Polizei. Das jüngste von insgesamt elf Geschwistern und Halbgeschwistern sei von allen abgöttisch geliebt worden. Den Entschluss, Fuzuli zu töten, habe er ganz plötzlich gefasst, als Hass und Eifersucht wieder einmal in ihm aufgestiegen seien. Der Täter wird psychiatrisch untersucht.»

Die kurze Zeitungsnotiz lässt zwar noch viele Fragen offen, zeigt aber auf eindrückliche Weise, zu welch tragischen Folgen eine aufgepeitschte Geschwistereifersucht im Extremfall führen kann: Der Knabe litt jahrelang unter seiner Eifersucht und fand offensichtlich keinen Weg, damit fertig zu werden. Ich werde in diesem Kapitel im Zusammenhang mit Bevorzugung und Rivalität nochmals auf das Problem der Eifersucht zurückkommen.

Bank & Kahn (1994) berichten von einem vierjährigen Mädchen, das aus massiven Eifersuchtsgefühlen seine kleine Schwester u. a. aus dem Fenster werfen und sie mit Desinfektionsmittel füttern wollte.[161] Zum Glück sind solch krasse Beispiele sehr selten – allerdings berichten auch

---

161 Stephen P. Bank/Michael D. Kahn (1994): Geschwister-Bindung. München: dtv, S. 176–180

weitere Forscher über Fälle von Kindern, die ihre jüngeren Geschwister töteten[162] – aber in stark abgeschwächter Form lassen sich vielfältige Verhaltensweisen von eifersüchtigen Kindern, die in Not geraten, beobachten. Schon in der Bibel finden wir – und zwar bezeichnenderweise ganz am Anfang (Genesis 4, 2–16)[163], – einen frühen Beleg für die starken Emotionen, die eine Bevorzugung eines Geschwisters hervorrufen kann: Es ist die Geschichte vom älteren Bruder Kain, der seinen Bruder Abel erschlägt. «*Nach einiger Zeit brachte Kain dem Herrn ein Opfer von den Früchten des Feldes dar; auch Abel brachte eines dar von den Erstlingen seiner Herde und ihrem Fett. Der Herr schaute auf Abel und sein Opfer, aber auf Kain und sein Opfer schaute er nicht. Da überlief es Kain ganz heiß, und sein Blick senkte sich. Der Herr sprach zu Kain: Warum überläuft es dich heiß, und warum senkst du den Blick? Nicht wahr, wenn du recht tust, darfst du aufblicken; wenn du nicht recht tust, lauert an der Tür die Sünde als Dämon. Auf dich hat er es abgesehen, doch du werde Herr über ihn! Hierauf sagte Kain zu seinem Bruder Abel: Gehen wir aufs Feld! Als sie auf dem Feld waren, griff Kain seinen Bruder an und erschlug ihn.*»

An Abel, dem Jüngeren, wird offenbar, dass Kain, der Ältere, niemals einen Platz bei Gott bzw. – in den Terminus der irdischen Familienwelt übersetzt – der allmächtigen Elternfigur innehatte. Dieses Beispiel legt ferner nahe, wie stark Geschwister auf faire bzw. hier unfaire Behandlung von Seiten der Eltern (hier Gott) reagieren können: Gott als Symbolfigur des übermächtigen Vaters zerstört das ursprünglich gut funktionierende brüderliche Subsystem, indem er durch die Bevorzugung Abels das Gerechtigkeitsprinzip verletzt (vgl. Petri 1994).

Auch im Gleichnis vom verlorenen Sohn[164] finden wir das Problem der Eifersucht des älteren Sohnes, der nicht verstehen kann, warum den jüngeren und unfolgsamen ein großes Fest und kostbare Geschenke bei seiner Rückkehr erwarten, obwohl er als älterer immer gehorsam beim Vater geblieben und die Schafe und Felder bestellt hat. Für ihn hatte der Vater nicht ein einziges Mal ein Festmahl organisiert!

In der Bibel finden sich weitere Belege sowohl für die Bedeutung wie für die Dynamik von Geschwisterkonflikten: Bei Isaak und Ismael ist es die Geschichte von der gewaltsamen Geschwistertrennung (Genesis

---

162 vgl. Tooley (1975): drei Fälle; sowie Paluszny & McNabb (1975): ein Fall. Die Beispiele sind dargestellt in: Hartmut Kasten (1993a): Die Geschwisterbeziehung. Göttingen: Hogrefe, S. 116.
163 Die Bibel (1995): Altes und neues Testament. Freiburg: Herder
164 Die Bibel (1995): Altes und neues Testament. Freiburg: Herder, 1. Lukas 15, 11–32

16 und 21), bei Esau und Jakob die Erzählung vom Geschwisterbetrug (Genesis 27, 13/33–36) und bei Joseph und seinen Brüdern das Thema Geschwisterhass-Geschwisterversöhnung (Genesis 45, 1–3). Spannungsgeladen war auch das Verhältnis der beiden Schwestern Lea und Rahel (1. Mose 29), und auch zwischen Maria und Martha hing zeitweilig der Haussegen schief (Lukas 10, 38).

Folgende weitere Punkte fördern eine günstige Geschwisterbeziehung:

- Die Akzeptanz oder Bejahung eines bestimmten Maßes von Rivalität und Eifersüchtig-sein-Dürfen: Man darf durchaus rivalisieren und Eifersucht zeigen – solche Verhaltenweisen werden nicht gleich unterbunden oder tabuisiert. Eltern sollen auch nicht versuchen, Eifersucht gar nicht erst aufkommen zu lassen oder im Keim zu ersticken!
- Wenn Geschwister einander wiederholt und anhaltend unfair behandeln, sollen Eltern aber auch nicht einfach wegschauen und das als harmlos betrachten: Kinder brauchen nicht nur Grenzen (Rogge 1997), sondern auch Anleitung (z. B. im Wahrnehmen der Perspektive des anderen) sowie Rückmeldungen über inakzeptable Verhaltensweisen.
- Ein insgesamt wohlwollendes, bejahendes Familienklima, wo jedes Kind als eigenständiges Wesen wahrgenommen und ermutigt wird, fördert – auch im Sinne des Modelllernens! – ein positives Geschwisterverhältnis.
- Die elterliche Reflexion über das eigene Rollenverhalten: Wieweit leben sie selber eine wettbewerbsorientierte Welt vor, ein Klima des gegenseitigen Auftrumpfens, Ausstechens oder Abwertens? Müssen sie immer besser sein, Recht haben oder praktizieren sie durch Fairness und Toleranz charakterisierte Lebensweisen?

Der große Einfluss der Eltern zeigt sich aber auch dort, wo Geschwister ohne ihr Zutun konkurrieren oder gar in ein Fieber von Rivalität geraten: Sie können die sich in einem Gefühlstaumel verstrickten Geschwister beruhigen, sie ihre Wertschätzung spüren lassen sowie ihnen ihre individuellen Stärken vor Augen führen – oder sie können solche Probleme gar nicht wahrnehmen oder wegschauen. Die beiden letzten Verhaltensweisen steigern den Rivalitätskreis, die erste hingegen wirkt beruhigend, deeskalierend.

In vielen Fällen lässt sich die Unbeholfenheit der Eltern als Hauptgrund für den Kampf zwischen Geschwistern identifizieren: Die Eltern erkennen nicht, was ihre Kinder brauchen (z. B. Lob, Anerkennung, Verständnis, individuelle Zuwendung, Schutz, Vertrauen, Körperkontakt usw.), und können ihnen das Entsprechende nicht oder nur unzureichend geben – nicht aus böser Absicht, sondern weil sie das kindliche Verhalten missverstehen. Meistens manifestiert sich so genannt schwieriges kindliches Verhalten aus dem Gefühl, nicht geliebt, von den Eltern nicht verstanden zu werden. In sehr vielen Fällen ist aber die kindliche Einschätzung, nicht geliebt/weniger geliebt zu sein, ein Irrtum, eine Fehleinschätzung: Älteste Kinder beispielsweise können leicht zu diesem Eindruck gelangen, wenn nun plötzlich die Aufmerksamkeit von ihnen weg auf das neue Geschwister verlagert wird und sie sich schließlich auf die lange Bank geschoben, benachteiligt, übersehen, zweitrangig, überflüssig, «entthront» fühlen. (Ausführlicher habe ich das in Kap. 2 dargestellt.)

Schließlich noch einige weitere Bemerkungen zur Eifersucht: Diese ist ein gesundes Gefühl, solange Menschen dadurch in konstruktiver Weise konkurrieren, sich angespornt fühlen, Mittel einzusetzen, die für sie und andere längerfristig nicht schädigend sind. Eifersucht ist ein Stachel, der Anreize schaffen und Entwicklungen auslösen kann, die sich für ein Kind günstig auswirken: Wenn mehr Eifer als Sucht vorherrscht, wirkt Eifersucht als Motor, als Antrieb, im günstigen Fall als Katalysator. Mit Eifersucht ist aber häufig auch ein großer Schmerz verbunden: Man fühlt sich weniger geliebt, benachteiligt, empfindet sich im Vergleich – zu Recht oder nicht – inkompetenter, zweitrangig. Daraus können tiefe Wunden entstehen, die jahrelang andauern, schmerzen und einen Menschen noch in späteren Beziehungen (z. B. in einer Partnerschaft) begleiten, quälen. Es gibt kaum stärkere Gefühle, worunter Menschen leiden können als unter rasender Eifersucht: Es sei an dieser Stelle nochmals an das eingangs zitierte Beispiel des Brudermordes erinnert. Leiden Menschen über längere Zeit an starker Eifersucht in bzw. an einer Geschwisterbeziehung, so ist als erster Schritt ein Gespräch mit einer vertrauensvollen Person vielfach hilfreich. In vielen Fällen genügt das aber nicht – besonders bei Kindern –, und es empfiehlt sich dann, professionelle Hilfe in Anspruch zu nehmen. Der Kinderpsychiater Nissen (2002) weist darauf hin, dass massive emotionale Störungen im Zusammenhang mit Geschwisterrivalität relativ häufig sind.[165] Meistens stellt, wie ich schon in Kapitel 2 ausführlich dargelegt habe, die Geburt des neuen Geschwisters den Anlass für dieses Verhalten dar. Der enge Zusammenhang von ungünstigem

---

165 Gerhardt Nissen (2002): Seelische Störungen bei Kindern und Jugendlichen. Alters- und entwicklungsabhängige Symptomatik und ihre Behandlung. Stuttgart: Klett-Cotta, S. 169

elterlichem Verhalten und massiven kindlichen Symptomen zeigt sich sehr deutlich im folgenden Beispiel, das Nissen (2002) in seinem Lehrbuch wiedergibt:

> «Ein achtjähriges, von der Mutter schon vor der Geburt abgelehntes Mädchen, dessen Vater gleich nach seiner Geburt starb, reagierte auf die Geburt einer Stiefschwester mit allnächtlichen Angstattacken. Es schrie laut auf, lief weinend in der Wohnung umher und stellte sich bittend und bettelnd an das Bett der Mutter, die es dort stundenlang wimmern und weinen ließ und nicht zu sich nahm. Tagsüber tyrannisierte das Kind mit seinen starken Aggressionen seine Geschwister und die Mutter, die dies als Vorwand benutzte, die Heimeinweisung zu beantragen. Bald nach der Einschulung entwickelte sich zusätzlich eine Schulphobie, durch die nicht nur die Trennung von der Mutter verhindert, sondern vor allem eine Beziehungsstörung der Mutter zu den jüngeren Geschwistern verursacht wurde.»[166]

Laut ICD-10, dem Klassifikationssystem der Weltgesundheitsorganisation für psychische und Verhaltensstörungen, zeigt die Mehrzahl junger Kinder gewöhnlich ein gewisses Ausmaß emotionaler Störungen nach der Geburt eines nachfolgenden jüngeren Geschwisters. Allerdings soll *«eine emotionale Störung mit Geschwisterrivalität nur dann diagnostiziert werden, wenn sowohl das Ausmaß als auch die Dauer der Störung übermäßig ausgeprägt sind und mit sozialer Beeinträchtigung einhergeht.»*[167] Als diagnostische Kriterien für eine emotionale Störung mit Geschwisterrivalität (F 93.3) gelten:

> «A. Auffällige, intensive negative Gefühle gegenüber einem unmittelbar jüngeren Geschwister.
> B. Emotionale Störung mit Regression, Wutausbrüchen, Verstimmung, Schlafstörung, oppositionellem Verhalten oder Aufmerksamkeit suchenden Verhalten gegenüber einem oder beiden Elternteilen (zwei oder mehr dieser Merkmale müssen vorliegen).
> C. Beginn innerhalb von sechs Monaten nach der Geburt eines unmittelbar jüngeren Geschwisters.
> D. Dauer mindestens vier Wochen.»[168]

Die obige Beschreibung zeigt, dass nicht gleich jedes eifersüchtige Verhalten von Geschwistern als psychische oder Verhaltensstörung bezeich-

---

166 a.a.O., S. 170
167 H. Dilling/H.J. Freyberger (1999)(Hrsg.): Taschenführer zur Klassifikation psychischer Störungen. Bern: Huber, S. 302
168 a.a.O., S. 302

net werden soll: Erst eine über einen längeren Zeitraum andauernde Reaktion des Kindes, kombiniert mit mehreren deutlichen emotionalen Symptomen, soll Anlass für eine fachliche Beratung geben.

Unbewusste Vorlieben und Abneigungen der Eltern

Elterliches Favoritentum ist viel verbreiteter, als das die meisten Beteiligten, vorab natürlich die Eltern selber, wahrhaben wollen oder können. In einer Untersuchung von Klagsbrun (1993)[169] gaben 84 % der Befragten an, ihre Eltern hätten eines der Kinder vorgezogen. Auch andere Untersuchungen, etwa diejenige von Helen Koch in den 1950er Jahren, kommen zu ähnlichen Zahlen: Zwei Drittel der 360 befragten Kinder gaben an, dass ihre Mutter entweder sie oder ihr Geschwister bevorzugte. In den Familien, in denen Koch beide Geschwister befragte, ist auffällig, dass sich die Kinder über die jeweilige Einstellung ihrer Eltern nicht einig waren.[170] Es ist allerdings eher selten, dass Eltern heute bewusst und absichtlich ein Kind dem anderen vorziehen; Präferenzen haben stärker einen emotionalen und unbewussten Hintergrund. Früher war das über Jahrhunderte durchaus anders: Unter dem Einfluss religiös-patriarchalischer Einstellungen galten Mädchen lange als Menschen zweiter Klasse, in Bauernfamilien war üblich, dass der Hof vom ältesten Knaben übernommen wurde – die Geschwister wurden in der Regel mehr schlecht als recht entschädigt – und das Erstgeburtsrecht für Knaben kam auch in Königshäusern zur Anwendung, d. h. der älteste Sohn wurde in der Regel der Nachfolger des Vaters. Die klare Minderbewertung der Mädchen findet sich auch in den meisten Religionsbüchern der Welt, sei es in der Bibel oder im Koran.

Am Beispiel der drei Geschwister Edith, Osbert und Sacheverell Sitwell[171], die anfangs des 20. Jahrhunderts in einer englischen Aristokratenfamilie aufwuchsen und alle drei zu DichterInnen oder SchriftstellerInnen wurden, lassen sich unterschiedliche Präferenzen und entsprechende Auswirkungen deutlich erkennen: Edith, die älteste, fühlte

---

169 Francine Klagsbrun (1993): Der Geschwisterkomplex. Frankfurt: Eichborn, S. 179
170 in: Judy Dunn/Robert Plomin (1996): Warum Geschwister so verschieden sind. Stuttgart: Klett-Cotta, S. 85 f.
171 vgl. dazu: Judy Dunn/Robert Plomin (1996): Warum Geschwister so verschieden sind. Stuttgart: Klett-Cotta, S. 82 f.

sich von der Mutter gänzlich zurückgewiesen, beschrieb sich später sogar als «Wechselbalg» (fehlgebildetes oder untergeschobenes Kind) und ihre Eltern als Fremde. Sie schrieb weiter, dass sie vom Moment ihrer Geburt an bei den Eltern unbeliebt gewesen sei. Die Mutter repräsentierte für sie eine erschreckende, lieblose, egozentrische sowie grausame Person. Die Brüder von Edith empfanden ihre Mutter ganz anders. Der fünf Jahre später geborene und geliebte Osbert schreibt später über ihre ungewöhnliche Schönheit, ihre Freundlichkeit und Nachgiebigkeit. Er war der Liebling der Mutter und wurde nach eigenen Aussagen nie zurechtgewiesen. Auch für das dritte Geschwister, Sacheverell, war die Mutter eine Person voller Zuneigung, Schönheit und Fantasie. Der Fall der Sitwells ist zugleich ein weiteres Beispiel zur in Kapitel 2 dargelegten These der unterschiedlichen subjektiven Wahrnehmung und Deutung der Geschwister innerhalb derselben Familie – wobei ich selbstverständlich nicht die wahrscheinlich tatsächlich vorhandene Benachteiligung von Edith leugnen möchte. Kinder reagieren mit ihren feinen Antennen besonders empfindlich auf Ungerechtigkeiten in der Familie. Zu dieser Erkenntnis gelangte auch der Schriftsteller Charles Dickens, der seine autobiografischen Erfahrungen – und in unserem Zusammenhang speziell die Diskriminierung gegenüber der älteren Schwester – in seinen berühmten Romanen verschlüsselt wieder aufleben lässt. Dickens schrieb 1861 dazu treffend: *«In der kleinen Welt, in der Kinder leben, und ganz gleich, von wem sie aufgezogen werden, wird nichts so fein wahrgenommen und so empfindlich registriert wie Ungerechtigkeit.»* [172]

Aber selbst wenn die Eltern keine deutlichen Vorlieben zeigen, spüren die Kinder doch sehr oft die unterschiedliche Behandlung und Zuwendung und das damit verbundene unterschiedliche Interesse – was wiederum selbstverständlich nicht heißt, dass die Eltern die einzelnen Kinder nicht lieben.

Neben der später in Kapitel 8 dargelegten geschlechtsbedingten Präferenz eines Kindes spielen die persönlichen, meistens *unbewussten Vorlieben und Abneigungen von Eltern* die hauptsächliche Rolle: Kinder entwickeln das Gefühl, dass die Mutter und/oder der Vater ein Kind «ausgewählt» hat und dieses Kind besonders, eben bevorzugt behandelt, es am meisten liebt. Diese unbewusste Ebene ist letztlich dafür verantwortlich, dass aus einer naturgemäß individuell unterschiedlichen Behandlung der Kinder die Vorzugsbehandlung eines Kindes werden kann.

---

172 zitiert nach: Frank J. Sulloway (1997): Der Rebell der Familie. Berlin: Siedler, S. 109

Für Eltern stellt es fast einen Tabubruch dar, sich solche Präferenzen überhaupt einzugestehen oder sie gar noch anzusprechen und zuzugeben. Natürlich sollten das Eltern gegenüber ihren Kindern nicht tun, sondern vielmehr an unangemessenen Bevorzugungen arbeiten, z. B. im Rahmen einer Elterngruppe oder einer psychologischen Beratung. Als unter vielen Eltern immer noch verbreitetes Erziehungsparadigma gilt, alle Kinder genau gleich gern zu haben und sie entsprechend gleich zu behandeln. Nur so sei Erziehung gerecht, fair und verhindere am ehesten das Aufkommen von Eifersucht und Rivalitätsgefühlen unter Geschwistern. So richtig eine faire, gleichberechtigte Behandlung der Kinder in einer Familie oder der SchülerInnen in der Schule ist – und so unterstützenswert es ist, sie als nie zu erreichendes Ziel wie einen leuchtenden Fixstern in der Nacht als Orientierung anzustreben! – so unmöglich kann das letztlich erreicht werden. Das ist meistens auch gar kein Problem, solange dabei nicht gewisse Grenzen überschritten werden. Klagsbrun (1993) schreibt dazu treffend:

> «Individuell unterschiedliche Gefühle und unterschiedliche Behandlung der Kinder durch die Eltern sind völlig normal, natürlich und angemessen. Eltern stehen immer vor der Herausforderung, die individuellen Eigenarten jedes Kindes gleichberechtigt und ausdrücklich zu würdigen, so dass sich im Laufe der Jahre alle Kinder im selben Maße geliebt und gewürdigt fühlen. An dieser Herausforderung sind Eltern gescheitert, wenn sich die Grenzen zwischen individuell unterschiedlicher Behandlung und Vorzugsbehandlung verwischen. Dann stehen sie plötzlich auf der anderen Seite, ohne es zu merken.»[173]

Dafür sind verschiedene Gründe verantwortlich. Zum einen ist es, wie erwähnt, den meisten Eltern überhaupt nicht bewusst, dass sie einzelne Kinder vorziehen. Natürlich kommt es heute selten vor, dass Eltern in vollem Bewusstsein ein Kind gegenüber dem Geschwister permanent privilegieren. (Fast) alle bemühen sich vielmehr, ihre Kinder gleich, fair zu behandeln und ihren individuellen Bedürfnissen und Persönlichkeiten gerecht zu werden. Und trotzdem beginnen sich unmerklich und subtil favorisierende Verhaltensweisen zu entwickeln. Eltern müssen sich gezwungenermaßen jedem Kind gegenüber anders verhalten: Der zweijährige Marc mit nächtlichen Krämpfen, die neunjährige quirlige Nicole mit ihren zahlreichen Schulfreundinnen und der stille, zurückgezogene

---

[173] Francine Klagsbrun (1993): Der Geschwisterkomplex. Frankfurt: Eichborn, S. 181

13-jährige Laurent, der manchmal völlig aggressiv auf harmlose Fragen nach der Schule reagiert und zur Zeit nur über das Thema Musik ansprechbar ist – sie alle haben individuell unterschiedliche Bedürfnisse und Erwartungen an die Eltern, leben in einer eigenen, spezifisch-persönlichen Welt und müssen dementsprechend auch von den Eltern behandelt werden. Alle Kinder in einer Familie sind also ganz individuelle Persönlichkeiten mit einer breiten Palette von Eigenschaften, Verhaltensweisen, Neigungen und einem charakteristischen, unverwechselbaren äußeren Erscheinungsbild. Und all dies trifft auf die unbewussten Erwartungen, Neigungen, Vorlieben, Abneigungen usw. der Elternteile. Eigene Erfahrungen mit Geschwistern aus ihrer Herkunftsfamilie einerseits und die individuell wahrgenommenen Reaktionen ihrer Eltern darauf andererseits beeinflussen maßgeblich die eigene Reaktion als Eltern: Das besonders tüchtige, das schmusig-herzige, das witzige, das einem am ähnlichsten oder das ganz gegensätzliche Kind wird unbewusst aus der Geschwistergruppe hervorgehoben und erhält besondere Aufmerksamkeit und Zuwendung. Der Knabe, der dem eigenen gehassten oder geliebten oder bewunderten Bruder stark gleicht, die Tochter, die fast wie eine Kopie der frühverstorbenen, als Genie bezeichneten Schwester wieder auftaucht: Beide lösen starke Projektionen, Gefühle und Wünsche bei den entsprechend prädisponierten Elternteilen aus. Die Überzeugung der meisten Eltern, ihre Kinder in gleichem Maße zu lieben, entstammt also, wie etwa die Illusion von der gleichen Erziehung, einem Wunschdenken. Dieses Eltern-Ideal wurde, wie Petri (1994)[174] treffend formuliert, mit der Übernahme der Elternrolle sozusagen als kategorischer Imperativ verinnerlicht. Nur: Beziehungen sind immer viel stärker durch unbewusste Gefühle, Fantasien, Wünsche, Erfahrungen und Ziele beeinflusst als von unseren Idealen. Das gilt natürlich erst recht für Eltern-Kind-Beziehungen, wo sich besonders intensive Gefühle und tiefverankerte Wünsche bemerkbar machen.

In der überwiegenden Zahl beginnt die Vorzugsbehandlung eines Kindes schon in der frühen Kindheit. Sie kann über die ganze Kindheit und Jugendzeit, sogar das ganze Leben bis zum Tod der Eltern bestehen bleiben und nicht selten über Jahrzehnte die Geschwisterbeziehung maßgebend beeinträchtigen: von spitzen Bemerkungen über permanente Konkurrenz und Eifersucht bis zu jahrelangem oder lebenslänglichem Kontaktabbruch zwischen Geschwistern finden sich unzählige Varianten und Entwicklungen. Wenn es den Eltern nicht gelingt, zu allen Geschwis-

---

174 Horst Petri (1994): Geschwister – Liebe und Rivalität. Zürich: Kreuz, S. 123

tern mehrheitlich eine gleichbleibende – nicht gleiche! –, emotional tragende Beziehung, die durchaus unterschiedlich sein kann, herzustellen, so verschärfen sich die Konflikte zwischen Geschwistern fast immer. Die fortschreitend unterschiedliche Behandlung wird von fast allen Kindern als fundamentale Verletzung von Gerechtigkeit und Fairness erlebt. Nur wenn die ungleiche Behandlung als gerechtfertigt erscheint, so etwa durch das Alter oder bestimmte besondere Bedürfnisse eines Geschwisters (z. B. eine Behinderung), wird sie von den Kindern akzeptiert.[175] Der Kinderpsychiater Petri (1994) stellt dazu Folgendes fest: «*Viele seelische und psychosomatische Beschwerden im Kindesalter sind nicht nur Ausdruck unverarbeiteter Konflikte mit den Eltern, sondern auch einer gestörten Geschwisterbeziehung.*»[176] Zu einer massiv-konfliktuösen Geschwisterbeziehung haben die Eltern in der überwiegenden Zahl von Fällen durch Bevorzugung bzw. Benachteiligung weitgehend die Basis gelegt.

Eine deutliche elterliche Vorliebe für ein bestimmtes Kind (mit entsprechenden Verhaltensweisen gegenüber dem anderen Kind) kann im günstigsten (und seltenen) Fall aber durchaus auch positive Folgen haben. Am Beispiel von Mary Wolstonecraft[177], einer Pionierin des Feminismus, die im Jahre 1792 das berühmte und wichtige Manifest «Verteidigung der Rechte der Frauen» veröffentlichte, lässt sich dies belegen. Die ungleich verteilte elterliche Zuneigung und Aufmerksamkeit zwischen ihr und ihrem Bruder ließ sie eine besondere Sensibilität für Ungerechtigkeit entwickeln. Die offene Bevorzugung des älteren Bruders, sowohl bezüglich des Geldes wie der elterlichen Liebe, traf sie zwar hart, führte aber nicht zur Resignation oder zur Unterwerfung unter die traditionelle Frauenrolle, sondern setzte in ihr letztlich konstruktive Kräfte für den Einsatz für die Gleichberechtigung von Frau und Mann frei.

Geschwisterübertragungen

In diesem Fall sieht ein Elternteil, der Vater oder die Mutter, im einen Kind den eigenen Bruder oder die eigene Schwester. Frühere, meistens unbewältigte Erlebnisse und Gefühlseinstellungen bestimmen dann das

---

175 vgl. Manfred Hofer/Elke Wild/Peter Noack (2002): Lehrbuch Familienbeziehungen. Göttingen: Hogrefe, S. 198
176 Horst Petri (1994): Geschwister – Liebe und Rivalität. Zürich: Kreuz, S. 128
177 vgl. dazu: Judy Dunn/Robert Plomin (1996): Warum Geschwister so verschieden sind. Stuttgart: Klett-Cotta, S. 83–84

Verhalten dem eigenen Kind gegenüber.[178] Das kann sich verschiedenartig äußern: Findet beim ersten Kind eine Geschwisterübertragung mit positiven Gefühlen statt – das Kind erinnert den Elternteil an den geliebten Bruder/die geliebte Schwester –, kann das beim zweiten Kind ein Gefühl der Benachteiligung, der Ablehnung, wecken. Im umgekehrten Fall erinnert das erstgeborene Kind den betreffenden Elternteil an den/die vorgezogene(n), privilegierte(n), besser angekommene(n) Bruder oder Schwester, und so wird dieses Kind schon von Anfang an oder spätestens bei der Geburt seines Geschwisters die negative Haltung dieses Elternteils spüren – und letztlich nicht verstehen. Ausgeprägte Rivalitätskonflikte zwischen diesen Geschwistern treten dann unweigerlich auf. Unbewusste Geschwisterübertragungen erklären manchmal auch, warum sich Elternteile immer wieder an einem bestimmten Kind reiben, sich aufregen, mit ihm streiten oder es besonders gut leiden können. Der involvierte Elternteil durchschaut diese Beziehungsprozesse in den meisten Fällen nicht, Außenstehende hingegen mit einer gewissen Distanz zum Geschehen, gelegentlich sogar auch PartnerInnen spüren häufig dessen krass-einseitige Haltung.

Projektive Vorgänge zeigen sich auch in der Variante des «Abbildes des eigenen Selbst» (Richter 1972): Ein Elternteil erkennt sich plötzlich irgendwie im einen Kind wieder, sieht sich zum Beispiel im Sohn, der in der Schule mit einzelnen Fächern einfach nicht zurande kommt und schlechte Noten nach Hause bringt. Der geplagte Junge (d. h. eigentlich stellvertretend für den entsprechenden Elternteil!) wird dann u. U. zu stark geschont, bzw. zu wenig ermutigt und gefördert. Dies kann beim Geschwister Ressentiments auslösen, da der Vater oder die Mutter bei ihm eine schlechte Note jeweils viel deutlicher missbilligen als beim Geschwister. Sieht ein Elternteil in einem Kind im positiven Sinn sich selber, d. h. «erkennt» der Vater oder die Mutter in ihm seine Stärken und Begabungen, erklärt das manchmal, warum dieses Kind besonders beachtet, gefördert, unterstützt, mit besonderen Erwartungen und Privilegien bedacht wird. Solche Erwartungen können das Kind belasten, aber auch hier wiederum Eifersucht bei den Geschwistern auslösen, da sie die unterschiedliche Behandlung genau registrieren.

---

178 Richter hat in mehreren Publikationen an verschiedenen Beispielen das Wirken (und Auflösen in familientherapeutischen Sitzungen) solcher Übertragungsphänomene beschrieben. Vgl. Horst-Eberhard Richter (1992): Patient Familie. Entstehung, Struktur und Therapie von Konflikten in Ehe und Familie. Reinbek: Rowohlt; sowie: Horst-Eberhard Richter (1972): Eltern, Kind und Neurose. Die Rolle des Kindes in der Familie. Reinbek: Rowohlt.

Erfüllt hingegen ein Kind die Funktion des «Abbildes der negativen Identität» (Richter 1972) eines Elternteils, so zeigt sich dies etwa darin, dass eigene Schwächen und Fehler wie Unordentlichkeit, Impulsivität oder Vergesslichkeit dem Kind zugeschoben werden, Eigenschaften, die der betroffene Elternteil eigentlich selber aufweist, aber bei sich ablehnt und auf das Kind verschiebt.

Veith (2000)[179] weist darauf hin, dass sich keine Gesetzmäßigkeiten aufstellen lassen, auf welches Kind Eltern (-teile) tendenziell ihre Gefühle übertragen: Ähnlichkeiten oder eben gerade Unähnlichkeiten im Verhalten und Aussehen, Lebendigkeit und Initiative oder Passivität und Angepasstheit, das Geschlecht oder eine ganz bestimmte Kombination verschiedener Eigenschaften und Eigenarten können für die projektive «Wahl» des Kindes von Seiten der Eltern ausschlaggebend sein. Es ist immer eine persönliche, subjektive Selektion eines Elternteils. Dies zeigt sich u. a. auch darin, dass der andere Elternteil – wenn überhaupt – zu einer anderen Präferenz neigt.

Die Passung Kind-Eltern

Nicht nur Ähnlichkeiten oder Unähnlichkeiten mit wichtigen Kindheitspersonen der Eltern müssen berücksichtigt werden, auch die sogenannte *Passung*[180] spielt eine wichtige Rolle. Entsprechen die Persönlichkeit und das Temperament eines Kindes den Erwartungen, Anforderungen und Möglichkeiten der Eltern, vermögen sie eher mit Verständnis, Einfühlungsvermögen und mit ruhiger Überlegenheit zu reagieren. Sie kommen mit diesem Kind gut zurecht, spiegeln ihm entsprechend ein positives Echo, was das Beziehungsmuster Kind-Eltern begünstigend verstärkt. Wo die gegenseitige Anpassung zwischen Kind und Eltern besonders gut gelingt, kann dieses Kind tendenziell eher zum Favoriten werden – im Gegensatz beispielsweise zum Geschwister, mit dessen nervöser, unruhiger Art die schnell verunsicherten Eltern weniger zu Rande kommen, sich rascher aufregen und ärgern. Kinder stellen ihre Eltern oft vor verschieden schwere Aufgaben, und gewisse ungünstige Entwicklungen

---

179 Peter Veith (2000): Jedes Kind braucht seinen Platz. Freiburg: Herder, S. 69
180 Largo (1999) spricht von Fit (gute Übereinstimmung zwischen Kind und Umwelt, hier die Eltern) und Misfit (schlechte Übereinstimmung zwischen Kind und Umwelt, hier die Eltern). Siehe: Remo Largo (1999): Kinderjahre. München: Piper, S. 218–329

(«Teufelskreise») werden durch unterschiedliche Temperamente der Beteiligten eher gefördert (vgl. Resch et al. 1999).

Unbewusste Selbst- und Wunschbilder und Delegation

Auch das Selbstbild der Eltern erweist sich als wichtiger Faktor im Entstehen von favorisierenden Tendenzen. Ein eher ängstlicher, unsicherer Vater, dessen stille, brave, herzige und charmante Tochter ihn bewundert, fühlt sich von diesem Kind eher angezogen und in seinem Selbstwertgefühl bestärkt als von der älteren, lauteren, frecheren und eigenständigeren Tochter, die ihn immer wieder in endlose Diskussionen über seine Meinungen, Anordnungen und Erziehungspraktiken verwickelt und damit verunsichert. Allerdings kann je nach Konstellation auch das Gegenteil eintreffen: Eltern ziehen manchmal auch Kinder vor, die wenig Ähnlichkeiten mit ihnen haben, ja sogar fast das Gegenteil repräsentieren: Diese Kinder repräsentieren einen verdrängten oder unterdrückten, nicht gelebten Teil der Persönlichkeit ihrer Eltern. Stierlin (1978) spricht hier auch von Delegation: Unerfüllte, nicht eingelöste Wünsche eines oder beider Elternteile werden auf das Kind projiziert. Die Aufgabe des Kindes besteht darin, diese Wünsche/Träume der Eltern zu erfüllen: Ist dieses Kind auf seinem Weg entsprechend erfolgreich, so kann die bevorzugte Stellung beim Geschwister Neid und Eifersucht auslösen.[181]

Fallbeispiel
Ein Vater eines schulpflichtigen Knaben zeigt sich im Gespräch mit der Lehrerin seines Sohnes stolz, als er erfährt, welche Streiche dieser in und um die Schule verübt, wie kaltblütig und geschickt er die Lehrerin bezüglich der nicht erledigten Hausaufgaben angeschwindelt, ausgetrickst hat. Im Unterschied zu seinem ausgelassenen und wilden Sohn lag es für diesen Vater überhaupt nicht drin, Wünsche nach Abenteuer, Widerstand gegen erwachsene Autoritäten oder Ungehorsam in welcher Form auch immer in seiner Kindheit auch nur ansatzweise auszuleben, weder in der Familie, noch in der Schule und später in der Lehre. Sein Sohn führte nun diese seine Wünsche quasi für ihn nachträglich, stellvertretend und kompensatorisch aus. Viele favorisierende elterliche Tendenzen sind so mit der eigenen gelebten oder ungelebten Herkunftsgeschichte eng verbunden. Ohne dieses tie-

---

181 vgl. dazu auch weiterführend: Helm Stierlin (1978): Delegation und Familie. Frankfurt: Suhrkamp

> fere Verständnis der eigenen persönlichen Herkunftsgeschichte erscheinen viele Elternreaktionen auf das Verhalten ihrer Kinder unverständlich, ja manchmal sogar unsinnig.

Allerdings werden in diesem Zusammenhang in anderen Fällen auch eigene negative Anteile auf jenes Kind projiziert, das sich am besten anbietet, sei es aus Gründen der äußeren Ähnlichkeit oder eines ähnlichen Wesensmerkmals: So wird dann unbewusst der eigene unbewältigte Schatten im Kind verfolgt oder sogar bekämpft: Das Kind wird zum Substitut der eigenen negativen Identität (vgl. Richter 1972).

Wahrnehmungsverzerrung

Kinder haben unglaublich feine Antennen und spüren auch subtilste Anzeichen von Präferenzen der Eltern. Sie sind hochsensibel und nehmen erste frühe und feine Hinweise auf Favorisierungen nicht allein nur durch das Verhalten der Eltern ihnen gegenüber, sondern auch durch die genaue Beobachtung der Behandlung der Geschwister wahr. Wie behandeln die Eltern das Geschwister? Wie ist die Tonlage, die Lautstärke, der mimische Ausdruck? Sind hier Unterschiede auszumachen? Kinder «lesen» auf einer intuitiven-vorbewussten Ebene die Gefühle der Eltern, die Mimik und Gestik der Elternteile jedem einzelnen Kind gegenüber – und sie ziehen daraus ihre persönlichen Schlüsse. Für die Auswirkungen auf das kindliche Fühlen, Denken und Handeln spielt es eine geringere Rolle, ob die Mutter oder der Vater den Bruder oder die Schwester tatsächlich vorgezogen hat. Das Kind entwickelt seine Realität um *seine* Wahrnehmungen – und diese sind es schließlich, die sein Verhalten, die Sicht von sich und den anderen weiter prägen. Es sind die Gefühle der Kinder, die ihre Wahrnehmung in entscheidender Weise bestimmen; es kann seine Beobachtungen (noch) weniger als Erwachsene einer kritischen Reflexion unterziehen oder gar hinterfragen. Dazu ist es aufgrund seiner emotional-kognitiven Entwicklung noch nicht in der Lage. Zudem sind ihm seine Gefühle noch weitgehend unbewusst. Kinder sind sehr sensibel und registrieren sehr viele Ereignisse sowie Handlungen von Personen, vermögen sie aber nicht immer richtig einzuordnen: Wenn der tobende Vater am Abend das kleine Kind anschreit und schlägt, kann es nicht erkennen, dass seine Wut mit einem Konflikt an der Arbeitsstelle zu tun hat, sondern wird in den meisten Fällen denken, es sei an der Reaktion des Vaters schuld, es hätte etwas Böses getan, nicht gehorcht usw. Durch ihre Sensibilität nehmen Kinder manchmal etwas schlimmer wahr, als es ist. Häufig fühlen sie sich dann benachteiligt. Deshalb sind die Beobachtungen der Kinder nicht immer objektiv, richtig und die quasi fotografische Realität. Wichtig ist deshalb weniger, ob das Geschwister tatsächlich bevorzugt oder benachteiligt wird, sondern ob ich als Kind das so wahrnehme und interpretiere, denn alle weiteren Schlüsse und Verhaltensweisen des Kindes werden von dieser Einschätzung gesteuert. Dabei gilt es auch zu beachten, dass es nicht ein einzelnes Ereignis, sondern die Häufung von kleinen oder deutlicheren Anzeichen über einen längeren Zeitraum hinweg ist, die einem Kind den persönlichen und bleibenden Eindruck vermitteln, die Eltern zögen ihm ein anderes vor oder es werde gegenüber den anderen bevorzugt. Es gilt klar auseinander zu halten zwischen zwei manchmal ganz verschiedenen Dingen: 1. Was empfindet das Geschwister als Favoritentum? 2. Was empfinden die Eltern wirklich?

Diese Unterscheidung ist wichtig, denn viele Kinder fühlen sich subjektiv benachteiligt, obwohl objektiv kein Anlass von Seiten der Eltern besteht: So findet es beispielsweise ein jüngeres Kind gemein und ungerecht, dass der ältere Bruder immer eine halbe Stunde länger am Abend mit den Eltern im Wohnzimmer aufbleiben darf und es schon zu Bett gehen muss. Auch das unterschiedliche Taschengeld assoziiert es u. U. mit Benachteiligung. Trotzdem müssen kindliche Äußerungen über Benachteiligungen, sofern sie mehrfach oder immer wieder geäußert werden, ernst genommen werden. Vielfach ist zumindest doch ein wahrer Kern dabei.

Vor- und Nachteile von Bevorzugungen

Bevorzugungen durch die Bezugspersonen haben Vor- und Nachteile. Als zwei *Vorteile für Vorgezogene* lassen sich aufführen:

1. Das Kind fühlt sich beschützt, gewürdigt, spürt den Rückhalt, die Bestätigung.
2. Es muss nicht (oder weniger) um die Anerkennung ringen.

Als wichtige *Nachteile von Bevorzugungen* wären zu nennen:

- Das Kind kann arrogante Züge annehmen und ein Anspruchsdenken (vgl. Klagsbrun 1993) entwickeln: Ich bin etwas Besseres, ich bin privilegiert, mir gehört die Welt.
- Es entwickelt Meinungen wie die, dass Bevorzugungen (und Benachteiligungen) in der Welt völlig natürlich und gerechtfertigt seien.

- Für privilegierte Kinder kann der Druck der Eltern (z. B. gute Leistungen, den hohen Erwartungen genügen) mit der Zeit zu groß und unerträglich werden. Solche Kinder können besonders im Schulalter unter dem Leistungsanspruch versagen, die Eltern damit enttäuschen und so in eine neue, bisher nicht gekannte «Versagerrolle» geraten, die sie je nach Umständen und individueller Verarbeitung aus der Bahn wirft (z. B. Drogen, Kriminalität, Prostitution, Depression usw.).
- Einige bevorzugte Kinder entwickeln auch eine Form von «Überlebensschuld»: Sie spüren, dass ihr «Sieg» auf Kosten von anderen Familienmitgliedern gegangen ist. Diese Schuld kann besonders später deutlich werden, wenn solche Kinder im Jugendalter oder später realisieren, welche negativen Auswirkungen diese Privilegierung für die anderen Geschwister zur Folge hatten.

Zusammengefasst lässt sich festhalten, dass die Favoritenrolle für ein Kind keine günstige «Mitgift» für das weitere Leben darstellt. Wo «*Ungleichheit, Benachteiligung und Ungerechtigkeit die Geschwisterbeziehung dauerhaft bestimmen, wird die destruktive Rivalität nicht enden und eine Reparation der verletzten Geschwisterliebe wahrscheinlich nie stattfinden*».[182] Auch liefert die ungerechtfertigte Privilegierung aus der Sicht der Lernpsychologie kein gutes Modell für spätere Beziehungen, noch fördert sie wichtige soziale Kompetenzen.

Folgen für die benachteiligten Kinder

Benachteiligte Kinder entwickeln im Leben häufig eine gewisse Härte, nicht selten auch mit sich selbst, manche tragen einen tiefen, nagenden Groll über das erlittene Unrecht in ihrem weiteren Leben. In der Kindheit richtet sich der Groll, manchmal sogar auch Hass primär gegen die Eltern. Da dies aber für kleine Kinder aus psychologischen Gründen nicht lange möglich ist, verschieben sie ihre Wut bald auf die Geschwister. Klagsbrun meint dazu: «*Es ist sehr viel weniger bedrohlich und für die eigene Sicherheit und das eigene Selbstbild sehr viel angenehmer, Bruder oder Schwester zu beschuldigen, sich ihre Vorzugsstellung mit Schmeicheln oder Gefälligkeiten erworben zu haben, als die Vorstellung ertragen zu müssen, dass die Eltern die anderen von sich aus ausgewählt haben und sie vielleicht einfach mehr lieben und bewundern.*»[183]

---

182 Horst Petri (1994): Geschwister – Liebe und Rivalität. Zürich: Kreuz, S. 147
183 Francine Klagsbrun (1993): Der Geschwisterkomplex. Frankfurt: Eichborn, S. 197

Für ein Kind ist die Vorstellung fast unerträglich, dass die Eltern den Bruder oder die Schwester lieber haben, ihm vorziehen. Diese gängige Verschiebung der Wut von den Eltern auf die Geschwister kann zu lebenslanger Feindschaft und jahrelangem Misstrauen führen. In unglücklichen Fällen tragen diese Menschen die Kindheits- und Geschwisterproblematik in ihrem späteren Leben in neue Beziehungen hinein und inszenieren so unbewusst immer wieder neue Leidensgeschichten und Tragödien (vgl. dazu das Kap. 10). Die Benachteiligten können u. U. in einer lebenslänglichen Suche nach Liebe und Anerkennung verzweifeln. Ablehnung und Hass auf sich selbst sind weitere häufige Folgen der massiven kindlichen Benachteiligung. Das folgende Beispiel von Herrn Hofer zeigt das unverarbeitete Leiden mit den offenkundigen Folgen besonders deutlich.

Fallbeispiel
Herr Hofer war ein erfolgreicher Geschäftsmann, verheiratet und Vater von drei kleinen Kindern, ein äußerst zuvorkommender, freundlicher, übermäßig hilfsbereiter Mensch, so dass er von Verwandten und Bekannten über Gebühr ausgenutzt wurde. Von Vielen angefragt, konnte er nie nein sagen, und so half er fast pausenlos in seiner Freizeit und an den Wochenenden, ob beim Umziehen, Einrichten, Reparieren, Ausfahren usw. Hinter der freundlichen und hilfsbereiten Haltung von Herrn Hofer steckte ein zutiefst verletzter und enttäuschter Knabe: Die Mutter empfand für ihn in der Kindheit keine große Sympathie, er war für sie vielmehr lästig, ein Hindernis bei der Verwirklichung ihrer Lebenspläne und Träume als bewundertes Model sowie als erfolgreiche Tournierreiterin – und sie sagte ihm dies leider auch ganz offen und direkt. Die acht Jahre ältere, schon selbständigere und unabhängigere Tochter brauchte ihre Mutter viel weniger als der Knabe und «störte» so die Lebensbahn der Mutter kaum mehr. Sie wurde von der Mutter deshalb auch besser, d. h. freundlicher behandelt, bevorzugt, belohnt, der Bruder hingegen häufig unvermittelt geschlagen, angeschrieen. In vielen Gesprächen verteidigte Herr Hofer unvermittelt, ohne Anlass immer wieder seine Mutter – bis er bei mir schließlich zu einem Gespräch aufgelöst und verzweifelt erschien: Er wollte der Mutter, die seit Jahren die Beziehung zu ihm gänzlich abgebrochen hatte, auf ihren Geburtstag eine Überraschung bereiten (und hoffte damit, endlich wieder mit ihr in Kontakt zu kommen und, unbewusst, vielleicht auch einmal etwas freundlicher – wie die Schwester – behandelt zu werden). Auf sein Klingeln öffnete sie die Türe einen Spalt, fragte kurz und kühl, was er hier zu suchen habe. Bevor er ihr den prachtvollen Blumenstrauß überreichen konnte, knallte sie ihm die Türe vor der Nase zu und zischte, er solle sie gefälligst für immer in Ruhe lassen, sie wolle mit ihm nichts zu tun haben. Die vergebliche Suche nach der sehnlichst erwünschten Anerkennung und Liebe der Mutter, seine immer wieder neuen verzweifelten Versuche, endlich einmal eine freundliche Geste, ein liebes Wort zu erhalten, fruchteten nichts, es gelang ihm nicht, mit seiner (psychisch kranken) Mutter überhaupt in Verbindung zu kommen. Die

> Hoffnung, doch endlich einmal von ihr angenommen zu werden, blieb unerfüllt, die schmerzhafte, offene Wunde von Herrn Hofer wurde durch den erfolglosen Versuch wieder aktualisiert. Für Herrn Hofer war das Verhalten seiner Mutter «normal» und er brauchte einige Zeit, um ihr Verhalten als Ausdruck ihrer eigenen ungelösten Beziehungs- und Lebensthematik betrachten zu können. Erst nach vielen Gesprächen gelang es ihm zu erkennen, dass er schon in seiner frühesten Kindheit mit einer psychisch kranken Mutter konfrontiert war.

In der Regel bedeutet es für ein Kind keinen oder nur einen geringen Ausgleich, wenn die Mutter das eine und der Vater das andere Kind bevorzugt: Jedes Kind fühlt sich meistens um den Elternteil betrogen, dessen Liebling es nicht ist. Diese Erkenntnis ist wichtig für Eltern, die Privilegierungen durch den anderen Elternteil quasi kompensieren wollen.

Sigmund Freud, der außerordentlich Privilegierte in seiner Familie (vgl. dazu besonders Kap. 7) schreibt – im vollen Bewusstsein seiner Favoritenrolle in der Familie und ohne eine Spur Selbstkritik (!) oder ein Nachdenken über die damit verbundenen Einschränkungen und Nachteile für seine Geschwister:

«Wenn man der unbestrittene Liebling der Mutter gewesen ist, so behält man fürs Leben jenes Eroberungsgefühl, jene Zuversicht des Erfolges, welche nicht selten wirklich den Erfolg nach sich zieht.» [184]

Freuds zeitweiliger Mitstreiter für die Sache der Psychologie, Alfred Adler, war nicht Liebling der Mutter und litt zeitweise darunter. Bei Adler findet sich dazu die interessante Stelle: *«Fast jede Enttäuschung in der Kindheit entspringt dem Gefühl, dass jemand anderer vorgezogen wird ... Es ist für ein menschliches Wesen unmöglich, ohne Ärger und Kränkung hinzunehmen, dass es auf eine niedrigere Stufe gestellt wird als jemand anders.»* [185] Allerdings muss hier ergänzt werden, dass Adler – zumindest aus seiner persönlichen Sicht – als teilweisen Ausgleich zur eher unbefriedigenden Beziehung zur Mutter ein außerordentlich herzliches Verhältnis zu seinem Vater aufgebaut hatte.

Wie jede andere Rolle, die Kinder in einer Familie übernehmen, so wird auch die *Rolle des guten oder des bösen Kindes* zu einem festen Bestand-

---

[184] zitiert nach: Ernest Jones (1984a): Sigmund Freud. Leben und Werk. Band 1. München: dtv, S. 22
[185] Alfred Adler (1979): Wozu leben wir? Frankfurt: Fischer, S. 117f.

teil seiner Persönlichkeit und seines Selbstbildes. Abgelehnt, in Ungnade gefallen oder in eine Sündenbockrolle gestoßen zu werden, kann bei den Betroffenen tiefe Spuren und Wunden – oft über Jahrzehnte – hinterlassen. Kinder, die von einem oder beiden Elternteilen, von einem oder mehreren Geschwistern oder gar von der ganzen Familie abgelehnt werden, suchen (und finden im günstigsten Fall) außerhalb der Familie Personen, die sie bejahen, unterstützen und ermutigen: Die Resilienzforschung spricht hier von *protektiven Faktoren*.[186] Sie grenzen sich früh von ihrer Familie ab und orientieren sich an den ihnen mehr zugewandten außerfamiliären Personen, z. B. den Nachbarn, Verwandten, Kindergärtnerinnen und Lehrkräften. Im ungünstigen Fall sind hingegen abgelehnte Kinder auf sich allein gestellt und reagieren je nach Persönlichkeit unterschiedlich: Die einen ziehen sich völlig zurück, leiden still, entwickeln u. U. psychosomatische Störungen *(depressiver Modus)*, andere kämpfen verbissen und in aggressiver Weise gegen ihre Familie und nicht selten gegen die ganze Welt *(aggressiver Modus)*. Dazwischen lassen sich unzählige weitere Verhaltensvarianten beobachten. Gemeinsam ist allen das Leiden an der unbewältigten familiären Situation.

Werden Kinder in einer Familie von einem oder beiden Elternteilen abgelehnt, benachteiligt, so fühlen sich Geschwister meistens nicht in der Lage, der Schwester oder dem Bruder zu helfen. Aus Angst, die bevorzugte Position zu verlieren und als nächstes zum Opfer elterlicher Ablehnung zu werden, halten sie das «böse» Kind auf Distanz und übernehmen vielfach die Meinung der Eltern über dieses Kind: Es ist selber schuld, weil es sich so aggressiv, laut, ungehorsam aufgeführt hat! Wenn es nicht so dumm tun würde, müssten die Eltern nicht.... Diese *innere Distanzierung vom Geschwister* verhilft zwar zur Abgrenzung, lässt aber beklemmende Gefühle dabei nicht gänzlich verschwinden. Wenn überhaupt, dann neigen noch am ehesten ältere Geschwister dazu, den jüngeren zu helfen, allerdings in den meisten Fällen heimlich und ohne sich offen gegen die Eltern zu stellen. Für jüngere Kinder ist eine Hilfeleistung oder gar Verteidigung eines älteren Geschwisters eine zu große Bedrohung ihrer eigenen Sicherheit. Erst mit wachsender emotionaler und kognitiver Reife und einer gewissen Unabhängigkeit von den Eltern lässt sich bei Jugendlichen eine eigenständigere und mutigere Haltung beobachten:

---

186 vgl. dazu: Günther Opp u. a. (Hrsg.) (1999): Was Kinder stärkt. Erziehung zwischen Risiko und Resilienz. München: Reinhardt; sowie: Jürg Frick: Protektive Faktoren in Kindheit und Jugend. In: Psychologie und Erziehung, Nr. 1 (2001): S. 20–21

Nun sind die Heranwachsenden kritischer und können auch mit den Eltern besser argumentieren, sind ihnen weniger unterlegen und in viel geringerem Ausmaß von ihnen abhängig.

Gründe für die Ablehnung von Kindern

Die Gründe, warum Eltern (-teile) ein Kind ablehnen, benachteiligen oder als Sündenbock behandeln, sind vielfältig – einige wurden schon aufgeführt. Hierzu noch einige kurze Beispiele:

- Der Sohn kann für den Vater zu einem unbewussten Konkurrenten und damit zu einer Bedrohung der eigenen Person werden. Die Themen und Felder dazu sind fast grenzenlos: Seien es schulische, sportliche oder musikalische Fähigkeiten und Leistungen, das äußere Erscheinungsbild (Attraktivität) u. v. a. m. Der Kernpunkt ist immer derselbe: Der Sohn darf nicht besser sein/werden als der Vater.
- Enttäuschte Erwartungen in die Fähigkeiten und Leistungen eines Kindes (z. B. bezüglich Schule, Sport, Neigungen und Hobbys, äußerem Erscheinungsbild) können nach einer anfänglichen Euphorie in Enttäuschung umschlagen.
- Für Eltern, die Gehorsam und unbedingten Respekt vor ihrer Autorität erwarten, wirken Trotz und Auflehnung u. U. so aufreizend und bedrohlich, dass sie ihr – von außen betrachtet – «normales» Kind als schwierig taxieren und beginnen, es abzulehnen. In extremen Fällen schicken solche Eltern ihr vermeintlich «böses» Kind in ein strenges Internat, um ihm die «Flausen», die unerwünschten Verhaltensweisen gründlich abzugewöhnen.
- Systemisch betrachtet spiegelt ein «Problemkind» häufig einen partnerschaftlichen oder gesamtfamiliären Konflikt wider: Das Kind dient dann unbewusst dazu, von den eigenen Schwierigkeiten abzulenken. Wir sprechen hier auch von dysfunktionalen Paarbeziehungen (vgl. dazu Stierlin 1978[187]).
- Andere Eltern neigen unbewusst dazu, Bilder der eigenen Geschwister auf das Kind zu projizieren und es so zu behandeln, als ob es diese Person wäre. Der Vater sieht dann im Sohn den eigenen, abgelehnten Bruder, die Mutter in ihrer Tochter die eigene, verhasste Schwester. Besonders wenn die eigenen Kinder Anzeichen von Ähnlichkeiten mit

---

187 Helm Stierlin (1978): Delegation und Familie. Frankfurt: Suhrkamp

diesen ungeliebten Geschwistern aufweisen – äußerlich wie verhaltensbezogen –, steigt die Wahrscheinlichkeit für solche projektiven Verschiebungen.

Tragischerweise werden Kinder, die durch Identifizierung mit einem abgelehnten Geschwister der Eltern (oder aus anderen Gründen) zum Sündenbock gestempelt werden, nicht selten tatsächlich zu dem, was ihnen vorhergesagt, was in sie hineinprojiziert worden ist: Sie sind schließlich launisch, aggressiv, frech, überempfindlich (geworden!). Je stärker in einer Familie die Geschwister in ausgeprägte, stabile und gegensätzlich-akzentuierte Rollen von gut und böse, brav und ungehorsam, gescheit und dumm usw. gestoßen werden, desto größer ist für das verschonte Kind der Anreiz, sich ganz in die entgegengesetzte Richtung zu entwickeln. Das brave, gute, überangepasste Kind lebt so auf Kosten des unfolgsamen, bösen. Je unausstehlicher das eine Kind den Eltern erscheint, desto angenehmer präsentiert sich für sie das andere: Kontrast- und Komplementärrollen zeigen sich hier besonders deutlich (vgl. dazu auch Kap. 2). So läuft schließlich ein entsprechendes Familien- und Geschwistermuster über längere Zeit ab, die Rollen werden zunehmend verfestigt und die entsprechenden Lebensstile zementiert.

Allerdings zahlen auch die «guten» Geschwister einen hohen Preis, da sie ihre Identitätsentwicklung zu stark auf die Wünsche der Eltern abstellen und so häufig zu wenig eigenständige und autonome Strebungen entwickeln können. Wenn die «Bösewichte» schon längst aus dem Elternhaus ausgezogen sind, müssen sie als lebender Beweis ihrer Güte und ihrer Fähigkeiten eigene psychische Bedürfnisse opfern, um den Platz als Bevorzugte, an den sie sich ja jahrelang gewöhnt haben, nicht zu verlieren. Eigenständige Entscheidungen bezüglich Berufs- oder Partnerwahl können, müssen aber nicht, erheblich gehemmt werden.

In den meisten Fällen sind es die Eltern, die ein Kind zum Sündenbock stempeln, es ablehnen. Aber es finden sich auch Beispiele, in denen Geschwister eine aktive Rolle spielen. In jeder Familie existieren Bündnisse zwischen Geschwistern, die sich auflösen, in neuer Zusammensetzung wieder formieren usw. Die natürlichen geschwisterlichen Subgruppen in einer Familie können sich in ungünstigen Fällen zu permanenten und schwierigen Bündnissen gegen ein einzelnes Kind auswachsen. Das Opfer wird dann quasi aus dem Geschwister-Subsystem der Familie ausgestoßen, ausgeschlossen. Allerdings bilden auch in solchen Fällen die Eltern überwiegend den auslösenden Faktor: Neid und Eifersucht auf das von den Eltern vorgezogene Kinde sind die häufigsten Gründe für die

Ablehnung eines Geschwisters. Die enttäuschten und verletzten Geschwister verbünden sich und plagen den «Favoriten», um sich für dessen Privilegien zu rächen, das empfundene Unrecht wieder zu korrigieren. Kinder entwickeln schon sehr früh ein außerordentlich ausgeprägtes Gerechtigkeitsempfinden.

Ausschlussmotive bei Geschwistern sind wiederum vielfältig und komplex. Ich möchte dies an kurzen Beispielen aus zwei Familien zeigen:

1. Der von den Eltern bevorzugte einzige Sohn und bewunderte «Stammhalter» Jan wird von den drei älteren Schwestern ausgeschlossen, heimlich geplagt, ausgelacht usw. Sie zahlen es ihm so heim und empfinden ihre Tat als ausgleichende Gerechtigkeit.
2. Die älteste und einzige Schwester, Marisa, wird wegen ihrer Schönheit und ihren schulischen Spitzenleistungen von ihren zwei Brüdern schikaniert (Schulhefte und -bücher landen im Bach) und beschimpft (wörtlich: du einbebildete Nutte, du Lehrer-Hure). Die Brüder nehmen sehr genau die erotische Ausstrahlung Marisas auf den Vater sowie seine Bewunderung und sein Schäkern mit ihr wahr. Indem die sich dem Vater in jeder Hinsicht schwach und unterlegen fühlende Mutter – sie ist stolz auf «ihre» Tochter – den Brüdern keinen alternativen Geltungsbereich ermöglicht, verstärkt sie die Rollensets der Geschwister.

Zwei weitere Rivalitätsaspekte

Neben den schon angeführten Gründen für rivalisierendes Geschwisterverhalten weisen verschiedene Untersuchungen auf zwei zusätzliche Aspekte hin: Rivalität ist tendenziell am deutlichsten ausgeprägt zwischen männlichen Geschwistern mit geringem Altersunterschied und erreicht die niedrigsten Werte bei Bruder-Schwester-Paaren mit großem Altersunterschied.[188] Selbstverständlich lassen sich auch dafür wieder einzelne Gegenbeispiele finden.

---

188 vgl. dazu: Hartmut Kasten (1993a): Geschwisterbeziehung. Band 1. Göttingen: Hogrefe, S. 167 ff.

Rivalitätspalette

Die Rivalitätspalette präsentiert sich fast endlos: Im Zentrum steht primär die Rivalität um die Zuneigung und Zuwendung der Eltern. Wer kommt besser an? Wen mag Mama, Papa lieber? Dieser starke Wunsch nach Liebe und Zuneigung ist evolutionsbiologisch sowie bindungspsychologisch sinnvoll und seine Erfüllung dient dem physisch-psychischen Überleben und der Befriedigung der elementaren Bedürfnisse des Kindes; allerdings enthält dieser Wunsch auch Gefahren bei Nicht-Gewährung dieser Bedürfnisse. Wir können vereinfacht zwei Ebenen der Rivalität ausmachen:

1. das Streben um Liebe, Anerkennung und Zuwendung der Eltern (grundsätzliche, elementare Ebene)
2. Eng damit verbunden bieten sich in verschiedenen Bereichen weitere Themen für Konkurrenz und Rivalität an, die je nach Familie individuell gewichtet werden. Aufgeführt seien hier nur:
   - Schulleistungen, Schulerfolg, Ausbildung
   - Berufswahl, Berufserfolg, Einkommen
   - Intelligenz
   - Grad der erreichten Identität und Selbstbewusstsein
   - finanzieller Erfolg: Geld, eigenes Haus, Autos, Lebensstil, weitere Statussymbole, die für die entsprechende Familie von Bedeutung sind
   - Sehnsucht nach Anerkennung und Bestätigung
   - Schönheit, äußerliche Attraktivität: Hier finden sich geschlechtsspezifische Unterschiede. Bei Mädchen stehen tendenziell eher Weiblichkeit (Busen, Po, Gewicht), bei Jungen eher Körpergröße und Muskulatur im Vordergrund.
   - Chancen und Erfolg in Partnerbeziehungen
   - zwischenmenschlicher Erfolg, Beliebtheit, Anerkennung durch die soziale Gruppe, öffentliches Ansehen.

Besonders schwierig wird es, wenn Eltern durch *offene Vergleiche* oder *durch Ansporn zur Konkurrenz* ihre Kinder in ein Rivalitätsfieber bringen. Für das «Verlierer-Kind» wird die Situation dann zunehmend unerträglich, die geschwisterliche Feindschaft scheint dann quasi auf längere Sicht programmiert.

Schließlich muss auch die Größe der Familie berücksichtigt werden. In kleineren Familien bestehen mehr Vergleichsmöglichkeiten und gleichzeitig weniger Rollenpotenziale für die Geschwister und damit auch häufig eine intensivere Konkurrenzsituation. Die einzelnen Rollen manifestieren sich mit den in diesem Kapitel dargestellten Voraussetzungen seitens der Eltern meist polarisierter und gegensätzlicher: hier der Fleißige, Ernsthafte, dort die Lockere, Lustige; hier die Charmante, Herzliche, dort die Abwesende, Distanzierte, Spröde.

Ein Versuch, ihre Rivalitäten in Grenzen zu halten, besteht u. a. darin, dass Geschwister ihre jeweiligen Unterschiede betonen und so versuchen, eigenständige Identitäten zu entwickeln. So äußert sich ein handwerklich orientierter Knabe z. B. kritisch zum unablässig Violine übenden älteren Bruder und findet ihn komisch und weltfremd. Damit können Eifersucht und Konkurrenzdruck verringert werden. Allerdings sind solche Gegensätze nicht immer so frei «gewählt», wie das von außen den Anschein erwecken mag. Im Bestreben, eine eigene Rolle zu finden, muss u. U. ein schon eingeschlagener Pfad abgebrochen werden, wenn ein Geschwister hier bedrohlich nahe rückt. Rivalität scheint vor allem dann meist negative Folgen zu haben, wenn das rivalisierende Geschwister keine Möglichkeit der Kompensation seiner Unterlegenheitsgefühle findet, wenn es kein Gebiet, keine Fertigkeit findet, um mit seiner Leistung, seinem Beitrag zu Anerkennung zu kommen.[189]

Einen weiteren Einfluss auf das Niveau rivalisierender Auseinandersetzungen zwischen Geschwistern nimmt schließlich auch das außerfamiliäre Umfeld: Neben der Eltern-Kind-Beziehung und dem Unterschied in den individuellen Entwicklungsvoraussetzungen müssen hier Lehrpersonen, Lehrmeister, Vorgesetzte, KollegInnen, Freunde und Freundinnen, Institutionen und politische Ereignisse mit einbezogen werden. Diese sekundären Sozialisationsfaktoren vermögen zum Anlass für destruktive Geschwisterrivalitäten zu werden, wenn sie einzelne Geschwister in besonderer Weise fördern oder andere in ihrer Entwicklung behindern. Besonders im Rahmen der sekundären Sozialisation erhalten häufig nicht alle Geschwister die gleichen und gerechten Entwicklungschancen: Unterschiedliche Lehrpersonen, günstige oder ungünstige Umstände bei der Lehrstellensuche, entwicklungsfördernde oder -hemmende KollegInnen usw. müssen hier in Rechnung gestellt werden. Nicht selten ergänzen sich familiäre und außerfamiliäre Erfahrungen wechselseitig und schrauben die destruktive Gefühlsspirale zwischen den Geschwistern hoch: Vielfach ist es beispielsweise so, dass ein hübsches und intelligentes Kind, das An-

---

189 Adler hat dies in seiner Theorie der Minderwertigkeitsgefühle sehr anschaulich beschrieben. Alfred Adler (1973 b): Menschenkenntnis. Frankfurt: Fischer (EA 1927)

erkennung und Liebe in der Familie erlebt, diese Erfahrung im außerfamiliären Bereich fortsetzen kann – für das «unscheinbare» Geschwister, das keine entsprechende Möglichkeit in oder außerhalb der Familie findet, vielfach eine persönliche Katastrophe.

Tabelle 5-1: Entstehung und Aufrechterhaltung von individuell empfundener Geschwisterrivalität (Ross und Milgram 1982).[190]

Bedingungen	Zahl der Fälle
Bedingungen der Entstehung	
von den Eltern eingeleitete Rivalität:	40
a) Vergleiche finden offen statt	17
b) Vergleiche werden verdeckt angestellt	23
von den Geschwistern eingeleitete Rivalität:	39
1) von einem Bruder in Gang gebracht	19
2) von einer Schwester in Gang gebracht	12
3) von mehreren Geschwistern in Gang gebracht	4
4) vom befragten Geschwister in Gang gebracht	4
Bedingungen der Aufrechterhaltung	
– fortgesetzte Bevorzugung eines Geschwisters durch die Eltern	22
– fortgesetztes Konkurrieren zwischen den Geschwistern	13
– ein Geschwister fühlt sich ausgegrenzt	8
– Rollenzuweisungen und Etikettierungen von Familienmitgliedern werden fortgesetzt	9
– Rivalitätsgefühle werden nicht ausgedrückt, bleiben unterschwellig	9
Überdauernde, strukturelle Faktoren der Rivalität	
(1) Dimensionen:	
– Leistung	19
– körperliche Attraktivität	12
– Intelligenz	11
– zwischenmenschliche Kompetenz	8
– Reife	6
(2) Rivalitätstypen:	
– einseitige Rivalität	59
– wechselseitige Rivalität	11
– mit dem Geschlecht verknüpfte Rivalität	6

---

190 aus: Hartmut Kasten (2001): Geschwister. Vorbilder, Rivalen, Vertraute. München: Reinhardt, S. 126

Tabelle 5-1 von Ross und Milgram gibt einige interessante Ergebnisse einer Befragung über Geschwisterrivalität wieder. Sie zeigt u. a. die besprochene überragende Bedeutung der Eltern bei der Entwicklung und Konstituierung von Geschwisterrivalität. Dass Rivalität vielfach nur von einzelnen Geschwistern erlebt (und erlitten) wird, zeigt der letzte Absatz der Tabelle.

Die Eltern üben schließlich auch mit ihren Konflikten untereinander, seien es Paar- oder Erziehungsstreitigkeiten, einen beträchtlichen Einfluss auf die Beziehungen der Geschwister aus. Anhaltende, immer wiederkehrende und intensive, aber auch unterschwellig brodelnde Unstimmigkeiten werden von den Kindern wahrgenommen und wirken im Sinne des Modelllernens: Setzt die Mutter den Vater (oder umgekehrt) herab, macht sich der eine Partner über den anderen wiederholt lustig, verletzt ihn mit Sarkasmus und Ironie, oder stichen die beiden einander (nicht im humorvollen Sinne) und decken sich mit gegenseitigen Vorwürfen wiederholt ein, übernehmen die Kinder in der überwiegenden Zahl die meisten dieser Verhaltensweisen (Modelllernen) und üben sie im geschwisterlichen Kontext. So können früh erworbene Einstellungen, Haltungen und Taktiken den Beziehungsstil zwischen Geschwistern in einer Familie nachhaltig prägen.

Gesellschaftlich-kulturelle Einflüsse

Alle familiären Systeme sowie geschwisterlichen Subsysteme stehen immer auch in einer konkreten gesellschaftlichen Realität (Makroebene) mit bestimmten kulturellen, politischen, ökonomischen, ethischen und religiösen Einflüssen und Traditionen. Ich kann dies hier nur ansatzweise andeuten. Hoch entwickelte, technisierte, kapitalistische Länder wie die Länder Europas oder die Vereinigten Staaten sind zutiefst durchdrungen vom Konkurrenzprinzip, das (fast) alles beherrscht: Die Märkte, die Börse, die Politik, die Ausbildungsstätten – und auch die Menschen mit ihren Gefühlen und Gedanken. Eine individualistisch strukturierte Gesellschaft, die auf den Erfolg des Einzelnen setzt und in allen denkbaren Bereichen den Erfolgreichen, mit welchen Mitteln der sich auch immer behauptet und durchsetzt, belohnt, den aber mehr auf Kooperation, Konzilianz und Kompromiss Orientierten meistens bestraft oder zumindest weniger beachtet, liefert ein unablässig und tausendfach wirkendes Modell für ihre Mitglieder: Konkurrenz, Kampf, Sieg, unter Umständen auch mit Rücksichtslosigkeit und am Rande der Legalität, sind die gesellschaftlichen Tugenden im Feld der Selbstbehauptung in der freien Marktwirtschaft.

Dieses Konkurrenzprinzip spüren Kinder über die Wünsche und Einflüsse der Eltern schon sehr früh: So nehmen sie zum Beispiel sowohl die ausgesprochenen wie auch die unausgesprochenen elterlichen Wünsche und Erwartungen bezüglich Schulerfolg und Berufsausbildung genau wahr. Die Konkurrenz zwischen Geschwistern um Erfolg in der Außenwelt wächst und zwingt sie, sich miteinander zu messen. Das Konkurrenz-/Rivalitätsprinzip setzt sich dann in fast allen Lebensbereichen fort: Teure Designerkleider und -möbel, ein Nobelauto, ein großes Einfamilienhaus, ein hohes Einkommen, teure Ferien und vieles mehr sind Beispiele für erstrebenswerte und bewunderte Statussymbole, die nur – außer als Erbschaft – durch eigenen Einsatz zu erwerben sind. Unsere kapitalistische Gesellschaft bietet in ihren Schaufensterauslagen, Inseraten und TV-Werbespots unzählige solcher Symbole für individuellen Erfolg. Die unbewusste Botschaft an die potenziellen KäuferInnen lautet: Wer dies besitzt, ist glücklicher, angesehener, bedeutsamer, erfolgreicher, bewunderter, beliebter, besser usw. als der Durchschnittsmensch. Kein Wunder, verstärken die hier nur knapp skizzierten gesellschaftlichen Faktoren Rivalität und Konkurrenz auch in Familien- und Geschwisterbeziehungen. Selbstverständlich belohn(t)en und bestraf(t)en alle Gesellschaften und Kulturen schon immer menschliche Verhaltensweisen: Wo Kooperation und Gemeinsinn einen höheren Stellenwert aufweisen, konkurrieren ihre Mitglieder tendenziell aber eher um solche Werte und Verhaltensweisen. Auf der anderen Seite fördern zu stark individualistisch orientierte Gesellschaften, wo der Erfolg des Einzelnen im Zentrum steht, grundsätzlich rivalisierende Denk- und Verhaltensweisen. Da Ansehen, Beliebtheit, Schul- sowie Berufserfolg weitgehend durch individuelle Leistungen erworben werden müssen – immerhin auch ein Fortschritt in der gesellschaftlichen Entwicklung von der Standesprivilegierung zur «Meritokratie» – ist es nahe liegend, wenn Geschwister genau in diesen (und weiteren) Bereichen rivalisieren. Interkulturelle Untersuchungen, so beispielsweise in der melanesischen Stammesgesellschaft der Kwara'ae zeigen, wie der kulturelle Kontext Rivalitätsbestrebungen massiv zu dämpfen vermag: Bei den Kwara'ae werden Überheblichkeit, Arroganz, Rivalität und Wettkampf abgelehnt und verachtet. Unzählige Versuche der Erwachsenen, die Geschwister mit Humor, Versöhnlichkeit und Aufklärung einander näher zu bringen, führen dazu, dass dort anscheinend auch in den frühen Kindheitsjahren Rivalität zwischen Geschwistern kaum zu beobachten ist.[191]

---

191 Weitere interessante Informationen dazu finden sich zusammengefasst bei: Hartmut Kasten (1993 b): Geschwisterbeziehungen. Band 2. Göttingen: Hogrefe, S. 39–44.

In Zeiten der gesellschaftlichen Aufbruchstimmung, des Fortschrittsglaubens und der Euphorie und/oder in Perioden guter konjunktureller Lage, wo mehr Geld in Bildung und Erziehung investiert wird, werden auch weniger Privilegierte durch bessere Rahmenbedingungen, zum Beispiel durch Stipendien und Darlehen, im Kampf um Chancen und Erfolg etwas begünstigt. Zu Beginn des 21. Jahrhunderts scheint der Konkurrenzkampf, angetrieben durch die Globalisierung, unerbittlicher als auch schon. Dass diese Unruhe in der Gesellschaft angesichts von Rationalisierung, Massenentlassungen, Umstrukturierungen, Fusionen usw. auch das Fieber zwischen Kindern und Jugendlichen anheizen kann, ist anzunehmen.

Worüber streiten Geschwister?

Neben den schon angeführten zentralen Faktoren wie Liebe und Aufmerksamkeit der Eltern geht es in der Rivalität zwischen Geschwistern noch um weitere Themen bzw. Inhalte:

- Wer hat (mehr) Einfluss, Geltung, Macht und Dominanz (etwas gelten, etwas zu sagen haben) in der Geschwistergruppe? Auf wen wird mehr gehört, wer erlangt mehr Bedeutung?
- Auseinandersetzungen bilden sich auch um den Erwerb von Privilegien und Besitztümern, um die Festsetzung und das Akzeptieren persönlicher Freiräume, das Abstecken des eigenen Terrains. Wer hat Vorrechte (z. B. abends noch einen Krimi zu schauen oder mit der Freundin in die Ferien fahren zu dürfen)?
- Materielle Dinge wie neue Turnschuhe, Taschengeld usw.
- Wie kann man Geheimnisse eines Geschwisters entdecken, es damit ärgern oder gar bloßstellen?
- das Eindringen in das Gebiet des Geschwisters, ihm etwas heimlich entwenden oder ungefragt benutzen (z. B. Jacke des Bruders, Spielzeug der Schwester).

«Streittypen» in rivalisierenden Auseinandersetzungen zwischen Geschwistern

Bei Auseinandersetzungen zwischen Geschwistern lassen sich häufig «Streittypen», d. h. verfestigte und typische Streithaltungen beobachten, wobei selbstverständlich Mischformen die Mehrzahl bilden und die Streitformen zusätzlich von der Konstellation (mit welchem Geschwister streite ich um was?) und von der persönlichen Bedeutsamkeit des Themas abhängig sind. Die meisten Kinder kennen und beherrschen auch mehrere dieser Muster und setzen sie entsprechend ihrer Einschätzung auch unterschiedlich ein: Das wiederum zeigt, wie Kinder in Geschwisterbeziehungen ein reiches Feld für den Erwerb von praktischer Menschenkenntnis vorfinden. Die Typen habe ich der Verständlichkeit und Anschaulichkeit halber überzeichnet und vereinfacht dargestellt.

1. *Die Opfer*
   Diese fühlen sich als die Unschuldslämmer, die Geplagten, die es ja nur gut meinen. Die Geschwister sind in dieser Variante die Bösewichte. Opferkinder gelangen in Konflikten mit Geschwistern rasch an die Eltern, um so Unterstützung und Trost zu erhalten.
2. *Die NörglerInnen und KritikerInnen*
   Diese kritisieren immer wieder die gleichen heiklen Punkte beim Geschwister: «Du hast vergessen, meine CDs zu versorgen», «Immer stellst du mein Rollbrett an den falschen Platz», usw.
3. *Die Wüteriche*
   Diese toben und schreien beim kleinsten Anlass und sind dabei sehr unsachlich und emotional. Besonders jüngere Geschwister, die sich rasch den älteren ausgeliefert fühlen und das Gefühl haben, sich nicht auf andere Weise bemerkbar machen zu können, entwickeln diese Konfliktstrategie.
4. *Die StreitvermeiderInnen und AusweicherInnen*
   Wenn es in Konfliktsituationen brenzlig wird, sagen sie nichts mehr, schlucken alles in sich hinein, geben sehr rasch nach, verlassen das Konfliktfeld und/oder verdrängen die gegensätzlichen Wünsche und Standpunkte der KontrahentInnen.
5. *Die StrategInnen und Konzilianten*
   Diese sind bemüht, mit Freundlichkeit, Kompromissbereitschaft, aber auch durch längerfristig orientierte Überlegungen («Ich gebe dir jetzt, was du möchtest, erwarte aber, dass du nächstes Mal dafür meinen Wunsch berücksichtigst.») zu einem Ziel zu gelangen.
6. *Die BesserwisserInnen*
   Sie sind überzeugt, dass sie immer Recht haben, ihre Meinung und Position die Richtige ist. Sie haben Mühe, dem Kontrahenten zuzuhören, mischen sich in alles ein und wollen immer alles kontrollieren.
7. *Die PedantInnen*
   Sie können sehr nachtragend sein, indem sie bei jedem Streit längst Vergangenes hervorkramen und den anderen vorwurfsvoll unter die Nase reiben.

Die oben beschriebenen «Streittypen» sind im Laufe der Jahre erworbene Haltungen, mit denen das betreffende Kind versucht, einen aus seiner subjektiven Sicht günstigen Weg in der Auseinandersetzung mit dem/den Geschwister/n zu finden. Interessant ist, dass sich solche im Geschwisterkontext erworbenen Haltungen über Jahre zu einem Grundmuster, einer individuellen Legierung entwickeln können und auch in späteren Beziehungskonflikten, sei das in der Schule, in Liebesbeziehungen oder am Arbeitsplatz, wieder mit allen Vor- und Nachteilen praktisch automatisiert und unbewusst eingesetzt werden. Das 10. Kapitel widmet sich ausführlicher dieser Problematik.

Die konstruktive Seite von Rivalität

So unangenehm bisweilen Auseinandersetzungen zwischen Geschwistern für die Eltern sein können, so wichtig sind sie für die Kinder: Rivalität ist entwicklungsfördernd und unverzichtbar. Das Kräftemessen im überschaubaren und geschützten Rahmen der Familie ermöglicht wichtige Erfahrungen, die Kinder in der Außenwelt (Kindergarten, Schule, Peers, Liebesbeziehung, Berufswelt) mit ihrem vielfältigen Beziehungsfeld zugute kommen: Streit und damit verbundene Diskussionen fördern im Normalfall kommunikative und argumentative Fähigkeiten, zeigen die Notwendigkeit einer bestimmten Toleranz, schärfen die Fähigkeit zur Beurteilung der eigenen Stärken und Schwächen. Auch Tugenden wie Fairness, Versöhnung, Hilfsbereitschaft oder Empathie können in Auseinandersetzungen mit Geschwistern entwickelt und trainiert werden. Da Geschwister nicht nur streiten, sondern sich meistens auch wieder zusammenraufen, lernen sie gemeinsam, auch ohne Erwachsene, Probleme zu bewältigen, mit Konflikten umzugehen, Differenzen durch Verhandlung auszugleichen oder den Standpunkt des anderen zu verstehen und zu berücksichtigen und sich wieder zu vertragen. Streitende Geschwister sind letztlich gezwungen, eine gemeinsame Lösung oder zumindest einen vorläufigen Kompromiss zu finden – und sei es nur, dass man sich für eine Weile aus dem Wege geht. Da man sich Geschwister nicht aussuchen kann und über viele Jahre aufeinander angewiesen und bis zu einem gewissen Grad voneinander abhängig ist, miteinander zusammenleben muss, wird eine Geschwisterbeziehung, auch wenn die Fetzen fliegen, nicht gleich abgebrochen, im Gegensatz zu Freundschaften, die oft entzweigehen, wenn die Streitigkeiten zu verletzend ausfallen. Bei Geschwistern ist ein totaler Beziehungsabbruch während den langen Kindheits- und Jugendjahren nicht möglich, was eine einmalige Chance darstellt, die das weitere Leben nie mehr in dieser Form bieten kann und wird: Auseinandersetzungen zwischen Geschwistern können so auch als *Trainingsfelder in Beziehungs- und Konfliktmanagement* verstanden werden. In dieser frühen und über viele Jahre andauernden, intensiven Beziehung lernen Kinder auf einer gleichwertigeren Ebene als mit Erwachsenen soziale Verhaltensweisen. Geschwistererfahrungen tragen viel zur so genannten primären Sozialisation der Heranwachsenden bei. Ohne Rivalität wäre dies kaum erreichbar; allerdings sollte das Ausmaß der Rivalität – wie aus dem bisher Dargelegten deutlich hervorgegangen ist – insgesamt auf einem mittleren Niveau stattfinden. Eine nicht zu ausgeprägte Rivalität vermag die Geschwister bei entsprechend günstigen Rahmenbedingungen seitens der Eltern anzuspornen, sie in vielen Bereichen zu neuen Taten anzuregen. Finden zwischen Geschwistern hingegen keinerlei rivalisierende Auseinandersetzungen statt, ist dies für alle Beteiligten ein Nachteil, ebenso wie bei einer zu hitzigen, unerbittlichen Konkurrenz.

Rivalität zwischen Geschwistern hat also durchaus auch positive Wirkungen auf die oder zumindest eine/n der Beteiligten. Rivalität kann ein Motor, ein Anreiz für das jüngere Geschwister darstellen, der es trotz Rückstand und Rückschlägen in Bewegung hält, ihm Entwicklungsprozesse erlaubt. Da um grundsätzlich alles, was einem wichtig ist, rivalisiert werden kann, bieten sich entsprechend auch fast unzählige Möglichkeiten, durch Rivalität einen Ansporn, eine starke Motivation, besondere Ausdauer und damit verbunden schließlich eine bessere Kompetenz (und mehr Ansehen oder Anerkennung) in einem bestimmten Bereich zu erwerben. So vermögen häufig ältere Geschwister die jüngeren zu vermehrten Anstrengungen und schließlich besseren Leistungen direkt oder indirekt zu bringen, sei dies beispielsweise in der Beherrschung eines Musikinstruments, in ausgeklügelten Computer- oder Kamerafertigkeiten oder sei es, indem ein/e Jugendliche/r den gleichen oder ähnlichen beruflichen Weg wie das Geschwister einschlägt und dabei zu einer großen Befriedigung gelangt. So gelang es beispielsweise einer jüngeren Schwester trotz erheblichen Schulschwierigkeiten mit zwei Repetitionen, einmal in der Grundschule und ein zweites Mal in der Ausbildung, das Berufsziel der bewunderten Schwester – Erzieherin in einem Kindergarten –, das auch ihr eigenes wurde, mit allen Hindernissen doch noch zu erreichen. Sie unterrichtete anschließend über viele Jahre mit großer Befriedigung und mit Erfolg.

Eine Rivalitätsgeschichte, die durch eine große Offenheit und genaue Selbstbeobachtung überzeugt und zeigt, wie sich Rivalitätsprozesse auch ohne elterliche Einflüsse entwickeln, aber auch konstruktiv bewältigen lassen, legt uns eine junge Erzieherin mit den folgenden Zeilen vor:

«Mein älterer Bruder ist knapp zwei Jahre vor mir zur Welt gekommen. Schon von Anfang an eiferte ich ihm nach. Ich wollte alles auch schon können, das er bereits gelernt hatte! Vor allem im Vorschul- und Schulbereich wuchs mein Ehrgeiz noch mehr, ihn einzuholen. Ich war zeitweilig der festen Überzeugung, ihn nicht nur mit meinen Fähigkeiten, sondern auch mit dem Alter einholen zu können!
Doch leider gelang es mir nicht! Seinen Vorsprung baute er immer mehr aus, und es gelang mir – trotz großem Eifer und starker Motivation – nicht, ihn einzuholen, auf den gleichen Stand zu kommen. Ich wurde sehr wissbegierig, eifrig aus einem Drang heraus. Diesen Druck, diese große Last, in allem so gut wie mein Bruder zu sein, auferlegte ich mir selber und erdrückte mich zeitweise fast. So suchte ich schließlich einen Bereich, in welchem ich allein brillieren konnte, ohne von seinen Fähigkeiten in den Schatten gestellt zu werden. Zum Glück wurde ich in diesem einseitigen Konkurrenzkampf von meinen Eltern nicht noch zusätzlich angeheizt. Sie gaben jedem von uns zu verstehen, dass wir einmalige Individuen sind. Sie bestärkten uns in unseren Fähigkeiten und betonten auch unsere Verschiedenheit. Da ich sehr geschickt mit Papier, Schere und Malstiften umgehen konnte, wurde das schließlich mein Bereich. Ich war und bin noch heute die Kreative in unserer Familie. Ich fand also eine Nische für mich (viele andere waren schon von meinem Bruder besetzt) und fühlte mich wohl darin. Ich wurde schon früh als Kreative etikettiert – und das blieb bis heute so. Zum Glück empfinde ich dies als positiv und es nützt mir heute in meinem Beruf. Auf der anderen Seite habe ich immer noch das Gefühl, mein älterer Bruder sei mir überlegen. Ja, auch heute beneide ich ihn um einige seiner Fähigkeiten, z.B. seine auffallende Wortgewandtheit.
Mein jüngerer Bruder wurde von mir oft belehrt und bemuttert. Ihm musste ich nicht nacheifern. Im Gegenteil, ihm konnte ich als Vorbild dienen, was ich sehr genoss. Nun konnte ich alles besser, war im Vorsprung und fähig, ihm Neues und Unbekanntes beizubringen. Ich denke, das war für mich sehr gut, um so meinen Wetteifer gegenüber meinem älteren Bruder etwas abzubauen, zu schwächen. Manchmal war ich, so denke ich heute, wie im Fieber.
Dank meinem jüngeren Bruder wurde ich selbstbewusster, stärker, lernte mich auch vermehrt durchzusetzen (schließlich auch gegenüber meinem älteren Bruder) und traute mir auch viel mehr zu, da ich sehr oft die volle Aufmerksamkeit meines jüngeren Bruders hatte.
Heute hat sich die Beziehung zu meinen beiden Brüdern sehr positiv entwickelt. Der Druck, meinen älteren Bruder einholen zu müssen, ist größtenteils weg. Wir können die Stärken und Schwächen aneinander akzeptieren und bejahen.
Kritisch bleibt aber manchmal immer noch die Tatsache, dass ich in gewissen Situationen meinen jüngeren Bruder immer noch belehren will. Irgendwie konnte ich diesen ‹Mutter- oder Beschützerinstinkt› noch nicht ganz ablegen. Natürlich mag er es nicht, wenn ich ihm vorschreibe, was zu tun ist, und er meldet dies heute immer lautstark. Dies ist sicher ein Punkt, an dem ich noch zu arbeiten habe, um ihm gerecht zu werden.»

Findet die Rivalität mehrheitlich auf einem mittleren Niveau statt, so fördert sie durchaus auch die Individuation, die Selbstwerdung, die Autonomie und die Abgrenzung. Geschwisterliches Kräftemessen ist eine unabdingbare Fähigkeit und auch nützlich, um zu Eigenständigkeit und Selbstbewusstsein zu gelangen. Dabei kann das entwicklungs- und identitätsfördernde Element des Rivalisierens eine wichtige konstruktive Komponente enthalten. Zwei rivalisierende Brüder, beides hervorragende und ehrgeizige Schüler, spezialisieren sich nach dem Besuch des Gymnasiums in zwei unterschiedlichen intellektuellen Bereichen, wo sie beide zu hervorragenden Leistungen gelangen: Der ältere wird ein bekannter Komponist und Musiker, der jüngere ein ausgewiesener und kompetenter Facharzt. Beide finden so eine unangefochtene Nische, einen Platz mit Ansehen und Anerkennung, und sie erleben in ihrem beruflichen Feld eine große Zufriedenheit. Auch die Gebrüder Grimm oder die Filmbrüder Taviani sind gelungene Beispiele von konstruktiver Geschwisterrivalität.[192]

Eine minimale Konkurrenz und Abgrenzung vom Geschwister muss sogar als notwendige Begleiterscheinung zur Herausformung einer eigenen Position und Identität innerhalb der Familie verstanden werden.

Allerdings kann eine anfänglich positiv anmutende Rivalität auch problematische Formen annehmen und zwar dann, wenn zumindest der eine der Beteiligten darunter massiv zu leiden beginnt oder auf seinem Weg scheitert und schließlich zusammenbricht, indem er z. B. eine schwere Depression oder eine Psychose entwickelt. Ein zunehmend stärkeres Ungleichgewicht in der Bilanz der beiden Rivalisierenden führt in vielen Fällen zu zerstörerischem Neid, Hass und selbstzerstörerischer Verzweiflung des Verlierers. Daran kann eine Geschwisterbeziehung zerbrechen. Einige berühmte Bruder-Schwester-Beziehungen sind davon teilweise geprägt worden: Erwähnt seien hier nur Johann Wolfgang und Cornelia von Goethe, Wolfgang Amadeus und Nannerl Mozart, Friedrich und Elisabeth Nietzsche, Georg und Luise Büchner.

Der elterliche Umgang mit Geschwistern (mit Fragebogen)

Die Fragen des **Fragebogens 5-1** müssen (und sollten) selbstverständlich nicht vollständig und der Reihe nach beantwortet werden; schon die Bearbeitung einer kleinen Auswahl kann viele Erinnerungen und Einsichten zutage fördern. Es erweist sich auch als durchaus nützlich, da-

---

192 vgl. dazu: Horst Petri (1994): Geschwister – Liebe und Rivalität. Zürich: Kreuz, S. 80 f.

5. Bevorzugung, Benachteiligung und Rivalität

Fragenbogen 5-1: Der elterliche Umgang mit den Geschwistern

Die Mutter

- war streng mit uns, verlangte viel von uns
- kritisierte uns viel
- lobte, ermutigte uns viel
- war sehr gewährend, verlangte wenig, überließ uns zu viele Entscheidungen/zu oft unserem Schicksal
- war stolz auf das, was wir gemacht haben
- hat sich gerne mit uns beschäftigt
- war sensibel, zugänglich für unsere Gefühle und Gedanken
- zeigte Interesse an uns und unseren Neigungen und Beschäftigungen
- beschuldigte uns für Dinge, die andere Familienmitglieder getan hatten
- neigte dazu, einen von uns zu bestrafen
- war uns gegenüber fair, gerecht
- war uns gegenüber parteiisch, ungerecht
- half und unterstützte uns
- überforderte uns
- traute uns etwas zu
- schränkte uns ein
- gewährte viel Freiraum

Der Vater

- war streng mit uns, verlangte viel von uns
- kritisierte uns viel
- lobte, ermutigte uns viel
- war sehr gewährend, verlangte wenig, überließ uns zu viele Entscheidungen/zu oft unserem Schicksal
- war stolz auf das, was wir gemacht haben
- hat sich gerne mit uns beschäftigt
- war sensibel, zugänglich für unsere Gefühle und Gedanken
- zeigte Interesse an uns und unseren Neigungen und Beschäftigungen
- beschuldigte uns für Dinge, die andere Familienmitglieder getan hatten
- neigte dazu, einen von uns zu bestrafen
- war uns gegenüber fair, gerecht
- war uns gegenüber parteiisch, ungerecht
- half und unterstützte uns
- überforderte uns
- traute uns etwas zu
- schränkte uns ein
- gewährte viel Freiraum

zwischen Pausen einzuschalten, sich über dabei auftretende positive Gefühle zu freuen, bei negativen nicht zu grübeln oder darin zu versinken. Bei vielen Themen laden Gespräche oder Diskussionen mit Familienangehörigen, besonders natürlich mit den Geschwistern, mit neuen Informationen zu einer erweiterten, ja neuen Perspektive einer Frage ein. Ein ausführlicher Austausch mit Geschwistern kann aufschlussreich sein und für beide Seiten viele Erfahrungen und bisherige Annahmen ins Wanken bringen oder bisher unumstößliche Interpretationen in einem neuen Licht erscheinen lassen, weil eben alle Beteiligten immer ihre individuelle, persönliche und subjektive Wahrnehmungsbrille getragen haben bzw. immer noch tragen. So führen etwa unterschiedliche Erinnerungen von Geschwistern über dieselbe Situation oder vermeintlich identische Erfahrungen zu überraschenden Einsichten, zu einer Korrektur bisher bezogener Positionen sowie im günstigsten Fall zu einem neuen Verständnis für sich und die anderen Familienangehörigen. Dabei sollte besonders mit Deutungen äußerste Zurückhaltung geübt werden. Eine Wiedererinnerung einer früheren, als schmerzhaft empfundenen Situation vermag auch Gefühle der Wut oder Trauer auszulösen und die Betroffenen im besten Fall anzuregen, solche unverarbeiteten Emotionen in einer psychologischen Beratung vertieft zu bearbeiten und zu klären. Geschwister können sich nicht gegenseitig «therapieren»! Wichtig ist deshalb die Möglichkeit, zumindest mit einer vertrauten Person, die eine gewisse Distanz zur eigenen Kindheit hat oder eben mit einer Fachperson sprechen zu können.

Eine produktive Aufarbeitung und Diskussion der Themen beinhaltet ein Hinschauen und ein (neues) Verstehen der damaligen Ereignisse und Beziehungen, ein Klären eventuell bestehender Missverständnisse und Verletzungen – soweit dies möglich ist – und ermöglicht damit einen weiteren wichtigen Schritt in der eigenen Persönlichkeitsentwicklung. Mit Geschwistern und/oder Eltern über einzelne Themenkomplexe heftig und langanhaltend zu streiten oder alte Konflikte mit neuen Argumenten wieder neu zu initiieren, wäre nicht in der Absicht des Autors und aus seiner Sicht kontraproduktiv. Die Geschwister- und Familienerfahrungen der Kindheit- und Jugendzeit lassen sich nicht mehr rückgängig machen. Möglich bleibt hingegen immer eine neue, vertiefte Sichtweise und zumindest mehr Verständnis für sich und die anderen Beteiligten. Das heißt nicht, dass eventuell erlittenes Unrecht oder krasse Fehler auf Seiten der Eltern oder Geschwister einfach weggesteckt oder geleugnet werden sollen.

Der dieses Kapitel abrundende Fragebogen 5-1 legt den Fokus auf den individuellen elterlichen Umgang mit den Geschwistern und soll eine Hilfestellung bieten um abzuklären, wie ähnlich oder verschieden die Elternteile die Geschwister einer Familie behandelt haben. Die Beantwortung der Fragen gibt mögliche Hinweise über die eventuellen Gründe unterschiedlichen Elternverhaltens, die ich in diesem sowie im 3. Kapitel ausführlich behandelt habe. Einige Aussagen habe ich dem SIDE-Fragebogen (SIDE = *Sibling Inventory of Differential Experience*) von Dunn/Plomin (1996)[193] entnommen, aber teilweise verändert, ergänzt sowie erweitert. Nunn/Plomin verwenden zu jeder Aussage jeweils eine fünfstufige Skala von «meine Geschwister sehr viel mehr» (1), «meine Geschwister etwas mehr» (2), «gleich» (3), «ich etwas mehr» (4), bis «ich sehr viel mehr» (5).

Wahrscheinlich lassen sich verschiedene Aussagen des Fragebogens nicht generell und über die ganze gemeinsame Kindheit und Jugendzeit beantworten. So kann sich beispielsweise aufgrund verschiedener Umstände (Alter des Kindes, persönliche Lebenssituation der Elternteile etwa bezüglich Beruf und Partnerschaft) das Verhalten von Mutter und Vater gegenüber den einzelnen Kindern verändern, sich in Einzelfällen gar umkehren: Bisher eher streng Behandelte werden nun bevorzugt usw.

---

193 vgl. Judy Dunn/Robert Plomin (1996): Warum Geschwister so verschieden sind. Stuttgart: Klett-Cotta, S. 86–88, 219

6. Fallgeschichten aus unterschiedlichen Perspektiven

Die nachfolgende Auswahl von Texten soll die These des 2. Kapitels – die Wirkung von Geschwisterkonstellationen muss immer von der individuellen subjektiven Perspektive des Einzelnen verstanden werden – an weiteren Beispielen veranschaulichen und vertiefen.

Die Perspektive jüngerer Geschwister

Bewunderung und Identität

Zwischen Geschwistern können vielfach Gefühle der Bewunderung für ein Geschwister beobachtet werden. Besonders ältere Geschwister finden sich häufig in dieser Bewunderten-Rolle. Für die Identitätsentwicklung spielen solche Prozesse der Bewunderung für beide Seiten eine wichtige Rolle: Der/die Bewunderte sonnt sich meistens in der Star-Rolle, während für das andere Geschwister das Dasein im Schatten des Bewunderten zu erheblichen Problemen in der Entwicklung führen kann.

Im folgenden Beispiel erkennen wir sehr deutlich den Einfluss einer älteren Schwester aus der subjektiven Perspektive der jüngeren Schwester. Der Text stammt von einer 18-jährigen Mittelschülerin, die sich im Rahmen eines Unterrichtsblocks zur Geschwisterthematik im Fach Pädagogische Psychologie mit ihrer eigenen Situation auseinander gesetzt hat. Der Aufsatz bildete sozusagen eine persönliche Quintessenz aus dieser Unterrichtseinheit. Die junge Frau setzte den Titel selber.

> **Gedanken und Reflexionen**
> «Meine Schwester ist vier Jahre älter als ich, doch manchmal kommt es mir vor, als wären es viel mehr. Denn ich glaube, ich habe sie irgendwann einmal vor Jahren auf einen Thron gesetzt und es bis jetzt nicht recht geschafft, sie von dort wieder herunterzuholen. Wie es dazu gekommen ist, weiß ich nicht so recht. Meine Eltern haben uns, so gut es ging, immer gleichberechtigt behandelt und darauf geachtet, dass ich als kleine Schwester nicht benachteiligt bin.

Und doch war das wohl nicht immer so einfach. Meiner Schwester gelang einfach immer alles. Sofort fand sie überall Freunde und konnte sich schon im Kindergarten so beliebt machen, dass sie genug Freunde hatte und mich als Spielgefährtin nicht benötigte. Wohl hat sie mich eher als Sündenbock gebraucht und mir nur dann Ansehen gegeben, wenn sonst gerade niemand da war. Sie ist selbstbewusst, zuverlässig und hat, wie es mir scheint, die meisten guten Eigenschaften. Auch ist sie sehr gescheit und dazu noch so schön, dass sie keinen Meter gehen kann, ohne dass sich nicht sämtliche Männer nach ihr umdrehen. Gerade für ihr Selbstbewusstsein bewundere ich sie sehr, und vielleicht beneide ich sie auch darum. Ich habe ihr immer alles nachgemacht und nie etwas Eigenes probiert. Ich bin ihr jahrelang hinterhergelaufen wie ein kleiner Hund. Und mir war nie bewusst, dass das vielleicht eine Behinderung meiner eigenen Entwicklung sein könnte. Sie war und ist für mich ein Vorbild, auch ein Kritiker und Lehrer.

Ich bin jetzt aber in einem Alter, in dem ich langsam dem Erwachsensein entgegengehe, doch neben ihr komme ich mir immer vor wie das kleine dumme Kind, das von nichts eine Ahnung hat. Seit ich mir ein bisschen bewusst geworden bin, was meine Schwester und ich für eine Geschwisterbeziehung haben, habe ich auch versucht, etwas daran zu ändern. Und oft sehe ich, dass es gar nicht so schwer ist, wie ich gedacht habe. Und es freut mich sehr, wenn sie jetzt immer häufiger zu mir kommt, mich um Rat fragt, mit mir über Probleme redet oder mir ganz einfach die Aufgaben zuspricht, die ich ihr gegenüber als Schwester habe.»

Am Beispiel dieser jungen Frau lässt sich fast lehrbuchhaft darstellen, wie subjektiv und individuell Kinder und Jugendliche sich im Verhältnis zu ihren Geschwistern wahrnehmen und wie verzerrt ein solches Bild für außenstehende, objektivere BeobachterInnen aussieht. Besonders deutlich wird der Schwarz-Weiß-Kontrast, die Zuordnung in gegensätzliche Positionen und Rollen – ja allein schon die Sprache verrät vieles: Der Schwester gelingt *einfach immer alles!* Sie findet *sofort* und *überall* Freunde. Zudem ist sie *selbstbewusst, zuverlässig* und hat die *meisten guten Eigenschaften.* Weiter zeichnet sie sich durch *Gescheitheit* und *Schönheit* aus: Schon nach weniger als einem Meter (!) drehen sich *sämtliche Männer* nach ihr um. Aus dieser Zuordnung hat sie versucht, dieser Super-Schwester alles nachzumachen, und nie eigene Ideen entwickelt. Kein Wunder als dummes Kind, das keine Ahnung hat! Deutlich erkennen wir die Maximierung der Schwester und die Minimierung von sich selbst – ein klassisches Beispiel für eine subjektiv-konstruktivistische Wahrnehmung, Fremd- und Selbstdeutung, besonders weil die Eltern die ältere Schwester weder besonders hervorhoben noch speziell lobten. Der ganze erste Teil enthält fast ausschließlich idealisierende Beschreibungen und Empfindungen, die sich erst gegen Ende des Berichts differenzieren und schließlich wandeln. Dieses verzerrte Bild von der Schwester und von sich selber (Fremd- und Selbstbild), diese Schwarz-Weiß-Brille, vom

Mädchen früh entwickelt und verfestigt, hat ihr ganzes Wahrnehmungsmuster und Beziehungsverhalten über Jahre geprägt. Die junge Frau wird in ihrem Abgrenzungs- und Selbstfindungsprozess über längere Zeit – ohne dass sie es selber realisiert – letztlich erheblich beeinträchtigt durch ihr eigenes Wahrnehmungs- und Interpretationsschema. Interessant ist dabei besonders, dass die Selbstdarstellung mit der Außenperspektive eines objektiveren Betrachters in vielem überhaupt nicht übereinstimmt: Die 18-jährige junge Frau ist ausgesprochen hübsch, attraktiv, intelligent, einfühlsam und sensibel im Gespräch sowie eine gute Schülerin, aber etwas schüchtern und unsicher. Erst langsam beginnt sie nun ihr altes Bild zu revidieren und macht – der letzte Teil des Berichts tönt es an – neue und korrigierende Erfahrungen. In der Selbstbeschreibung gerät allerdings die durchaus auch positive *Schrittmacherfunktion der älteren Schwester* etwas aus dem Blickfeld: Indem die jüngere ihrem Vorbild in vielem nachgeeifert hat, der großen Schwester offenkundig sehr vieles nachgemacht hat, konnte sie auch profitieren und lernen.

Das Beispiel ist aber auch deshalb paradigmatisch, weil es sehr anschaulich zeigt, dass Veränderungen erst möglich werden, wenn die Betreffenden beginnen, ihr Selbst- und Fremdbild einer bewussten, kritischen Prüfung zu unterziehen, und daraus konkrete Änderungen in ihrem Denken und Handeln vornehmen. Entwicklungsschritte sind immer möglich, wenn die Geschwister beginnen, ihre subjektive Sichtweise zu hinterfragen – das gilt auch im fortgeschritteneren Alter als in diesem Fall.

Ein zweites, ähnliches Beispiel – ebenfalls einer jungen Frau – stammt aus der Praxis von Ley.[194]

> **Die große Schwester weiß alles besser!**
> «Mir fällt ein, dass ich immer dachte, meine Schwester hat in allem recht, weil sie die ältere ist. Manchmal kamen mir zwar Zweifel. Wenn ich sie zu äußern wagte, wurde ich zurechtgewiesen von ihr. Sie sagte dann, ich verstünde noch nichts davon, ich sei die Jüngere. Sie wisse es besser. Wir haben einen Altersabstand von knapp eineinhalb Jahren, und sie ärgerte mich immer damit, dass sie sagte, sie sei zwei Jahre älter als ich. – Es wäre mir als Kind nie in den Sinn gekommen, dass meine Schwester von mir etwas lernen könnte. Jetzt erinnere ich mich daran, dass meine Schwester sehr neugierig war. Manchmal merkte ich, dass sie in meinem Zimmer herumschnüffelte und in meinen Büchern geblättert hatte. Einerseits machte mich das wütend, anderseits fühlte ich mich dadurch aufgewertet und

---

194 Katharina Ley (2001b): Geschwisterbande. Liebe, Hass und Solidarität. Düsseldorf: Walter, S. 61

> interessant. Sie hat mich nie darum gebeten, ihr eines meiner Bücher auszuleihen. Ich glaube, sie konnte einfach nicht dazu stehen, dass ich als Jüngere auch etwas zu bieten habe. Sie hat dann jeweils gesagt, sie lese gar nicht gern. Ich habe ihr das nie geglaubt, aber ich konnte es nicht beweisen.»

Auch diese jüngere Schwester litt neben oder unter ihrer älteren Schwester und reagierte sehr ausgeprägt auf Menschen, die sich als Ältere oder Erfahrenere präsentierten. Erst die Aufarbeitung ihrer Geschwisterproblematik in der Therapie ermöglichte ihr den Ausbruch aus dem bisherigen Lebensmuster.

Leider kennen wir nicht die Perspektive der älteren Schwester: Vielleicht decken sich die Selbst- und Fremdwahrnehmungen der beiden gar nicht!

Tempo, tempo: Überholen um jeden Preis

Der rastlose Mensch

Herr Schnell meldete sich bei mir zur Beratung wegen folgendem Problem: Seit Monaten fällt ihm auf, wie er zunehmend beklemmende Gefühle entwickelt, sobald er sich in einem gut besuchten Kaufhaus aufhält und die vielen Menschen um ihn herum realisiert. Meistens muss er dann das Geschäft fluchtartig verlassen, weil er die plötzlich auftretenden, ihn massiv einengenden Gefühle nicht mehr aushält. Auch Verhandlungen mit Geschäftspartnern bereiten ihm zunehmend Probleme: Sobald der Eindruck entsteht, die Auseinandersetzung um einen guten Vertragsabschluss könnte für ihn vielleicht nachteilig ausfallen, stellen sich dumpfe Ängste ein, er bekommt einen heißen Kopf, körperliche Ausschläge und muss dann den Kontakt rasch beenden – ein schwierige Sache, weil er den Geschäftspartner nicht brüskieren will. Zu Hause brütet er dann stundenlang in schlaflosen Nächten über die Vertragsinhalte, schwankt, ohne zu einem Ende zu kommen, ob der ausgehandelte Vertragsvorschlag ihn benachteilige oder nicht. Das Thema, ob er genügend Leistung erbringe, beschäftigt ihn auch privat: Bei Einladungen und gesellschaftlichen Anlässen empfindet er sich als gehemmt, blockiert, bei Begegnungen mit dem anderen Geschlecht steht für ihn immer die brennende Frage im Raum, ob er wohl genügend akzeptiert würde: Bin ich genügend gescheit, tüchtig, attraktiv und interessant? Der Vergleich mit anderen Männern ist auf jeder Ebene immer präsent: Aussehen, Körper (Muskeln!), Spontaneität, «Coolness» und Lockerheit usw.

In den ersten Gesprächen fällt Herr Schnell durch ausgesprochene Nervosität, Hektik, temporeichen Sprachduktus, Ungeduld mit sich selber *(«ja natürlich, bin ich blöd, dass ich nicht selber darauf gekommen bin!»)* auf. Eine gleichzeitig durchgeführte medizinische Untersuchung gelangt zu einem klaren und eindeutigen Befund: Herr Schnell ist kerngesund. Nach einigen Gesprächen ärgert er sich maßlos über seine (angebliche) Unfähigkeit, die aufgeworfenen Probleme nicht schon gelöst zu haben oder auf einige meiner Fragen nicht gleich eine Antwort zu finden. Zeit haben, Überlegen und Nachdenken, Ruhe, Ungewissheit oder Fehler scheinen ihm unerträgliche Dinge zu sein. Schon beim Erstgespräch meint er, er nehme an, dass nach zwei bis drei Gesprächen seine Probleme gelöst seien! Herr Schnell macht auf mich nach den ersten Gesprächen einen sehr gehetzten Eindruck, alles muss sofort gelöst werden können, abgehakt, erledigt, versorgt sein: «Tempo um jeden Preis», scheint ein wichtiges lebensstiltypisches Merkmal zu sein. In den Gesprächen fällt es ihm sehr schwer, an einer Thematik länger – und damit vertieft – zu verweilen, es erscheint ihm lästig, als verlorene Zeit, überflüssig. Diese Ungeduld bringt er mir gegenüber deutlich zum Ausdruck: Handeln statt lange reden, meint er. Nach einer sorgfältigen Anamnese stellt sich kurz zusammengefasst folgender Hintergrund für das Leiden von Herrn Schnell dar:

Herr Schnell wuchs als jüngstes von drei Kindern – alles Knaben – in einer Ärztefamilie auf: Der Vater führte eine erfolgreiche Praxis von früh bis spät, die Mutter half als Arztgehilfin und Sekretärin mit. Beide Elternteile hatten kaum Zeit für die Kinder, erwarteten aber von allen dreien immer hohe Leistungen, tadelloses Benehmen und eine frühe Selbständigkeit. Die Brüder, zwei und drei Jahre älter, erfüllten die elterlichen Erwartungen, ebenso Herr Schnell als Jüngster. Herr Schnell bewunderte die beiden Brüder maßlos, nahm sie in jeder Beziehung als Modell, als Vorbilder und unternahm alles, so zu werden wie sie. Dabei empfand er allerdings schmerzlich, dass er trotz aller Bemühungen in vielen Bereichen eben doch der Kleinste, Schwächste blieb, was aufgrund des Altersvorsprungs der Älteren natürlich ist, er aber so nicht realisierte. Unerträglich empfand er es auch, früher zu Bett gehen zu müssen, während die beiden Brüder noch einen TV-Film anschauen durften: Die beiden erzählten am nächsten Tag vom Film, und er war nicht dabei! Er empfand das als gemein, unerträglich und fantasierte, was für interessante Dinge er wohl verpasst hatte. Schon früh entwickelte Herr Schnell das unbewusste Ziel, mit den Brüdern möglichst rasch gleichzuziehen bzw. sie zu überholen – nur dadurch schien sein Platz, sein Wert als Person in der Familie gesichert. Die beruflich sehr engagierten Eltern merkten nichts von diesem anstrengenden und permanenten Kampf ihres jüngsten Sohnes um Anerkennung und Erfolg.

Einen schweren Rückschlag bei dieser Jagd bedeutete für ihn der Eintritt der Brüder in die Schule: Diese konnten nun bald lesen, schreiben und rechnen und berichteten von unzähligen interessanten Dingen. Herr Schnell fühlte sich abgehängt, auf ein Abstellgleis geschoben. In nur wenigen Wochen lernte er nun heimlich von den Heften und Büchern und aus Beobachtungen und Gesprächen der Brüder, was er nur konnte, so dass er bald ebenfalls über die Lese- und Schreibkompetenz verfügte. Den Eintritt in den Kindergarten erlebte er als zwiespältig: einerseits die Freude über einen nächsten Schritt zum Großwerden, andererseits das Gefühl, «*doch nichts Richtiges zu lernen*». Obwohl ein schüchternes Kind, verweigerte er nach wenigen Wochen jeden weiteren Besuch im Kindergarten: Er wolle nicht spielen, er müsse unbedingt in die Schule, lautete seine Begründung; im Kindergarten sei es ihm langweilig. Herr Schnell kämpfte so lange, bis man ihn – für die damalige Zeit sehr ungewöhnlich – schließlich nachträglich gleich in die schon angelaufene 1. Primarklasse überstellte. Das bedeutete für ihn einen ersten großen Triumph, da beide Brüder den normalen Weg über den Kindergarten (damals nur ein Jahr) genommen hatten und er so ein Jahr näher an sie heranrückte. Dieser Erfolg beflügelte ihn ungemein und verstärkte den unbewussten Lebensplan, die Brüder schulisch einzuholen.

Die weitere berufliche Entwicklung nahm folgenden Gang: Die beiden Brüder besuchten später das Gymnasium mit unbestimmten beruflichen Zielen, Herr Schnell hingegen wählte trotz erstklassigen schulischen Leistungen eine kürzere, «schnellere» Fachhochschule. Das klar umrissene Ziel: Vor den Brüdern eine abgeschlossene Berufsausbildung vorweisen und dann sofort ein Firma gründen und leiten können! Während die Brüder schließlich an der Universität studierten, schloss Herr Schnell die Fachhochschule erfolgreich ab und eröffnete mit einem Studienkollegen zusammen ein Geschäft. Jetzt fühlte sich Herr Schnell befreit, am Ende seiner Wünsche – in seinem subjektiv-individuellen Bezugssystem hatte er die Brüder beruflich endlich überholt! Allerdings hatte er bei seinem verzweifelten Überholkampf andere Lebensbereiche (Freundschaften, Liebe, Hobbys) fast gänzlich vernachlässigt – und begann allmählich zu realisieren, dass er zwar als Erster (und Jüngster!) der Brüder finanziell auf eigenen Füßen stand, aber sozial ziemlich einsam und isoliert lebte. Eifersüchtig beobachtete er an Familienanlässen die Brüder mit ihren Freundinnen. Als weiteren Dämpfer musste er schließlich den Ausstieg seines Geschäftspartners zur Kenntnis nehmen, der die Zukunftsaussichten der gemeinsamen Firma eher düster einschätzte. Mit doppeltem Einsatz versuchte Herr Schnell nun fast Tag und Nacht, seinen großen und einzigen Triumph gegenüber den Brüdern zu retten. Trotzdem wollte sich der anfängliche geschäftliche Erfolg nicht mehr einstellen, und als Herr Schnell das allmählich zu realisieren begann, setzten seine anfangs geschilderten Symptome ein.

In weiteren Gesprächen arbeiteten wir Herrn Schnells Lebensgeschichte und den Zusammenhang mit der heutigen Lebenssituation auf: das vorherrschende Lebensstil-Element der Konkurrenz, das Gefühl, nur einen Wert zu haben, wenn man im Vergleich mit den anderen (in der Kindheit die Brüder) besser ist u. a. m. Eine Beziehung auf gleicher Ebene kannte er nicht. Die Brüder, eifersüchtig auf den ehrgeizigen und ihnen auf den Fersen folgenden «Kleinen», versuchten mit Spott, Auslachen und Abweisung den Bruder abzuhängen, kaltzustellen. Da die Eltern als primäre Bezugspersonen fast völlig ausfielen, keine SpielkameradInnen in der Umgebung der Familie wohnten und die Dienstmädchen häufig wechselten, war die Beziehung zu den beiden Brüdern in den ersten acht bis zehn Lebensjahren und darüber hinaus besonders konstituierend für die Entwicklung seines Lebensstils und seiner Beziehungsmuster.

In vielen Familien ist die Geschwisterbeziehung nicht so prägend wie in diesem Fall, weil Eltern, Freunde, Verwandte und Bekannte, Peers, Lehrpersonen, Medien usw. ebenfalls eine wichtige Rolle spielen. Für Herrn Schnell hingegen waren die Brüder *das* Lern-, Entwicklungs- und Beziehungsfeld.

In den weiteren Gesprächen mit Herrn Schnell ging es u. a. auch darum, bisher vernachlässigte oder auch unbekannte Felder zu betreten und darin erste Erfahrungen zu knüpfen, ohne den Anspruch auf Höchstleistungen – keine leichte Aufgabe für ihn, da er auch z. B. in sich anbahnende Bekanntschaften dieselben früh verinnerlichten und trainierten Denk-, Gefühls- und Verhaltensmuster hineintrug. Einige Gespräche beanspruchte auch die Suche nach Hobbys, die nicht nach dem «Tempotempo-Muster» betrieben werden können.

Herr Schnell lernte allmählich in einem längeren und mit gelegentlich schmerzlichen Rückfällen stattfindenden Prozess, sich als Mensch so zu akzeptieren, wie er ist, ohne immer Höchstleistungen vorweisen zu müssen.

Die Geschichte von Herrn Schnell könnte – so ein möglicher Einwand – als Beispiel für ein nicht erkanntes hochbegabtes Kind interpretiert werden. Nach der sorgfältigen Durchsicht aller Berichte und Unterlagen von und über Herrn Schnell würde ich diese «Diagnose» klar verneinen, möchte aber hinzufügen, dass auch bei einem «hochbegabten Kind» die Geschwisterthematik nicht außer acht gelassen werden sollte.

Die Perspektive ältester Geschwister

Privilegiert und dominant: Sigmund Freud

Sigmund Freud stand als Ältester gegenüber seinen fünf jüngeren Schwestern Anna, Rosa, Marie, Adolfine und Paula sowie dem zehn Jahre jüngeren Bruder an der Spitze der geschwisterlichen Reihe. Wie sich seine familiäre Position als ältestes Geschwister im Konflikt mit seinem zeitweiligen Mitarbeiter Alfred Adler bis zum endgültigen Bruch ausgewirkt hat, stelle ich in Kapitel 7 dar.

Liebe und Ärger: Unheimlich freundlich und unheimlich gemein

Die zwei nachfolgenden Texte sind von Kindern verfasst worden; der erste stammt vom 10-jährigen Ingo (mit einem Einschub seiner jüngeren Schwester Laura), der zweite von der 14-jährigen Anna. Beide Kinder beschreiben in anschaulicher und direkter Weise die Freuden und Leiden im Umgang mit einem jüngeren Geschwister, und in beiden Texten finden wir die üblicherweise zu beobachtende Ambivalenz der geschwisterlichen Beziehung.

In der ersten Beschreibung finden sich einige Themen, die ich im vorliegenden Buch bespreche, wieder: Die Wut auf das störende jüngere Geschwister, das – aus der Perspektive des kindlichen Verfassers – von den Eltern privilegiert und beschützt wird, die enorme Wichtigkeit der Meinung des älteren für das jüngere, die nötige Abgrenzung von der kleinen Schwester, die Entthronung nach der Geburt von Laura.

> **Ingo (10): Freuden und Leiden mit einem jüngeren Geschwister**
> «Also, eines muss gleich mal am Anfang gesagt werden, nämlich dass Geschwister unheimlich gemein und unheimlich nett sein können. Ich (10 Jahre) finde meine kleine Schwester (5 Jahre) öfter gemein als freundlich. Das Schlimmste an Geschwistern ist, dass sie oft so stur sind und einem immer alles verderben wollen. Besonders schlimm, hauptsächlich bei kleinen Geschwistern, ist, dass sie einem alles, was sie nicht dürfen, kaputtmachen möchten. Wenn es mal einen guten Film gibt, gerade dann will meine Schwester in diesem Zimmer Lego spielen. Oder man darf niemals eine schöne Serie gucken, wenn gerade ‹Sesamstrasse› läuft, die es immerhin sechsmal in der Woche gibt.
> Wenn ein Freund oder eine Freundin von mir da ist, muss meine Schwester natürlich gerade dann dabei sein. Die Erwachsenen sagen: ‹Lass sie doch, sie möchte nur mitspielen.› Nur! Nur! Wenn ich das nur schon höre! Am schlimmsten ist es, wenn die Geschwister zwischen drei und sechs Jahre alt sind. Wenn sie endlich mal weg sind, denkt man: ‹Hoffentlich bleiben sie noch lange!›
> Am schlimmsten fand ich es kurz nach der Geburt, als sich meine Eltern nur noch um sie gekümmert haben und ich viel mehr helfen musste, weil sich ja alle um das

Baby kümmern mussten. Aber es gab auch Momente, die schön und lustig waren, zum Beispiel, als Laura anfing zu sprechen. Wenn ich damals mal keine Lust zum Spielen hatte, konnte ich meine Schwester ja auch einfach aufs Bett legen, so dass sie nicht mehr andauernd zu mir kam.
Einmal wollte ich ihr etwas sagen, und diese blöde Kuh wusste genau, dass sie im Unrecht war, da hielt sie sich nur die Ohren zu und schrie einen dämlichen Singsang, den sie im Kindergarten gelernt hatte. (Als ich dies schrieb, sagte sie gerade, dass ich der dickste und doofste Bruder auf der Welt sei.)
Während Ingo schrieb, hatte Laura mit am Tisch gesessen und interessiert das Geschehen verfolgt und kommentiert. Nun wollte sie alles noch einmal vorgelesen haben, um zu wissen, «was der Ingo da über mich geschrieben hat». Als sie es gehört hatte, wollte sie auch etwas sagen.

Laura
«Warum war eigentlich kurz nach der Geburt alles am schlimmsten? Ich bin doch jetzt viel schlimmer! Ich finde den Ingo manchmal sehr blöd und bescheuert, und manchmal tanzt er so rum wie ein Elefant und schwenkt seine Arme wie einen Rüssel. Er ist auch ein Bekloppter, aber manchmal ist er auch ein kleiner Mops. Wenn ich ihn sehr gern habe, will ich ihn immer ärgern.
Einen großen Bruder kann man immer holen, wenn man geärgert wird. Ich finde es schlecht, wenn Ingo mich bei Filmen, die für uns schon was sind, einfach rausschmeißt.
Ich freue mich am meisten, wenn er mit mir mal was spielt. Es ärgert mich am meisten, wenn die uns rausschmeißen.»

Ingo
Wochen später, alle saßen nach dem Essen am Tisch, fing Laura plötzlich an zu weinen. Zuerst liefen ihr nur leise die Tränen übers Gesicht, aber als sie dann gefragt wurde, was los sei, brach sie in laute Schluchzer aus: *«Nein! Nein! Ich will's nicht sagen. Ich bin so traurig.»* So wehrte sie sich gegen alle Versuche, sie zu trösten und herauszubekommen, was eigentlich los war. Nach zehn Minuten und vielen *«lass mich, lass mich, ich kann's nicht sagen»*, war sie dann so erschöpft und mitgenommen, dass sie sich doch beruhigen ließ und mit dem Grund für ihr Elend herausrückte: *«Ich weine, weil der Ingo für den Boris geschrieben hat, dass ich blöd bin, und das steht jetzt in dem Buch, und alle Leute können es da lesen.»*
Nachdem ihr der Text noch einmal vorgelesen und auf ihren auch nicht immer schmeichelhaften Kommentar hingewiesen worden war, konnte sie sich schließlich beruhigen und die Tränen trocknen.[195]

Sehr anschaulich beschreiben die beiden Kinder auch ihre ambivalenten Gefühle zueinander: So findet Laura ihren Bruder manchmal «bekloppt», hat ihn aber auch sehr gerne.

---

195 Ingo Geisel in: Günter Franzen/Boris /Penth (Hrsg.) (1992): Hüten und Hassen. Geschwistergeschichten. München: dtv, S. 143 f.

Ähnliches lässt sich zur Beschreibung des nächsten Kindes sagen: Es skizziert eine genaue Beobachtung seines Geschwisters und dessen Umstände. Hier erkennen wir noch zusätzlich, was die körperliche Beeinträchtigung eines kranken Kindes für die Geschwisterbeziehung bedeuten kann. Anna beschreibt zudem sehr anschaulich und genau, wie die jüngere Schwester ihr zu ihrem Leidwesen alles nachzumachen versucht. Sie entdeckt aber auch, wie man die Schwester zielstrebig ärgern und so indirekt Macht ausüben kann.

Anna (14): Ärger und Freude mit der jüngeren Schwester

«Ich bin 14 und meine Schwester ist vier Jahre jünger. Dreieinhalb Monate nach ihrer Geburt fragte ich meine Mutter, ob sie die Kleine nicht wieder wegbringen könne. Sie konnte nicht. Na ja, also blieb sie und bekam im Alter von anderthalb Jahren Rheuma, so dass ihr noch größere Aufmerksamkeit gewidmet wurde. Sie musste ins Krankenhaus, und später zu Hause bedurfte es aufmerksamer Pflege: Diät, kein Fleisch, gar kein tierisches Eiweiß, keine Zitrusfrüchte und kein Zucker. Also auch für mich Diät. Von Zeit zu Zeit gab es Ausnahmen, die mir heimlich zugesteckt wurden, sonst aber nur Diät. Abgeschwächt werden sollte diese ‹Tortur› damit: ‹Aber ihr bekommt doch gar nichts anderes, und sie möchte doch auch so gerne!› Sie hatte ja auch Rheuma. Ich weiß nicht, ob es deshalb ist, aber jedenfalls habe ich manchmal den unbändigen Wunsch, sie zu ärgern. Hinzu kommt, dass sie alles will, was ich habe. Sie betreibt denselben Sport, spielt dasselbe Instrument und dieses Jahr zu Weihnachten bekamen wir auch das gleiche Geschenk. Es stand bei beiden auf dem Wunschzettel. Lisa schrieb ihren, nachdem sie meinen gesehen hatte.
Doch, ich mag sie auch wirklich. Ich glaube schon, dass einem Einzelkind etwas entgeht.
Sie ist auch wunderbar zu ärgern. Ein typischer Abend bei uns sieht so aus: Wir kommen beide nach Hause und ziehen uns aus. Im Bad bespritzt sie mich mit Wasser. Also nehme ich den Waschlappen; sie flüchtet, daraufhin lege ich ihn in ihr Bett. Sie bemerkt ihn nicht und legt sich drauf, wutentbrannt kreischt sie auf und platziert (sie muss ja immer das gleiche machen) ihn mir ins Bett. Na ja, ich bemerke ihn schon und nehme den Lappen mit in ihr dunkles Zimmer. Leise schleiche ich mich an, um ihn ins Bett – möglichst aufs Gesicht – zu werfen. Genervt durch meine Attacken, fängt sie wütend an zu heulen und versucht, auf mich einzuschlagen. Wenn es mir zu bunt wird, gebe ich ihr einen Schubs, wohl etwas härter als gewollt, und sie kreischt auf. Daraufhin kommt meine Mutter rein und tröstet sie. Was soll ich dazu sagen? Aber ich mag sie trotzdem, wirklich.» [196]

---

196 Anna Dittrich in: Günter Franzen/Boris Penth (Hrsg.) (1992): Hüten und Hassen. Geschwistergeschichten. München: dtv, S. 145 f.

Die Perspektive mittlerer Geschwister

Die erste Geschichte stammt von einer 19-jährigen jungen Frau, die mir ihren Text zur Verfügung stellte und noch zur Schule geht.

> **Das glückliche mittlere Geschwister**
> «Ich bin mittleres Kind und damit überglücklich. Mit meiner zwei Jahre älteren Schwester verstehe ich mich sehr gut, obwohl und wahrscheinlich gerade darum, weil wir innerlich sehr verschieden sind. Ich denke, auf eine gewisse Weise habe ich meine Schwester sicher eingeholt. Ich werde auch viel für die Ältere gehalten, das heißt aber nicht, dass ich die Ältere sein möchte. Meine Schwester war immer sehr tolerant, wenn ich etwas machen durfte, was sie in diesem Alter noch nicht durfte: Sie hat sich sogar für mich gefreut und war überhaupt nicht eifersüchtig. Dafür bin ich ihr unendlich dankbar.
> Mein Bruder ist leicht behindert, mehr körperlich als geistig. Er brauchte sehr viel Aufmerksamkeit, als er klein war, und musste längere Zeit im Spital bleiben. Ich habe darunter aber nicht gelitten, ich hatte ja meine Schwester. Der Bruder ist zwei Jahre jünger. Mit ihm verstehe ich mich weniger gut als mit meiner Schwester. Dafür verstehen sich die beiden sehr gut. Früher war es immer so, dass sie zusammen waren und ich allein. Aber sie sind einander auch ähnlicher, und ich war meistens gerne allein. Ich lernte, tolerant zu werden und bin sehr dankbar, mit diesen Geschwistern zu leben.» *(Rosa)*

Die Beschreibung von Rosa widerlegt die weitverbreitete Ansicht über das zwangsläufig zerdrückte und vergessene «Sandwich-Kind», das still in seiner Opfer-Rolle leidet. Wir erkennen aber auch, dass ältere Geschwister nicht a priori die Jüngeren dominieren wollen oder «müssen». Erst unter bestimmten Vorzeichen erhöht sich die Wahrscheinlichkeit für solche Verhaltensweisen älterer Geschwister.

Aus der Beratungspraxis von Ley stammt das zweite Beispiel eines mittleren Bruders mit zwei älteren und zwei jüngeren Geschwistern.

> **Geschwister als positive Lernfelder**
> «Wenn ich länger über meine Geschwister nachdenke und die einzelnen vor meinem inneren Auge sehe, dann fällt mir zu jedem viel ein. Vor allem waren aber meine beiden älteren Geschwister wichtig in meiner Kindheit und Jugendzeit. Meine älteste Schwester war und ist meine Lieblingsschwester. Ich fand es ungeheuer interessant, wie sie vom Mädchen zur Frau wurde. Ich glaube auch, dass sie mein Frauenbild wesentlich geprägt hat. Es war mir auch ganz wichtig, ihr meine Freundinnen vorzustellen und ihren Rat einzuholen. Noch heute habe ich zu ihr den intensivsten Kontakt.

> Mit meinem um ein Jahr älteren Bruder habe ich viel gespielt und gestritten. Ich habe meine ganze Freizeit mit ihm verbracht, viel mit ihm rivalisiert, und zusammen haben wir die Welt kennen gelernt. Bei meinen beiden jüngeren Brüdern muss ich mir Zeit nehmen, über sie nachzudenken, und mich bemühen, sie auseinander zu halten. Sie waren einfach die Kleinen, die mich nicht sonderlich interessierten. Sie waren mir zu klein. Wenn ich jedoch den Kleinsten vor mir sehe, früher und heute, dann verdanke ich seiner spontanen Art viel. Er hat mir nie im Leben etwas nachgetragen, obwohl er dazu Grund gehabt hätte. Es tut mir auch heute gut, ihn zu sehen. Der Zweitjüngste ist ein fantastischer Klavierspieler. Das hat sich schon früh angedeutet und hat mir Angst gemacht. Ich war froh, dass er acht Jahre jünger war, und ich habe ihn gar nie richtig wahrnehmen wollen als Kind und auch danach nicht.»[197]

An dieser Schilderung ist vieles aufschlussreich. Dieser Bruder versucht den Einfluss der einzelnen Geschwister zu entschlüsseln und gleichzeitig jedes dieser Geschwister zu würdigen. Er erkennt heute, wie viel er von jedem seiner Geschwister (damals mehrheitlich unbewusst) gelernt und profitiert hat. Geschwister bieten so ein breites und reiches Spektrum von Erfahrungs- und Lernfeldern.

Die letzte Beschreibung stammt von einer meiner Studentinnen, die sich vom Thema Geschwister sehr angesprochen fühlte und mir folgenden Text übergab:

> **Die «Mittelmaus»**
> «Als mittleres Mädchen nahm ich mir meine beiden älteren Schwestern früh zum Vorbild und eiferte ihnen nach. Sie zeigten gute schulische Leistungen und ich hatte glücklicherweise die Fähigkeit, es ihnen gleichzutun. Da ich aber bereits die Dritte im Bund war, erlebte ich sie mehr als Hilfe denn als Rivalen. Die Rivalität meiner älteren Geschwister untereinander war größer. Es ging dabei insbesondere um Leistungen. Dieser Rivalität wich ich ein Stück weit aus, indem ich zum Beispiel ein anderes Instrument wählte als sie. Sie spielten beide, wie meine Mutter auch, Klavier, und obwohl mir dieses Instrument auch gefiel, wählte ich jenes meines Vaters: Oboe. Ich wurde etwas zum ‹Jungen› in unserer Familie, beteiligte mich auch an der Fischzucht meines Vaters und kletterte für meine Vogelbeobachtungen auf alle Bäume. Zeichnen ist meine Stärke, dadurch grenzte ich mich von den anderen ab und fand auch meine Nische. Eigentlich wurden alle meine Hobbys durch meine Geschwister verstärkt, da ich mich insbesondere dadurch von ihrer Rivalität distanzierte. Auch wollte ich ‹praktisch› und nicht ‹schön› sein – dies ist bis heute so geblieben. So unterscheidet sich meine Kleidung auch

---

197 Katharina Ley (2001 b): Geschwisterbande. Liebe, Hass und Solidarität. Düsseldorf: Walter, S. 63

stark von der meiner älteren Schwestern. Zu beiden habe ich aber ein gutes Verhältnis. So wie sie habe ich auch einen pädagogischen Beruf ergriffen – sie waren schließlich meine großen Vorbilder und Schulmeisterinnen – was ich an meiner kleineren Schwester ausüben konnte. Als zweite Mittelmaus pflegte ich den tiefen Kontakt zu meiner nächst älteren Schwester – und ich kann nur sagen, ich liebte es, die goldene, unauffällige Mitte zu sein. Während meine älteste sowie die jüngste Schwester eine besondere Beziehung zu meinen Eltern entwickelten, wandten wir Mittelmäuse uns bei Problemen nicht an die Eltern, sondern unterstützten uns gegenseitig. Insbesondere als meine zweite Mittelmausschwester Probleme mit meinen Eltern bekam, fungierte ich als ihr großer Verteidiger. Ich verteidigte sie gegen die Übermacht der Eltern. Ich verstand ihre Situation, obwohl ich ihr Verhalten nicht immer guthieß. Meine Eltern verstanden ihre Situation nicht und sahen in mir den Schatten der älteren Schwester. Sie raubten mir sozusagen die Identität, und auch heute staunen sie noch, wenn ich nicht die gleiche Meinung wie meine ältere Schwester habe. Die hatte ich nie – manchmal stand ich mit meiner Meinung regelrecht zwischen zwei Parteien und wurde von jeder als der anderen zugehörig betrachtet. Dies war zwar nicht einfach, half mir aber doch, meine eigene Identität zu finden. Heute fühle ich mich, auch gerade deshalb, selbstbewusst, bin aber auch ein kleiner Diplomat, da ich mich jeweils in mehrere Parteien hineinfühlen kann.» *(Maja)*

Die Verfasserin setzte selber diesen Titel. Differenziert und präzis beschreibt sie aus heutiger Perspektive wichtige Einsichten wie etwa ihren Ausweg aus einem möglichen Rivalitätskonflikt (Instrumentenwahl, Hobbys), die erfolgreiche Nischensuche im geschwisterlichen Subsystem sowie die gleichzeitige Abgrenzung (Kleidung, Erscheinungsbild, Hobbys). Das gute Verhältnis zu den älteren Schwestern führte zumindest zu einer Teilidentifikation (Berufswahl!) und gleichzeitig zu einem offensichtlich gut funktionierenden «Mittelmäuse-Subsystem» im Geschwisterkontext. Ihre Situation in der Familie verhalf ihr zudem zu einer eigenen Identität und zu diplomatischen wie empathischen Fähigkeiten (Perspektivenübernahme). Geschwisterbeziehungen beeinflussen, das wird an diesem letzten Beispiel besonders deutlich, die Rollen-, Identitäts- und damit Ich-Bildung eines jungen Menschen auf vielfältigste und nachhaltige Art und Weise.

7. Die Freud-Adler-Kontroverse auf dem Hintergrund ihrer persönlichen Geschwisterproblematik

Freud und Adler: Nicht nur zwei unterschiedliche Charaktere

In diesem Kapitel möchte ich zeigen, wie die Auseinandersetzungen zwischen dem Begründer der Psychoanalyse, Sigmund Freud, und seinem zeitweiligen Mitarbeiter Alfred Adler sowie der Bruch zwischen den beiden nicht nur allein mit inhaltlichen Differenzen (wie z. B. über die Bedeutung der Sexualität in der Neurose und über weitere Einflussfaktoren der Persönlichkeitsentwicklung) erklärt werden kann (und soll). Die meisten Darstellungen dieses Konflikts beschränken sich auf die zahlreichen, sich mit den Jahren häufenden Unterschiede in den theoretischen Konzepten der beiden Pioniere und späteren Kontrahenten der Tiefenpsychologie, die beide Meilensteine in der Entwicklung der Psychologie gesetzt und wichtige Beiträge geleistet haben: Erwähnt seien nur die Entdeckung des Unbewussten oder die Darstellung der Ich-Entwicklung bei Freud bzw. das Konzept der Minderwertigkeitsgefühle oder die Rolle der Ermutigung/Entmutigung bei Adler. Tatsächlich entwickelten Freud und Adler psychologische Modelle, die sich immer weiter voneinander entfernten – ich werde diesen Aspekt hier weglassen, weil er an anderer Stelle schon ausführlich dargestellt worden ist (vgl. z. B. Handlbauer 1990; Frick 1986). Dass dabei unterschiedliche Persönlichkeiten ebenfalls nicht unwesentlich zum Bruch beigetragen haben, wird wohl niemand bestreiten, der sich mit dieser Kontroverse etwas eingehender auseinandergesetzt hat (vgl. z. B. Ellenberger 1973; Roazen 1977; Furtmüller

1983[198]; Handlbauer 1990; Bank & Kahn 1994; Hoffman 1997). So war Freud eher zurückhaltend, förmlich, hielt auf Ordnung, war gesellschaftlich und in seiner ganzen Haltung konservativ, legte Wert auf einen vornehmen Lebensstil, wirkte aristokratisch, hatte große Mühe, Meinungsabweichungen zu tolerieren, und zeigte sich in Auseinandersetzungen vielfach unnachgiebig. Adler hingegen galt als sehr gesellig, zugänglich, war zu einem großen Teil auf der Strasse mit anderen Kindern aufgewachsen, sozialistisch eingestellt, legte wenig Wert auf Äußeres und Repräsentation, zeigte aber auch schon früh ausgeprägte Züge von Ehrgeiz. Interessanterweise fehlt in den meisten Darstellungen zur Beziehung zwischen Freud und Adler der Hinweis auf die Geschwisterthematik[199], die sowohl bei Freud wie bei Adler eine offensichtliche und wichtige Rolle gespielt hat. Um dies etwas besser einschätzen zu können, soll die familiäre Situation der beiden psychologischen Pioniere kurz erläutert werden. Dadurch wird die inhaltliche Auseinandersetzung, so hoffe ich, einem tieferen Verständnis zugänglich gemacht.

Im Gegensatz zur verbreiteten Meinung, auch in Fachkreisen, sind weder Adler noch Jung ‹Abweichler› der Psychoanalyse, und ihre Lehren repräsentieren auch keine ‹Entstellungen› der Psychoanalyse. Sowohl Adler wie Jung hatten eigene Ideen, bevor sie Freud kennen lernten – und obwohl sie mit ihm einige Jahre zusammenarbeiteten und sich von ihm maßgebend befruchten und anregen ließen, bewahrten sie von Anfang an ihre Selbständigkeit (vgl. Hoffman 1997; Ellenberger 1973), die sich dann auch in den beiden neuen Richtungen der Tiefenpsychologie, der Individualpsychologie (Adler) sowie der analytischen Psychologie (Jung) manifestierte.

---

198 Verschiedene Autoren, die sowohl Freud wie Adler gekannt haben, so auch Furtmüller (1983), sprechen sogar von Charaktergegensätzen (vgl. Carl Furtmüller (1983): Denken und Handeln. Schriften zur Psychologie 1905–1950. München: Reinhardt, S. 244).

199 Einen kurzen Hinweis gibt – die zugrundeliegende Problematik allerdings reichlich verkürzt wiedergebend – schon Karl König (1958/1974) in seiner Schrift «Brüder und Schwestern» (Stuttgart: Klotz) im folgenden Absatz: «*Fast zehn Jahre arbeiteten sie eng zusammen. Dann aber konnte Freud, der Erstgeborene, in seiner tyrannischen Art nicht länger das unbeschwerte Wesen Adlers ertragen.*» (S. 61).

Die Geschwisterkonstellation bei Sigmund Freud und Adlers «Abfall»

Sigmund (1856–1939) stand als ältester gegenüber seinen fünf jüngeren Geschwistern Anna, Rosa, Marie, Adolfine und Paula sowie dem zehn Jahre jüngeren Bruder an der Spitze der geschwisterlichen Reihe. Zu seinen frühesten Erinnerungen gehören, wie Bank & Kahn (1994)[200] anmerken, Schuldgefühle wegen seinen Mordfantasien gegen einen weiteren jüngeren Bruder, Julius, der im Alter von nur neun Monaten starb – Sigmund war damals rund zehn Monate älter. Zu John, seinem Neffen, entwickelte Sigmund schon früh eine wichtige und zugleich ambivalente Beziehung. Die beiden pflegten über Jahre eine intensive Beziehung, die u. a. stark von Macht- und Überlegenheitsansprüchen sowie von Rivalität geprägt war. Sigmund lernte in dieser Beziehung, sich nicht unterkriegen zu lassen, sich zu behaupten, Mut zu beweisen – wichtige Eigenschaften, die ihm vor allem in den ersten Jahren der Entwicklung der Psychoanalyse angesichts der zahlreichen Anfeindungen zugute kamen.

Sigmund wuchs in seiner Familie von Anfang an mit dem Gefühl auf, etwas Besonderes zu sein. Eine Wahrsagerin bestärkte die Mutter mit der Aussage, sie habe einen großen Mann geboren. Der Stolz und die Liebe zu ihrem Erstgeborenen hinterließen im heranwachsenden Sigmund einen so tiefen Eindruck, dass er später schrieb: «*Wenn man der unbestrittene Liebling der Mutter gewesen ist, so behält man fürs Leben jenes Eroberergefühl, jene Zuversicht des Erfolges, welche nicht selten den Erfolg nach sich zieht.*»[201] Sigmund war – für alle Familienmitglieder offenkundig – der unbestrittene Liebling der Mutter und schon früh von seiner zukünftigen Bedeutung überzeugt. Als er einmal einen Sessel mit schmutzigen Händen verschmierte, tröstete er die tadelnde Mutter mit dem Hinweis, er werde ein berühmter Mann werden und ihr dann einen anderen Stuhl kaufen. Auch später verfasste Briefe, z. B. an Fliess, offenbaren seinen frühen Wunsch, ein großes, bedeutsames Werk zu schaffen. Freud zeigte schon in frühen Jahren ein brennendes Verlangen nach Erfolg und Ruhm.

---

200 Stephen P. Bank/Michael D. Kahn (1994): Geschwister-Bindung. München: dtv, S. 181
201 zitiert nach: Ernest Jones (1984a): Sigmund Freud. Leben und Werk. Band 1. München: dtv, S. 22

Die Beziehung zur zweitgeborenen, zweieinhalb Jahre jüngeren Schwester Anna war nie besonders freundlich; Sigmund scheint sie als Eindringling und Störung in der Familie empfunden zu haben (vgl. Jones 1984 a). Das wärmste Verhältnis hatte er zum jüngsten Geschwister, dem zehn Jahre jüngeren Alexander. Diesen konnte er leicht dominieren, und er wurde von ihm verehrt, ohne dass seine Autorität in Frage gestellt wurde; der große Altersabstand verhinderte dies offensichtlich. Die besondere Rolle Sigmunds zeigte sich auch, als die Familie einen Namen für den jüngsten suchte. Kaum wurde Alexander geboren, fragte die Familie Sigmund nach einem passenden Namen für den Neuankömmling. Sigmund, beeindruckt von Alexander dem Großen (sowie etwas später von Napoleon und Hannibal), schlug Alexander vor. Später reiste Sigmund mit Alexander, sie gingen schwimmen und wandern, wobei Alexander anscheinend gutmütig und pflichtbewusst das Gepäck des älteren Bruders trug (vgl. Bank/Kahn 1994). Dieser Modus des Geschwisterverhältnisses blieb so bis an ihr Lebensende bestehen.

Den Schwestern gegenüber spielte Sigmund auf der einen Seite den väterlichen Freund, andererseits den dominanten und patriarchalisch orientierten Bruder und Chef. Dazu trug vermutlich zusätzlich bei, dass der Vater beruflich versagt hatte und in der Familie ein geringe Rolle spielte. Sigmund vermochte so umso leichter, die Rolle des dominierenden Erstgeborenen einzunehmen: «*Was er nicht dominieren konnte, versuchte er auszulöschen oder zu ignorieren*», schreiben Bank/Kahn[202] lakonisch. Sigmund wurde als Ältester und Favorit der Mutter – sein Status als Genie war unbestritten – mit einem an Unterwürfigkeit grenzenden Respekt behandelt. Die Schwestern hatten zu ihm hochzublicken, ihn nicht zu stören und ihm wenn nötig aus dem Weg zu gehen. Sigmund fühlte sich entsprechend seinen Geschwistern überlegen, sie waren für ihn lästig.

Weil die ganze Familie die besondere Begabung von Sigmund früh erkannte, wurden ihm außerordentliche Privilegien eingeräumt. Seine Schwester Anna erinnert sich: «*Wie beengt wir auch lebten, Sigmund hatte immer ein eigenes Zimmer. Es gab ein Wohnzimmer, ein Esszimmer, drei Schlafzimmer, die wir uns teilten, und ein sogenanntes Kabinett – einen Raum, der von der Wohnung getrennt war ... Dieses Kabinett war für Sigmund bestimmt. Als Jugendlicher aß er nicht mit uns zusammen zu Abend, sondern allein in seinem Zimmer bei seinen Büchern.*»[203] Manchmal tyran-

---

[202] Stephen P. Bank; Michael D. Kahn (1994): Geschwister-Bindung. München: dtv, S. 181
[203] zitiert in: a. a. O, S. 182

nisierte er auch seine Geschwister oder machte seine Privilegien und Rechte als Erstgeborener geltend. Die Eltern unternahmen kaum etwas, um Sigmunds Ansprüche einzudämmen, im Gegenteil. So erinnert sich Anna weiter: «*Als ich acht Jahre alt war, wollte meine Mutter, die sehr musikalisch war, dass ich Klavierspielen lernte. Ich fing an, regelmäßig eine Stunde täglich zu üben. Obwohl Sigmunds Zimmer am anderen Ende der Wohnung lag, störte ihn das. Er forderte meine Mutter auf, das Klavier abzuschaffen, andernfalls würde er ausziehen. Das Klavier verschwand, und mit ihm all die Möglichkeiten für seine Schwester, eine Musikausbildung zu bekommen.*»[204] Klavierspielen in der Wiener Gesellschaft des ausgehenden 19. Jahrhunderts war für junge Mädchen unabdingbar wichtig, um als so genannte gute Partie einen entsprechenden Mann zu finden.

Sigmund half seinen Schwestern bei den Hausaufgaben, überwachte sogar ihre Lektüre und sagte ihnen direkt ins Gesicht, was sich seiner Meinung nach für ihr Alter schickte und was nicht. Seine mittlerweile 15-jährige Schwester hielt er beispielsweise davon ab, Balzac oder Dumas zu lesen. Als großer Bruder warnte er in einem Brief von 1876 die um vier Jahre jüngere Schwester Rosa, die mit ihrer Mutter im Urlaub weilte, sie solle sich durch ein bisschen gesellschaftlichen Erfolg nicht den Kopf verdrehen lassen – Rosa hatte dort auf der Zither vorgespielt.

Freuds auffallende Intelligenz sowie sein selbstbewusstes Auftreten führten auch in der Schule dazu, dass er während sechs von acht Schuljahren an der Spitze der Klasse stand. Er nahm (wiederum) eine außerordentlich bevorzugte Stellung ein und wurde beispielsweise von seinen Lehrpersonen kaum mehr je aufgerufen.

Bank & Kahn (1994) betonen in ihrem Buch zu Recht, dass Sigmund Freuds Erfahrungen als ältester Bruder nicht nur seine Theorie über die Geschwisterbeziehungen – die fast ausschließlich den Rivalitätsaspekt hervorhebt –, sondern auch seine Beziehungen zu Kollegen und Rivalen in der psychoanalytischen Bewegung beeinflussten. Freud musste, das bestätigen sogar Freud ergebene Biografen wie Jones (1984 a) und Roazen (1977), alle dominieren, die ihm intellektuell ebenbürtig waren – und Adler war hier der erste und vermutlich gefährlichste Konkurrent: Das nur allzumenschliche Gefühl der Eifersucht scheint hier eine zentrale Rolle gespielt zu haben.

Auch die weiteren zahlreichen Auseinandersetzungen mit «Abtrünnigen» wie z. B. mit C. G. Jung werden auf dem Hintergrund der Ge-

---

[204] zitiert in: a. a. O., S. 182

schwisterthematik weit eher verständlich als auf dem Hintergrund der Eltern-Kind-Beziehung.

In der Regel blieb Freud den Menschen gegenüber auf Distanz. Zu keinem seiner Schüler, die alle jünger waren, ließ er eine Vertrautheit, eine Nähe zu. Auch Mitarbeiter bestätigen, dass er in der Öffentlichkeit oder in Publikationen kaum Widerspruch zuließ, und es fiel ihm bis zu seinem Tode schwer, Leute mit eigenen Meinungen zu akzeptieren. Er gab offen zu, «*dass ich nichts mit fremden Gedanken anzufangen weiß, die mir zur Unzeit zugerufen werden.*»[205] Auch in einem Brief an Abraham bestätigte Freud selber nochmals dies Tatsache, dass er mit den Gedanken anderer nichts anfangen konnte: «*Ich habe es nicht leicht, mich in fremde Gedankengänge einzufühlen, muss in der Regel warten, bis ich den Anschluss an sie auf meinen eigenen verschlungenen Wegen gefunden habe.*»[206]

Die Auseinandersetzung zwischen Freud und Adler erscheint aus heutiger Sicht mit der entsprechenden zeitlichen Distanz schwerlich als eine rein seriöse Diskussion wissenschaftlicher Meinungsverschiedenheiten. Freud brandmarkte Adler in aller Direktheit, klagte ihn an, und Roazen bezeichnet den Streit entsprechend treffend als ein Gerichtsverfahren mit der Anklage auf Ketzerei.[207] Andere Beobachter der Kontroverse zeichnen ein ähnliches Bild: «*Freud, das Oberhaupt der Kirche – tat Adler in den Bann; er warf ihn aus der offiziellen Kirche hinaus.*»[208] Freud schien Mühe zu haben, einen intellektuell gleichwertigen Kollegen neben sich dulden oder gar akzeptieren zu können: Für ihn waren Adlers Thesen entweder banal, falsch oder von ihm übernommen, ohne dies kenntlich zu machen; er konnte einfach nicht verstehen, dass sich Adler (und später weitere «Abtrünnige») anmaßten, seine Gedanken in Frage zu stellen. Freud glaubte, dass Adler nichts Neues entdeckt, sondern alles nur umgedacht oder verwässert habe. Die originellen Ideen anderer ForscherInnen waren Freud nicht willkommen, weil er alles allein durchdenken wollte, quasi als Teil seiner Umgestaltung der Welt. Es fiel ihm außerordentlich schwer, die Gedanken anderer in ihrer ursprünglichen Form zur Kenntnis zu nehmen und zu akzeptieren. Piaget würde diese offenkundige Schwäche Freuds wahrscheinlich als Beeinträchtigung der Akkomodationsfunktion bezeichnen.

---

205 zitiert nach: Paul Roazen (1977): Sigmund Freud und sein Kreis. Zürich: Ex Libris, S. 188
206 a. a. O., S. 191
207 a. a. O., S. 191
208 a. a. O., S. 191

Die Frage der Priorität stand für Freud zeitlebens im Zentrum, und über Entdeckungen oder Weiterentwicklungen der psychoanalytischen Lehre von anderen blieb er immer gespalten. Auch in der berühmten Mittwochsgesellschaft musste Freud immer wieder bei verschiedenen Referenten seine Priorität geltend machen, so etwa, indem er betonte, das Vorgetragene sei von ihm schon vorher und/oder in anderen Worten beschrieben bzw. entdeckt worden.[209] In einem Brief vom 25.11.1910 beklagt er sich bei Jung wie folgt: «*Die Stimmung wird mir durch die Ärgernisse mit Adler und Stekel weggenommen, mit denen schwer auszukommen ist ... Adler, ein sehr anständiger und geistig hochstehender Mensch, ist dafür paranoisch, drängt seine kaum verständlichen Theorien im ‹Zentralblatt› so vor, dass sie alle Leser in Verwirrung bringen müssen. Streitet ständig um seine Prioritäten, belegt alles mit neuen Namen, beklagt sich, dass er in meinem Schatten verschwindet, und drängt mich in die unliebsame Rolle des alternden Despoten, der die Jugend nicht aufkommen lässt. Ich wäre froh, wenn ich sie beide los wäre, da sie mich auch persönlich schlecht behandeln.*»[210] Der Vorwurf, Adler sei ein Paranoiker, sollte in Freuds Briefen in der Folge immer öfter auftauchen.

Auch eine Äußerung Adlers in kleinem Kreise, es sei kein großes Vergnügen für ihn, das ganze Leben in Freuds Schatten zu stehen,[211] wurde zum Streitpunkt der beiden Kontrahenten. Freud nahm diese Aussage als Ausgangspunkt für seine Deutung, dass er nichts Verwerfliches darin finde, «*wenn ein jüngerer Mann sich frei zu dem Ehrgeiz bekennt, den man als eine der Triebfedern seiner Arbeit ohnedies vermuten würde.*»[212] Im Weiteren fordert Freud von ihm Fairness, aber «*wie wenig dies Adler gelungen ist, zeigt die Fülle von kleinlichen Bosheiten, die seine Arbeit entstellen, und die Züge unbändiger Prioritätssucht, die sich in ihnen verraten.*»[213] Zudem zeige Adler ein Streben nach einem Platz an der Sonne (ebd.). Adlers Antwort darauf lässt nicht lange auf sich warten: Er lässt die Leser wissen, dass sich seine Aussage darauf beziehe, nicht «*durch die Mitarbeit an der Neurosenpsychologie für alle Ungereimtheiten des Freudis-*

---

209 vgl. z. B.: Bernhard Handlbauer (1990): Die Adler-Freud-Kontroverse. Frankfurt: Fischer, S. 74 ff.
210 Sigmund Freud an C. G. Jung in: S. Freud/C. G. Jung (1976): Briefwechsel. Zürich: Ex Libris, S. 412
211 Sigmund Freud (1981): Selbstdarstellung. Schriften zur Geschichte der Psychoanalyse. Frankfurt: Fischer, S. 186
212 ebd., S. 186
213 ebd., S. 187

mus mitschuldig gemacht zu werden»[214] – eine deutliche Abgrenzung und unmissverständliche Kritik der Psychoanalyse Freuds.

Freud bemerkte oft gekränkt, seine Schüler *«seien wie Hunde. Sie nehmen einen Knochen vom Tisch und kauen unabhängig in einer Ecke auf ihm herum. Aber es ist mein Knochen!»*[215]

Freud und Adler blieben zeitlebens miteinander unversöhnt, verletzt. Aus der Sicht Freuds stellte die Individualpsychologie eine der vielen psychologischen Richtungen dar, die zur Psychoanalyse gegnerisch eingestellt seien.[216] Selbst beim Tod Adlers im Jahre 1937, ein volles Vierteljahrhundert nach der Auseinandersetzung und Trennung der beiden, blieb Freud hart und unversöhnlich. Adler starb auf einer Reise nach Aberdeen plötzlich und Arnold Zweig erwähnte in einem Brief an Freud, dass ihn die Nachricht sehr betroffen habe. Freud erwiderte darauf: *«Aber Ihr Mitleid für Adler begreife ich nicht! Für einen Judenbuben aus einem Wiener Vorort ist der Tod in Aberdeen, Schottland, eine unerhörte Karriere und ein Beweis, wie weit er es gebracht hat. Wirklich hat ihn die Mitwelt für das Verdienst, der Analyse widersprochen zu haben, reichlich belohnt.»*[217] Die harten Worte Freuds zeigen auf der anderen Seite auch die immer noch vorhandene Verletztheit über den Ausgang (und die Folgen) der Kontroverse mit Adler sowie den Neid auf dessen Erfolg. Freuds Missgunst über den Erfolg der Individualpsychologie – *«man könnte sich ja verwundern, dass eine so trostlose Weltanschauung überhaupt Beachtung gefunden hat»*[218] – führte ihn auch zu manchmal völlig unzutreffenden Aussagen über Adlers Theorie wie etwa zur folgenden: *«Das Lebensbild, welches aus dem Adlerschen System hervorgeht, ist ganz auf den Aggressionstrieb gegründet; es lässt keinen Raum für die Liebe.»*[219] Diese Behauptung ist besonders paradox, weil gerade Freud das von Adler nur für kurze Zeit postulierte Konzept eines Aggressionstriebes (1908–1910) übernommen und zu einer umfassenden Triebtheorie ausgebaut hat! Aber auch Adler und seine Freunde erwiderten die Bitterkeit von Freud.

---

214 Alfred Adler (1973d): Über den nervösen Charakter. Frankfurt: Fischer, S. 56
215 zitiert nach: Paul Roazen (1977): Sigmund Freud und sein Kreis. Zürich: Ex Libris, S. 198
216 Sigmund Freud (1981): Selbstdarstellung. Schriften zur Geschichte der Psychoanalyse. Frankfurt: Fischer, S. 187
217 zitiert nach: Ernest Jones (1984c): Sigmund Freud. Leben und Werk. Band 3. München: dtv, S. 255
218 Sigmund Freud (1981): Selbstdarstellung. Schriften zur Geschichte der Psychoanalyse. Fischer: Frankfurt, S. 193
219 ebd., S. 193

Während vieler Jahre hatte Adler bei der Fortentwicklung seiner eigenen Konzepte Freuds Theorien mehrfach angegriffen. Die ebenso tiefe Verletztheit bei Adler zeigte sich beispielsweise auch bei seinen Äußerungen wenige Jahre vor seinem Tod, als er über die Psychoanalyse die Worte «*dieser Schmutz und Fäkalia*»[220] gebrauchte. Dass der menschliche Faktor bei der Beurteilung der Auseinandersetzung mit ihren Folgen auch von Adler ansatzweise geahnt wurde, zeigt seine briefliche Aussage vom 6.8.1912: «*Mag sein, dass mich der Mensch Freud zu kritischer Stellungnahme veranlasst hat. Ich kann es nicht bereuen.*»[221]

Die Auseinandersetzungen zwischen Freud und Adler in der Mittwochsgesellschaft sind auch bezüglich der unterschiedlichen Haltungen der beiden zueinander – vor dem Bruch – aufschlussreich und widerspiegeln deren geschwisterliches Verhalten in der Familie: Freud und die meisten seiner Schüler stellten Adlers Auffassungen als unvereinbar mit der Psychoanalyse dar; kurz vor dem Bruch meinte er, Adlers Theorien gingen zu weit vom rechten Weg ab. Adler selbst betonte noch über längere Zeit die Verbundenheit mit Freud und sah seine Beiträge mehr als Erweiterung und Ergänzung der psychoanalytischen Konzepte. Das zeigt sich auch in der ersten Phase der neuen Schule von Adler nach dem Bruch mit Freud, die er als «Verein für freie psychoanalytische Forschung» bezeichnete, bevor er sie dann in Individualpsychologie umbenannte und die Abgrenzung zu Freud deutlich vollzog. Ein Protokoll aus einer der letzten Sitzungen der Mittwochsgesellschaft kurz vor dem Austritt Adlers ist aufschlussreich: «*Freud sprach zwei Stunden lang und lieferte eine verheerende Kritik, durchsetzt mit persönlichen Angriffen auf Adler. Freud war ausgesprochen zornig und verurteilte Adler. Was immer er sage, habe keinen Sinn, was immer gut sei, sei nicht neu, und was immer neu sei, sei absolut schlecht … Er ließ Adler keine Chance für einen Kompromiss.*»[222]

Freud war vom tiefen und unhinterfragbaren Glauben durchdrungen, die Gesellschaft sei natürlich und notwendig autoritär und die Familie patriarchalisch: Wie er in der Schule und der Universität seine Lehrer selbstverständlich respektiert hatte und in der eigenen Familie von seinen jüngeren Geschwistern bewundert und akzeptiert wurde, so erwartete er nun von seinen Schülern dasselbe.

---

220 zitiert nach: Paul Roazen (1977): Sigmund Freud und sein Kreis. Zürich: Ex Libris, S. 216
221 Brief an Lou Andreas-Salomé vom 6.8.1912, zitiert nach: Bernhard Handlbauer (1990): Die Adler-Freud-Kontroverse. Frankfurt: Fischer, S. 176 f.
222 Bernhard Handlbauer (1990): Die Adler-Freud-Kontroverse. Frankfurt: Fischer, S. 148

Trotz allen gegenseitigen Respekts während ihrer gemeinsamen Arbeit unter dem psychoanalytischen Dach freundeten sich die beiden Männer nie miteinander an. Die ausgeprägte Geschwisterrivalität und das unterschwellige Ressentiment, das zwischen den beiden Adler-Brüdern (Sigmund Adler und Alfred Adler) herrschte, muss von Seiten Adlers als ein zentraler Faktor für die schwierige Beziehung zu Freud miteinbezogen werden – ich werde im gesonderten Absatz zu Adler noch darauf näher eingehen. Scharfzüngig äußerte sich Freud über seinen Rivalen Adler gegenüber Jones wie folgt: «*Was das innere Zerwürfnis anbetrifft, so musste es kommen, und ich habe die Krise reifen lassen. Es ist die Revolte eines abnormalen, vor Ehrgeiz wahnsinnigen Individuums, und sein Einfluss auf andere hängt von seinem starken Terrorismus und Sadismus ab.*»[223]

In der Freudschen Mittwochsgesellschaft, der Adler von 1902–1911 angehörte, zeigen die Protokolle, dass Adler sowohl das aktivste wie das eigenständigste Mitglied gewesen ist. Dies muss Freud schon früh gespürt haben, indem er ihn u. a. für den Vorsitz des Wiener psychoanalytischen Vereins und seines Blattes empfahl und so einzubinden versuchte. Freud bezeichnete Adler als begabten Kopf, der Freud-Schüler Jones gar als stärkste Persönlichkeit in der Gruppe um Freud. Dabei zeigten sich schon 1906 erste Anzeichen für tiefer gehende Differenzen. Adler hoffte noch auf eine Verständigung mit Freud und versuchte, ihn von seinen Ansichten zu überzeugen. Für Freud stellte Adler aber bereits eine zunehmende Bedrohung dar. In einem Brief an Jung vom 25.11.1910 wurde Freud sehr deutlich – ich wiederhole ein schon verwendetes Zitat: «*Adler, ein sehr anständiger und geistig hochstehender Mensch, ist dafür paranoisch, drängt seine kaum verständlichen Theorien im ‹Zentralblatt› so vor, dass sie alle Leser in Verwirrung bringen müssen. Streitet ständig um seine Prioritäten, belegt alles mit neuen Namen, beklagt sich, dass er in meinem Schatten verschwindet, und drängt mich in die Rolle des alternden Despoten, der die Jugend nicht aufkommen lässt.*»[224]

Zur Beurteilung von Freuds ungemein scharfer Reaktion auf Adler muss berücksichtigt werden, dass dieser der erste war, der sein Werk in grundlegenden Punkten in Frage stellte und alternative Konzepte und Theorien vorstellte, und dass Freud zudem außerhalb seines Kreises immer noch vielfachen Angriffen ausgesetzt war. Das ist vielleicht mit ein Grund, dass keiner der weiteren zahlreichen Brüche mit und Abgänge

---

223 Sigmund Freud, zitiert nach: Edward Hoffman (1997): Alfred Adler. Ein Leben für die Individualpsychologie. München: Reinhardt, S. 100
224 Freud in einem Brief an Jung vom 25.11.1910 in: S. Freud/C. G. Jung (1976): Briefwechsel. Zürich: Ex Libris, S. 412

von nahestehenden Kollegen wie Stekel, Jung oder Rank einen so lebenslangen, unversöhnlichen Hass auslösen sollte wie bei Adler. Zeit ihres Lebens blieben Freud und Adler – leider – erbitterte Feinde. Die nun folgende Beschreibung von Adlers familiärem Hintergrund, speziell seiner Geschwisterkonstellation, zeigt das passende Gegenstück zu Freuds Situation und lässt den Konflikt zwischen den beiden Männern besser nachvollziehen.

Die Geschwisterkonstellation bei Alfred Adler

Alfred Adler (1870–1937) stammt ebenso wie Sigmund Freud aus einer kinderreichen Familie: Sigmund (1868), Alfred (1870), Hermine (1871), Rudolf (1873–1877), Irma (1874), Max (1877), Richard (1884). Über Alfred Adlers familiäres Leben ist weit weniger bekannt als über jenes von Sigmund Freud. In der Familie herrschte ein weltoffenes, optimistisches Klima vor. Wurde für ihn der sorglose und fröhliche Vater durch seinen Mut und Fleiß zu einem Vorbild – Alfred scheint überdies sein Lieblingssohn gewesen zu sein –, gestaltete sich Alfreds Beziehung zur Mutter schwieriger, auch ambivalenter: Mit ihr verstand er sich weniger, was vermutlich auch mit der Geburt des drei Jahre jüngeren Bruders zusammenhing. Bevor dieser geboren wurde, musste Alfred aufgrund seiner Kränklichkeit und Schwächlichkeit besonders gepflegt werden. Nach der Geburt von Rudolf fühlte sich Adler nach eigenen Worten von ihr vernachlässigt (was er später als Irrtum erkannte) und verbrachte den Großteil seiner Kindheit auf der Straße beim Spielen und Rennen mit anderen Kindern. Adler schreibt selber, dass er *«ständig glänzen wollte im Laufen, Rennen und Springen.»* [225] Adler entwickelte schon früh, auch aufgrund seiner körperlichen Probleme (schwere Lungenentzündung, Rachitis, mehrere Konfrontationen mit dem Tod) den Wunsch, Schwäche und Behinderung überwinden zu können. Dies wurde für ihn zu einem wesentlichen Motor, nicht nur bezüglich seiner Berufswahl (Arzt), sondern in seinem ganzen Streben überhaupt.

Für den jungen Alfred war die offensichtlich übermächtig empfundene Gestalt des älteren Bruders Sigmund ein Problem: Dieser galt als begabt, war dominant und versetzte Alfred in einen fortlaufenden wie anstrengenden Kampf um die elterliche Aufmerksamkeit. Sigmund

---

225 Alfred Adler, zitiert nach: Josef Rattner (1972): Alfred Adler. Reinbek: Rowohlt, S. 11

nahm als erstgeborenes männliches Kind im jüdischen Haushalt der Familie Adler eine traditionell bevorzugte Stellung ein. Noch bedeutsamer war jedoch die Tatsache, dass Sigmund sich einer viel besseren physischen Gesundheit erfreute als der kränkliche Alfred. Anfälle von Atemnot, Rachitis-Erkrankungen und mehr setzten Alfred in seiner Kindheit zu und wurden von ihm stark empfunden. In einer seiner wenigen Erinnerungen schreibt er: «*Eine meiner frühesten Erinnerungen ist, dass ich auf einer Bank sitze, ganz bandagiert wegen der Rachitis, und mein gesunder älterer Bruder sitzt mir gegenüber. Er konnte rennen, springen, und sich ohne Anstrengung bewegen, während für mich jede Art von Bewegung eine Belastung war ... Jeder gab sich große Mühe, mir zu helfen.*»[226] Die starke und anhaltende Konkurrenz mit dem älteren Bruder blieb auch in der Adoleszenz für Alfred ein permanentes Thema: Er fühlte sich von seinem Bruder in den Schatten gestellt. Sogar in mittleren Jahren empfand er immer noch Rivalitätsgefühle gegenüber dem mittlerweile sehr erfolgreichen Geschäftsmann Sigmund: «*Ein guter, fleißiger Bursche, der mir immer voraus war – mir immer noch voraus ist!*»[227] Alfred scheint als Kind gegenüber dem älteren Bruder permanent im Gefühl gelebt zu haben, trotz aller Anstrengungen von ihm in den Schatten gestellt zu werden. Umgekehrt muss Alfred von seinem älteren Bruder später sowohl als Arzt wie als Psychologe sehr geachtet und mit Bewunderung und großem Respekt behandelt worden sein. Trotz dieser empfundenen Rivalität von Alfred sind die beiden gute Freunde geworden.

Die meiste Zeit seiner Kindheit verbrachte der kleine Alfred auf der Straße beim Spielen mit anderen Kindern, und dort war er allgemein sehr beliebt. Als sich später seine schulischen Fähigkeiten verbesserten, wurde er für viele Nachbarskinder auch zu einem beliebten Nachhilfelehrer (vgl. Rattner 1972). Er kompensierte seine körperliche Schwäche deutlich damit, dass er auf anderen Gebieten (Schule, soziale Beliebtheit) Erfolge erzielte. Vermutlich haben ihn seine eigenen Erfahrungen auf der Strasse dazu angeregt, die Rolle der Gleichaltrigen und der Geschwister bei der Formung der Persönlichkeit mehr zu gewichten als Freud.

Auf der anderen Seite richteten die Eltern hohe Erwartungen an ihren offensichtlich aufgeweckten Sohn Alfred; ähnlich wie bei Freud die Mutter, scheint bei Adler vor allem der Vater den Wunsch gehabt zu haben, dass sich Alfred akademisch hervortun würde, um die damals besonders

---

226 Alfred Adler, zitiert nach: Edward Hoffman (1997): Alfred Adler. Ein Leben für die Individualpsychologie. München: Reinhardt, S. 23
227 a. a. O., S. 28

begehrenswert eingestufte juristische oder medizinische Laufbahn einzuschlagen. Obwohl Alfred zeitweise mit erheblichen schulischen Schwierigkeiten zu kämpfen hatte, absolvierte er einige Jahre später dasselbe angesehene Gymnasium wie Sigmund Freud.

Im Gegensatz zu seinem älteren Bruder verband ihn mit dem 14 Jahre jüngeren Richard eine freundschaftliche Beziehung; mit seinen zwei Schwestern sowie den beiden anderen Brüdern stand er hingegen nicht auf besonders vertrautem Fuß.

Das Bild, das Adler später in seinen Büchern von der Persönlichkeit des zweiten Kindes zeichnet, ist äußerst aufschlussreich, wenn man es auf seine eigene persönliche Situation bezieht: Er steht immer unter Druck, versucht mit aller Kraft, es dem älteren Bruder gleichzutun, und ihm selber ist ein rivalisierender jüngerer Bruder hart auf den Versen. Es stellt wohl eine Ironie des Schicksals dar, dass Adlers älterer Bruder, mit dem er so heftig rivalisierte, ausgerechnet Sigmund hieß!

8. Geschwister und Geschlecht

Wir stammen alle aus einer patriarchalisch geprägten Kulturgeschichte: Trotz gesetzlicher Gleichberechtigung und dem Versuch einer möglichst geschlechtergerechten Erziehung und Schulung ist auch in hoch entwickelten Ländern der Welt nicht zu übersehen, dass die meisten Eltern einem Mädchen mit zum Teil anderen Erwartungsvorstellungen begegnen als einem Knaben. Sogar feministisch orientierte und mit der Gender-Thematik vertraute Personen sind nicht dagegen gefeit, geschlechtsspezifische Präferenzen weitgehend unbewusst an ihre Kinder weiterzugeben. Ein schönes Beispiel gibt dazu Marianne Grabrucker, die ein eindrückliches Tagebuch[228] über die ersten drei Lebensjahre ihrer Tochter selbstkritisch und detailgenau veröffentlicht hat: Sie gesteht in ihrem Bericht freimütig ein, wie sie trotz kritischer Reflexion mehr als ihr lieb ist immer wieder in geschlechtsstereotypes Fühlen und Handeln verfällt; scheinbar banale, alltägliche Situationen führen dazu, dass das Mädchen doch wieder die weibliche Rolle einübt, auch wenn die Mutter dies unter allen Umständen vermeiden will. Diese subtilen Formen der unbewussten Geschlechtsstereotypisierung schleichen sich auch in der Erziehung von fortschrittlichen und modernen Eltern leicht ein.

Geschwister gleichen Geschlechts am Beispiel von Zwillingen

Zwar finden sich in den meisten Geschwisterbeziehungen und -konstellationen sowohl Rivalität und Konkurrenz wie auch Wärme und Intimität, aber wenn die Geschwister das gleiche Geschlecht haben, bilden sich sowohl Intimität als auch Konkurrenz auf besondere Weise aus.

---

228 Marianne Grabrucker (1985): Typisch Mädchen. Prägung in den ersten drei Lebensjahren. Frankfurt: Fischer. Vgl. dazu weiter auch: Claudia Pinl (1995): Vom kleinen zum großen Unterschied. Geschlechterdifferenz und konservative Wende im Feminismus. Frankfurt: Fischer

Zeigt sich die gegenseitige Identifikation von Geschwistern mit geringem Altersabstand schon tendenziell ausgeprägter, so verstärkt sich dieser Effekt bei Geschwistern gleichen Geschlechts noch zusätzlich.

Bei Zwillingen – und hier speziell bei eineiigen – erweist sich die Entwicklungsaufgabe einer eigenständigen und unabhängigen Identität besonders deutlich. So können Zwillinge im günstigen Fall Spiegel füreinander sein, und sie erfahren vielfältigere – und in anderen Geschwisterkombinationen seltenere – Formen von Freundschaft, Sicherheit, Nähe, Empathie und Unterstützung. Die Kehrseite dieser Medaille präsentiert sich nicht selten in übermäßiger Abhängigkeit, Unsicherheit, Angst vor einer Trennung, allerdings häufig in der Variante, dass der «schwächere» oder «jüngere» Zwilling in dieser Rolle haften bleibt und es dem anderen eher gelingt, einen eigenständigen Weg einzuschlagen. Ich habe selber über ein Jahr einen jüngeren Zwilling (das «schwächere» von zwei Mädchen) im Übergang ins Erwachsenenalter intensiv begleitet und beraten. Machen etwa eineiige Geschwister in der Schule noch mit Lehrpersonen, die sie nicht auseinander halten und verwechseln, ein Spiel, so wird später, d. h. in der Phase des Erwachsenenwerdens, unter Umständen versucht, eine Kultivierung von Unterschieden und eine Überbetonung der Abgrenzung vorzunehmen. Aber auch eine Zunahme extrem konkurrenzbetonter Verhaltensweisen kann manchmal beobachtet werden. Es sind wiederum unzählige Varianten und Spielarten möglich.

Manche Zwillinge vermeiden eine zu starke Intimität und Identifizierung, indem sie sich verschiedene oder gar gegensätzlich-ergänzende (komplementäre) Rollen suchen und sich so voneinander zunehmend unterscheiden und abgrenzen lernen (De-Identifizierung). Viele Eltern von Zwillingen sind sich bewusst, wie wichtig es für das Gedeihen ihrer Kinder ist, deren eigenständige Entwicklung zu fördern. Unterschiedliche Kleidung, verschiedene Frisuren und vor allem nicht dieselbe Schulklasse sind wichtige erste Hilfen, um die Individuation beider zu fördern. Dann wird es auch eher möglich, einen Teil ihrer gemeinsamen Intimität nach und nach auf die Außenwelt zu übertragen: in der Kindheit auf die Freunde bzw. Freundinnen, später auch auf LiebespartnerInnen. Zwillinge, denen diese für sie besonders spezifische Entwicklungsaufgabe nicht gelingt, laufen Gefahr, ihr weiteres Leben lang Bild und Abbild (oder umgekehrt) zu bleiben; ein Geschwister nimmt die Rolle des Vorbildes, des «Vorläufers», des Stärkeren ein, während das andere unter seiner abgeleiteten Identität fast immer leidet. Im Extremfall kann das Schwächere daran fast zerbrechen, wie ich an einer Klientin selber erfahren musste, die über Jahre an teilweise schweren Depressionen litt, verbunden mit häufigen Suizidgedanken sowie zwei Suizidversuchen.

Erst eine allmähliche Ablösung von der Schwester und die Möglichkeit einer Aufarbeitung der eigenen Geschichte mit der Klärung besonders bedrückender Probleme verhalf ihr aus diesem Leiden heraus.

In einem anderen Fall bietet die Zwillingssituation aber auch viele Vorteile: Man ist nie allein, profitiert von Erfahrungen außerordentlicher Solidarität, von gegenseitiger Unterstützung und erlebt tiefes gegenseitiges Verständnis. Mit einem Zwilling aufzuwachsen bedeutet eine besondere Zweiergruppen-Erfahrung und kann durchaus auch als eine gute Vorbereitung auf eine spätere Partnerschaftsbeziehung angesehen werden, da die Zwillingsbeziehung in der Regel auf einer stark horizontal strukturierten, gleichberechtigten Ebene abläuft.

Geschwister unterschiedlichen Geschlechts

Tendenziell lässt sich beobachten, dass Kinder, die mit nicht zu viel älteren andersgeschlechtlichen Geschwistern aufwachsen, auch eher typische Interessen und Vorlieben des anderen Geschlechts übernehmen: Die große Schwester oder der große Bruder wirken als Vorbild. Dies gilt allerdings in der Regel nur in Familien, wo keine allzu starke geschlechtsspezifische Erziehung und Wertung vorgenommen oder wenn das ältere Geschwister nicht kritisiert und abgelehnt wird. Andernfalls wirkt das ältere Geschwister (z. B. die Schwester) kaum bis gar nicht als attraktives Identifikationsobjekt für den jüngeren Bruder in der Ausrichtung (Charakterentwicklung) wie auch etwa bezüglich eines Hobbys oder einer spezifischen Neigung.

Interessante Zusammenhänge bezüglich des Einflusses der Geburtenfolge und des Geschlechts auf Persönlichkeitsmerkmale sind von verschiedenen ForscherInnen beobachtet worden. So sind beispielsweise Jungen mit einem Bruder tendenziell stärker auf Konkurrenz ausgerichtet und bestimmender als Brüder von Schwestern.[229]

In den meisten Kulturen waren Söhne mehr wert als Töchter; vor allem erstgeborene Söhne galten als Erben und Fortsetzer des Familienbesitzes – wie dies etwa in der Namengebung zum Ausdruck kommt: Töchter, die heirateten, verloren bis vor kurzem automatisch auch ihren ursprünglichen Familiennamen, Söhne hingegen blieben auf jeden Fall Träger des Familiennamens.

---

229 Für ausführlichere Informationen dazu siehe auch: Frank J. Sulloway (1997): Der Rebell der Familie. Berlin: Siedler, S. 95–98.

Als ein wichtiger Faktor für Bevorzugungen bzw. Benachteiligungen eines Geschwisters muss deshalb weiterhin das Geschlecht berücksichtigt werden. Ein Blick in die – nicht nur abendländische – Geschichte belegt eine jahrhunderte-, wenn nicht jahrtausendealte Privilegierung des männlichen Geschlechts. Die Minderbewertung der Frau führt bis in die Gegenwart in vielen Ländern immer noch zu schrecklichen Folgen wie der vorzeitigen Abtreibung hunderttausender weiblicher Föten, so etwa besonders verbreitet in China und Indien. Aber auch an weniger drastischen Beispielen lassen sich deutliche Bewertungsunterschiede zwischen Knaben und Mädchen durch die Eltern, die Kultur und die Religionen beobachten. Die Bewertungen der Geschlechter in einer Familie hinterlassen immer vielfältige Spuren, manchmal subtile, aber – wie die nachfolgenden Beispiele exemplarisch zeigen werden – vielfach auch offenkundige und weitreichende. Die beiden ersten Beispiele stammen aus meiner Beratungspraxis, das dritte aus der Literatur.

Drei Fallbeispiele

1. Raoul ... und «die»
Der 22-jährige Raoul meldete sich bei mir wegen beruflichen Schwierigkeiten. Bei unseren Gesprächen fiel bald auf, wie er auf alle anamnestischen Fragen so antwortete, wie wenn er alleine mit seinen Eltern – quasi als Einzelkind – aufgewachsen wäre. Erst durch wiederholtes und hartnäckiges Nachhaken erfuhr ich schließlich von der Existenz einer vier Jahre älteren Schwester, die er auch nie mit einem Namen benannte, sondern mit «die» bezeichnete. In den folgenden Gesprächen kristallisierte sich immer deutlicher heraus, dass Raoul als einziger männlicher Sprössling einer reichen Familie der gänzlich privilegierte Sohn war, dem seine Eltern alle Wünsche erfüllten und für den seine ältere Schwester keinen Wert darstellte. Raoul wuchs als der legitime Erbe der traditionsreichen Unternehmerfamilie auf, die Schwester galt als quantité négligeable. Das Verhältnis der beiden Geschwister zeichnete sich durch eine außerordentlich ausgeprägte Distanz, Kühle und Gleichgültigkeit aus. Raoul verbrachte kaum Zeit mit ihr. Wenig überraschend suchte sich die Schwester schon sehr früh außerfamiliäre Bezugspersonen und SpielgefährtInnen. Kaum erreichte sie das 16. Altersjahr, ergriff sie die Gelegenheit für einen Fremdsprachenaufenthalt in der französischen Schweiz und zog für immer von zu Hause aus. Raouls Geringschätzung der Schwester und letztlich aller Frauen – die Mutter wurde vom Vater als zweitrangiges, minderwertiges Wesen behandelt – verstärkte im Sinne des Modelllernens seine Einstellung zum weiblichen Geschlecht und führte u. a. dazu, dass er in ersten sich anbahnenden Liebesbeziehungen nur mit jungen Frauen, die ihn bewunderten und seine Erstrangigkeit in der Beziehung nicht in Frage stellten, etwas näher in Kontakt kam. Frauen, die sich gleichwertiger fühlten und eine entsprechende Behandlung von Raoul erwarteten, wandten sich rasch wieder von ihm ab, wenn sie merkten, dass er nicht darauf eingehen konnte.

Am nächsten Beispiel, das ich andernorts[230] speziell unter dem Aspekt der Verwöhnung dargestellt habe, erkennen wir den negativen Einfluss einer elterlichen patriarchalischen Privilegierung des jüngeren Sohnes ebenfalls deutlich.

2. Der lang ersehnte Stammhalter
Erdal kommt drei Jahre nach Maria zur Welt. Seine türkischen Eltern haben lange auf den Stammhalter gewartet – umso größer ist nun die Freude der patriarchalisch strukturierten Familie und der ganzen Verwandtschaft.
Erdal wird gegenüber Maria in allen Bereichen bevorzugt, er muss beispielsweise im Haushalt – im Gegensatz zu Maria – nie mithelfen. Er ist klar «der Sohn», das Mädchen hingegen nur «die Maria». Die Bevorzugung erreicht schließlich einen Höhepunkt, als Erdal 18-jährig wird: Der Vater, Arbeiter in einer Fabrik, kauft ihm einen neuen Audi für rund 30 000 Schweizer Franken. Maria, die drei Jahre zuvor ebenfalls 18 Jahre alt geworden ist und damals kein besonderes Geschenk erhalten hat, begehrt nun bei den Eltern auf. Nach monatelangem Hin und Her entschließt sich der Vater schließlich zu folgender Lösung: Er kauft Maria einen alten Gebrauchtwagen, Marke Nissan, mit 80 000 Kilometern für rund 5 000 Schweizer Franken.
In separaten Gesprächen mit Erdal und Maria erlebe ich nun Folgendes: Erdal findet es völlig normal und selbstverständlich, dass sein Vater ihm ein neues Auto gekauft hat; die Reaktion der großen Schwester ist für ihn unverzeihlich: Sie habe ja schließlich auch ein Auto bekommen, obwohl sie das als Frau im Gegensatz zu ihm nicht brauche! Für Maria sieht es etwas anders aus: Sie ist wütend auf den Vater und den Bruder, nimmt aber das Gebrauchtauto an.

An diesem Beispiel wird zudem deutlich, wie die geschlechtliche Privilegierung stark von kulturellen Aspekten geprägt ist. Es wird die Leserin/ den Leser kaum überraschen, dass die beiden Geschwister während der ganzen Kindheit und Jugendzeit in einem ausgesprochen schlechten Verhältnis zueinander standen und die Schwester von der andauernden Bevorzugung tief verletzt war.

Was ein Mädchen zwischen zwei Brüdern sowie auf dem Hintergrund einer krassen Minderbewertung ihres Geschlechts erlebt und empfindet, schildert Madlen Frenzi[231] im folgenden Text auf eindrückliche Weise.

---

230 vgl. dazu: Jürg Frick (2001): Die Droge Verwöhnung. Beispiele, Folgen, Alternativen. Bern: Huber, S. 108–109
231 Madlen Frenzi in: Günter Franzen/Boris Penth (1992): Hüten und Hassen. Geschwister-Geschichten. München: Dtv, S. 32–33

3. «Hätte ich nur einen Penis!»

«Als Prinzessin zwischen den Brüdern hatte ich mich nie gefühlt; da war der alltägliche Kampf um die Zuneigung der Mutter, die den Jungen die bedeutsamere Rolle zumaß. Die Jungen waren nach der Schule abgespannt und mussten sich ausruhen, während mein Schulstress unbedeutend schien, so dass ich am Nachmittag erst mal eine Stunde in der Küche stehen musste, um das Chaos zu lichten, das meine Mutter während der Zubereitung der Mahlzeiten inszenierte. Unterstützt wurde diese Arbeitszuweisung durch den moralischen Druck meiner Großmutter, ihre Tochter sei mit den Schwangerschaften, den Krankheiten oder ihren Schneiderarbeiten für die Familie überlastet und auf meine Mithilfe angewiesen, so dass ein Auflehnen gegen diese ungerechte Verteilung der Hausarbeiten eine Verschlimmerung des Gesundheitszustandes der Mutter einschloss.

Hätte ich nur einen Penis – mit zehn, zwölf, vierzehn Jahren habe ich dieses Ohnmachtsgefühl eines Mädchens erfahren, den grenzenlosen Hass auf all die Vorteile und Annehmlichkeiten, die ein Junge grundsätzlich besaß; meine Wut steigerte sich beim alltäglichen Abtrocknen des Geschirrs oder beim allsamstäglichen Backen von mindestens zwei Kuchen – die Männer im Hause waren und sind alle heißhungrige Kuchenesser, während ich seit meinem sechzehnten Lebensjahr versuchte, keinen Zucker mehr zu essen – bisweilen so ins Maßlose, dass ich mich an das Gefühl erinnere, mitten im Bauch zu explodieren. Der Hass auf die Mutter konnte sich in einem Gedanken zusammenballen: Soll sie doch an ihren Schwangerschaften verrecken!

Einen Ausweg zu finden, dem kleinen Mädchen in mir einen gleichwertigen Platz zu geben, dieses konnte ich nur mit einer Schwester verbinden, die einen Teil der Lasten abnähme und Verbündete, Vertraute gegen diese Männerübermacht wäre. Meine besondere Aufmerksamkeit bestand in den acht Jahren, die ich zusammen mit den Geschwistern zu Hause verbrachte, darin, dem jüngsten Bruder all das zu ermöglichen, was mir selbst von den Eltern versagt blieb. Er sollte Ballettunterricht besuchen können, eine Lederjacke mit Fellkragen besitzen, mit seiner kleinen Freundin im Garten zelten dürfen und die Erwachsenen mit lustvollem Lachen und Kreischen irritieren. Natürlich hatte ich ihm – lange bevor notwendig, wie meine Mutter kommentierte – die Aufklärungsbücher aus dem ‹Roten Stern›-Buchladen mit reichhaltigem Fotoanteil besorgt und auch selbst noch mit größtem Genuss darin geblättert.

Er wurde zum korrigierenden Stift meiner Erinnerungen an die Vergangenheit, ihm sollte alles möglich sein, und durch ihn wollte ich mich mit den eigenen Defiziten aussöhnen.

Der jüngste Bruder wurde zum engsten Vertrauten, er bekam den Rang einer Schwester. Jahrelang war er Zeuge meiner Hochs und Tiefs, jede seiner Annäherungen an Mädchen wurde mir durch seine Erzählungen vertraut.

Seine erste Liebesbeziehung mit einer Frau begann auf einer griechischen Insel, von der ich ihm wochenlang vorgeschwärmt hatte und die er sich schließlich als Urlaubsort aussuchte.

Seine erste Liebe hatte Ähnlichkeiten mit mir: die gleiche Körpergröße und Haarfarbe und mein Alter – zehn Jahre älter als der Bruder. Die Heftigkeit der Begegnung mit dieser Frau überdauerte den Urlaub.»

Freuds Behauptung, jede Frau hätte einen Penisneid, lässt sich aus heutiger Sicht nur noch so sinnvoll (um-) interpretieren, dass es nicht das Geschlechtsteil an sich ist, das für ein Kind von so existentiellem Interesse ist, sondern die damit verbundene Rolle, Wertschätzung und Privilegierung oder eben Benachteiligung. Mädchen spürt(t)en sehr früh, dass der «Besitz» des Gliedes in entsprechend strukturierten Familien einen Knaben von gewissen lästigen Aufgaben befreit(e) und ihm mehr Freiheiten und Annehmlichkeiten erlaubt(e). Dies drückt die Verfasserin des obigen Textes sehr präzise aus.

Weitere Aspekte

Selbstverständlich existieren auch umgekehrte Formen von geschlechtsspezifischer Privilegierung bzw. Benachteiligung: Väter, die aus bestimmten persönlichen Gründen das Mädchen offenkundig besser behandeln oder Mütter, die aus ebenfalls individuellen Motiven ihre Tochter dem oder den Knaben klar vorziehen. Hier spielen wiederum meistens eigene Erfahrungen der Eltern aus ihrer Kindheit eine zentrale Rolle: Die eigene unverarbeitete Beziehung zum bevorzugten Bruder kann so unter bestimmten Bedingungen eine Mutter unbewusst zum beschriebenen Verhalten gegenüber ihren Kindern führen. Ähnliches gilt für den Vater: Das schlechte Verhältnis zum älteren Bruder, das die ganze Kindheit sowie Jugendzeit überdauert hat und bis heute anhält, kann einen solchen Anlass bieten, um sich unbewusst am immer überlegenen und stärkeren Bruder endlich – stellvertretend am eigenen Sohn – zu rächen. Die negativen Affekte wie etwa Groll und Antipathie, die er selber erlebt hat, agiert er nun am eigenen Sohn aus. Glücklicherweise sind solche Fälle eher selten.

In der Kombination älterer Bruder/jüngere Schwester spiegelt sich die traditionelle patriarchalische Gesellschaftsordnung wider: Die Ehemänner sind tendenziell älter als ihre Frauen, Väter eher älter als Mütter usw. Je nach Familiensituation kann eine Selbstaufopferung und Bewunderung für den älteren Bruder beobachtet werden: Die jüngeren Schwestern von Sigmund Freud wären dafür ein besonders prominentes Beispiel.

Jede gemischtgeschlechtliche Geschwisterkonstellation muss immer im individuellen familiären sowie kulturellen Kontext näher beleuchtet werden, bevor präzisere Beschreibungen und Schlüsse bezüglich der Rollenzuschreibungen möglich sind. So kann im einen Fall ein Mädchen, das mit mehreren Brüdern aufwächst, die für sie schmerzliche Erfahrung machen, dass sie weniger wichtig, weniger wert ist als die Brüder, im anderen Fall hingegen eine besonders beschützte und privilegierte Situation erleben. Beide Varianten werden wiederum ganz spezifische, individuelle Reaktionen bei den Brüdern auslösen, die dann auf das Verhalten des Mädchens zurückwirken. Wie genau die brüderlichen Reaktionen ausfallen, lässt sich nicht verallgemeinern. Allerdings führt – wie schon in den Beispielen angedeutet – eine deutlich wahrnehmbare Bevorzugung des Sohnes/der Söhne (aber auch der Tochter/der Töchter) meist zu lebenslangen Spannungen und Rivalitäten in der Geschwisterbeziehung, weil die benachteiligten Kinder die elterliche Verletzung der Gleichbehandlungs- und Fairnessregel selten verwinden können (vgl. dazu auch die Kap. 9 und 11).

Im nächsten Praxis-Beispiel einer 22-jährigen Frau erkennen wir wiederum eine ganz individuelle Bruder-Schwester-Bruder-Konstellation mit verschiedenen Vor- und Nachteilen für die Schwester.

«Ich habe einen um drei Jahre älteren Bruder und einen um fünf Jahre jüngeren Bruder.
Mit meinem älteren Bruder hatte ich in meiner Kindheit relativ oft Streit, der meistens auch handgreiflich wurde. Je älter mein kleiner Bruder wurde, umso mehr verbündete er sich mit meinem großen Bruder, und so hatte ich mich gegen beide zu behaupten. Dies war natürlich nicht immer einfach, doch ich denke, ich habe dadurch gut lernen können mich durchzusetzen. Ich habe auf jeden Fall später in der Schule mich gut durchsetzen und verteidigen können und fühlte mich eigentlich nie unterdrückt oder übersehen.
Da ich das einzige Mädchen bin, hatte ich schon immer eine spezielle Stellung. Besonders meinem Vater gegenüber konnte und kann ich das gezielt einsetzen. Wir sind auch nicht gleich behandelt worden, z. B. durfte mein großer Bruder mit 16 Jahren allein nach Portugal reisen, was für mich nicht in Frage gekommen wäre. Obwohl meine Eltern eigentlich versuchten, uns gleichberechtigt zu behandeln, blieben meine Brüder größtenteils von Hausarbeiten verschont. Dies ist bis heute ein großer Streitpunkt zwischen meiner Mutter und mir geblieben und hat meine Einstellung zur Gleichberechtigung zwischen Frau und Mann stark geprägt. Ich reagiere sehr empfindlich auf Männer, die keine Hausarbeit machen wollen und dies als Frauenarbeit abtun! Ich werde unbedingt später bei meinen Kindern darauf achten, dass die Knaben die gleichen Hausarbeiten wie die Mädchen erledigen müssen!»

Auf der einen Seite lernte sie in der Auseinandersetzung mit ihren Brüdern die Kunst des Streitens und des Durchsetzens, was ihr später in der Schule zum Vorteil gereichte. Über die spezielle Position beim Vater als einziges Mädchen schweigt sie sich zwar aus – vermutlich war dies auch mit Vorteilen verbunden! –, die Benachteiligung als Mädchen bezüglich der Hausarbeiten sind ihr aber deutlich in Erinnerung geblieben und haben dazu geführt, dass sie sich für die Erziehung eigener Kinder hier bestimmte Vorsätze gefasst hat.

Wie auch immer: Das Zusammenleben von Geschwistern verschiedenen Geschlechts bietet ein komplexes und intensives Lernfeld für alle Beteiligten, einen Erfahrungsraum, der letztlich – je nach Umständen – eine günstige, mäßige oder eher schlechte Vorbereitung für das spätere Zusammenleben mit dem anderen Geschlecht bietet.

9. Geschwisterbeziehungen zwischen Nähe-Intimität und Distanz-Feindschaft

Wie alle zwischenmenschlichen Beziehungen bergen auch Geschwisterbeziehungen immer Chancen, Potenziale, Ressourcen (vgl. dazu besonders Kap. 4); sie können aber unter bestimmten Umständen auch für eines, beide oder alle Geschwister belastend bis sogar entwicklungshemmend sein. Auf Letzteres bin ich in Kapitel 5 im Zusammenhang mit Geschwisterrivalität etwas näher eingegangen.

Grundmuster emotionaler Beziehungen von Geschwistern (Beziehungsmodi)

Welche Faktoren lassen sich identifizieren, die bei Geschwistern zu Nähe oder Distanz führen? Nach Gold (1989)[232], die ihre Ergebnisse allerdings an Frauen und Männer über 65 Jahren gewonnen hat, lassen sich zusammenfassend fünf Kategorien – ich spreche lieber von Grundmustern oder Beziehungsmodi – für die Geschwisterbeziehung erkennen: Intimität, Kongenialität, Loyalität, Gleichgültigkeit und Feindseligkeit. Mit diesen Beziehungsmodi lassen sich aber auch die Kontakte von Geschwistern in allen Abschnitten der Kindheit, der Jugend wie des Erwachsenenalters vorzüglich beschreiben. Die Übergänge der Beziehungsmodi sind natürlich fließend und treten selten in «reiner» Form auf: Besonders in Kindheit und Jugend zeigen sich die Beziehungsformen tendenziell noch flexibler, während sie dann im Alter zunehmend eingespielt, statisch werden. Zudem treten in den meisten Fällen die unten skizzierten Be-

---

[232] Gold, D. T. (1989): Sibling relationships in old age: A typology, *International Journal of Aging and Human Development,* 28, S. 37–51; zusammengefasst in: Hartmut Kasten (1993a): Die Geschwisterbeziehung. Band 1. Göttingen: Hogrefe, S. 129

ziehungsmodi in Mischformen auf, die sich aufgrund des Alters und der individuellen Entwicklung der Geschwister fortlaufend verändern. Selbstverständlich haben auch hier die Eltern durch ihr Vorbild, ihren Umgang miteinander und das Verhalten gegenüber den einzelnen Kindern einen sehr großen Einfluss auf die Art der geschwisterlichen Beziehung.

- *Intimität* bezieht sich auf die Geschwister, die sich gegenseitig für die besten Freunde halten, die ihre innersten Gefühle und Gedanken austauschen und eine ähnlich enge psychische Bindung wie zum Lebenspartner/zur Lebenspartnerin aufweisen.
- *Kongeniale* Geschwister sind in der Regel gute, aber nicht die besten Freunde: Sie gehen meistens liebevoll und unterstützend miteinander um.
- *Loyalität* zwischen Geschwistern stützt sich mehr auf familiäre Verantwortung als auf direkte, persönlich enge Bindung. Diese Geschwister unterstützen sich zwar bei Bedarf, stehen sich aber emotional deutlich weniger nahe. Loyale Geschwisterbeziehungen lassen sich durch drei Merkmale besonders charakterisieren: Sie schützen sich, sie kommunizieren einen gemeinsamen privaten Code und sie kooperieren viel ausgeprägter als in gleichgültigen oder feindseligen Geschwisterbeziehungen. Der private Code, eine persönliche, verbale wie nonverbale Kommunikationsform, findet sich bei vielen Geschwistern mit geringem Altersunterschied, am häufigsten bei Zwillingen – und hier speziell bei eineiigen. Mithilfe des privaten Codes gelingt es Geschwistern, ein Stück Abgrenzung und Autonomie gegenüber den Eltern zu entwickeln. Sie genießen es, vor den Eltern Signale auszutauschen, ohne dass diese verstehen, worum es geht. Die sonst in allem stärkeren und übermächtigen Eltern können so für einmal verblüfft oder auch von Geheimnissen und heimlichen Absprachen ausgeschlossen werden. Der erwähnte private Code findet sich auch in den ersten beiden beschriebenen Beziehungsvarianten.
- *Gleichgültige* Geschwister sind kaum aneinander interessiert; ihr Kontakt ist beschränkt. Distanz und ein Mangel an erkennbar aufeinander bezogenen Gefühlen charakterisieren diese Beziehung.
- Bei *feindseligen* Geschwistern zeigt sich eine auffallende Distanz als Folge von Wut und Ablehnung. Offener oder verdeckter Streit, in kürzester Zeit eskalierende Auseinandersetzungen und/oder die häufige Weigerung, miteinander überhaupt noch zu reden oder sich zu treffen, sind weitere Merkmale dieses Beziehungsmodus. Ein völliger Beziehungsabbruch ist meistens erst im späteren Jugendalter bzw. im

Erwachsenenalter zu beobachten. Das hat damit zu tun, dass sich Geschwister in der Familie voneinander zwar abgrenzen, aber nicht völlig verabschieden können: Sie leben ja über Jahre auf engem Raum zusammen und kommen nicht darum herum, sich zumindest auf minimale Weise miteinander zu verständigen. Die (fast) völlige Abgrenzung und Distanz kann erst in einem außerfamiliären, separaten Lebenskontext realisiert werden.

Eine andere Möglichkeit, Geschwisterbeziehungen zu beschreiben, leistet Hetherington (1987)[233] mit seinen vier Typen: (1) verstrickte, (2) kameradschaftlich-versorgende, (3) ambivalente und (4) feindselig-entfremdete Geschwister. Selbstverständlich bewegen sich viele Geschwisterbeziehungen auch hier zwischen diesen Beziehungsmodi hin und her, sind häufig Mischformen oder verändern sich im Laufe der Jahre in der einen oder anderen Richtung.

Identifikationsmodi von Geschwistern

Eine andere Möglichkeit, die Nähe von Geschwistern zu erfassen, besteht darin, ihre Beziehung aufgrund der Identifikationsmodi zu beleuchten. Wie entstehen Identifikationen? Ergänzend zu meinen Andeutungen in Kapitel 4 möchte ich dies hier noch etwas weiterführen. Allgemein kann gesagt werden, dass auf dem Hintergrund der elterlichen Ideale, Wünsche, Werte und Projektionen schon kleine Kinder beginnen, einander gegenseitig auf diese wünschenswerten oder abgelehnten Attribute zu beobachten: In den ersten Lebensjahren vor allem von den Eltern eher positiv bzw. negativ bewertete Merkmale wie schön oder hässlich, groß oder klein, künstlerisch-handwerklich oder wissenschaftlich orientiert, genial oder dumm, selbstsicher oder schüchtern bestimmen weitgehend die Art der Identifikation von Geschwistern. Ein jüngerer Bruder beschreibt anschaulich diesen Prozess: «*Am einen Ende des Esstisches saß mein Bruder, und ich saß ihm gegenüber. Wenn meine Eltern seine Tischmanieren oder sein Aussehen kritisierten, wurde er sehr wütend. Ich war gehorsamer, aber er hat immer rebelliert. Ich brauchte nur meinen Bruder*

---

233 Hetherington, E. M. (1987): Parents, children and siblings: Six years after divorce. In: Hinde, R. A.; Stevenson-Hinde, J. (Hrsg.) (1987): Relationships within Families. Mutual influences. Oxford: Oxford University Press, S. 311–332; dargestellt in: Hartmut Kasten (1993b): Die Geschwisterbeziehung. Band 2. Göttingen: Hogrefe, S. 167

zu beobachten, um zu wissen, was verboten war.»[234] Mit großer Wahrscheinlichkeit wird sich der jüngere Bruder aufgrund der elterlichen Reaktion von seinem älteren Geschwister tendenziell distanzieren und so eine andere Identität aufbauen. Natürlich vollziehen sich solche Beobachtungen und inneren Prozesse weitgehend unbewusst. Kinder sind ungemein genaue und intensive Beobachter und nehmen über ihre emotionalen Antennen auch subtile Reaktionen und Wünsche der Eltern wahr, auch wenn sie vielleicht nach außen auf den ersten Anblick keine erkennbaren Reaktionen zeigen. Die Angst, so zu sein wie die Schwester oder der Bruder, kann ein Kind so weit bringen, das abgelehnte Geschwister mit Spitznamen, Spott oder Hass zu belegen. Die negative, ablehnende Reaktion auf Geburtsfehler, extreme Abweichungen von physischen Normen oder ausgeprägte Gesichtszüge wie abstehende Ohren oder eine stark gekrümmte Nase können die Identität eines Heranwachsenden so stark prägen, dass sie später nur mit großem Aufwand in einer Psychotherapie zu ändern ist. In einigen Fällen versuchen sich solche Menschen später sogar durch eine chirurgische Operation von ihrem Leiden zu befreien.

Selbstverständlich können sich verschiedene positive und negative Muster von Identifikationen wie erwähnt kombinieren oder überlappen und – was den Regelfall darstellt – im Laufe der Jahre einer Geschwisterbindung verändern, da sie vielfältigen Einflüssen ausgesetzt sind: Erwähnt seien hier nur Faktoren wie die Zeit (Alter), verschiedene Entwicklungsaufgaben, weitere Bezugspersonen (z. B. HortleiterInnen, Mütter und Väter von SpielgefährtInnen), die Schule mit Lehrpersonen und Kameraden, eine neue Liebe und viele weitere Lebensumstände (wie Umzug, Trennung der Eltern, Tod oder schwerwiegender Unfall eines Familienangehörigen) sowie spätere LebenspartnerInnen.

Abbildung 9-1 zeigt beispielhaft die Veränderungen einer Identifikation eines Kindes mit seinem Geschwister über die Jahre. Auf dieselbe Weise können auch Veränderungen in der Entwicklung von Nähe und Distanz zwischen Geschwistern anschaulich dargestellt werden.

Im oberen Beispiel auf Seite 235 erkennen wir eine mittlere Identifikation bzw. Nähe bis in die frühe Adoleszenz mit einem anschließend deutlichen Abfall. Erst im mittleren Erwachsenenalter nimmt die Identifikation (bzw. Nähe) mit dem Geschwister wieder deutlich zu.

---

234 in: Stephen P. Bank/Michael D. Kahn (1994): Geschwister-Bindung. München: dtv, S. 53

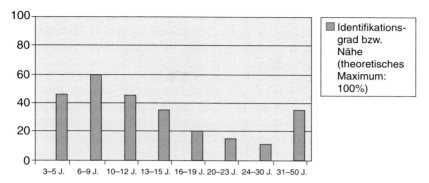

Abbildung 9-1: Identifikationsgrad bzw. Nähe eines Geschwisters (Grafik: J. Frick)

Natürlich unterscheiden sich in vielen Geschwisterbeziehungen die individuellen Identifikationen von Geschwistern beträchtlich: So wird sich – was häufig vorkommt – das jüngere Geschwister stärker das ältere als Vorbild nehmen und sich mit ihm identifizieren als umgekehrt. Dies zeigt **Abbildung 9-2** anschaulich.

In vielen Fällen lässt sich in der zweiten Lebenshälfte zwischen Geschwistern eine Zunahme von Nähe (nicht Identifikation!) beobachten.

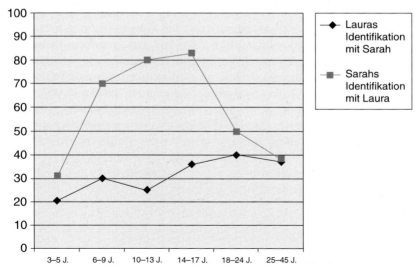

Abbildung 9-2: Wechselseitige Identifikation zweier Geschwister (Grafik: J. Frick)

Zum selben Zeitpunkt können sich die individuellen Identifikationen und Deutungsmuster bezüglich des Geschwisters manchmal beträchtlich unterscheiden, wie das Beispiel von Nancy (10 Jahre) und Carl (6 Jahre) auf erfrischende Weise zeigt.

«Er ist nett zu mir. Und abends kommt er in mein Bett, ... Ich glaube, ich wäre sehr allein ohne Carl. Ich spiele viel mit ihm, und er denkt sich immer neue Sachen aus, und es ist richtig aufregend. Nach der Schule holt er mich am Ausgang ab, das finde ich sehr nett ... Er ist sehr lieb ... Ich weiß nicht, was ich ohne einen Bruder machen würde.» (Die zehnjährige Nancy spricht über ihren sechsjährigen Bruder Carl.)

«Sie ist ziemlich eklig, und wir reden nicht viel miteinander. Eigentlich weiß ich nicht viel über sie.»
Interviewer: «Was magst du besonders an ihr?»
«Nichts. Manchmal, wenn ich etwas falsch mache, schimpft sie mich richtig böse aus.» (Carl spricht über Nancy) [235]

Selbstverständlich können sich solche Divergenzen der Einschätzung – besonders bei jüngeren Kindern – manchmal rasch ändern, und sie sind auch häufig an konkrete, situative und aktuelle Erfahrungen geknüpft. Sie sollten deshalb manchmal eher als Momentaufnahmen denn als langfristig gültige Beurteilungen betrachtet werden. Trotzdem können solche Divergenzen auch längerfristig, sogar über Jahre, ihre Gültigkeit haben.

Die amerikanischen Familientherapeuten Bank & Kahn (1994) [236] postulieren aufgrund ihrer jahrelangen Arbeit mit Geschwistern drei Hauptgruppen von Identifikationsmustern zwischen Geschwistern. In **Tabelle 9-1** fasse ich diese Gruppen – leicht verändert – zusammen.

Voraussetzung für geschwisterliche Identifikationen sind letztlich immer Gefühle wie Nähe, Sympathie, Zuneigung, Bewunderung, d. h. eine grundsätzlich positive Wahrnehmung des Geschwisters. Ob Geschwisterbeziehungen mehr dem Pol der Nähe oder der Distanz zuneigen, hängt auch nicht zuletzt vom Alter der Kinder ab. Kinder im frühen Alter können, wie das nächste (erste) Beispiel zeigt, fast ein Herz und eine Seele sein (die Kinder, Carol und Annie, sind fünf und drei Jahre alt). Die Mutter der Kinder schildert:

---

235 in: Judy Dunn/Robert Plomin (1996): Warum Geschwister so verschieden sind. Stuttgart: Klett-Cotta, S. 111
236 Stephen P. Bank/Michael D. Kahn (1994): Geschwister-Bindung. München: dtv, S. 80

Tabelle 9-1: Hauptgruppen von Identifikationsmustern zwischen Geschwistern

- **enge Identifikation:** Überbetonung der Ähnlichkeit bei Defiziten in der Selbstentwicklung
- **teilweise Identifikation:** in manchen Bereichen ähnlich bei differenzierter und ausreichender elterlicher Zuwendung
- **geringe Identifikation:** starre Rollenaufteilung, z. B. bei einseitiger Zuwendung der Eltern zu einem Kind bzw. der Abweisung eines Geschwisters

«Sie haben ein enges Verhältnis. Carol (die ältere Schwester) spielt ständig mit ihr, und sie (die jüngere Schwester) ist ganz begeistert darüber. Sie haben ein Spiel, das sie im Schlafzimmer spielen – es ist irgendetwas mit Prinzessinnen, aber ich weiß es nicht genau, was – und sie lachen und lachen. Sie (die ältere) scheint sich wirklich an Annie zu freuen. Und Annie ist ganz glücklich darüber.»

Drei Jahre später kann sich – die Gründe dafür sind individuell und vielschichtig – dieses fast symbiotische Verhältnis nun ganz anders präsentieren, wie die Fortsetzung zeigt:

«Na ja, wissen Sie, Carol ist jetzt die ganze Zeit mit ihren Freundinnen unterwegs, und eigentlich will sie nicht, dass Annie mitkommt. Manchmal hat sie es ziemlich satt mit ihr ... Annie würde immer noch gerne bei den Sachen mitmachen, die sie unternehmen ... Ich glaube, sie ist ziemlich traurig deswegen – sie ist glücklich, wenn Carol dann doch einmal mit ihr spielt. Aber es ist irgendwie einseitig.»[237]

Eine zu enge Identifikation gilt in der psychoanalytischen Entwicklungspsychologie als ungünstig, da sich für das eine (oder beide) Geschwister bei zu starker Anlehnung an das andere ein symbiotischer, verschmelzender und zu idealisierender Beziehungstyp einstellt, der zu Heldenverehrung, zur einseitigen Ausrichtung auf das bewunderte Geschwister führt und gleichzeitig die autonomen Anteile der Selbstentwicklung behindert. Die zu geringe Identifikation beinhaltet fast immer eine polarisierte Ablehnung (einseitig oder gegenseitig) sowie eine De-Identifikation: Geschwister verleugnen sich, grenzen sich zu stark voneinander ab (z. B. aus starker Eifersucht!) und können so kaum mehr voneinander profitieren. Unzählige Möglichkeiten von Erfahrungen in der horizonta-

---

[237] in: Judy Dunn/Robert Plomin (1996): Warum Geschwister so verschieden sind. Stuttgart: Klett-Cotta, S. 131 f.

Abbildung 9-3: Wir drei – ein gutes Team! (Foto: Privataufnahme.)

len Beziehungsebene der Geschwister bleiben so verschlossen. Im Modus der teilweisen Identifikation erschließen sich Geschwister die optimalen Entwicklungschancen, da sie von der teilweisen Verschiedenheit gegenseitig profitieren, eine Mischung aus loyaler Akzeptanz und konstruktiver Dialektik erleben und weiterentwickeln können. Sie verbauen sich so weder Individualität noch Kooperativität.

Die Ursache einer zu engen Identifikation liegt häufig in einer von Gewalt, Bevormundung oder Verwöhnung geprägten Erziehung oder einer massiven Bevorzugung eines dritten Geschwisters. Letztlich erweist sich so nicht die Form der Identifikation, sondern die Art der Erziehung als das Kernproblem für die Entwicklung der Geschwister – diese Erkenntnis hat natürlich auch Folgen für die richtige Intervention. Statt bei den Geschwistern müsste dann beim Erziehungsstil der Eltern angesetzt werden.

Allerdings kann eine Phase der ausgeprägten Bewunderung durchaus unproblematisch, ja sogar positiv sein, wenn in diesem Zeitabschnitt das meistens jüngere Geschwister vom älteren viel profitiert und dadurch seine Kompetenzen massiv erweitert.

Schon früh beginnen Geschwister, Vergleiche anzustellen: Wer kann besser zeichnen, wer wird in der Familie mehr gerügt oder gelobt? usw. Dass sich Geschwister vergleichen, ist nicht zu vermeiden: Jeder Mensch möchte im Leben gelten, in bestimmten Bereichen gut sein, eine persönliche Rolle spielen, einen individuellen Platz einnehmen usw. (vgl. dazu Kap. 2). Auch das Modelllernen fördert Vergleichsprozesse: Das Kind beobachtet, vergleicht, lernt und übernimmt so die ihm attraktiv und erreichbar erscheinenden Verhaltensweisen und Fertigkeiten – all dies vollzieht sich auf einer mehr oder weniger unbewussten Ebene. Solche Vergleiche beziehen sich, wie Kasten (2001) betont, sowohl auf äußere Ähnlichkeiten und Unterschiede, die Geschwister zwischen sich bemerken, wie zunehmend auch auf innere Merkmale und Eigenschaften. In vielen Fällen sind es unerfüllte Wünsche, die ein Geschwister veranlassen, sich mit dem anderen zu identifizieren. Über den Vorgang der Identifikation fühlt sich das (meistens) jüngere Geschwister nun beispielsweise ebenso klug, stark oder mächtig wie das ältere. Die Motive für Identifikationen können sehr verschieden sein: Auch Neid oder Hass sind mögliche Triebfedern.

Teilidentifikationen sind wohl der häufigste Fall: Ein älteres Geschwister wird in einem Teilbereich zum Vorbild oder Wegbereiter, und das jüngere eifert ihm nach und erwirbt so allmählich vergleichbare Fähigkeiten – oder auch nicht. Die teilweise Identifikation unter Geschwistern gilt bei Entwicklungspsychologen als der Regelfall, wird als positive Variante für eine ungestörte Individualentwicklung betrachtet und mit dem Begriff konstruktive Dialektik[238] umschrieben. Die eher ungünstige Version (destruktive Dialektik) hingegen manifestiert sich darin, dass sich Geschwister auf der einen Seite nicht leiden können – vielfach aufgrund elterlicher Einflussnahme wie Bevorzugung – und gleichzeitig im Gegenüber einen Adressaten für ihre negativen Gefühle finden.

Geschwister, die sich kaum oder gar nicht identifizieren oder die wenig miteinander in Kontakt sind, stehen entweder altersmäßig weit auseinander oder sind durch ungünstige elterliche Haltungen (z. B. einseitige

---

238 Stephen P. Bank/Michael D. Kahn (1994): Geschwister-Bindung. München: dtv, S. 130

Bevorzugung eines Geschwisters, ausgeprägte Parteinahme und Ablehnung, Gleichgültigkeit oder Vernachlässigung) oder andere Umstände zu ihrem Verhalten gekommen: Sie distanzieren sich von der «negativen Identität» (Bank & Kahn 1994) des Geschwisters. Die Kinder projizieren auf das Geschwister als verfügbarstes Objekt negative Anteile ihres Selbst. Offene Zuneigung und gegenseitige Hilfe sind in diesem Beziehungsmodus nicht mehr möglich. Einander entfremdete Geschwister mit wenig Ähnlichkeiten, die glauben, sie hätten nichts gemeinsam und die sich nicht leiden können, grenzen sich voneinander ab bis hin zu einer polarisierten Ablehnung. Eine geringe Identifikation oder eine zu starke Abgrenzung bedeutet aber letztlich für alle Geschwister einen Verlust an Entwicklungsmöglichkeiten, einen Mangel an gegenseitigem Lernen, da sie ja wenig bis nichts mehr miteinander zu tun haben wollen. Bei einer De-Identifizierung[239] – einer fast vollständigen Abgrenzung – bricht die Beziehung im Erwachsenenalter oft völlig ab. Eine De-Identifizierung kann sowohl einseitig wie gegenseitig vorkommen, tritt aber eher selten ein. Die Vielfalt menschlicher Spielarten und Ressourcen wird so nicht genügend ausgeschöpft.

Geschwister, die eine sehr enge Identifikation mit wenig eigenständigen Persönlichkeitsanteilen aufweisen, erleben sich weitgehend ähnlich: Dies kommt besonders häufig bei eineiigen Zwillingen vor, deren besonderer Status von den Eltern noch durch entsprechendes Verhalten (identische Kleidung, Frisur usw.) gefördert wird. Diese Geschwister weisen in der Regel im Jugendalter erhebliche Identitätsprobleme auf, da es ihnen nicht gelungen ist, eine eigene Identität und Persönlichkeit aufzubauen. Meistens sind sie zu stark auf das Geschwister ausgerichtet, was manchmal zu Störungen, z. B. in Partnerbeziehungen, führen kann.

Welche Faktoren führen zu nahen oder distanzierten Geschwisterbeziehungen?

Es gibt fast unzählige Gründe, warum Geschwister eher loyale oder gleichgültige oder feindselige Beziehungen zueinander entwickeln können und warum ihr Identifikationstyp enger bzw. geringer ist. Eine zentrale, genauer die wichtigste Rolle spielt vor allem die *reale Bevorzugung oder Benachteiligung eines Geschwisters durch die Eltern:* Ein Faktor, den wir in

---

´azu: Stephen P. Bank/Michael D. Kahn (1994): Geschwister-Bindung.
∋n: dtv, S. 96, 99–101

Kapitel 5 ausführlicher behandelt haben. Offene oder verdeckte Vergleiche der Eltern bezüglich Leistung, körperliche Attraktivität oder Intelligenz müssen als die zentralen, Distanz schaffenden Faktoren bezeichnet werden. Kinder, die von ihren Bezugspersonen fair, gleichberechtigt und individuell ihren Bedürfnissen und Potenzialen entsprechend unterstützt werden, entwickeln tendenziell eher enge Bindungen zueinander und zeigen eine größere Bereitschaft der gegenseitigen Identifikation. Wichtig dabei ist das reale Verhalten der Eltern gegenüber ihren Kindern und die individuell-subjektive Wahrnehmung und Interpretation der einzelnen Geschwister (vgl. dazu auch Kap. 2). Zusätzlich hilfreich ist zudem eine *hohe Kompatibilität*, d. h. die gute Anpassungsfähigkeit: Wenn Temperament und Persönlichkeit der Geschwister gut aufeinander abgestimmt sind, erleichtert dies die Entwicklung einer anhaltend guten Beziehung. Ein sehr aktives, lautes Kind kann etwa das ruhigere, stillere, zurückhaltende Geschwister zur Weißglut bringen. Im umgekehrten Fall ärgert sich u. U. ein lebendiges, initiatives Geschwister über den als langweilig und zur Passivität neigenden Bruder. Dabei spielen die Bezugspersonen wiederum eine prominente Rolle, denn die Eltern können die Anpassung der Geschwister fördern, indem sie z. B. das ältere Kind geschickt in die Betreuung des jüngeren einbeziehen, ihm das Gefühl vermitteln, von großem Nutzen zu sein. Eltern stellen fast in jeder Situation in allem, was sie tun oder unterlassen, Modelle dar, mit denen sich die Kinder identifizieren: Zeigen sie in ihrer Partnerbeziehung Zuwendung und Fürsorge füreinander, dann geben sie den Kindern ein Beispiel, das sich auf die Geschwisterbeziehung überträgt. Eine intime, von Wärme geprägte Familienatmosphäre fördert also eher ähnlich strukturierte Geschwisterbeziehungen. Befunde aus der Bindungsforschung zeigen auch, dass sicher gebundene Geschwister insgesamt freundschaftlicher miteinander umgehen und das ältere Geschwister das jüngere bereitwilliger versorgt.[240]

Um sich gut zu vertragen, müssen Geschwister aber nicht ähnlich sein! Ein eher aktives Geschwister kann sehr gut mit einem ruhigeren Kind, das sich gerne führen lässt, zusammenpassen: Die Kompatibilität zeigt sich dann in einer ausgeprägten Komplementarität der Geschwister.

Tendenziell kann zudem gesagt werden, dass ein *Altersunterschied* von weniger als drei, vier Jahren eher – aber nicht zwangsläufig! – konkurrierende bis negative Beziehungen fördert. Dies hängt aber sehr stark auch von weiteren individuellen Gegebenheiten im familiären System ab:

---

240 Einige dieser Ergebnisse sind zusammengefasst in: Hartmut Kasten (1993a): Die Geschwisterbeziehung. Band 1. Göttingen: Hogrefe, S. 23 ff.

So kann beispielsweise bei drei Knaben mit einem Altersunterschied von je zwei Jahren der älteste mit dem jüngsten eine engere Beziehung gegen den mittleren eingehen (partielles Geschwistersubsystem gegen partielles Geschwistersubsystem), es besteht aber auch die günstige Variante, dass sich alle drei zusammentun (gemeinsames Geschwistersubsystem), weil Vater und Mutter miteinander in einem dauernden Streit leben und keine Zeit und Energie für ihre drei Knaben aufwenden können.

Aus der Sicht von Bank & Kahn (1994)[241] begünstigen neben einem geringen Altersabstand auch Gleichgeschlechtlichkeit, ein gemeinsames Spiel- und Schlafzimmer und in der späteren Entwicklung gemeinsame Freunde sowie der Besuch desselben Kindergartens/derselben Schule einen hohen Zugang der Geschwister zueinander, der aber nicht unbedingt immer eine ausschließlich positiv getönte emotionale Beziehung beinhaltet.

Als die Entstehung von Nähe beeinträchtigende oder verhindernde Bedingungen gelten ferner: längere (z. B. scheidungsbedingte) Trennung während der Kindheitsjahre und Bevormundung durch ein von den Eltern eingesetztes älteres Geschwister.

Manchmal lassen sich auch recht permanente *Geschwisterbündnisse* beobachten, die ein Kind anhaltendem Spott und Schikanen aussetzen. Das Ausgrenzen eines Kindes ist für das Opfer meistens schwerwiegend, sofern es nicht von außerhalb (z. B. Großeltern, Freunde, Verwandte) Unterstützung erhält. Der Neid auf ein vorgezogenes Geschwister ist einer der häufigsten Gründe für die Ablehnung eines Geschwisters und die nachfolgenden Racheakte an ihm.

Oder es tritt der seltene, scheinbar paradoxe Fall auf, dass intensive, enge Bindungen zwischen Geschwistern durch das Fehlen elterlicher Fürsorge und Zuneigung entstehen. In den meisten Fällen spielen dabei allerdings außenstehende, d. h. außerfamiliäre Personen, die einen starken positiven Einfluss nehmen und damit ein neues Identifikationsobjekt bieten, für eines oder mehrere der Geschwister eine wichtige Rolle. Um gegenüber einem Geschwister über längere Zeit auch in belastenden Situationen fürsorgliches Verhalten zeigen zu können, muss ein Kind in der Regel diese Fürsorge selber über einen kürzeren oder längeren Zeitabschnitt in der Beziehung zu einem anderen Erwachsenen, am Anfang vielleicht durch einen Elternteil und/oder später durch Nachbarn, Verwandte oder eine Lehrperson, erlebt haben. Mit dieser Thematik be-

---

241 Stephen P. Bank/Michael D. Kahn (1994): Die Geschwister-Bindung. Stuttgart: Klett-Cotta, S. 15 f.

schäftigt sich seit einigen Jahren intensiv die Resilienzforschung, die dazu wichtige Ergebnisse geliefert hat.[242]

Ein weiterer Aspekt für den Charakter der Geschwisterbeziehung ist das *Geschlecht:* In der überwiegenden Zahl der Fälle stellt sich die Beziehung zwischen (meistens zwei) Schwestern enger dar als zwischen (meistens zwei) Brüdern (vgl. Bank & Kahn 1994).

Auch der *frühe Tod von Mutter oder Vater* oder gar beiden kann zu stärkeren, positiven wie negativen Bindungen zwischen den Geschwistern führen: Im günstigen Fall schließen sich die Geschwister enger zusammen, trösten, helfen und unterstützen einander noch vermehrt. Es kann aber auch umgekehrt weitergehen: Die ältere Tochter muss nun beispielsweise die Rolle der Mutter übernehmen und den jüngeren Bruder am Morgen wecken, ihm das Essen zubereiten, die Hausaufgaben kontrollieren, die Wohnung putzen, dem Vater am Abend zuhören u. v. a. m. Dies kann bei der Schwester einen tiefen Groll gegen ihre Lage auslösen. Allerdings ist es für ein Kind schwer, über längere Zeit gegenüber den Eltern negative Gefühle beizubehalten. Der tiefe Groll wird dann, im Sinne einer Verschiebung, meistens gegen den Bruder, statt gegen den Vater gerichtet.

Auch die *Trennung und/oder Scheidung der Eltern* kann zu starker emotionaler Verbundenheit zwischen Geschwistern führen: In der Geschwisterbindung finden sie – allerdings nur teilweise – den verlorenen emotionalen elterlichen Rückhalt. Dabei lauern allerdings auch Gefahren: Wenn die Geschwister zu ausschließlich aufeinander angewiesen und fixiert waren, haben sie später oft außerordentliche Schwierigkeiten, sich wieder voneinander zu lösen, unabhängig zu werden und neue, tiefe Beziehungen (besonders Paarbeziehungen) zu anderen Menschen einzugehen.

Weiter gilt es zu beachten, dass Geschwisterbeziehungen, ob nahe oder distanziert, fast nie über Jahre identisch sind: Je nach Altersphase, anstehenden Entwicklungsaufgaben oder emotionalem Zustand vermögen Geschwister Zeiten von Eifersucht, Wut, Distanz, Desinteresse, Freundschaft, Solidarität, Unterstützung, neuentdeckten Gemeinsamkeiten usw. zu durchlaufen. Besonders die Phase des Erwachsenwerdens lässt bei Geschwistern häufig wieder neue Bündnisse entstehen: Der Austausch über Gefühle, Geheimnisse, Sexualität, neue Freundschaften oder Themen, die sie mit den Eltern nicht besprechen wollen, bietet Gelegen-

---

242 vgl. dazu: Günther Opp u. a. (Hrsg.) (1999): Was Kinder stärkt. Erziehung zwischen Risiko und Resilienz. München: Reinhardt

heiten, einander wieder näher zu kommen, sich von einer neuen, anderen Seite kennen zu lernen. Besonders die gemeinsame Kritik an den Vorstellungen und der Lebensweise der Eltern gibt den Geschwistern eine neue Macht, die sie alleine nie auskosten könnten. Auf der anderen Seite nimmt im Verlauf der Adoleszenz die Bedeutung von Geschwistern tendenziell ab und wird zunehmend durch einen engeren Kontakt zu den gleichaltrigen Freunden und/oder zu einem/er Partner/in ersetzt.

Am Anfang des Erwachsenenlebens treten schließlich weitere Faktoren auf, welche die Art und Qualität der Geschwisterbeziehung beeinflussen können (vgl. Kasten 2001).

So schränkt die *räumliche Entfernung* meistens den direkten Kontakt ein, aber nicht zwangsläufig den emotionalen. Dies hängt auch von der bisherigen Beziehung untereinander und dem Einfluss von PartnerInnen der Geschwister ab. Dabei vermag die räumliche Entfernung die Bemühungen von Geschwistern um die Entwicklung einer individuellen Persönlichkeit zu fördern.

Ebenso bietet der *Eintritt ins Berufsleben* die Chance der individuellen Reifung und Abgrenzung zwischen Geschwistern, allerdings etwas weniger, wenn sie denselben Beruf wählen. Wenn jedes der Geschwister ein eigenes Berufsfeld gefunden hat, mit dem es zumindest einigermaßen zufrieden ist, steigert dies die Chance, sich wieder anzunähern, wenn vorher die Geschwisterbeziehung eher distanziert war.

Die offensichtlichste und meistens bedeutsamste Unabhängigkeitserklärung von Geschwistern bedeutet der *Auszug aus dem gemeinsamen Elternhaus* und das *Eingehen einer intimen Partnerbeziehung*. Eng verbundene Geschwister finden hier die Möglichkeit, sich zumindest teilweise zu lösen, was von den Beteiligten je nachdem als Verlust oder Gewinn empfunden werden kann. Gelingt es den Geschwistern, die Loyalität zu den LebenspartnerInnen über die Loyalität zu Eltern, Geschwistern oder Freunden zu stellen, steigt ihre Chance für eine dauerhafte und befriedigende Liebesbeziehung. Eine *ungenügende Ablösung* von einem oder beiden Elternteilen oder von den Geschwistern stellt fast immer einen Risikofaktor für die Partnerbeziehung dar: Der Partner spürt die prioritäre Rolle des anderen zu einem Elternteil und wird sich kaum damit zufrieden geben, was unweigerlich zu Störungen in der Partnerbeziehung führt. Im extremen Fall kann eine *zu enge Bindung zwischen Geschwistern* einen Keil zwischen die LebenspartnerInnen treiben und die Intim-Beziehung im schlimmsten Fall zerstören, und zwar besonders dann, wenn der eine Geschwisterteil immer wieder abfällige Bemerkungen zum Lebenspartner des anderen macht, ihn oder sie bloßstellt oder verleumdet.

Zu einer größeren Distanz zwischen erwachsenen Geschwistern können auch wachsende *unterschiedliche Wertvorstellungen,* stark divergierende politische oder religiöse Auffassungen führen (vgl. Kasten 2001). Eine ganz wichtige Rolle bleibt auch im Erwachsenenalter die unterschiedliche Beziehung der Geschwister zu den Eltern: Nicht selten findet sich die Situation, dass ein erwachsenes Geschwister seine neue Familie gegen die neue Familie des anderen Geschwisters ausspielt. Bleiben die Eltern hierbei nicht neutral, kann das Geschwisterverhältnis rasch eskalieren und manchmal bis zum Beziehungsabbruch führen. Auch das Scheitern am eigenen Lebensentwurf vertieft in der Regel die schon vorhandene Distanz zwischen Geschwistern.

Entzweiungen zwischen Geschwisterfamilien sind manchmal auch darauf zurückzuführen, dass *Eltern* eine *Schwiegertochter* oder einen *Schwiegersohn ablehnen* und dies zum Ausdruck bringen. Sie stören so das Geschwisterverhältnis auf ähnliche Weise wie durch die Bevorzugung eines Geschwisters. Auf der anderen Seite kann durch die Heirat eines Geschwisters wieder mehr Nähe zu den Geschwistern und/oder den Eltern entstehen, wenn dem/den anderen Geschwistern und/oder den Eltern der/die neu gewählte Partner/in zusagt und diese/r so zu einem neuen Bindeglied zwischen den Familienangehörigen wird.

Eine kritische Situation entsteht in der Regel zwischen Geschwistern dann, wenn sie sich im Berufsleben unterschiedlich erfolgreich entwickeln. Wechseln nun gar noch die Rollen, d. h. überholt beispielsweise der bis anhin eher erfolglose jüngere seinen bisher unbestritten erfolgreicheren älteren Bruder, entstehen fast zwangsläufig komplizierte Konflikte: Bisher festgelegte Rollenzuschreibungen werden neu aufgemischt und für den «Absteiger» stellt das psychologisch einen beträchtlichen Prestige-Verlust oder sogar eine Niederlage gar. Besonders zwischen Brüdern können so heftige Rivalitätskonflikte (wieder) aufflammen.

Im späteren Erwachsenenalter gilt die *Versorgung der alten Eltern* (vgl. Bank & Kahn 1994, Kasten 2001) als häufiger belastender Faktor: Sie vermag alte Geschwisterkonkurrenz zu reaktivieren und alte negative Gefühle sowie unverarbeitete Erfahrungen neu zu inszenieren: Wer ist der/die Gute bzw. der/die Schlechte, wer muss sich «aufopfern», wer «drückt sich» vor der Verantwortung usw.? Aber auch die positivere Variante ist möglich: Die Geschwister raufen sich (endlich) zusammen und begraben alte Streitigkeiten.

Der Verlust der Eltern oder eines Elternteils, ein weiteres Thema, vermag auf Geschwister auf vielfältige Art und Weise zu wirken: Je nach Konstellation eher einigend, vermittelnd, indem man sich nun wieder zusammenrauft, aber manchmal auch – durch die vorher wegen Differenzen seltenen, jetzt aber aufgrund der aktuellen Situation vermehrten Kontakte – konfliktiv: So etwa, wenn sich ein Geschwister nun in den Vordergrund drängt und versucht, die Rolle (oder Anteile davon) des verstorbenen Elternteils für die anderen Geschwister zu übernehmen und jene das als Anmaßung oder Einmischung erleben.

In den letzten Lebensjahren rücken in vielen Geschwisterbeziehungen die Erinnerungen an die gemeinsamen Erfahrungen wieder stärker in den Vordergrund: Die Geschwister sind dann die symbolischen Repräsentationen ihrer frühen Intimität, ihrer Erlebnisse und Erinnerungen aus der Familie. Das Wissen, einen Bruder oder eine Schwester zu haben, wie weit weg geografisch voneinander auch immer, auf den oder die man sich im Notfall verlassen kann, gibt vielen Geschwistern im Alter auch ein vielleicht vorher nicht gekanntes Gefühl von Sicherheit und Geborgenheit.

Während des ganzen Lebens, von der frühesten Kindheit bis zum hohen Alter, pendeln Geschwister zwischen Nähe und Distanz hin und her, in jedem Fall in einer ganz individuellen, persönlichen Eigenart und Ausprägung und meistens wird, auch aus Distanz, mit Interesse verfolgt, wie das andere im Leben zurechtkommt.

Geschwisterbeziehungen sind, ähnlich wie Eltern- und Paarbeziehungen, störungsanfällig und können unter bestimmten Umständen sowohl die Entwicklung eines Kindes wie des ganzen Familiensystems nachhaltig beeinflussen oder stören. Auch Bank & Kahn (1994)[243] weisen aus therapeutischer Erfahrung darauf hin. Besonders die folgenden zwei Aspekte sind hier zu beachten:

- Die Geschwister-Beziehung verhindert oder beeinträchtigt die Entwicklung eines oder beider Geschwister (u. a. starke Polarisierung zuungunsten eines Geschwisters, z. B. massive Unterdrückung bzw. Ungleichwertigkeit – vgl. dazu auch die Kapitel 3, 5, 7 und 8), d. h. eines der Geschwister wird beispielsweise von Elternteilen massiv bevorzugt, das andere abgewertet und/oder vernachlässigt. Wie in Kapitel 4 schon angedeutet, kann in seltenen, extremen Fällen ein Geschwister mit ausgeprägt antisozialen Tendenzen für das (meistens) jüngere Kind aufgrund des langanhaltenden feindseligen Verhaltens unter

---

243 vgl. dazu: Stephan P. Blank/Michael D. Kahn (1994): Geschwister-Bindung. München: dtv, S. 254

Umständen gar zu einem Risikofaktor für psychische Verhaltensauffälligkeiten werden.[244]
- Die Geschwister-Beziehung schafft in der Familie lang anhaltende und massive Konflikte und destabilisiert in ungünstigen Fällen schließlich die Familie (z. B. Rollen und Beziehung der Eltern). Ein Beispiel: Der immer wieder ausbrechende Streit zwischen Geschwistern verstärkt schon vorhandene Differenzen zwischen den Eltern bezüglich Ehe und Erziehungsstil und führt zu Koalitionen, die das partnerschaftliche Subsystem durch zwei sich bekämpfende Eltern-Kind-Subsysteme (z. B. Vater + Kind 1-Subsystem vs. Mutter + Kind 2-Subsystem) mit der Zeit paralysieren. Im Familien-Konstellations-Schema (FKS), das ich im Anhang behandle, lassen sich solche Entwicklungen besonders anschaulich darstellen.

Auch im Erwachsenenalter lassen sich, etwa bei Familienanlässen oder -festen, ungelöste Geschwistererfahrungen immer wieder beobachten. Besonders weniger involvierte Personen wie die Kinder (v. a. ab etwa zwölf Jahren) oder andere Verwandte spüren – da weniger emotional darin verstrickt und deshalb mit mehr Distanz –, dass etwa hinter dem wiederholten Auftrumpfen des Vaters mit seinem neuen Auto gegenüber dem Bruder (oder umgekehrt) oder der leicht zynischen oder bissigen Bemerkung der Mutter zu ihrer Schwester (oder umgekehrt) ein älterer Konflikt verborgen ist, der meistens aus früheren Zeiten stammt. Konkurrenz kristallisiert sich vor allem um die Themen wie etwa Beliebtheit, Status, Ansehen, Geltung, Prestige, Macht, Erfolg, Geld, die sich in drei Bereiche zusammenfassen lassen (**Tab. 9-2**):[245]

Tabelle 9-2: Zentrale Konkurrenzbereiche zwischen Geschwistern

- Leistung und Erfolg
- Schönheit, Attraktivität
- soziale Beziehungen

---

244 vgl. dazu: Franz Resch et al. (1999): Entwicklungspsychopathologie des Kindes- und Jugendalters. Weinheim: Beltz, S. 24
245 leicht verändert nach Ross, Helgola und Milgram, Joel, I. (1982): Important Variables in Adult Sibling Relationships. In: Lamb, Michael; Sutton-Smitz, Brian: Sibling Relationships. Hillsdale, New York: Ehrlbaum Associates, S. 223-247; dargestellt in Blank, Stephan P.; Kahn, Michael D. (1994): Geschwister-Bindung. München: dtv, S. 184

Erwachsene konkurrierende Geschwister haben in der Regel schon in ihrer Kindheit solche Muster trainiert: Der Kampf um die bessere schulische Rangfolge, um die Liebe und Zuneigung, das Ankommen bei den Eltern und Freunden u. v. a. m. lässt tief verankerte Gefühls-, Denk- und Handlungsmuster entstehen, die für die Betroffenen im Erwachsenenalter nicht so leicht zu durchschauen oder gar zu verändern sind. Mehr dazu werde ich in den Kapiteln 10 bis 12 erörtern.

10. Geschwisterübertragungen im Erwachsenenalter und ihre möglichen Folgen

«Die kleine Welt des Kindes, das familiäre Milieu, ist Modell der großen Welt.» (C. G. Jung)[246]

Einleitung

Die meisten Menschen unterschätzen den Einfluss, den die Geschwistererfahrungen in der Kindheit und Jugendzeit im Positiven wie im Negativen auf sie gehabt haben – und indirekt oder direkt, meistens unbewusst – immer noch auf sie haben. Das hat sicher auch mit der im Eingangskapitel erwähnten langen Vernachlässigung der Geschwisterthematik in der Psychologie und der entsprechend geringen Anzahl der Publikationen zu tun. Auch lange nach dem Ende der Jugendzeit, wenn die frühen Erfahrungen mit Brüdern und Schwestern längst Vergangenheit geworden sind, bleiben ihre Auswirkungen bestehen und beeinflussen auf vielfältigste Art und Weise die Beziehungen zu LiebespartnerInnen, die Verhaltensweisen am Arbeitsplatz wie auch die Einstellung und die Gefühle gegenüber den eigenen Kindern. Erst wenige psychologische Experten räumen in Behandlungen gestörten Geschwisterbeziehungen einen angemessenen Platz ein. So schreiben Happworth und Heilman treffend: «*Eine gestörte Geschwisterbeziehung ist eines der weit verbreitetsten Probleme bei Erwachsenen, dem jedoch wenig Aufmerksamkeit gewidmet wird. Patienten, die während einer Psychotherapie über ihr Leben berichten, verharmlosen oder leugnen fast immer den Einfluss, den ihre Brüder und Schwestern auf sie ausgeübt haben. Sie werden lediglich als unwichtige*

---

246 zitiert in: Mathias Jung (2001): Geschwister. Liebe, Hass, Annäherung. Lahnstein: Emu, S. 273

Zeugen oder Komplizen betrachtet. Nur selten sind sie sich bewusst, dass ihre Geschwister eine starke Kraft in ihrem Leben darstellen ... Bei der Arbeit mit unseren Patienten haben wir herausgefunden, dass jene, die Probleme mit ihren Geschwistern leugnen, manchmal die heimtückischsten und destruktivsten Beziehungen haben, weil die ungelösten Konflikte sie tief belasten, ohne dass sie sich dessen jedoch bewusst sind.»[247]

Dem ist allerdings noch hinzuzufügen, dass gute, bereichernde und stützende Geschwisterbeziehungen aus Kindheit und Jugendzeit für das spätere Leben eine ungemein hilfreiche Basis für alle weiteren Beziehungen und Kontakte mit anderen Menschen darstellen. Die in jahrlanger Erfahrung verinnerlichten Geschwistererfahrungen beeinflussen unbewusst und stark die spätere Auswahl von Freundinnen, PartnerInnen, BerufskollegInnen usw. Das wird – vor allem für Außenstehende – dann sichtbar, wenn Konflikte auftauchen, die in ihrer Heftigkeit und Hartnäckigkeit an frühere Erlebnisse erinnern. Viele frühkindliche Muster werden so mit neuen Personen wiederholt, neu inszeniert, arrangiert, durchgespielt, ja auch durchlitten. Dieses Phänomen wird in der Psychologie «Übertragung» genannt. Ley hat in ihrer psychoanalytischen Praxis festgestellt, dass Geschwisterübertragungen weithin unterschätzt werden:

«Im Alltag begegnen wir immer wieder Menschen, die sich früher oder später als Frauen oder Männer erweisen, die unseren Geschwistern zu gleichen scheinen. Wir nennen diese Prozesse Geschwisterübertragungen, weil wir unsere Schwestern- und Brüderbilder auf andere Personen übertragen. Unbewusste Fantasien über ein Geschwister und Erlebnisse mit ihm wecken beispielsweise unseren Wunsch, mit einer bestimmten Person in Kontakt zu kommen oder mit ihr zu arbeiten. Etwas Unerklärliches zieht uns magisch an – oder stößt uns ab. Natürlich haben wir auch über diese neue Person Fantasien. Sie werden der betreffenden Person meistens nicht gerecht, weil sie eigentlich den Bruder oder die Schwester meinen.»[248]

Viele Menschen tragen verinnerlichte Konflikte mit Geschwistern, aber auch Wünsche und Abneigungen (wieder) in eine Berufs- oder Liebesbeziehung und aktualisieren so alte, familiär erworbene Gefühle wieder. Der Konkurrenz mit den Geschwistern entspricht jetzt unter bestimmten

---

247 zitiert in: Mathias Jung (2001): Geschwister. Liebe, Hass, Annäherung. Lahnstein: Emu, S. 105 f.
248 Katharina Ley (2001 b): Geschwisterbande. Liebe, Hass und Solidarität. Düsseldorf: Walter, S. 45

Konstellationen die Konkurrenz mit KollegInnen. Warum ist das so? Eine mögliche, naheliegende Antwort heißt wahrscheinlich *Sicherheit*: Die Menschen besetzen, wie Ley (2001b) zu Recht betont, in einer Gruppe von anderen Menschen (Arbeitsplatz, Schule, Freundeskreis usw.) vorerst die geschwisterlich gewohnten Rollen, wie sie ihnen vertraut sind, weil sie sich darin sicher und erfahren fühlen. Das Problem dabei ist nur, dass diese meist unbewussten Kindheitsrollen oft nicht mehr zu den erwachsenen Rollen, die diese Personen sich seither erworben haben, passen. Meistens wird diese Inkongruenz der Rollen, die Rollendiskrepanz, nur für Außenstehende deutlich, die eine Person nur in der kindlich-familiären oder der Erwachsenen-Rolle kennen.

Allerdings lassen sich auch vielfach positive Geschwisterübertragungen finden, die sich in den neuen Beziehungen durchaus positiv auswirken können: Im Team einer Firma erwartet die neue Mitarbeiterin unbewusst ganz ähnlich angenehme und hilfreiche Menschen wie ihre Geschwister in der Kindheit.

In ungünstigen, aber häufigen Fällen verzerren Übertragungen allerdings die Wahrnehmung und schränken die neuen Möglichkeiten des betreffenden Menschen ein.

Geschwister und Partnerwahl

Warum fühlen sich Menschen von anderen Menschen wie magisch angezogen, von wieder anderen hingegen abgestoßen? Wie sieht die vielbeschworene «Chemie» zwischen zwei Menschen aus? Dass Geschwisterbeziehungen bei der unbewussten Liebeswahl eine vielfach ebenso wichtige Rolle spielen wie die Konstellation in der Eltern-Kinder-Triade, soll kurz dargelegt werden. Eltern und Geschwister sind im familiären Aufwachsen für ein Kind über viele Jahre die ersten Liebespartner, die begehrt, geliebt, aber auch gehasst und abgelehnt werden. Ihr Bild begleitet einen Menschen letztlich ein Leben lang, ob ihm dies bewusst ist oder nicht (vgl. Ley 2001b). Jede neue Liebeserfahrung und -beziehung im Jugend- und Erwachsenenalter knüpft an positive wie negative Liebeserfahrungen im familiären Kontext (Eltern, Geschwister) an. Dabei soll die geliebte Person alles Schmerzliche, alles Unrecht und Negative wieder gutmachen, kompensieren und das Schöne, Beglückende wiederholen (Ley 2001b). In einem anderen Fall werden die positiven Seiten des geliebten Bruders von der Schwester in ihr unbewusstes Männerbild integriert – und lassen dann indirekt und meistens unbewusst ähnliche Gefühle gegenüber einem entsprechenden Typ eines jungen Mannes anklingen. Natürlich sind auch gegenteilige Gefühlsreaktionen in ersten Begegnungen mit dem anderen Geschlecht häufig: Alle Frauen, die eine Ähnlichkeit mit der «schwierigen» Schwester nahe legen, werden für den jungen Mann in kurzer Zeit unattraktiv oder gar abstoßend.

Die Partnerwahl kann sich aus vielfältigen Gründen auch aus der Geschwisterkonstellation heraus ergeben. Ein Geschwister, das man geliebt oder gehasst hat, prägt das innere, meistens unbewusste Bild über das andere Geschlecht mit. Als unbewusstes Destillat aus Geschwistererfahrungen können sich dann Sätze ergeben wie: «Meine Partnerin soll möglichst nicht so sein wie meine Schwester», bzw. «Mein Partner soll ähnlich wie mein Bruder sein», usw.). Die bevorzugten oder abgelehnten Merkmale können sich auf sowohl auf Äußerlichkeiten (z. B. Aussehen, Haarfarbe, Größe usw.) wie auf psychische Eigenschaften (z. B. Geduld, Einfühlungsvermögen, Forschheit, Lebendigkeit usw.) beziehen.

Es finden sich aber noch weitere Zusammenhänge zwischen Partnerwahl und Geschwisterkonstellation: So bekommt unter Umständen ein liiertes Geschwister in der Familie mehr Gewicht als ein Alleinstehendes. Durch die Partnerwahl kann ein Geschwister, das immer im Schatten der anderen gestanden hat, seine soziale Anerkennung, seinen bisher vielleicht geringen (oder als gering empfundenen!) Status erhöhen oder im umgekehrten Fall – wenn die Familie den Partner ablehnt – noch tiefer in der Gunst fallen.

Einflüsse der Eltern

Der Einfluss der Eltern ist indirekt und läuft überwiegend über ihre eigene Geschwister-Erfahrung.

So sind die meisten Eltern selbst Geschwister und mit einem Partner liiert, der ebenfalls meistens ein Geschwister ist. Wenn die Kinder heranwachsen, kennen sie nicht nur ihre Tanten und Onkel, sondern hören auch vieles über deren Geschwistervergangenheit: die abenteuerliche Reise, die der Vater mit seinen zwei älteren Brüdern unternommen hat, die häufigen Sticheleien und Streitereien zwischen der Mutter und ihrer Schwester, der Streich, den der Vater und seine kleine Schwester ihren Eltern gespielt haben. Aber Kinder vergleichen nur selten – und meistens nicht bewusst! – vergangene oder gegenwärtige Ereignisse im Leben der Eltern oder Verwandten mit den aktuellen eigenen Erlebnissen mit den Geschwistern. Wesentlich ist vielmehr, dass die Eltern auf dem Hintergrund ihrer eigenen Geschwisterbeziehung entweder davon ausgehen, dass eine ähnliche Beziehung für ihre Kinder wünschenswert ist oder aber vermieden werden muss, um ihren Kindern eine ähnliche, in der Regel unangenehme, Geschwistererfahrung zu ersparen.

Für elterliche und familiäre Einflüsse lassen sich zahlreiche Beispiele finden. Zwei davon aus meiner Beratungspraxis seien hier kurz angedeutet.

> **Beispiel 1: Sich nie mehr unterziehen müssen!**
> Herr Steiner hatte als Kind sehr unter der Brutalität seiner drei älteren Brüder gelitten. Immer wieder machte er die für ihn demütigende Erfahrung, dass er keine Chance gegen die «Dreierbande» hatte und immer nachgeben musste. Dieses Unterziehen möchte er nie mehr erleben und auch seinen Kindern um jeden Preis ersparen. Deshalb legt er jetzt in der Erziehung seiner Söhne großen Wert darauf, dass sie sich gegenseitig gewachsen sind, sich selber verteidigen und wehren können. Er schickt alle drei in einen Karate-Kurs, obwohl der jüngere sichtlich kein Interesse daran hat und lieber mit Computerspielen seine Freizeit verbringt und auch der mittlere eigentlich andere Neigungen zeigt.

> **Beispiel 2: Frieden um jeden Preis!**
> Im Elternhaus von Frau Tinner mussten Konflikte um jeden Preis vermieden werden, um den überbeschäftigten Vater in den wenigen Stunden des Zuhauseseins nicht zu «belasten». Unter dem massiven elterlichen Druck hat sie sich als Kind mit ihren beiden Geschwistern immer «gut vertragen»: Das Motto «Frieden um jeden Preis» galt als oberstes Prinzip; Konflikte, Auseinandersetzungen oder gar heftige Wortgefechte waren undenkbar und galten schon in Ansätzen für Frau Tinner als bedrohlich. Wenn sich heute ihre eigenen Kinder streiten oder nur schon etwas lauter diskutieren oder sich foppen, bekommt Frau Tinner Angst, kann kaum mehr klar denken und verlangt von ihnen den sofortigen Abbruch der Auseinandersetzung. Mit diesem Hintergrund ist Frau Tinner nicht in der Lage, ihren Kindern Raum für befriedigende Konfliktlösungsstrategien zu bieten.

Auf jedes Kind entfallen immer Teile der elterlichen Erwartungen, Projektionen, Befürchtungen, uneingelöste Gefühle, Ideale, Wünsche und Hoffnungen. Bestimmte Muster in Geschwisterbeziehungen lassen sich darauf zurückführen, dass vielen Geschwistern die gleichen Eigenschaften zugeschrieben werden oder dass sie alle mit denselben Mitteln um die Anerkennung und Gunst der Eltern kämpfen. Umgekehrt werden die Möglichkeiten der anderen Kinder beschnitten, wenn die Eltern ein bestimmtes Merkmal eines Kindes sehr stark fördern. Konzentrieren sie sich zum Beispiel auf die musikalische Begabung eines der Geschwister, weil sie hoffen, dass es Konzertpianist oder Flötenvirtuose wird, erwarten sie in der Regel von den anderen etwas anderes.

Neuinszenierungen und Projektionen

Die Wiederholungen des Geschwisterverhaltens aus der Kindheit und Jugendzeit außerhalb der Familie verlaufen in der Regel unbewusst. Neuinszenierungen der geschwisterlichen Muster mit anderen Menschen sind trotzdem nicht so leicht zu erkennen, da sie meist verschleierter, verändert, komplexer auftreten: Viele – psychoanalytisch gesprochen – Übertragungen von in Geschwisterbeziehungen eingeübten Gefühlen und Verhaltensweisen auf andere Menschen wie Bekannte, LiebespartnerInnen, Freunde, aber auch unbekannte Menschen lassen sich noch am ehesten von geübten und außenstehenden Personen beobachten. Die Psychoanalytikerin Katharina Ley (2001b)[249] beschreibt in ihrem Buch offen ihre persönlichen Erkenntnisse zu diesem Sachverhalt: «*Doch vor allem die unangenehmen und schmerzvollen geschwisterlichen Erfahrungen haben sich in Freundschaften und Arbeitsteams in Variationen wiederholt, bis sie mir zunehmend in der Verknüpfung zu früheren Erlebnissen im Geschwisterkreis und in der Familie erklärbar wurden.*» Dabei gilt es aber unbedingt, auch die positiven Möglichkeiten solcher Übertragungen zu erkennen: Da Geschwister voneinander lernen, im günstigen Fall kooperieren, sich unterstützen und spiegeln, Kompromissbereitschaft wie Einfühlungsvermögen erwerben, besteht die Möglichkeit, solche eingeübten und tief verankerten Muster auch in andere Beziehungen hineinzutragen und dort anzuwenden. Im günstigen Fall übertragen so die erwachsen gewordenen Geschwister ihre Fähigkeiten auf andere und wiederholen damit – meistens unbewusst – ihre Beziehungsmuster aus der Geschwisterbeziehung früherer Jahre. Bei geglückten Beziehungen stärkt dies ihre Lebenszufriedenheit und die Lebensqualität. Ungünstige negative Übertragungen hingegen schwächen den Menschen und lassen ihn unzufrieden und unglücklich zurück.

Manchmal lässt sich auch beobachten, wie Erwachsene andere Menschen gleichsam in die Geschwister «verwandeln», die sie hatten bzw. die sie gerne gehabt hätten (Wunschbilder): Sie sehen im wahrsten Sinne des Wortes im Gegenüber das (oder Anteile) eines Geschwisters.

Trotzdem ist es möglich, Neuinszenierungen der Geschwisterbeziehung in der Gegenwart zu erkennen und zu identifizieren. Am ehesten gelingt dies, wenn die Geschwisterbeziehungen in aktuellen Beziehungen hinderlich sind, sich also im Liebes- und Freundeskreis oder bei der

---

249 Katharina Ley (2001b): Geschwisterbande. Liebe, Hass und Solidarität. Düsseldorf: Walter, S. 23

Arbeit unangenehm oder störend bemerkbar machen *und* wenn man von anderen Menschen darauf aufmerksam gemacht wird, so etwa von einer Person, die den Betroffenen und seinen familiären Hintergrund gut kennt. Offenbar erkennen und durchschauen Menschen solche Projektionen – wenn überhaupt – eher indirekt, d. h. an Beispielen anderer Menschen, da es anscheinend leichter ist, Übertragungsprozesse bei anderen als bei sich selber zu entdecken.

Übertragungen können auf verschiedenen Ebenen beobachtet werden: Häufig wiederholen Menschen in ihren Liebesbeziehungen verschiedene Aspekte ihrer Geschwisterbeziehung. Das hat damit zu tun, dass eine Liebesbeziehung eine ähnlich nahe Beziehung darstellt wie sie in der Kindheit die Beziehung zu einem Geschwister war. Zudem sind Geschwisterbeziehungen in der Kindheit in der Regel eher horizontal (Ley 2001 b) als hierarchisch strukturiert – ähnlich wie später die Liebesbeziehung auch. In der Liebesbeziehung zeigen sich als häufigste Neuinszenierungen und Übertragungen affektiv stark aufgeladene Auseinandersetzungen mit Wut und Aggressivität, aber auch Konkurrenz und Macht.

Aber auch die Gründung einer eigenen Familie vermag starke Gefühle aus der Herkunftsfamilie wieder zum Leben zu erwecken: Plötzlich erkennt man in einem Kind den Bruder (oder Bruderanteile) oder die Schwester (oder schwesterliche Anteile), auf das eine Kind reagiert man sehr stark emotional, auf das andere vergleichsweise gleichgültig oder gelassen – häufig ohne sich bewusst zu sein, dass die heftige emotionale Reaktion mehr mit der eigenen Herkunftsgeschichte, den früheren Geschwistererfahrungen als der aktuellen Situation (oder Person) zu tun hat.

Besonders ungünstige Konstellationen von Neuinszenierungen alter geschwisterlicher Beziehungsmuster lassen sich in Fällen beobachten, in denen Kinder von einem ihrer Geschwister besonders schlecht behandelt wurden. Nicht selten entstehen dann unglückselige «Selbstheilungsversuche», in denen die nun Eltern gewordenen Erwachsenen das negative Selbstbild aus der unverarbeiteten Geschwisterbeziehung in eines ihrer eigenen Kinder projizieren und dort ausleben. Das Opferkind kann dieselbe Geschwisterposition wie der agierende Elternteil oder eine ähnliche äußere Erscheinung oder das gleiche Geschlecht haben.

Andere Erwachsene äußern, sie hätten bewusst nicht mehr als ein Kind gezeugt um ihm die schrecklichen Erfahrungen der eigenen Kindheit mit einem Geschwister zu ersparen.

Wiederbelebte Neuinszenierungen von unverarbeiteten Geschwisterbeziehungen sind fast unbegrenzt möglich: Ob Arbeitsplatz, Schule, Ausbildungsstätte, ob Universität oder Postschalter – überall stehen verschiedene Menschen als potenzielle Projektionsfiguren zur Verfügung. So kann aus einem älteren Vorgesetzten rasch ein freundlicher und gemütlicher «Papa» oder ein autoritärer Besserwisser werden und die Mitarbeiterin als eklige Konkurrentin bezüglich Akzeptanz oder Bewunderung erlebt werden. Andere Mitarbeiter steigern sich in unerbittliche Rivalitätskämpfe und müssen bei jeder sich anbietenden Gelegenheit das Gegenüber angreifen, kritisieren, entwerten oder lächerlich machen. So können – ohne dass dies die Akteure realisieren – in einer Abteilung oder einer Arbeitsgruppe ganze Familien- und Beziehungsmuster mehr oder weniger wiederbelebt werden. Natürlich hat auch die Firmenkultur bzw. die Abteilungsleitung einen Einfluss auf das Geschehen: Ein partizipatives Klima ermöglicht eher höhere Anteile von Neu-Inszenierungen positiver Geschwistererfahrungen (Stichworte: Vertrauen, Akzeptanz, gegenseitige Hilfe, Freundlichkeit) als ein autoritäres (Stichworte: Misstrauen, jeder schaut nur für sich, Distanz).

Das Ausleben ungelöster eigener Anteile

Eine unverarbeitete Geschwistersituation kann im späteren Leben unter bestimmten Umständen für alle Beteiligten zu fatalen Folgen führen. Das folgende Praxis-Beispiel beleuchtet diesen Sachverhalt näher.

Daniel und Tamara

Beatrice Zürcher war als Kind sehr eifersüchtig auf ihre vier Jahre jüngere Schwester, Tina. Sie hasste alles an ihr. Die kleine Tina war der Sonnenschein in der Familie. Ihr Lachen fand Beatrice Zürcher immer so heuchlerisch, und es widerte sie richtig an. Oft wurde sie von den Eltern bestraft, weil sie sich der kleinen Schwester widersetzte. Tina war in der Schule besser als Beatrice. Die kleine Schwester wurde auch zu Hause wegen ihren Leistungen immer gelobt; kein Wunder, dass Beatrice zunehmend mit rasender Eifersucht auf diese Schwester reagierte.
Beatrice Zürcher heiratete erst mit 35 Jahren. Zunächst wollte sie keine Kinder. Schließlich aber überkam sie doch der Wunsch. Während der Schwangerschaft plagte sie die Angst, ein Mädchen könnte auf die Welt kommen. Sie war außer sich vor Freude, als schließlich ein Junge geboren wurde. Sie umhegte ihren Daniel sehr. Bei der zweiten Schwangerschaft konnte Beatrice Zürcher schon eher ein Mädchen akzeptieren, da es doch noch schön wäre, ein «Pärchen» zu haben.
In der Tat kam ein Mädchen auf die Welt. Tamara war ein zufriedenes, fröhliches Kind, das viel lächelte. Beatrice Zürcher missfiel dies immer mehr, und schließlich meinte sie: «Die kriegt mich mit ihrem Lachen schon nicht weich.» Daniel reagierte sehr eifersüchtig auf Tamara. Beatrice Zürcher unterstützte ihren Sohn sehr und gab ihm bei Streitigkeiten jedes Mal recht. Daniel hatte in der Schule eher Mühe. Er war etwas langsam, bedächtig und sehr vorsichtig. Seine Mutter suchte

für ihn sofort eine Nachhilfe und scheute hier auch keine finanziellen Mittel. Tamara fiel der Kindergärtnerin auf. Sie war ein Kind, welches sehr große Angst vor Kritik hatte. Sie versuchte krampfhaft, alles gut zu machen, und setzte dabei einen übermäßig ausgeprägten Ehrgeiz ein. Sie war auch sehr ungeduldig. Beatrice Zürcher war darüber gar nicht beunruhigt, im Gegenteil, sie bestärkte die Kindergärtnerin, dass Tamara ein schwieriges Kind sei. Zwar suchte sie auch eine Psychologin auf, befolgte aber deren Erziehungsratschläge überhaupt nicht. Sie schickte Tamara in eine Spieltherapie. Das Mädchen erholte sich etwas und begann Fortschritte zu machen. Unter fadenscheinigen Vorwänden brach Beatrice Zürcher die Therapie von Tamara aber plötzlich ab. Sie konnte auf die Vorschläge der Therapeutin nicht eingehen.
In der Schule hatte Tamara anfänglich leistungsmäßig keine Mühe. Sie fiel eher durch ihr Verhalten auf. Beatrice Zürcher besuchte häufig die Lehrerin von Tamara und warnte diese sogar vor dem schwierigen Charakter des Kindes. Sie meinte auch, dass Tamara gar nicht so intelligent sei, wie sie den Anschein mache. Nach zwei Schuljahren stellte die Lehrerin fest, dass Tamara in den Leistungen sehr nachgelassen hatte. Beatrice Zürcher wollte aber keine Nachhilfe für das Kind, sie solle sich eben mit dem abfinden, was sie kann.

Am Beispiel von Beatrice Zürcher sehen wir die möglichen verheerenden Folgen einer unbewussten und unbearbeiteten eigenen Geschwisterproblematik im Erwachsenenleben. Die ungeklärte Eifersucht auf die eigene kleine Schwester führte bei Beatrice Zürcher zu einer geradezu tragischen Übertragungssituation, worunter ihre Tochter zu leiden hatte. Zum Glück sind solche krassen Beispiele nicht sehr häufig.

Zu viel Verantwortung

Für älteste Kinder, die von den Eltern mit zu viel und unangemessener Verantwortung belastet werden, kann ihre Geschwisterposition später zu ungeahnten Problemen führen. Das nächste Beispiel aus der Beratungspraxis rückt diese Problematik ins Zentrum, wobei zu beachten ist, dass das Vaterproblem (der strenge Vater) die eigentliche Ursache der sich ergebenden Schwierigkeiten von Herrn Steiner darstellt.

Die Familie im Schulzimmer
Peter Steiner übernimmt nach dem erfolgreich abgeschlossenen Studium an der Universität einen Lehrauftrag an einer Berufsschule. Seine Schüler sind in der überwiegenden Mehrzahl junge Männer, die Klassen recht groß (im Durchschnitt 25 SchülerInnen). Herr Steiner ist begeistert von den zu unterrichtenden Fächern und möchte seinen SchülerInnen möglichst viel an Wissen und Kenntnissen vermitteln. Die Führungsfunktion ist für ihn als Ältester von insgesamt fünf Kindern

vertraut, seinen Unterrichtsstil bezeichnet er als straff, klar, disziplinorientiert. Solange die Klassen disziplinarisch keine Probleme bereiten, gelingt es ihm mit Enthusiasmus und viel Einsatz, eine lernfreudige Atmosphäre zu schaffen. Nach den ersten Wochen – die Klassen und Herr Steiner haben sich etwas kennen gelernt, «sich gegenseitig beschnuppert» – verlaufen die Stunden zunehmend nervös, unruhig. Zwei Wochen später kündigt die Schulaufsichtsbehörde ihren ersten obligatorischen Schulbesuch an. Die Unruhe bei Herrn Steiner steigt weiter. Als schließlich der Besucher, ein älterer Mann, vor der Schulzimmertüre steht, wird die Situation für Herrn Steiner bedrohlicher. Mit großem emotionalem Aufwand versucht er, ruhig zu bleiben, bittet den Besucher ins Zimmer und weist ihm hinten einen Platz als Beobachter zu. Für Herrn Steiner wird die innere Spannung fast unerträglich. Einige Minuten kämpft er gegen eine unvermittelt aufkommende Übelkeit und überlegt, ob er das Zimmer verlassen und sich übergeben muss. Schließlich bleibt er. Die Stunde verläuft zwar normal, aber bei jeder leichten Unruhe oder jedem vermuteten Störfeld greift Herr Steiner sofort ein, fragt nach, erklärt, stoppt, schaut streng in die Runde. Endlich ist die Stunde um, und Herr Steiner, schweißgebadet und völlig erledigt, versucht, sich vor dem Besucher auf keinen Fall etwas anmerken zu lassen. Diesem ist der innere Kampf des Lehrers nicht aufgefallen: Er äußert sich zufrieden über die Zielsetzung, den Verlauf der Stunde und den Lernerfolg der Klasse und verabschiedet sich von Herrn Steiner. Wie lässt sich der völlig unangemessene emotionale Kraftaufwand von Herrn Steiner erklären?

In mehreren Beratungsgesprächen erarbeiten wir zusammen folgenden Sachverhalt:

In einer siebenköpfigen Familie aufgewachsen musste Herr Steiner als Ältester schon früh die Verantwortung für seine vier jüngeren Geschwister (drei Knaben, ein Mädchen) übernehmen. Der Vater arbeitete als erfolgreicher Anwalt und beauftragte seinen ältesten Sohn wiederholt mit der Aufgabe, während seinen häufigen Abwesenheiten bis spät in den Abend die jüngeren Geschwister zu beaufsichtigen, eventuelle Regelverstöße zu verhindern oder zu ahnden, bei Schulaufgaben nötigenfalls zu helfen, dafür zu sorgen, dass alle Kinder ihre Pflichten wie abwaschen, abtrocknen, aufräumen, rechtzeitig zu Bett gehen, Licht ausmachen usw. vollumfänglich erfüllten. Eine unlösbare Aufgabe für Herrn Steiner! Die Mutter war abends ebenfalls sehr häufig abwesend: Entweder half sie dem Vater, indem sie schriftliche Arbeiten für ihn im Büro erledigte, oder sie besuchte zwei alleinstehende Freundinnen aus ihrer Jugendzeit. Für Peter Steiner bedeuteten diese Abend jeweils ein Spießrutenlaufen, da sich die Geschwister gegen die rigorosen Regeln des Vaters in dessen Abwesenheit auflehnten, ihren Widerstand also gegenüber dem Bruder zum Ausdruck brachten und manchmal mit ihm auch ein Spiel trieben, da sie wussten, dass der Vater ihn für Probleme zur Rechenschaft ziehen würde. Herr Steiner musste bei der Rückkehr des Vaters für etwaige Regelverstöße der Geschwister in einem demütigenden Verhör Red und Antwort stehen. Meistens kassierte er dabei Schläge, Vorwürfe und Ermahnungen. Für Herrn Steiner wurde es so lebenswichtig, dass die Geschwister seine Anordnungen jeweils unverzüglich befolgten.

Schließlich begann er durch die Beratungsgespräche zu realisieren, dass diese fast panikartigen Schulängste sowie seine heftigen körperlichen Reaktionen nicht in der eigentlichen Schulrealität begründet lagen, sondern einen Zusammenhang mit der Familiensituation aufwiesen: In die Schüler projizierte er unbewusst seine Geschwister. Mit der Zeit begann Herr Steiner, die Zusammenhänge auch emotional zu verarbeiten, und es gelang ihm immer besser, die Geschwisterbilder von den Bildern seiner Schüler zu trennen, zu erkennen, dass heute eine andere Situation besteht, d. h. Schüler und Schulbesucher keine reale Gefahr für ihn darstellen: Die Schüler sind nicht die unfolgsamen Geschwister, der Schulbesucher nicht der strafende Vater. Besonders die verinnerlichte autoritäre Vaterfigur, die er in jedem Schulbesucher anfänglich reflexartig sah, ließ ihn noch einige Zeit immer wieder unruhig werden. Schließlich kam die endgültige Wende, als es Herrn Steiner gelang, in den Schülern harmlose, interessierte, manchmal mit eigenen Problemen belastete, ganz normale junge Menschen zu sehen, die mit ihren persönlichen Stärken, Schwächen und Eigenarten in die Stunde kamen und mit ihrem Verhalten nicht Herrn Steiner persönlich schikanieren wollten. Die neue Sichtweise entkrampfte die ganze Situation, und mit der Zeit waren die Schulbesuche für ihn keine lebensbedrohlichen Prüfungen mehr.

Die Übernahme von Verantwortung kann für ein Kind aber auch durchaus positiv sein, solange es davon nicht überfordert wird und diese Aufgabe mit guten Erfahrungen verbunden ist: Das Kind erhält zum Beispiel von den jüngeren Geschwistern Anerkennung, wird bewundert usw. Besonders günstig fällt für das Kind die zugesprochene Verantwortung dann aus, wenn sie angemessen ist, das Kind damit erfolgreich umgehen kann und von den Eltern auch entsprechend gelobt wird. Beides, d. h. zu viel wie keine Verantwortung, kann für Heranwachsende ungünstig ausfallen.

Denkanstöße für Lehrpersonen und AusbildnerInnen

Für Vorschul- und Grundschullehrpersonen können die beiden nächsten Praxis-Beispiele nützliche Hinweise und Anregungen geben.

> **Überholen um jeden Preis: Martin Schnell**
> Wir sind Martin schon in Kapitel 6 begegnet. Hier nun möchte ich den Blick stärker auf die Perspektive der betroffenen Lehrperson richten.
> Im Kindergarten fällt nach kurzer Zeit ein neu eingetretenes Kind auf, das dauernd nach noch anspruchsvolleren und komplizierteren Spielen verlangt: Die Spiele und Beschäftigungen im Kindergarten seien viel zu einfach und er wolle unbedingt in die Schule. Alles geht ihm zu wenig schnell, ist zu einfach, bald langweilig. Hier könnte die Kindergärtnerin auf ein hochbegabtes Kind tippen, das

unterfordert ist. Was war in diesem Fall der tatsächliche Hintergrund? Martin ist der jüngste von drei Brüdern, die sich im Abstand von etwa zwei Jahren folgen. Der Antrieb von Martin, unbedingt wie die größeren Brüder in die Schule zu kommen, damit zu den «Großen» zu gehören, ist so stark, dass er die Eltern und die Kindergärtnerin so lange bearbeitet, bis diese ein Gesuch stellen, das schließlich bewilligt wird: Martin wird nach nur wenigen Kindergartenwochen in die erste Klasse eingeschult. Dort hält er sich knapp, will aber um keinen Preis in die «Bubelischule» – so bezeichnet er den Kindergarten – zurück.
Dieser Martin sucht mich viele Jahre später als Geschäftsmann wegen persönlicher Probleme auf. Er schildert sich als gehetzt, immer auf dem Sprung, denkt bei einer Sache schon an die nächste usw. Im Laufe der Gespräche kommen wir auf seine familiäre Situation zu sprechen. In diesem Zusammenhang erzählt er die oben geschilderte (hier stark gekürzt wiedergegebene) Situation. Ein bisher unbewusstes wichtiges Lebensziel wird ihm deutlich: die Brüder möglichst einzuholen oder wenn möglich zu überholen. So gelang es ihm als erstem der Brüder, im Alter von 23 Jahren ein eigenes Geschäft zu gründen. Eine Erzieherin im Kindergarten (oder eine Lehrperson in der Schule), die solche Zusammenhänge erkennt, erlebt ein solches Kind in ihrem Wirkungsfeld anders und kann sich mögliche Hilfestellungen überlegen – und sie fühlt sich ob solcher Verhaltensweisen des Buben nicht persönlich angegriffen oder gar in Frage gestellt. Die Beobachtung von und die Einsicht in die Hintergründe von Martins Verhalten münden dann in die Fragen: Was braucht Martin? Was kann ich ihm hier im Kindergarten (oder in der Schule) dafür bieten? Wie kann ich die Eltern richtig unterstützen?

Der folgende Textauszug stammt von einer meiner ehemaligen Studentinnen, die kurz vor dem Abschluss ihrer pädagogischen Ausbildung ihre Reflexionen zur Bedeutung ihrer eigenen Geschwistersituation für die zukünftige Berufstätigkeit zu Papier gebracht hat. Die Beschreibung zeigt eindrücklich, wie wichtig die Reflexion und Verarbeitung eigener Geschwistererfahrungen für eine erfolgreiche, gewinnbringende und für alle Beteiligten gerechte Berufstätigkeit sein kann.

«Ich möchte mit meiner eigenen Geschwisterposition beginnen. Zu meinem knapp drei Jahre älteren Bruder hatte ich in meiner Kindheit eine ziemlich starke Beziehung. Ich schaute oft zu ihm hoch, und er war in vielen Bereichen mein Vorbild! Anfangs genoss mein Bruder diese Vorbildrolle extrem, und er begann, mich ein bisschen herumzukommandieren. Und da ich noch nicht so recht wusste, was ich wollte, machte ich bei seinen ‹Spielchen› auch schön brav mit. Auch beim Spielen mit den drei Nachbarskindern im Freien war die Hierarchie immer deutlich: Mein Bruder war der König – und wir irgendwelche Bedienstete.
Als ich nun etwas älter wurde, machte ich nicht mehr alles bedingungslos mit und brachte meine eigenen Vorstellungen und Wünsche in den Spielverlauf ein. Dies führte natürlich unweigerlich zu Konflikten mit meinem Bruder, der sich in seiner Leader-Position nicht mehr bestätigt fühlte! So konnten wir jeweils heftig streiten.

Doch trotz all den vielen Streitereien behielt ich doch eine gewisse Bewunderung für dieses ‹Gehabe› meines Bruders bei. Eine Art Abscheu und gleichzeitig Faszination.
Wie ist die Situation heute? Ich bemerke in meinen Praxistagen in der Vorschule, wie mich Kinder, welche solche ‹Herumkommandier-Methoden› wie mein Bruder besitzen, oft etwas nerven. Ich reagiere viel empfindlicher als auf eventuelle andere ‹Mödeli› [schweizerisch mundartlich für «(schlechte) Angewohnheit»; Anm. d. Lekt.]. Ich fiel also wieder in das Muster meiner eigenen Geschwisterposition zurück, und die damit verbundenen Gefühle kamen erneut in mir hoch. So reagierte ich in solchen Situationen manchmal zu heftig, zu schnell und mischte mich ein, obwohl die Kinder diese Rollen nach eigener Absprache verteilten!
Mein Umgang damit: Es ist für mich äußerst wichtig, dass ich über meine eigenen Erfahrungen mit meinem Bruder, auch im Zusammenhang mit den Eltern, nachdenke. Ich muss mir meiner damaligen Situation und der damit verbundenen Gefühle und Reaktionen bewusst sein. Nur so kann es mir gelingen, meine Reaktionen im Kindergarten zu deuten (falls sie damit in Verbindung stehen). Und nur dann kann ich auch verhindern, dass ich nicht aufgrund eigener erlebter Situationen u. U. unfair und parteiisch reagiere, sondern relativ objektiv und sachlich bleibe!»

Nun geht es – wie ich schon im Kapitel 2 wiederholt angedeutet habe – bei der Problematik der Geschwistersituation nicht darum, die Position oder Konstellation eines Kindes in der Familie herauszufinden und sein gesamtes Verhalten ausschließlich und schematisch daraus abzuleiten. Vielmehr soll die vom Kind individuell und persönlich erlebte und interpretierte Geschwistersituation erfasst und als eine mögliche Ursache seines Verhaltens verstanden werden.

Was nützt die Beschäftigung mit der eigenen Geschwistersituation?

Die Kenntnis der persönlichen Geschwistersituation, die Schlüsse daraus sowie eventuelle Übertragungen wie Neuinszenierungen sind für alle sozialen Berufe, besonders auch für die Ausbildung zu Lehrpersonen aller Stufen von Bedeutung: Ablehnende Reaktionen gegenüber bestimmten Kindern können u. a. auch aus einer ähnlichen (oder einer anderen, abgelehnten) Geschwisterposition erwachsen. Ist mir Maja unsympathisch, weil sie mich in ihrer braven unterwürfigen Art an die kleine Schwester erinnert, die mir auf die Nerven ging? Bewundere ich die spontane, pfiffige Marielle, weil ich selber als Kind gerne so gewesen wäre? Erinnert mich der Charakterzug von Tobias, der mir immer mit viel Scharfsinn die angeblichen oder tatsächlichen Verfehlungen von MitschülerInnen vor Augen führt, nicht vielleicht an meinen älteren Bruder? Warum ärgere ich mich immer wieder so heftig über das «schleimige» Verhalten von Maria? Wieso kann ich die pedantische Art von Sandra nicht gelassener nehmen oder ihr gar mit Mitgefühl für den hohen Preis begegnen, den sie dafür als unbeliebte Schülerin in der Klasse zahlt? Solche Fragen und Überlegungen können nützlich sein und gelegentlich zu überraschenden Erkenntnissen führen. Auch in Ausbildungssituationen lassen sich – wie die folgende Schilderung einer Supervisorin anschaulich zeigt – ungeklärte Geschwistererfahrungen wieder finden:

«*Ich* [eine Erzieherin – J. F.] *habe zur Zeit einen neuen Praktikanten, mit dem könnte ich dauernd streiten. Zu unseren Aufgaben gehört es nun mal, Geschirr vom Vesper der Kinder zu spülen und Spielsachen und Möbel sauber zu halten. Er tut keinen Handgriff. In der Ausbildungsstätte, so behauptet er, sei ihnen nahegelegt worden, sich nicht für hauswirtschaftliche Arbeiten einspannen zu lassen›, und später fügte die Erzieherin hinzu, das kenne sie schon von ihrem Bruder, der habe mit seinen Ausreden immer Erfolg gehabt, und sie sei am Ende diejenige gewesen, die alles machen musste.*» [250]

Die Supervisorin schreibt dazu folgenden Kommentar: «Die, wie die Erzieherin glaubte, ‹Wieder-Holung› der Situation war noch so affektiv beladen, dass sie lange nicht in der Lage war, fachlich zu argumentieren. Sie verglich [unbewusst – J. F.] ihre Geschwisterposition mit der Anleitungsposition. Das hatte sie aber nicht erkannt. Gefühle von Ausgenützt-Werden, Gekränkt-Sein, Ungerecht-behandelt-Werden, In-eine-Rolle-gedrängt-Werden kamen in ihr hoch. Auch Ärger über sich selbst, über die eigene Unfähigkeit, sich nicht so clever aus der Affäre ziehen zu können, wie der Bruder es tat. So etwas sollte ihr in ihrem Leben nicht mehr passieren, und jetzt dieser Praktikant. Er bekam ab, was sie an Kindheitserbe mitgeschleppt hat und den Zorn auf die Ausbildungsstätte, die in ihren Augen so wenig von der Praxis verstand.» [251]

Solche unbewussten, unerkannten und unverstandenen Projektionen können – wie das Beispiel stellvertretend für viele andere zeigt – manchmal ungünstige oder gar schwerwiegende Folgen für die Betroffenen haben und dazu führen, dass man andere Menschen ungerecht behan-

---

250 Brunhilde Schütt (1994): Anleiten im Praktikum. Freiburg: Herder, S. 48
251 a. a. O., S. 48–49

delt, unsachlich beurteilt, voreilig und stark affektiv reagiert, d. h. etwa innerhalb von Sekunden schwer beleidigt oder aggressiv auffährt oder sich zurückzieht, schweigt, leidet, störende psychosomatische Symptome entwickelt.

Auch im folgenden Beispiel (Bericht einer Studentin) erkennen wir, wie unverarbeitete persönliche Geschwistererfahrungen unerwünschte Folgen in der Berufsarbeit einer Vorschulerzieherin zeitigen können, die solange auftreten, wie das der betroffenen Person unbewusst und unverstanden bleibt:

«Mein kleiner Bruder (vier Jahre jünger) war ein großes Problemkind: Er war jähzornig, hyperaktiv, ungeduldig, motorisch ungeschickt usw. Ständig musste meine Mutter sich mit ihm beschäftigen. Er wurde massiv verwöhnt und konnte vieles tun, was mich und meine älteren Brüder in Schwierigkeiten gebracht hätte. Wir wurden auch für Dinge bestraft, die er begangen hatte. Zudem mussten wir den Kleinen überall hin mitnehmen. Wir hassten ihn und begannen mit der Zeit, ihn zu meiden und ihn heimlich zu plagen.
Heute merke ich, dass ich in meiner Arbeit im Kindergarten mit Kindern Mühe habe, die alles bekommen, unselbständig und jähzornig sind. Ich muss mir große Mühe geben, solche Kinder nicht einfach abzustempeln, sie als verwöhnte Jüngste zu ignorieren. Langsam kann ich mich von meinen Erfahrungen mit meinem ‹Jüngsten› lösen. Trotzdem: Wenn ich ganz ehrlich bin, ertappe ich mich öfter, als mir lieb ist, wie ich Vergleiche anstelle und meine frühere Situation wieder vor mir sehe, wenn ein Kind ein ähnliches Verhalten wie der Bruder an den Tag legt. Vor mir liegt noch ein Stück Arbeit!»

Erst die Einsicht in solche Übertragungssituationen sowie die Bereitschaft, daran zu arbeiten, verhilft einer Erzieherin, störende Kindheits- und Jugendzeitmuster zu überwinden und den ihr anvertrauten Kindern so schließlich auch gerechter zu werden. Das zeigt uns abschließend auch noch das letzte Beispiel, der Bericht einer Kursteilnehmerin:

«Ich kann nun, so hoffe ich, im Kindergarten als Erzieherin Geschwisterkinder besser verstehen. Wenn zum Beispiel ein älteres Geschwister in Resignation zurückfällt, weil sein jüngerer Bruder in manchen Bereichen schneller und leichter lernt. Auch denke ich, dass die Einsicht in meine eigene Geschwistersituation mir helfen wird zu sehen, warum ich ein Kind vielleicht nicht so ins Herz schließen kann. In einem Praktikum hatte ich einmal ein Kind, das sehr starrköpfig war und immer recht behalten wollte. Zudem bemutterte es die anderen Kinder fortlaufend. Dieses Kind konnte ich mit der Zeit kaum mehr ausstehen. Jetzt ist mir nachträglich klar geworden, dass dieses Mädchen genau die Charakterzüge besaß, die ich an meiner kleinen Schwester nicht ausstehen konnte – und bis heute nicht kann!»

Im letzten Kapitel (12) werde ich eine ganze Reihe von persönlichen Berichten, Betrachtungen und Reflexionen von Studierenden zu ihrer Geschwisterkonstellation und deren Folgen wiedergeben.

11. Möglichkeiten und Grenzen neuer Geschwisterbeziehungen im Erwachsenenalter

In jedem Altersabschnitt besteht die Möglichkeit der Veränderung von Geschwisterbeziehungen – zum Guten wie zum Schlechten. Im Erwachsenenalter stehen die Chancen zu einer Verbesserung der Beziehung tendenziell besser, weil nun durch kritischere Reflexion und, vor allem in den mittleren Jahren, vielfach durch eine größere Gelassenheit und Distanz neue Begegnungen mit dem oder den Geschwistern (wieder) möglich werden können – vorausgesetzt, beide Seiten sind dazu bereit und offen füreinander: An Geschwisterbeziehungen muss man arbeiten wie an allen anderen Beziehungen auch (vgl. Jung 2001). Im folgenden Kapitel werden einige ausgewählte Themen und Ereignisse behandelt, die Geschwisterbeziehungen im Erwachsenenalter eher fördern oder zeitweilig hemmen können.

Der Auszug des Bruders

Eine Geschwisterbeziehung kann sich durch den Auszug aus dem Elternhaus, durch räumliche Entfernung und natürlich durch die individuelle Weiterentwicklung der persönlichen und beruflichen Identität sowie durch andere wichtige Erfahrungen für beide Seiten auf vielerlei Weise verändern. In den nachfolgenden Gedanken einer 21-jährigen Frau lassen sich solche durch einen äußeren Faktor bedingten Prozesse (Auszug des Bruders aus dem elterlichen Zuhause) – hier in eine positive Richtung – deutlich erkennen:

> «Mein älterer Bruder war in der ganzen Kindheit immer sehr eifersüchtig auf mich. Dadurch hatten wir sehr oft Streit, und ich konnte mir nicht vorstellen, dass ich mit meinem Bruder jemals eine gute, geschwisterliche Beziehung haben könnte. Als er vor neun Monaten von zu Hause auszog, änderte sich unser Verhältnis ziemlich

> schnell. Ich war wieder gerne zu Hause, da ich wusste, dass es nun keinen Streit mehr gab. Doch ich spürte, dass mich mein Bruder vermisste. Er rief mich ständig an und wollte mich nur schnell hören. Vorher kannte ich nur Hassgefühle, die er mir gegenüber lautstark zum Ausdruck brachte. Durch seinen Auszug fühle ich mich zu Hause wohler, weiß jetzt aber auch, dass mein Bruder mich wirklich mag, ein Gefühl, das mir bis vor kurzem eher fremd war. Ich kann heute sogar sagen, dass ich mich richtig freue, ihn wieder zu sehen. Ich denke, unsere Beziehung ist ziemlich anders als in der Kindheit, viel besser. Ich hoffe, dies bleibt so.»

Hier hat der Auszug des Bruders, die Distanz zu ihm und die damit verbundene Neupositionierung der Schwester in der Familie zu dieser radikalen Änderung entscheidend beigetragen. In der Regel ist es aber nicht ein einzelnes Ereignis (z. B. Pubertät), das zu neuen Schritten führt: In den meisten Fällen tragen erst mehrere Entwicklungen oder spezielle Ereignisse (z. B. Tod eines Elternteils, Trennung/Scheidung, die Heirat eines Geschwisters oder eine Psychotherapie) zu einer Veränderung der geschwisterlichen Beziehung bei.

Die Bedeutung eingeübter Rollenmuster

Trotzdem kann man immer wieder beobachten, wie viele Muster, die in der frühen Kindheit entwickelt und geformt wurden, so tief verwurzelt geblieben sind, dass sich die Geschwister immer noch in gleichen oder ähnlichen Rollen wie in der Kinderzeit begegnen: Als Große und Kleine, als Gescheite oder «Dumme», als Schnelle und Langsame. Manche Geschwister haben sich so voneinander entfremdet, distanziert und in negativen Mustern verfestigt, dass es auch für Familienangehörige schwer sein kann, sie einander wieder näher zu bringen. Daran ändern häufig auch private und berufliche Erfolge im Leben der Einzelnen erstaunlich wenig. Besonders bei Familienanlässen und -festen mit den Eltern lassen sich Wiederholungen der von Kindheit an festgefahrenen Muster des Geschwisterstreits oder der Konkurrenz beobachten: Meistens fällt das außenstehenden Personen wie den PartnerInnen oder den Kindern der Geschwister auf. Sie wundern sich dann, dass der Vater so aggressiv auf die Äußerungen seines Bruders reagiert oder die eigene Leistung immer wieder hervorstreichen muss oder sie staunen, mit welch subtilen Sticheleien die Mutter ihren Bruder mehrmals bei seinen Schilderungen unterbricht oder dabei die Augen verdreht. Das bekannte, vertraute, jahrelang eingeübte familiäre Beziehungsmuster verführt leicht dazu, wieder in die alten Rollen zu verfallen. Vor allem die wiederkehrende Inszenierung der alten geschwisterlichen Rivalität erweist sich letztlich für beide Seiten als destruktiv, weil sie so wiederholt in die alten Rollen zurückfallen und Energien für letztlich nutzlose Kämpfe mobilisieren. Dieser Rückfall in alte Gewohnheiten zeigt sich am deutlichsten in Stresszeiten, in Phasen der persönlichen Belastung, wo das Selbstwertgefühl eher bedroht ist. Familiär erworbene und unbewusst trainierte Verhaltensmuster und Gefühlsreaktionen bleiben so tief verankert, dass sie von den Betroffenen kaum bewusst wahrgenommen werden können und je nach Umständen einfach wieder auftauchen, spontan und meistens ebenso unerwartet wie ungewollt. So wird deutlich, dass ungünstig konstellierte Geschwisterbeziehungen sich ohne Hilfe von außen nicht leicht verändern lassen. Diese Veränderungsresistenz bedeutet aber auf der anderen Seite, dass alte Verhaltensmuster – neben einigen Nachteilen – auch gewichtige Vorteile wie Vertrautheit und Sicherheit bieten.

Hilfreiche Voraussetzungen für neue Geschwisterbeziehungen

Unter günstigen Bedingungen kann eine in der Kindheit durch Rivalität und Eifersucht gekennzeichnete Geschwisterbeziehung im Erwachsenenalter positiv verändert werden, wenn die beteiligten Geschwister ein eigenes Umfeld in befriedigenden Liebes-, Freundschafts- und Arbeitsbeziehungen aufbauen konnten und so eine eigene Identität, einen persönlichen Raum mit genügend Selbstbestätigung gefunden haben. Die Begegnung mit dem Geschwister aktiviert dann nur noch – wenn überhaupt – in geringem Ausmaß rivalisierende oder auf andere Weise störende Beziehungsmuster, weil beide Seiten ihre Selbstbestätigung und Selbstdefinition mehr oder weniger außerhalb bzw. unabhängig von der Herkunftsfamilie gefunden haben. Ein echtes Herauswachsen aus der Kindheit, auch aus Kindheitsrollen, und eine genügende emotionale Unabhängigkeit sind grundlegende Voraussetzungen dafür. Wirkliches Erwachsenwerden bedeutet, so die eigene Unabhängigkeit zu erlangen und gleichzeitig eine angemessene, d. h. auch erwachsenengerechte – nicht kindliche – Nähe und Verbindung zu den Eltern und den Geschwistern aufrechtzuerhalten, sofern dies auch von dieser Seite möglich ist. Geschwistern, die eine eigenständige Persönlichkeit entwickelt und ein befriedigendes persönliches Lebensumfeld geschaffen haben, gelingt es viel leichter, in einem Ausgleich zwischen Nähe und einer gesunden, nicht zu starken Unabhängigkeit voneinander zu leben. Kooperation und Akzeptanz der Lebensweise des Gegenübers erleichtert darüber hinaus eine gute Geschwisterbeziehung im Erwachsenenalter. Das Erwachsenwerden in der Geschwisterbeziehung bedeutet letztlich immer auch ein Aufgeben starrer Kindheitsrollen als BesserwisserIn, NörglerIn, BevormunderIn, Kleine/r, Hilflose/r usw. Statt einer Demonstration von Macht und Stärke werden nun Begegnungen von Ebenbürtigen möglich.

Vollzieht sich der Prozess des Erwachsenwerdens und des Herauswachsens aus einer Geschwisterrolle nur bei einem der beteiligten Geschwister, kann dies zu schmerzlichen Auseinandersetzungen für beide Seiten führen. Das führt unter Umständen gar zu einem vorübergehenden oder auch länger andauernden Abbruch einer Beziehung. Wenn ein Geschwister die Gleichwertigkeit der Beziehung nicht akzeptieren kann – und das ist leider nicht selten der Fall, besonders bei älteren und «konservativ» strukturierten Geschwistern – sind weitere heftige Auseinandersetzungen vorprogrammiert. Die Verletzung des Gleichwertigkeitsprinzips untergräbt und zerstört nicht nur Geschwister-, sondern letztlich auch fast alle anderen Erwachsenenbeziehungen. Nur die gegenseitige Anerkennung als Gleichwertige ermöglicht eine neue, erwachsene, «horizontale» und befriedigende Neukonstellierung der Geschwisterbeziehung. Solange eines der Geschwister immer noch eine Spur besser, gescheiter, eben «ungleicher» sein will, ist eine wirkliche Annäherung, eine tiefere Vertrautheit und Freundschaft schwer möglich.

Grundsätzlich lässt sich festhalten, dass die persönliche Brille die Wahrnehmung der Geschwister nicht nur während der Kindheit und Jugend, sondern auch im Erwachsenenalter beeinflusst, ja prägt. Diese Brille ist geprägt von Wünschen, Fantasien, Einschätzungen und persönlichen Erfahrungen und hat manchmal mit dem realen Geschwister, so Ley (2001b), herzlich wenig zu tun. Solche (häufig) wechselseitigen Verzerrungen der Wahrnehmung machen das Gespräch unter Geschwistern dann oft kompliziert; es wird schwierig, sich darüber zu einigen, was wirklich war: Wurde der Älteste tatsächlich bevorzugt (Sicht des Jüngeren) oder eher strenger und härter erzogen (Sicht des Ältesten)? Ley (2001b)[252], die seit Jahren Geschwister-Selbsterfahrungsgruppen führt, berichtet dazu von einem Teilnehmer Folgendes: *«Mein jüngster Bruder und ich haben kürzlich mit Erstaunen festgestellt, dass wir uns früher, als Kinder, als Geschwister gegenseitig völlig anders wahrgenommen hatten, als wir uns in Wirklichkeit fühlten. Ich war der festen Überzeugung gewesen, dass er als Jüngster der Bevorzugte und am meisten Geliebte war. Er sagt*

---

252 Katharina Ley (2001b): Geschwisterbande. Liebe, Hass und Solidarität. Düsseldorf: Walter, S. 40

heute, er habe als Kind völlig im Schatten der älteren Geschwister gestanden und sich darum immer sehr unglücklich gefühlt.» Selbstverständlich zeigen sich nicht in allen Begegnungen im Erwachsenenalter solch gänzlich gegensätzliche Einschätzungen und Empfindungen der Geschwister, aber es ist ausgesprochen selten, dass sich Geschwister vollumfänglich einig sind über die Vorgänge in der Familie sowie über die Vor- und Nachteile ihrer familiären Rollen.

Sehr hilfreich für eine Neugestaltung der Geschwisterbeziehung erweisen sich regelmäßige Kontakte zwischen den erwachsenen Geschwistern, sofern vorurteilsfrei, offen, ohne Schuldzuweisung, aber mit der Bereitschaft zur Selbstkritik versucht wird, die gemeinsame Familien- und Geschwistergeschichte zu verstehen und so neu zu interpretieren: Die «Bevormundung» des jüngeren Mädchens durch den älteren Bruder wird so im Kontext des elterlichen Auftrags neu, d. h. jetzt mit anderen Augen und Gefühlen, gesehen. Die Schwester versteht nun die Schwierigkeiten und die Not des Bruders, die Rolle des Aufpassers spielen zu müssen, weil die Eltern keine Zeit hatten oder mit dem Aufbau des eigenen Geschäfts beschäftigt waren, und sieht sein damaliges hartes und stures Handeln in einem anderen, vielleicht ganz neuen Licht.

Manchmal gelingt es Geschwistern erst im mittleren Alter, so etwa angesichts des Todes eines oder beider Elternteile, sich wieder näher zu kommen und alte, ungelöste Konflikte vorübergehend auf die Seite zu schieben. Im günstigen Fall kann daraus sogar mit der Zeit eine Verständigung, Klärung und Versöhnung entstehen. Auch persönlich belastende Lebensabschnitte wie eine Trennung/Scheidung können Geschwister wieder näher zueinander bringen, wie eine jüngere, aber nicht jüngste Schwester berichtet:

«Wir sind jetzt alle im mittleren Lebensalter. Da hat sich unter uns Geschwistern vieles verändert gegenüber früher. Was heute zwischen uns zählt, sind die Lebenserfahrungen, die wir alle in den letzten Jahrzehnten gemacht haben. Bei meiner Scheidung habe ich sehr den Kontakt zu meiner jüngsten Schwester gesucht. Sie hat ihren Mann vor zehn Jahren durch plötzlichen Tod verloren. Ihre Erfahrungen waren ganz wichtig für mich, um wieder auf meine eigenen Beine zu kommen. Nun ist mein ältester Bruder in der Situation der bevorstehenden Trennung von seiner Frau. Es tut mir gut, dass er mich ab und zu anruft, um anstehende Fragen mit mir zu diskutieren. Das ist eine neue Erfahrung für mich. Wie gut, dass wir erwachsen geworden sind.»[253]

---

253 ebd., S. 64

Wirkliche, d. h. tiefgreifende Klärungen und Versöhnungen sind aber erst möglich, wenn die eigene Geschichte erinnert, neu betrachtet, dann angenommen und konstruktiv in das eigene Leben integriert werden kann. Wer sich mit seinen Geschwistern versöhnen möchte, muss dies zuerst mit sich selber tun, d. h. mit sich selber ins Reine kommen. Rasche, oberflächliche Pseudo-Bereinigungen führen hingegen zu einer Neuauflage des Beziehungskonfliktes – oder zu einer erneuten Verdrängung. Die Versöhnung mit Geschwistern kann auf vielen Wegen stattfinden; häufig zeichnet sie sich durch die folgenden vier Schritte aus:

1. Zuerst die eigene, persönliche Geschichte erkennen und verstehen

Bevor eine Auseinandersetzung mit einem oder mehreren Geschwistern über die frühere Geschwisterbeziehung überhaupt möglich wird, geht es zuerst einmal darum, die eigene Vergangenheit näher zu beleuchten und zu erforschen: Wer war ich? Wie bin ich zu dem/der geworden, wer hat dabei welche Rolle gespielt? Welche Rolle habe ich dabei eingenommen? Es geht im Wesentlichen darum, sich der eigenen Gefühle, Gedanken und Handlungen als Kind und Jugendlicher in bestimmten Geschwistersituationen bewusst zu werden. Das ist kein leichter und schneller Schritt, der zudem mit Schmerz, Trauer oder Wut einhergehen kann (aber nicht muss). Zu viel Selbstmitleid, Fremd- oder Selbstanklage helfen hier nicht weiter. Die im Anhang beigefügten drei Fragebogen (oder eine Auswahl daraus) können für einen solchen ersten Schritt hilfreich sein; manchmal zeigt sich aber auch, dass eine Unterstützung durch eine Fachperson (Psychologe/Psychologin) hilfreich sein kann, um die nötige Distanz zum Geschehen nicht völlig zu verlieren. Das gilt für alle vier Schritte. Wer sich mit einem Geschwister immer wieder gestritten hat, sollte sich auch einmal die folgende Frage stellen: *Welchen von mir nicht gelebten, vielleicht als «schattig» gewerteten Persönlichkeitsanteil lebt mir mein Geschwister vor* (vgl. Jung 2001)? Das können beispielsweise ein großzügigerer Umgang mit dem Geld, liberalere Auffassungen zu Formen einer Liebesbeziehung, zu Trennung/Scheidung, zu politischen und religiösen Fragen usw. sein.

2. Sich mit dem Geschwister freundlich auseinander setzen

Hat man über die eigenen persönlichen grundlegenden Gefühle, Gedanken und Handlungsweisen in der Geschwisterbeziehung einigermaßen Klarheit gewonnen, kann in einem nächsten Schritt versucht werden, das/die anderen Geschwister freundlich und mit Wohlwollen zu konfrontieren. Zentral scheint mir dabei der jeweils gewählte Ansatz: Wer von seinen Geschwistern ein Schuldgeständnis erwartet oder an sie primär unerledigte Gefühle wie Wut, Hass und Groll heranträgt und dabei auf ein positives Echo hofft, wird kaum einen Schritt weiterkommen. Die Konfrontation besteht darin, sich mit dem Geschwister freundlich und ohne Vorwürfe über die gemeinsame Geschichte zu unterhalten, eigene, persönlich-subjektive Empfindungen einzubringen und gleichzeitig später die Perspektive des anderen verstehen zu wollen – ohne dass ich diese vollumfänglich akzeptieren muss! Das heißt durchaus nicht, ein problematisches und verletzendes Verhalten eines Geschwisters zu beschönigen, zu verdrängen oder wegzudiskutieren. Eine mögliche Formulierung kann etwa wie folgt lauten: *«Ich habe diese Situationen jeweils mit dir so ... erlebt. Das war für mich schwierig, weil ... Wie ist es dir dabei ergangen? Wie siehst du das?»* Wichtig dabei ist auch, im anderen nicht einen Gegner, das Böse zu sehen, sondern ihn als Menschen mit Stärken und eben auch Schwächen wahrzunehmen. Wer vom anderen nichts Gutes erwartet und nur auf der Hut ist, wird nicht die richtige Einstellung dazu und die entsprechenden Gefühle dafür aufbringen können. Die Haltung ist auch hier entscheidend: Offenheit, Neugier, Wohlwollen, Reflexionsbereitschaft sind einige der unabdingbaren Voraussetzungen dazu. Damit sind wir schon beim nächsten Schritt angelangt.

3. Die Hand ausstrecken und auf das Geschwister zugehen

Die Gefahr, in einer Aussprache mit einem Geschwister in der Konfrontation zu verharren, ist groß. Wenn die Gespräche um Schuld und Nicht-Schuld kreisen, wird der nächste wichtige Entwicklungsschritt für beide verfehlt: das erweiterte Verständnis für sich selber wie auch für das Geschwister. Die echte, nicht billige Versöhnung setzt eine emotionale Bereitschaft, eine Arbeit von beiden Seiten voraus und bedeutet, wie es Adler (1928) einmal so treffend formuliert hat: *«Mit den Augen eines anderen zu sehen, mit den Ohren eines anderen zu hören, mit dem Herzen eines anderen zu fühlen.»*[254] Diese schöne Zielsetzung ist letztlich nie ganz zu erreichen, zeigt aber die Richtung zur Verständigung an. Wer mit Interesse, Offenheit, mit Neugier und Wohlwollen – bei allen möglicherweise vorhandenen und auch verbleibenden Differenzen – auf das Geschwister zugehen kann, wird mit größerer Wahrscheinlichkeit (aber nicht mit Sicherheit!) auch beim Gegenüber eher auf Offenheit und Verständnisbereitschaft stoßen. Wenn ein Geschwister schon tot ist, kön-

---

254 Alfred Adler (1928) in: Alfred Adler (1982): Psychotherapie und Erziehung. Ausgewählte Aufsätze. Band 1: 1919–1929. Frankfurt: Fischer, S. 224

nen Gespräche mit PartnerInnen, Bekannten und erwachsenen Kindern dieser Geschwister, Briefe, Fotografien oder Filme wichtige Anstöße und Informationen liefern.

4. Den weiteren Kontext einbeziehen und verstehen
Bei der Aufarbeitung der Geschwisterbeziehung geht es auch um die Klärung der damaligen familiären, gesellschaftlichen und kulturellen Bedingungen wie: Unter welchen Umständen mussten die Eltern ihre Kinder erziehen? Welche Faktoren (religiöse, kulturelle, persönliche usw.) haben bei ihnen zur etwaigen Bevorzugung oder Benachteiligung von Geschwistern geführt? Welchen zeitbedingten Fehlern, Vorurteilen und Irrtümern (z. B. bezüglich geschlechtsstereotypen Zuschreibungen) sind sie selber aufgesessen? Welche Rolle haben ihre eigene Erziehung sowie die Ehesituation für das Verhalten gegenüber den Geschwistern gespielt? Erwachsene Geschwister erkennen so beispielsweise, dass die schulische Privilegierung des Bruders (Nachhilfeunterricht nur für den Knaben) oder die Festlegung des Mädchens auf die klassische Frauenrolle (Mithilfe im Haushalt usw.) nicht eine gezielte persönliche und böse Absicht der betreffenden Elternteile war, sondern verinnerlichten kulturellen Zeitbildern, damaligen Vorurteilen entsprachen. Zudem erkennen die Geschwister vielleicht an diesem Beispiel auch gemeinsam, dass die Privilegierung des Knaben nicht nur Vorteile gebracht, sondern auch erhebliche Defizite zur Folge hat: Die Tendenz nämlich, gering bewertete «weibliche» Fertigkeiten wie Kochen, Putzen, Wäschepflege, Beziehungen gestalten usw. im eigenen Leben nun nicht oder ungenügend zu beherrschen. Noch wird zu wenig erkannt, dass sich die geschlechtsstereotype Erziehung bei Knaben vielfach in großen Versagensängsten und in einer deutlich erhöhten Gefährdung durch risikoreiches Verhalten niederschlägt (vgl. z. B. Resch et al. 1999; Petermann 1996 und 2000, Flammer/Alsaker 2002). So weisen beispielsweise auch die Unfall- und Herzinfarktstatistiken beim männlichen Geschlecht deutlich überproportionale Werte aus.

Damit sollen selbstverständlich nicht Ungerechtigkeiten und Benachteiligungen nachträglich beschönigt oder verharmlost, sondern vielmehr in einer erweiterten Schau betrachtet und eingeordnet werden. Eine persönliche Betroffenheit oder Kränkung aus der Kindheit kann dadurch für die nun erwachsene Schwester zumindest ein Stück weit objektiver, nüchterner unpersönlicher verstanden werden. Der Bruder lernt dabei vielleicht nun, wie problematisch und ungerecht die Privilegierung eines Geschwisters war und ist, und wird dabei angeregt, bei den eigenen Kindern stärker darauf zu achten.

Der Prozess des Älterwerdens fördert vielfach die wichtige Voraussetzung des Relativieren-Könnens früherer Unterschiede sowie das Besinnen auf Ähnlichkeiten und Gemeinsamkeiten, beides wichtige und hilfreiche Schritte, um (wieder) aufeinander zugehen zu können, den anderen in seiner individuellen Art und Weise besser zu verstehen und zu akzeptieren.

Wer mit seinem/n Geschwister/n eine neue Beziehung entwickeln möchte, muss allerdings verschiedene weitere Punkte beachten: Bagatellkonflikte sind leichter zu klären als tief sitzende Verletzungen oder fundamentale Unterschiede bezüglich politischer oder religiöser Einstellungen oder von Fragen der Kindererziehung. Nur durch große gegenseitige Offenheit, u. U. vorgebahnt durch eine persönliche engagierte Auseinandersetzung mit dem Thema oder eine psychologische Beratung/Therapie, sind hier Annäherungsschritte möglich, denn allzu leicht führen Rückblenden in die Vergangenheit und Erinnerungen an die gemeinsame Kindheit zum Ausbruch alter Gefühlsschichten und lassen eingespielte Reaktionen wieder rasch zum Vorschein kommen. Eine Konfliktklärung bzw. -lösung muss nicht unbedingt zur Einigkeit in der Einschätzung der Situation führen. Wichtig ist vielmehr, dass alle Beteiligten spüren, dass ihr jeweiliger Standpunkt akzeptiert wird und sie das Recht haben, an diesem Standpunkt auch festzuhalten.

Manche Geschwister regeln, wie Klagsbrun (1993)[255] anmerkt, ihre individuellen Konflikte direkt, ohne dabei aber die gewichtigen, d. h. tief liegenden Themen anzusprechen. Sie lassen die sensiblen, heiklen Bereiche unangetastet und finden sich so mit einer begrenzten Beziehung (und somit einer begrenzten Beziehungsklärung) ab. Manchmal setzen auch die EhepartnerInnen der Geschwisterbeziehung Grenzen: Uneinigkeiten oder ungelöste Auseinandersetzungen mit der Schwägerin/dem Schwager verhindern so etwa häufigere und vertiefte Familienkontakte.

In bestimmten Fällen ist ein Durcharbeiten der Liebes- und Hassgefühle gegenüber einem oder mehreren Geschwistern und damit verbunden meistens auch gegenüber den Eltern in einer psychologischen Beratung oder Therapie unabdingbar, wenn ein Mensch unter starken ungeklärten Geschwistergefühlen und -beziehungen leidet.

Schließlich soll nicht verschwiegen werden, dass es auch Geschwisterbeziehungen gibt, die sich leider nicht zum Guten verändern lassen und

---

[255] vgl. Francine Klagsbrun (1993): Der Geschwisterkomplex. Eichborn: Frankfurt, S. 421

in denen es besser sein kann, eine «gesunde Distanz» einzuhalten: Eine Frau möchte mit ihrem Bruder nichts mehr zu tun haben, der sie als Kind immer wieder schlecht behandelt, geplagt oder sexuell missbraucht hat und auch im Erwachsenenalter keine Bereitschaft zur Einsicht, kein Wort der Entschuldigung, des Bedauerns zum Ausdruck bringt. Ohne entsprechende Einsicht und ohne Gesten der Entschuldigung seitens des Täters gibt es keine Versöhnung – oder die rasche Bereitschaft dazu seitens der jungen Frau wäre Masochismus, aber keine wirkliche Verarbeitung und Versöhnung. Es gibt keine Verpflichtung zur Versöhnung: Versöhnung ist wünschenswert, aber nicht um jeden Preis; beide Seiten müssen dazu ihren Beitrag leisten. Wenn Kinder von einem Geschwister über Jahre geplagt und unterdrückt wurden, lösen die Opfer für sich dieses Problem später häufig so, dass sie auswandern und so durch einen äußeren Schritt die Trennung/Distanz vom Täter-Geschwister vollziehen.

Ein weiteres Beispiel von Ley (2001b) zeigt auf eindrückliche Weise, dass auch noch die (späte) Einsicht – angesichts eines kritischen Lebensereignisses – in die gegenseitige Abhängigkeit die bisher distanziert voneinander lebenden Geschwister näher zu bringen vermag. Ein Bruder in mittleren Jahren schreibt:

> «Meine beiden älteren Schwestern haben mir das Leben immer schon schwer gemacht. Die eine hat den Vater genommen und die andere die Mutter besetzt. Für mich blieb niemand mehr übrig. Ich fühlte mich auch nie verstanden von ihnen, von allen nicht. Ich stand im Schatten und fühlte mich allein und verschupft, doch das konnte und wollte niemand verstehen. Was mich nach dem Wegzug aus dem Elternhaus fast verrückt gemacht hat, ist die Fürsorglichkeit meiner Schwestern. Sie haben mir geschrieben, Pakete geschickt, sich um mich gekümmert. Mir wäre lieber gewesen, sie hätten mich in Ruhe gelassen. Vor zehn Jahren sind unsere Eltern bei einem Autounfall ums Leben gekommen. Ich befand mich damals im Ausland und musste überstürzt heimkehren. Beim Heimflug haderte ich mit dem alten Gefühl, meiner Familie einfach nicht entrinnen zu können. Meine Schwestern hatten alles erledigt. Ich werde nie vergessen, wie liebevoll sie mich empfingen, mich, den verlorenen Bruder, und welches Gefühl des Heimkehrens ich in mir fühlte. Wir haben dann tagelang zusammen gesessen und über unsere frühere Zeit geredet. Nicht nur ich, sondern auch Lena und Martha hatten unter unseren Eltern gelitten. Vater und Mutter hatten es nie gut gehabt miteinander und haben uns Kinder voneinander getrennt, wo sie nur konnten. Ich hatte nie gemerkt, wie wichtig ich für meine Schwestern war. Nun war es anders. Unsere Abhängigkeit voneinander, ja die Unausweichlichkeit unserer Geschwisterbande hatte sich in ein warmes Gefühl des Zusammengehörens verwandelt. Als ich zurückflog in die Staaten, fühlte ich mich leicht und frei wie ein Vogel. Ich hatte zwei Schwestern bekommen, die mich so annahmen, wie ich geworden war, und

die ich nun zu lieben begann. Das Unausweichliche, worunter ich immer gelitten hatte, hat sich wundersam verwandelt.»[256]

Diese letzte Schilderung wäre auch ein anschauliches Beispiel für die vielfach zu beobachtende Dialektik im Verlauf einer Geschwisterbeziehung: von der Intimität (in der Kindheit) über die Distanz (im frühen Erwachsenenalter) zur Wiederannäherung (im späteren Erwachsenenalter). Die Wiederannäherung im höheren Erwachsenenalter ist vielfach auch durch eine größere Versöhnungsbereitschaft gekennzeichnet. Damit Versöhnung gelingt, muss allerdings die Bereitschaft auf beiden Seiten dazu vorhanden sein.

Der Versuch, sich Geschwistern (wieder) anzunähern, lohnt sich in den meisten Fällen, weil erst dann die wichtige Einsicht reifen kann, dass bei allen eventuell bestehenden Differenzen, Streitigkeiten und Rivalitäten auch viele übersehene positive Erfahrungen, Einsichten, Verhaltensweisen, Anstöße, Prägungen, Gefühle usw. in das eigene Leben eingeflossen sind. Die Dichterin Ina Seidel beschreibt den Kreislauf des Lebens mit dem Symbol des Balles – der Inbegriff des ganzen Lebens –, den der Bruder im Tod an seine Schwester weitergibt:

Dies und Das
Du und ich, wir hatten dies und das;
blanke Kiesel, Muscheln, Vogelnester,
Kugeln auch aus bunt gestriemtem Glas,
und du warst der Bruder, ich die Schwester,
und wir stritten uns um dies und das;
um Kastanien, Kolben aus dem Röhricht,
und wir wurden groß, und es schien töricht.

Es erschien uns alles als ein Spiel,
als ein Nichts erschien uns dies und das.
Heute nun, da du vor mir des Balles
müde wardst, und er in meiner Hand
liegen blieb wie ein vergessnes Pfand,
weiß ich: dies und das, ach es war viel!
Lieber Bruder, dies und das war alles.[257]

---

256 Katharina Ley (2001b): Geschwisterbande. Liebe, Hass und Solidarität. Düsseldorf: Walter, S. 173–174
257 zitiert nach: Mathias Jung (2001): Geschwister. Liebe, Hass, Annäherung. Lahnstein: Emu, S. 293–294

12. Persönliche Reflexionen über eigene Geschwistererfahrungen

Geschwister sind uns – sofern wir welche haben – gegeben, wir können sie nicht auswählen, und wir können ihnen letztlich weder ausweichen noch entkommen. Wir können sie aber auch nicht wirklich verlieren. In Gesprächen zeigt sich immer wieder, wie dieses Thema die wenigsten Menschen kalt lässt: Erinnerungen tauchen auf, offensichtliche oder verdeckte Betroffenheit oder gar Abwehr auf der einen Seite, Freude und ein Leuchten in den Augen bei anderen.

Was bringt die Beschäftigung mit der persönlichen Geschwisterkonstellation? Beim Nachsinnen über die eigenen Geschwister rührt man zumeist an tiefe Wurzeln, die manchmal Angst, Wut, warme Gefühle und Freude auslösen, aber auch Erinnerungstäuschungen, Erinnerungstrübungen und Erinnerungslücken hervorrufen können. Wer sich mit Erkenntnissen der Geschwisterpsychologie und der eigenen Geschwistersituation und -konstellation auseinander zu setzen beginnt, vermag u. U. wichtige, bisher vielleicht übersehene oder auch unverstandene Einflussfaktoren – positive oder negative – auf das eigene Leben zu entdecken und so eigene Verhaltensweisen, Denkmuster und Gefühlsreaktionen bewusster wahrzunehmen, zu überdenken sowie persönliche Änderungen in seinem heutigen und zukünftigen Leben vorzunehmen. Selbstverständlich – das kann nicht genug betont werden – sollen Geschwister nicht als der alleinige oder gar ausschlaggebende Faktor für die Persönlichkeitsentwicklung verstanden werden: Sie sind zwar wichtige Einflussquellen für die Persönlichkeits- und Lebensstilentwicklung über die Jahre, aber dabei spielen – wie schon früher in diesem Buch erwähnt – die Eltern, andere frühe Bezugspersonen wie Großeltern oder Tagesmütter, das familiäre Klima insgesamt, die Peers, die Schule und ihre Lehrpersonen, die Medien, die Zeitumstände und vieles mehr eine ebenfalls beachtliche Rolle.

Was können Geschwister für die persönliche Entwicklung bedeuten? 22 kurze Beispiele

In Ausbildungs- und Fortbildungsgruppen zum Thema «Geschwisterbeziehungen» stelle ich seit vielen Jahren nach einem ausführlichen Theorieblock jeweils Gruppen mit den gleichen Geschwisterpositionen zusammen: Die Ältesten, die «Sandwichs», die Jüngsten sowie die Einzelkinder bearbeiten jeweils in Gruppen dieselben Fragen:

- Wie habe ich meine Geschwisterposition bzw. -situation in der Familie erlebt?
- Welche Vor- und Nachteile waren damit verbunden? Gab es eine «typische Erfahrung»?
- Welche Rolle (Einflüsse) spielten die Eltern?
- Welche Auswirkungen meiner Geschwisterposition/-situation auf mich und mein Leben sehe ich?
- Wenn ich Älteste bzw. Jüngste gewesen wäre, dann ...
- Stimmen meine Erfahrungen mit der Theorie (= abgegebenes Skript) bzw. mit den Erfahrungen der anderen Gruppenmitglieder überein?

Ich erlebe in den nachfolgenden gemeinsamen Auswertungsrunden im Plenum jeweils, wie ähnlich *und* unterschiedlich Geschwisterpositionen erlebt, gedeutet und verarbeitet worden sind. Das hängt neben der individuellen persönlichen Verarbeitung immer auch damit zusammen, dass nie zwei genau dieselbe Situation erlebt haben: Verschiedene Altersabstände, Lebensumstände, individuelle Eltern-Kind-Beziehungen, Erziehungsstile, Lebensstile und Charaktere, Geschlechterkombinationen der Geschwister u. v. a. m. spielen dabei – wie in früheren Kapiteln schon ausführlicher dargelegt – eine Rolle. Viele Studierende erfahren so – manchmal zum ersten Mal bewusster – etwas über die (andere!) Perspektive ihrer Geschwister und entdecken Gemeinsamkeiten wie Unterschiede ihrer gleichpositionierten KollegInnen.

Der nachfolgende kurze Bericht einer Studentin soll andeutungsweise das Gesagte veranschaulichen:

«Als ich (22) über meine Geschwister und unsere Rollen nachdachte, wurde mir bewusst, dass ich lediglich gegenüber meiner ältesten Schwester eine klare Rolle habe/hatte. Sie ist 29 Jahre alt. Meine jüngere Schwester ist vier Jahre jünger, mein älterer Bruder sechs Jahre älter als ich. Ich war als Kind mit diesen Geschwistern überfordert, da ich nie recht wusste, wie ich mich verhalten sollte. Es war für mich selber eine enorme Anstrengung, mit meiner jüngeren Schwester einen halben Tag oder auch nur einige Stunden zu spielen. War ich nett zu ihr, war sie mühsam, war ich ablehnend, war sie auch mühsam. Von meinem Bruder kam selten eine Gegenreaktion. Er war uns Schwestern sprachlich unterlegen. Ich versuche mich vergebens an eine sinnvolle Kommunikation zu erinnern, es kommt mir nichts in den Sinn. Ich glaube, durch meine Geschwister habe ich gelernt, nicht aufzugeben, wenn es mal mit einem Menschen nicht rund läuft. Während der Auseinandersetzung mit dem Thema Geschwister wurden für mich wichtige Themen aktualisiert und erstmals in einem anderen Licht bewusst. Der Unterrichtsblock Geschwisterbeziehungen setzte einen Prozess der Verarbeitung in Gang, welcher von zu Hause nie kommen könnte. Meinen Eltern fällt es oft schwer über Vergangenes zu sprechen, weil sie auch beteiligt waren und auch heute noch überfordert mit dem Leben sind. Ich werde mich noch ein Leben lang mit meinen Geschwistern auseinander setzen, aber ich weiß jetzt, dass ich ihnen nicht mehr ausgeliefert bin und so versuchen kann, mich unabhängiger von ihnen zu entwickeln.»

Im Folgenden werde ich eine ganze Reihe von persönlichen Berichten, Betrachtungen und Reflexionen von Studierenden zu ihrer Geschwisterkonstellation und deren Folgen wiedergeben. Die Texte sind ausgewählte, unveränderte (aber zum Teil gekürzte) Auszüge aus verschiedenen Seminaren und Kursen, die ich zum Thema «Geschwisterbeziehungen» durchgeführt habe. Sie wurden von jungen Frauen im Alter zwischen 18 und 30 Jahren an Seminar- und Kursenden sowie im Rahmen der Ausbildung zu Lehrpersonen auf die Frage «Was bedeuten Ihr/Ihre Geschwister für Ihre persönliche Entwicklung?» verfasst und legen exemplarisch unterschiedliche Einsichten zur persönlichen Geschwisterkonstellation und deren Auswirkungen auf ihr späteres Leben dar. Leider liegen mir keine Schilderungen von jungen Männern vor. Die Bilanz aus den meisten Schilderungen fällt deutlich positiv aus; das hat sicher auch mit meinem Lehrauftrag zu tun: Es ist sicher schwieriger – und braucht mehr Mut und persönliche Offenheit! –, unangenehme Situationen und persönliche Verletzungen in einem Aufsatz zum Thema «Was bedeuten Ihr/Ihre Geschwister für Ihre Entwicklung?» wiederzugeben, so dass eher – so meine Vermutung – die positiven Seiten dargestellt werden. In einem therapeutischen Kontext würden die Beispiele vermutlich etwas anders ausfallen. Die Überschriften zu den Texten sind von mir gesetzt, und auch alle Namen habe ich geändert. Jeder Text ist ganz persönlich und zeigt – auch bei ähnlichen Inhalten/Themen – immer wieder individuelle Aspekte, Ausprägungen und subjektive, persönliche Folgerungen. Die Texte regen interessierte LeserInnen sicher zum Nachdenken über ihre eigenen Geschwisterbeziehungen an – ich habe deshalb bewusst darauf verzichtet, lange persönliche Interpretationen anzufügen, sondern nur kurze Bemerkungen vor oder nach den Text gestellt. Für eine weitere, vertiefte Auseinandersetzung mit den eigenen Geschwistern verweise ich auf den Anhang, der u. a. drei zusätzliche Fragebogen mit gezielten Fragen zu Geschwisterbeziehungen in Kindheit und Jugend sowie im Erwachsenenalter enthält.

Umgang mit dem anderen Geschlecht und Vorbildfunktion

«Mein um ein Jahr älterer Bruder hat eine große Bedeutung für meine Entwicklung. Als ich noch kleiner war, also etwa mit sechs Jahren, spielte ich viel mit ihm ‹Knabenspiele›. Ausgehend davon hatte ich viele Kontakte und gleiche Interessen mit Knaben, viel mehr als mit Mädchen. Auch heute mache ich verschiedenste Dinge mit meinem Bruder und seinen Freunden gemeinsam und komme mit Knaben/Männern heute besser aus als mit Angehörigen des weiblichen Geschlechts. Mein Bruder war immer der Beste in seiner Klasse, er war fleißig und klug. Ich war früher auch nicht schlecht in der Schule, aber als sich meine privaten Probleme anhäuften, wurde ich in der Schule immer schlechter. Trotzdem versuchte und versuche ich bis heute, die Zuverlässigkeit und den Fleiß meines Bruders nachzuahmen, weil er auch sonst in vielen Dingen ein Vorbild für mich ist.»
(Melanie)

Der Umgang mit dem Bruder erlaubt Melanie einen intensiven Kontakt mit dem anderen Geschlecht und verhilft ihr zu einem vertrauten Umgang mit dem männlichen Geschlecht. Obwohl sie die bewunderten Tugenden von Zuverlässigkeit und Fleiß nicht erreicht, bleiben sie bis heute für sie vorbildhaft.

Abgrenzung, Sturheit und Nachahmung

«Mein älterer Bruder hat mich sehr selten beschützt. Wir haben einen sehr kleinen Altersunterschied und statt mich zu beschützen, hat er sich lieber mit meinen Freundinnen zusammengetan und gegen mich gekämpft. Unter meinen Freundinnen war immer er der, der befehlen konnte, und er hat oft das befohlen, was ich am wenigsten mochte. Durch dieses Verhalten meines Bruders habe ich mich aber nicht anzupassen gelernt, ganz im Gegenteil. Ich begann, stur zu werden und alles, was er befahl, extra nicht zu befolgen. Ich habe alles getan, nur nicht mich seinen Wünschen unterzogen. Diese Eigenschaft habe ich heute noch in mir, ich bin manchmal recht stur und habe Mühe, auf andere zuzugehen, auf sie einzugehen, mich ihnen anzuschließen. Ich gehe lieber meinen eigenen Weg als den, den mir jemand vorschlägt oder gar anordnen will.
Als ich noch im Kindergarten war, war mein Bruder schon in der Schule. Das wollte ich natürlich auch. Mein Bruder hat mir vieles aus der Schule beigebracht, das er gelernt hatte. Auch alle seine Hobbys wollte ich ebenfalls ausüben. Durch dieses Verhalten, alles, was er kann, auch können zu wollen, habe ich sehr viel gelernt. Ich war oft meinen gleichaltrigen KollegInnen einen Schritt voraus, was mich stolz machte. Wir haben heute noch viele gemeinsame Hobbys, die ich ohne meinen Bruder nie hätte.»
(Barbara)

Die Auseinandersetzung mit dem älteren Bruder wirkte zumindest teilweise für Barbara charakterprägend: Abgrenzung sowie eine Portion Sturheit (oder Eigensinn) lassen sich erkennen. Anderseits lernte sie durch Nachahmung vom Bruder vieles, wahrscheinlich nicht nur die erwähnten Hobbys.

Eine gewisse Rastlosigkeit
Charakterprägend wurde das Geschwister auch im nächsten Beispiel:

> «Ich habe eine Schwester, die fast vier Jahre älter ist als ich.
> Mir wurde in der letzten Zeit deutlich, dass ich die Schwester in der Kindheit häufig einholen wollte. Ich bringe damit auch meine Rastlosigkeit, meine hektische Art in Zusammenhang: Ich wollte unbedingt auch alles können, was meine Schwester schon beherrschte. Ich war sehr wissbegierig und neugierig und ging meiner Schwester damit häufig auf die Nerven; heute verstehe ich sie besser: Sie muss sich wohl gelegentlich von mir bedroht gefühlt haben. So blieb sie immer mein Vorbild, und sie hat mir über Jahre die Bahn geebnet, so dass ich nur hinter ihr herlaufen musste. Auch als ich von zu Hause auszog, musste ich nicht so kämpfen wie sie. Sie hat mit meinen Eltern um viele Rechte ringen müssen, die für mich nachher wie selbstverständlich waren.»
> *(Carola)*

Schneller erwachsen werden und sich wehren können

> «Ich denke, dank meiner fünf Jahre älteren Schwester bin ich schneller erwachsen geworden. Ich wollte nicht kindisch wirken, sah wie sie sich als ältere benahm und wurde so wahrscheinlich unbewusst auch so. Weiter hat sich in mir auch eine Art Kampfgeist entwickelt. In Zeiten, wo unser Altersabstand besonders deutlich hervortrat – sie in der Pubertät, ich noch ein ‹kleines Kind› – hatten wir oft Streit, und ich bekam von meiner Schwester immer eins aufs Dach. Sie war sehr dominant und oft auch arrogant und unterdrückte mich ständig. Das ließ ich mir aber nicht gefallen! Auch heute wehre ich mich immer in Situationen, wo ich mich nicht richtig behandelt oder eingeschätzt fühle. Ich denke, ich habe dieses Reaktionsmuster mit/bei meiner Schwester trainiert.»
> *(Sarah)*

Eine deutlich ältere Schwester kann unter bestimmten Umständen auch den Entwicklungsprozess der jüngeren beschleunigen, wie das Beispiel von Sarah zeigt. Die Bewunderung für die Schwester führte aber nicht zu einer blinden Übernahme der schwesterlichen Meinungen oder einem permanenten Nachgeben, im Gegenteil: In der Auseinandersetzung mit der Schwester trainierte sie auch, eine Portion Eigenständigkeit zu bewahren, sich zu behaupten.

Durchsetzungsvermögen und Übung im Umgang mit Männern

Zu Durchsetzungsvermögen im geschwisterlichen Umgang gelangt auch Ramona – zusätzlich wird ihr die Männerwelt gut vertraut.

> «Da ich einen älteren Bruder habe, musste ich mich früher oft durchsetzen. Er war eine so dominante Person, dass er immer versuchte, über mich zu bestimmen. Er fühlte sich als König in der Familie und betrachtete mich als seinen Untertanen. Daher musste ich mich immer gegen ihn durchsetzen. Heute bin ich eine Person, die sich nie jemandem unterordnen will. Daher habe ich mit einem Anführer heute meistens Streitereien, weil ich oft die einzige bin, die sich nicht unterordnet. Ein weiterer Punkt ist, dass ich durch meine Erfahrungen mit meinem Bruder gelernt habe, mit Männern umzugehen. Ich interessiere mich für Computerspiele, Autos und Basketball und kann mit einem Mann schneller eine freundschaftliche Beziehung eingehen als mit einer Frau.»
> *(Ramona)*

«Helfersyndrom»

> «Ich habe einen fast fünf Jahre jüngeren Bruder. Als er geboren wurde, kam die Geschwisterbeziehung meiner Mutter stark zum Tragen. Sie war auch die Älteste. Als ihr sechs Jahre jüngerer Bruder zur Welt kam, hatte sie starke Eifersuchtsgefühle. Diese wollte sie mir ersparen und bezog mich extrem in die Pflege meines kleinen Bruders ein. Bald wuchs dies für mich zu einer großen Verantwortung heran. Ich fühlte mich schließlich immer verantwortlich für das Wohl meines Bruders.
> Mein Bruder entzog sich dadurch immer der Verantwortung. Dies war für ihn einfach, denn es hieß immer: ‹Sereina, hab bitte Verständnis, du bist ja die Große! Hör auf, den Kleinen zu ärgern!› usw.
> Als Folge davon hatte mein Bruder eine extrem starke Bindung zu mir. Ich nahm eine Art Mutterrolle für ihn ein, war für ihn die Ansprechpartnerin für alles. Im Kindergarten musste er ein Bild von seiner Familie zeichnen: Darauf zeichnete er die Mutter gleich groß wie mich!
> Als Folge dieser Erfahrungen habe ich eine Art ‹Helfersyndrom› entwickelt. Ich habe oft das Gefühl, ich müsste jemanden unterstützen oder helfen, obwohl es in vielen Fällen nicht meine Aufgabe ist.»
> *(Sereina)*

Im Beispiel von Sereina lassen sich verschiedene Aspekte erkennen: Einflüsse der Geschwistererfahrungen der Mutter auf die Erziehung von Sereina, eine eher unangenehm empfundene Mutterrolle für Sereina sowie das Gefühl, immer wieder anderen Menschen helfen zu müssen. Im Schlusssatz wird angedeutet, dass dieses ‹Helfersyndrom› bis in die Gegenwart nicht unbedingt positiv für Sereina ist.

Selbständigkeit und starker Wille

«Ich habe einen älteren Bruder, von dem ich sehr viel gelernt habe. Das eine ist die Selbständigkeit. Da mein Bruder selber zu scheu war, um beispielsweise etwas am Kiosk zu kaufen, forderte er mich immer dazu auf. Dadurch wurde ich sehr schnell selbständig, wenn es zum Beispiel um das Bestellen im Restaurant ging. Schon als kleines Kind bestellten bald nicht mehr meine Eltern für mich, sondern ich selber!
Dank meinem zweiten älteren Bruder habe ich auch gelernt, für etwas zu kämpfen. Er hat einen starken Willen. Wenn ihm etwas wichtig ist, dann kämpft er dafür. Dies habe ich ihm schon früh abgeschaut, denn ich merkte, dass er immer an sein Ziel gelangte. Auch ich gebe heute nicht so schnell auf, sondern kämpfe für mich und meine Anliegen.»
(Jasmin)

Für ein jüngeres Geschwister kann sich mit einem älteren scheuen Geschwister die Chance bieten, schon früh Selbständigkeit zu entwickeln, wie die Verfasserin stolz festhält. Der zweite ältere Bruder beeindruckte sie mit seiner Beharrlichkeit.

Beschützen lassen – und sich durchsetzen können!

Im folgenden Beispiel fasst die Titelüberschrift einige der Themen, mit denen Karin konfrontiert war, treffend zusammen:

«Meine Schwester ist fast fünf Jahre älter als ich. Wenn meine Eltern gelegentlich am Abend ausgingen, war meine Schwester meine ‹Kinderhüterin›. Dies musste sie allerdings eher selten tun, denn ich wünschte mir oft, dass sie mehr auf mich aufpasste und mich beschützte. Lange Zeit hegte ich diesen Wunsch immer noch, denn ich erinnere mich, dass ich in vielen Situationen wie stehen blieb und auf die Hilfe meiner Schwester hoffte. Sie konnte diesem Wunsch aber nicht ganz nachgeben, sie war stark mit sich selber beschäftigt. Ich denke, dieses Verhalten hat mich soweit beeinflusst, dass ich mich lange Zeit weigerte, die Verantwortung zu übernehmen.
Als ich in den Kindergarten kam, wollte mir meine Schwester lesen, schreiben und rechnen beibringen. Von alledem wollte ich aber nichts wissen – vielleicht aus Trotz, um nicht immer als ‹Puppe› behandelt zu werden. Als Folge davon sehe ich, dass ich bis noch in die 5. Klasse einfach so schrieb, wie ich wollte. Keine Lehrperson, niemand konnte mich dazu bringen, die Grammatik zu lernen. Für mich war das damals und heute wichtig, dass ich mich durchsetzen konnte. Meinen Entwicklungsweg in der Geschwisterbeziehung würde ich so zusammenfassen: Mich von ihr beschützen lassen und helfen lassen mit allmählich zunehmender Eigenaktivität, sowie mich durchsetzen und abgrenzen können.»
(Karin)

Verantwortung übernehmen

Wenn Eltern die älteren Geschwister geschickt in die Pflege der jüngeren einbeziehen, lässt sich in vielen Fällen Eifersucht stark reduzieren:

> «Ich bin die älteste von drei Mädchen. Manchmal finde ich diese Rolle wirklich sehr mühsam, aber ich glaube heute, es hat mir in meinem Leben sehr viel gebracht. Meine zweitälteste Schwester ist nur 17 Monate nach mir geboren. Trotzdem habe ich nie Eifersucht ihr gegenüber gespürt. Erst jetzt ärgert es mich manchmal, dass sie auch schon alles darf wie ich. Doch als sie ein Baby war, hat mich meine Mutter in die Betreuung der kleineren einbezogen. Ich durfte früh schon viel helfen. So hatte ich auch nie das Gefühl, weniger geliebt zu werden. Ich fühlte mich nie bedroht in meiner Situation. Ich lernte vielmehr früh Verantwortung übernehmen, da ich auch die jüngste Schwester viel betreut habe.»
> *(Patrizia)*

Verantwortung übernehmen und teilen können

> «Mein Bruder ist viereinhalb Jahre jünger als ich. Weil er der Jüngere von uns beiden ist, habe ich automatisch die Verantwortung übernommen. Das ist auch jetzt noch so, obwohl wir beide eigentlich (fast) erwachsen sind, er also auch selbst Verantwortung übernehmen könnte. Ich achte unbewusst immer ein wenig auf ihn. Darum ist es für mich oft selbstverständlich gewesen, die Verantwortung zu übernehmen. Auch bei KollegInnen am Arbeitsplatz oder in der Freizeit mit FreundInnen fällt es mir nicht schwer, für etwas die Verantwortung zu übernehmen, eine Sache zu organisieren und dafür auch gerade zu stehen, dass es klappt. Durch meinen jüngeren Bruder habe ich auch gelernt zu teilen. Schon als wir klein waren, mussten wir gewisse Dinge (Spielsachen, Süßigkeiten usw.) miteinander teilen. Deshalb ist es für mich auch heute noch selbstverständlich, mit anderen Menschen zu teilen. Meistens ist es mir auch wirklich unangenehm, wenn ich z. B. Chips esse und mein Gegenüber nichts hat. Dann muss ich diese Person fragen, ob sie auch davon haben möchte, sonst komme ich mir wirklich seltsam vor. Durch meinen Bruder habe ich also gelernt, dass nicht alles nur mir alleine gehören kann. Und das ist sicher wichtig, das erfahren zu haben. Denn heute kann ich auch mit anderen Menschen gut umgehen.»
> *(Corina)*

Corina sieht deutlich die heutigen Vorteile ihres in der Kindheit im Umgang mit dem jüngeren Bruder erworbenen Verantwortungsgefühls. Als positiv vermerkt sie zudem, wie sie gut leiten und mit Menschen umgehen kann – Fertigkeiten, die sie u. a. im Geschwisterkontakt erworben hat.

Verantwortung und Selbständigkeit

Verantwortungsgefühle gegenüber Geschwistern können für ein Kind im einen Fall bereichernd, im anderen Fall aber auch belastend oder störend sein. Sabrina hat in der Auseinandersetzung mit den Eltern auf dem Hintergrund ihrer Geschwisterkonstellation – durchaus positiv zu beurteilen! – auch noch Selbständigkeit, Konfliktfähigkeit und Abgrenzung gelernt.

> «Ich habe zwei jüngere Geschwister, die zwei bzw. sieben Jahre jünger sind als ich. Die Bedeutung dieser Geschwisterkonstellation sehe ich wie folgt: Ich fühle mich sehr oft für alles verantwortlich, was manchmal für mich unangenehm und lästig ist. Dabei bin ich aber selbständiger, setze mich für meine Geschwister ein, riskiere auch Streit mit meinen Eltern, wenn ich eine ihrer Erziehungsmethoden nicht gut finde. Oftmals beobachte ich meine Familie auch ‹von außen› und sehe dadurch Dinge und Verhaltensweisen, die man – wenn man mitten drin ist – gar nicht wahrnehmen kann. Bis heute, früher noch ausgeprägter, lasse ich mir Gefühle wie Angst oder Trauer weniger anmerken, damit sich meine Geschwister in bestimmten Situationen nicht noch mehr ängstigen oder Sorgen machen. Aber ich habe auch von meinen Geschwistern gelernt, so etwa bestimmte Dinge im Leben etwas gelassener zu nehmen.»
> *(Sabrina)*

Katalysator für eigenen Einsatz ... und Selbstbewusstsein

Minderwertigkeitsgefühle eines jüngeren Geschwisters haben für das betroffene Kind sehr unterschiedliche Auswirkungen: Resigniert das eine Kind angesichts der überlegenen Schwester, so entwickelt das andere im Gegenteil einen inneren Ansporn und lässt sich gar auf einen manchmal jahrelang anhaltenden Wettkampf ein. Alessia berichtet:

> «Meiner Schwester wurde schon, so denke ich jedenfalls, in schulischer Hinsicht alles in die Wiege/den Schoß gelegt: Oftmals fühlte ich mich unterbewertet, unbrauchbar, unnütz. Doch indem ich mich zur wortwörtlichen Streberin entwickelte, konnte ich sie manchmal sogar übertrumpfen, erste kleine Erfolge verbuchen, da sie sich, weil ihr alles immer so leicht fiel, richtiggehend zu einem ‹faulen› Menschen entwickelte. In ihr habe ich jemanden gefunden, um einen internen Wettkampf auszufechten: Oftmals dachte ich mir, dass uns unsere Eltern anhand schulischer Leistungen gemessen und beurteilt haben. Heute ist mir natürlich völlig klar, dass das nicht so ist, denn meine Schwester hat mir bei diesem Thema unbewusst geholfen, denn sie hat sich als Konkurrentin geradezu anerboten, andererseits habe ich dank dieser Tatsache mehr Selbstbewusstsein aufbauen können und weiß, dass im Leben nicht nur Leistungen zählen.»
> *(Alessia)*

Eine eigene Position sowie Haushaltfertigkeiten entwickeln

Kinder verarbeiten ihre Erfahrungen immer individuell und subjektiv, wie ich im 2. Kapitel ausführlich zu belegen versucht habe. Diese Tatsache wird auch im nächsten Beispiel deutlich: Jenny hat eine modernere Einstellung zur Geschlechtererziehung als ihre Mutter entwickelt; die vermeintlichen Privilegien des Bruders (keine Haushaltarbeiten) durchschaut sie mit differenziertem Blick: Sie kann heute einen Haushalt führen, wahrscheinlich im Gegensatz zum Bruder, der dies – wenn überhaupt – später nachholen muss(te).

> «Da mein Bruder der einzige Sohn ist neben zwei Töchtern, wurde er oft von den Eltern bevorzugt. Damit meine ich zum Beispiel im Haushalt. Es hieß bei uns zu Hause oft: ‹Das ist eine Arbeit für Frauen und nicht für Männer!› Ich denke, diese Erziehungsweise hat mich stark geprägt, und zwar im Positiven wie im Negativen. Nicht umsonst vertrete ich heute eine andere Meinung als meine Mutter! Ich habe mich schon früher über das Denken meiner Mutter geärgert und finde ihre Einstellung immer noch daneben. Heute bin ich soweit, dass ich mich dagegen wehren kann und meine Meinung auch durchsetzen kann. Bei diesem Thema habe ich auch gelernt, mit Konflikten umzugehen. Das Positive an dieser Erfahrung aus der Kindheit sehe ich darin, dass ich gelernt habe, einen Haushalt zu führen.»
> *(Jenny)*

Mütterliche Fähigkeiten, Abgrenzung und Schweigen bei Auseinandersetzungen

Welche Vielfalt von Entwicklungsmöglichkeiten und -anreizen Geschwister bieten können, deutet Nadine im folgenden Text an:

> «Ich habe einen drei Jahre älteren Bruder (Florian) und einen fünf Jahre jüngeren Bruder (Adrian): Ich bin also in der Mitte und das einzige Mädchen. Als mein kleiner Bruder noch nicht auf der Welt war, spielte ich immer mit Florian und seinen Freunden. Also spielte ich eigentlich nie mit Barbies und Puppen, sondern Fußball und Verstecken mit den Knaben. Im Kindergarten sagten mir alle ‹Knabe›. Als Adrian auf die Welt kam, trat dann meine mütterliche Seite zum Vorschein. Ich behandelte ihn als mein Kind, ich war aber auch seine Lehrerin. Mein Eltern mussten mich immer ein wenig stoppen, da er schon im Kindergarten lesen, schreiben und rechnen konnte!
> Im Laufe der Zeit wurde dann der ältere Bruder wieder interessanter für mich. Er wurde ein wenig zu meinem Vorbild, genauer: Ich bewunderte ihn, da er so engagiert und in der Musik sehr begabt war. Es gab aber auch eine Zeit (als er in der Pubertät war), wo er sich ziemlich daneben verhielt. Für mich bedeutete dies: Ich möchte nie so werden! Deshalb denke ich, lebte ich meine Pubertät nicht so extrem aus. Beim Abendessen gab es immer heftige Diskussionen zwischen ihm und meinem Vater – wir anderen gingen ziemlich unter dabei. Vor allem ich zog

mich sehr zurück. Das merke ich auch heute noch, dass ich diese Rolle der Schweigerin beim Essen habe, obwohl mein Vater und Florian nicht mehr zu Hause wohnen!›
(Nadine)

Dominanz und Führungsfähigkeiten – aber auch Großzügigkeit!

«Ich habe eine fünf Jahre jüngere Schwester, Maja. Als sie anfing zu sprechen, konnte niemand ihr Gebrabbel verstehen außer mir, also fungierte ich als Dolmetscherin. Sie war meine kleine Puppe und ich war ihre Ersatzmutter. Dadurch habe ich sie aber auch herumkommandiert, wodurch sich mein herrisches und teils auch dominierendes Wesen noch stärker ausgeprägt hat. Denn heute übernehme ich häufig die Führung innerhalb einer Gruppe, was natürlich nicht immer allen gefällt. Meine Mutter behauptet auch, dass ich anderen Menschen meine Meinung aufzwinge, und ich denke, sie hat nicht ganz Unrecht, was auch auf die Rolle als Zweitmutter zurückzuführen ist.
Ich habe auch noch einen älteren Bruder, der bei mir noch eine andere Seite eröffnete: Ich bin sehr großzügig, was das Teilen betrifft. Ich habe schon früh immer etwas für meinen Bruder auf die Seite gelegt oder verlangt, z. B. wenn ich in die Metzgerei ging, bat ich um ein Extrastück Salami für den Bruder. Deshalb ist auch eine Eigenschaft, die ich bei einem Menschen absolut nicht ausstehen kann, der Geiz!»
(Susanne)

Selbstkritisch merkt Susanne an, in welchem Zusammenhang sie ihre Dominanz entwickelt hat, erkennt aber auch, wie ihr der Umgang mit dem Bruder zu großzügigerem Verhalten verhalf.

Interessen vertreten und durchsetzen – und einen Berufswunsch entwickeln

Im täglichen Umgang mit einem jüngeren Bruder besteht die Möglichkeit, die Rolle der Dominanten zu übernehmen sowie sich gleichzeitig abzugrenzen: Beides wird in der Schilderung von Corinne offenkundig.

«Ich habe zwei jüngere Brüder, zu denen ich ganz unterschiedliche Beziehungen habe. Ein Bruder ist 16 Monate jünger als ich, wir wuchsen zusammen auf und durften oft das Gleiche zusammen zum ersten Mal machen. Wir spielten zusammen und hatten einen gemeinsamen Freund. Mit der Zeit entwickelte sich eine Rivalität zwischen uns ... Auf alle Fälle war ich die Dominantere, verstärkt durch unseren Freund, der meine Ideen und Interessen teilte. Mein Bruder musste meist nachgeben und das machen, was ich wollte: Die Alternative bestand darin, dass er alleine spielte. So kam es mit der Zeit, dass wir ganz unterschiedliche Interessen entwickelten, mein Bruder suchte sich seine eigenen Bereiche. Noch heute haben

wir kaum gemeinsame Interessen und unternehmen nur selten etwas gemeinsam. In dieser gemeinsamen Zeit habe ich gelernt, meine Interessen zu verteidigen und zu rechtfertigen, auch wenn ich manchmal Fehler machte, denn vor dem Bruder als Versagerin dastehen wollte ich um keinen Preis. Ich finde, das ist auch heute noch so: Ich stehe für das ein, was ich mache und vertrete meine Interessen anderen gegenüber.
Mein zweiter Bruder ist sechs Jahre jünger als ich. Ich hatte ihn von Anfang an sehr gerne und bemutterte ihn, spielte oft mit ihm, vor allem die Spiele, die ich bevorzugte und die mein anderer Bruder hasste. Als er älter wurde, spielten wir oft Lehrer-Schüler, wobei ich natürlich die Lehrerin war. Als wir etwas älter wurden, durfte ich mit ihm kleine Ausflüge unternehmen: So ging ich mit ihm ihn den Zoo oder in die Badeanstalt. Mit der Zeit durfte ich auch andere Kinder aus der Nachbarschaft mitnehmen. So ging ich in meinen Ferien oft mit fünf bis sechs Kindern auf Reisen, dies machte mir großen Spaß und hat meinen Berufswunsch stark beeinflusst. Ich glaube, mein Bruder ist mit ein Grund, weshalb ich unbedingt Erzieherin in einer Kindertagesstätte werden wollte. Mir war schon früh klar, dass mein Beruf etwas mit Kindern zu tun haben musste!»
(Corinne)

Auch zum jüngeren Bruder erweist sich Corinne als die Dominante; hier treten aber deutlich weniger konkurrierende, dafür mehr fürsorgliche Tendenzen zutage. Beide Richtungen hat Corinne in sich vereint.

Selbständigkeit und Verantwortungsbewusstsein

«Ich habe eine zwei Jahre jüngere Schwester sowie einen sechs Jahre jüngeren Bruder. Ich kann mich noch gut erinnern, dass ich meinen Bruder sehr früh nach seiner Geburt als mein Eigentum betrachtete. Ich war immer eifersüchtig, wenn jemand anders ihn tragen und halten durfte als ich, besonders bei seiner Taufe. Nach den Schilderungen meiner Eltern habe ich mich auch schon sehr ausgeprägt um meine Schwester gekümmert. So habe ich ihr zum Beispiel meine ganze Plüschtiersammlung in den Kinderwagen gelegt als Geschenk, damit sie nicht so alleine war.
Die Sorge für und um meinen Bruder blieb eigentlich bis heute, obwohl ich von meinen Eltern nie dazu speziell angehalten worden wäre. Es war jedoch klar für mich, dass ich meine jüngeren Geschwister beschützen würde, und so versuchte ich zum Teil heftig, bei der Erziehung des Bruders mitzuhelfen. Mein Bruder widersetzte sich jedoch diesen Versuchen immer heftiger, was wahrscheinlich auch unsere heutige, nach wie vor gespannte Beziehung erklärt. Für mich ist er immer noch der kleine Bruder, dem ich Ratschläge erteile und sein Verhalten kritisiere. Er hat dafür einen besseren Draht zu meiner Schwester, die ihn eher in Ruhe lässt. Ich glaube, durch meine Situation als Älteste der Geschwister bin ich einiges selbständiger und verantwortungsbewusster geworden als meine Geschwister. Meine Schwester hat ihre Selbständigkeit erst durch Auslandaufenthalte erworben, und mein Bruder schafft es selbst mit 17 Jahren kaum, sich zwei Tage selbst zu versorgen.

> Meine Schwester ist immer etwa in die gleiche Richtung gegangen wie ich, vor allem aber in den Freizeitangeboten. Das Konkurrenzverhalten war dadurch ziemlich groß und führte oft auch zu Auseinandersetzungen. Sie hat erst später eine eigene Nische gefunden. Heute haben wir eine gute Beziehung zueinander, solange wir nicht zu lange zu nahe zusammen leben. Sonst geht das Rivalisieren von vorne los!»
> *(Jacqueline)*

Neben den in der Überschrift angedeuteten Themen beweist Jacqueline früh auch eindrückliche empathische Fähigkeiten (Stichwort: Plüschtiersammlung). Später führt die starke Identifizierung mit der Ältestenrolle zu Konflikten mit dem kleinen Bruder, der sich zunehmend gegen diese Rollenfestschreibung zu wehren beginnt.

Vorbild, Wegbereiter, Streittrainerin, Sicherheit und Vertrauen

Am nächsten Beispiel von Christine beeindruckt mich u. a., wie sie als jüngere aus der Beobachtung der älteren für sich viel zu lernen vermochte: Aus Fehlern (der anderen) wird man klug, scheint ihre Devise gewesen zu sein. Die Schwester bietet ihr zudem auch einen Ankerplatz, eine Sicherheit, sogar im Streiten, was sie so auch ohne Angst in die neue Liebesbeziehung einbringen kann.

> «Meine Schwester war vor allem früher, als wir noch Kinder waren, mein großes Vorbild. Ich habe ihr alles nachgemacht, weil alles gut war, was sie machte – so empfand ich es auf jeden Fall. Ein Beispiel: Ich habe genau dasselbe Musikinstrument zu spielen begonnen wie meine große Schwester. Wir spielten beide Gitarre und konnten so Duette miteinander spielen. Sie war mein Wegebner. Vielleicht war es auch so, dass sie mir manchmal die Entscheidungen abnahm und ich ihr ganz einfach nacheifern konnte. Sie musste sich alleine entscheiden und ich konnte sehen, wie das ist und mich dann genau gleich entscheiden – oder eben gerade so nicht.
> Außerdem kann ich heute streiten. Meine Schwester und ich haben uns viel gestritten, aber immer wieder auch vertragen. Ihr konnte und kann ich sagen, was ich empfinde und sie auch einmal arg beleidigen. Aber ich weiß sicher, dass sie mich trotzdem noch gerne hat, egal was passiert. Ich bin und bleibe ihre Schwester und sie meine. Wir hielten immer zusammen. Wenn eine ein Geheimnis hatte, konnte sie sich darauf verlassen, nicht von der anderen an die Eltern verraten zu werden. Ich weiß ganz bestimmt: Auf meine Schwester kann ich mich immer verlassen, komme was wolle. Das gibt mir eine unglaubliche Sicherheit! Ich kann heute auch mit meinem Freund gut streiten, ohne dass ich das Gefühl habe, von ihm verlassen zu werden oder nicht mehr geliebt zu sein. Da habe ich meiner Schwes-ter viel zu verdanken. Ohne meine Schwester wäre ich ein völlig anderer Mensch geworden!»
> *(Christine)*

Identifikation und Vorbild, Loslösung und Verantwortung

«Meine persönliche Entwicklung wurde hauptsächlich von Miriam (zwei Jahre älter als ich) und von Sandra (sieben Jahre jünger als ich) geprägt.
Durch den frühen Tod meines Vaters und die lange vorangegangene Krankheit wurde Miriam sehr viel Verantwortung übertragen und sie musste in gewissem Maß die Mutterrolle für mich übernehmen. Sie hat für mich alles verkörpert, was eine Schwester überhaupt bedeuten kann: Sie war mein Vorbild, eine Identifikationsfigur, eine Ersatzmutter, meine Freundin, meine Beschützerin, meine Helferin und Trösterin und natürlich auch meine Verbündete. Bis zu einem gewissen Grad hat sie mich erzogen. Anders aber als eine Mutter hat sie mir nie Verantwortung übertragen. Alles hat sie für mich übernommen, vom Haushalt übers Aufräumen bis zum Schuhe binden!
Bis zu meinem 14. Lebensjahr blieb ich in ihrem Schatten, unselbständig habe ich an ihr hochgesehen und mir gewünscht, ich wäre wie sie. Ich wollte dieselben Kleider wie sie, dieselben Schuhe, dieselben Hobbys und sogar ihre Freunde. Ich habe sie nicht beneidet, sondern endlos bewundert.
Auch zu Hause wurde sie immer hochgelobt. Sie war so hilfsbereit und vernünftig, hübsch und intelligent. Mit 16 Jahren aber kam die große Wende, sie rebellierte so stark, dass sie ausziehen musste – was im Endeffekt auch ihr Ziel war. Nun war ich auf mich alleine gestellt, mehr noch: Die Verantwortung wurde mir übertragen. Schließlich war Sandra erst sieben Jahre alt, und ich übernahm einen großen Teil von Miriams Aufgaben. Durch den Auszug von Miriam hatte ich endlich die Möglichkeit, ein eigenes Leben aufzubauen und meine Persönlichkeit zu entwickeln. Wäre sie nicht so früh ausgezogen, wäre ich wahrscheinlich noch lange in ihren Spuren gegangen. Nun werde ich Erzieherin, sie ist Flight Attendant. Ich liebe Techno, sie die Beatles, meine Freunde kennen ihre Freunde nicht, ich mag es bequem, sie mag es elegant. Ich sehne mich nach den Bergen, sie nach dem Meer. Und doch sind wir die engsten Freundinnen, sie ist ein Teil von mir.
Blicke ich zurück, bemängle ich die starke Fürsorge meiner Schwester – aber selbst habe ich es nicht besser gemacht: Ich habe für Sandra auch alles übernommen. Wahrscheinlich nicht nur ihretwegen, sondern hauptsächlich für mich. Es ist ein gutes Gefühl, für jemanden da zu sein, es gibt einem auch ein wenig Macht und Bestätigung. Sandra kam früh in die Pubertät und so habe ich erkennen müssen, dass sie mich nicht mehr als Erziehungsperson braucht, sondern als Verbündete. Auch sie hat in ihrem Leben eine andere Richtung eingeschlagen als ich und Miriam.
Für mich sind meine beiden Schwestern die wichtigsten Menschen in meinem Leben. Diese Bindung ist sehr stark und gibt mir viel Halt. Zusammenfassend: Wichtig waren die Vorbildfunktion von Miriam – sie hat mein Leben lange gelenkt – und die Erziehungsaufgabe für Sandra, die meine Persönlichkeit gefördert und meine Verantwortung geweckt hat.»
(Margot)

Tragische familiäre Ereignisse wie der frühe Tod eines Elternteils schieben ältere Geschwister – häufig Schwestern – in eine Mutterrolle. Obwohl nur zwei Jahre älter, bedeutet die ältere Schwester für Margot Ersatzmutter, Vorbild und Trösterin in einem. Erst der Auszug dieser Schwester verändert Margots Situation und Geschwisterrolle: Margot beginnt eine neue Entwicklung, grenzt sich von der bisher bewunderten Schwester ab. Nicht die Eltern, sondern ihre beiden Schwestern sind für sie die wichtigsten Personen in ihrem Leben.

Wichtige Einsichten für den Erzieherinnen-Beruf

«Ich kann, so hoffe ich nun, im Kindergarten als Erzieherin Geschwisterkinder besser verstehen. Wenn zum Beispiel ein älteres Geschwister in Resignation zurückfällt, weil sein jüngerer Bruder in manchen Bereichen schneller und leichter lernt. Auch denke ich, dass die Einsicht in meine eigene Geschwistersituation mir helfen wird, zu sehen, warum ich ein Kind vielleicht nicht so ins Herz schließen kann. In einem Praktikum hatte ich einmal ein Kind, das sehr starrköpfig war und immer recht behalten wollte. Zudem bemutterte es die anderen Kinder fortlaufend. Dieses Kind konnte ich mit der Zeit kaum mehr ausstehen. Jetzt ist mir nachträglich klar geworden, dass dieses Mädchen genau die Charakterzüge besaß, die ich an meiner kleinen Schwester nicht ausstehen konnte – und bis heute nicht kann!»
(Irene)

Der gemeinsame Weg

Julias Beschreibung veranschaulicht die Ausführungen in Kapitel 2 über die individuellen Rollen und Nischen in einer Familie:

«Ich habe einen Bruder, der genau drei Jahre jünger ist als ich. Ich mochte und mag meinen Bruder immer sehr. Doch früher war ich auch sehr eifersüchtig auf ihn. Ich dachte, es ginge immer alles nur um ihn in der Familie: Er war der Sportler, der Begabte, der Beliebte, den alle mochten, der schnell Freunde fand, der Lausbub, der von allen immer geliebt wurde, egal was er auch tat. Ich war hingegen die Zuverlässige, die In-sich-Gekehrte, doch diese Rolle gefiel mir überhaupt nicht. Oft befahl ich meinem Bruder, was er tun sollte, kitzelte ihn aus oder schlug auf ihn ein. Doch er vergab mir immer wieder. Oft spielte ich aber auch friedlich mit ihm.
Erst in der Pubertät begann ich zu begreifen, dass ich eben anders bin als er und dass ich genauso viel Aufmerksamkeit bekam wie er, nur eben in anderen Bereichen. Ich hatte schließlich meine Nische, meine Identität in der Familie gefunden. Ein Leben ohne meinen Bruder kann und will ich mir nicht vorstellen. Heute beraten wir uns gegenseitig. Er hat mir schon sehr wertvolle Hinweise zu Entscheidungen in meinem Leben gegeben.»
(Julia)

Zum Schluss die ganze Palette: Geschwister als Vorbilder, Abgrenzungsobjekte, Helfer, Spielgefährten, Ventile, Liebesobjekte und Förderer des Selbstbewusstseins

> «Ich habe zwei Brüder: Der eine ist zwei Jahre älter, der andere sechs Jahre jünger. Beide hatten einen großen Einfluss auf meine Persönlichkeitsentwicklung, von beiden wurde ich auf eine andere Weise geprägt.
> Mein älterer Bruder war schon immer mein Vorbild für mich. Er konnte alles schon früher als ich und durfte stets mehr als ich. Jedenfalls war dies meine Wahrnehmung. Wir beide nahmen schon früh Musikunterricht, und bei meinem Bruder stellte sich schon bald heraus, dass er dafür überdurchschnittlich begabt ist. Ich war auch nicht unbegabt, aber er war halt stets besser als ich. Nachdem wir beide Flöte und Klavier gelernt hatten, begann Patrick Saxofon zu spielen. Obwohl mir dieses Instrument sehr gefiel, entschied ich mich bewusst für Gitarre, um mir – so sehe ich das heute – eine eigene Nische einzurichten. Heute sehe ich meinen Bruder nicht mehr als Konkurrenten, sondern als Freund, der mir Hilfe und Unterstützung anbietet, wenn ich sie brauche. Er hat in der Zwischenzeit die Musik zu seinem Beruf gemacht, ich pflege sie als Hobby und habe längst meinen Platz in der Familie gefunden.
> Mein jüngerer Bruder Jonas war für mich ein Bruder, den ich für alles ‹gebrauchen› konnte. Er war mir ein treuer Spielgefährte, ein Erziehungsobjekt und jemand, an dem ich meine schlechten Gefühle auslassen konnte. Gleichzeitig war er für mich, vor allem als er noch klein war, ein Liebesobjekt. Ihn konnte ich wie ein Baby behandeln und allen Leuten als mein Baby stolz herumzeigen. Durch ihn habe ich gelernt, Verantwortung zu übernehmen und zu tragen, und ich habe auch gelernt, auf Dinge zu verzichten, die er noch durfte und ich halt schon nicht mehr. Er war für mich prägend, da ich für ihn so richtig die große Schwester war, die etwas zu sagen hat. Dies hatte einen bedeutenden Einfluss auf mein Selbstbewusstsein. Denn er war ein Ausgleich dafür, dass mein älterer Bruder so viele Dinge besser konnte als ich.»
> *(Evelyne)*

Ich hoffe, auch diese Beispiele haben Sie als LeserIn angeregt, sich mit dem reichhaltigen und spannenden Thema der Geschwister weiter auseinander zu setzen!

Anhang für die Praxis: Fragebogen und Familienkonstellationsschema

Vorbemerkungen
Die Beschäftigung mit der eigenen Geschwisterposition und -situation kann wichtige, bisher vielleicht übersehene Einflussfaktoren auf das eigene Leben freilegen und damit Anstöße liefern, eigene Verhaltensweisen, Denkmuster und Gefühlsreaktionen bewusster werden zu lassen und Änderungen zu initiieren (vgl. dazu besonders die Kap. 10 bis 12). Die nachfolgenden Fragen sollen diese Bewusstseins- und Veränderungsprozesse fördern. Die Fragen sind bewusst nicht in Form einer Checkliste oder eines Selbsttests mit Punkten dargestellt. Das Nachdenken über einzelne Fragen, das Besprechen und der Austausch – z. B. mit einem oder mehreren Geschwistern, den Eltern, dem Partner/der Partnerin oder mit einer Psychologin, einem Psychologen – lässt ein vertieftes und individuelleres Verständnis zu, als dies mit einer scheinobjektiv-nummerischen Auswertung möglich wäre. Ich füge als Beispiel und zur Veranschaulichung am Schluss die Antworten einer 48-jährigen Frau an, welche die Bogen A und C im Rahmen eines Kurses – verteilt über mehrere Zeitabschnitte – fast vollständig ausgefüllt hat und mit der ich anschließend darüber noch ausgiebige und spannende Gespräche erleben durfte. Einige ihrer Antworten habe ich aus Gründen der Diskretion gekürzt bzw. weggelassen. Frau M. ist in der Ostschweiz auf einem Bauernhof in einem kleinen Dorf aufgewachsen und arbeitet heute in einer Kleinstadt in einem pädagogischen Beruf.

Die Fragen müssen selbstverständlich nicht vollständig und der Reihe nach behandelt werden; schon die Bearbeitung einer kleinen Auswahl kann viele Erinnerungen und Einsichten zutage fördern. Je nach Situation, Erfahrung und Übung ist es in Abklärungen und Beratungen für Fachleute auch mit einer kleinen Auswahl der Fragen möglich, eine Annäherung an die zentralen Aspekte der Geschwisterbeziehung ihrer KlientInnen zu erreichen.

Es erweist sich auch als durchaus nützlich, dazwischen Pausen einzuschalten, sich über dabei auftretende positive Gefühle zu freuen, bei negativen nicht zu grübeln und darin zu versinken. Bei vielen Themen laden Gespräche oder Diskussionen mit Familienangehörigen, besonders natürlich mit den Geschwistern, mit neuen Informationen zu einer erweiterten, ja neuen Perspektive einer Frage ein. Ein ausführlicher Austausch mit Geschwistern kann aufschlussreich sein und für beide Seiten viele Erfahrungen und bisherige Annahmen ins Wanken bringen oder bisher unumstößliche Interpretationen in einem neuen Licht erscheinen lassen, weil eben alle Beteiligten immer ihre individuelle, persönliche und subjektive Wahrnehmungsbrille getragen haben bzw. immer noch tragen. So führen etwa unterschiedliche Erinnerungen von Geschwistern über dieselbe Situation oder vermeintlich identische Erfahrungen zu überraschenden Einsichten, zu einer Korrektur bisher bezogener Positionen sowie im günstigsten Fall zu einem neuen Verständnis für sich und die anderen Familienangehörigen. Dabei sollte besonders mit Deutungen äußerste Zurückhaltung geübt werden. Eine Wiedererinnerung einer früheren, schmerzhaft empfundenen Situation vermag auch Gefühle der Wut oder Trauer auszulösen und die Betroffenen im besten Fall anzuregen, solche unverarbeiteten Emotionen in einer psychologischen Beratung vertieft zu bearbeiten und zu klären. Geschwister können sich nicht gegenseitig «therapieren»! Wichtig ist deshalb die Möglichkeit, zumindest mit einer vertrauten Person, die eine gewisse Distanz zur eigenen Kindheit hat, oder eben mit einer Fachperson sprechen zu können.

Eine produktive Aufarbeitung und Diskussion der Themen in den beiden Fragebogen beinhaltet ein Hinschauen und ein vielleicht (neues) Verstehen der damaligen Ereignisse und Beziehungen, ein Klären eventuell bestehender Missverständnisse und Verletzungen – soweit dies möglich ist – und kann so wichtige Schritte in der Persönlichkeitsentwicklung ermöglichen. Mit Geschwistern und/oder Eltern über einzelne Themenkomplexe heftig und lang anhaltend zu streiten oder alte Konflikte mit neuen Argumenten wieder neu zu initiieren, läge nicht in der Absicht des Autors und wäre sicher kontraproduktiv. Die Geschwister- und Familienerfahrungen der Kindheit und Jugendzeit lassen sich nicht mehr rückgängig machen. Möglich bleibt hingegen immer eine neue, vertiefte Sichtweise und zumindest mehr Verständnis für sich und die anderen Beteiligten. Das heißt nicht, dass eventuell erlittenes Unrecht (wie beispielsweise jahrelange Benachteiligung oder Bloßstellung) oder massive Gewaltausübung durch Eltern oder Geschwister einfach weggesteckt oder geleugnet werden sollen.

Der erste **Fragebogen (A)** legt den Fokus auf die Geschwisterbeziehungen und -rollen in der Kindheit und Jugendzeit.

Fragebogen A:

Geschwisterbeziehungen und -rollen in der Kindheit und Jugend

- Beschreiben Sie Ihre Geschwisterkonstellation: Reihenfolge der Geschwister, Geschlecht, Altersabstand, zwei bis drei typische Eigenschaften der Geschwister.
- Wie haben Sie Ihre Geschwistersituation/Geschwisterposition in der Familie erlebt?
  Welche Rolle(n) haben Sie in der Familie eingenommen?
  Welche Vor- und Nachteile waren damit verbunden? Gab es eine «typische», charakteristische Erfahrung?
- Hätten Sie eine andere als Ihre Geschwistersituation/Geschwisterposition bevorzugt? Wenn ja: welche? Warum? Wenn nein: warum nicht?
- Gab es bevorzugte Geschwister, «Lieblingskinder»? Warum? Haben Sie Beispiele dazu? Wie waren die Reaktionen der anderen Geschwister darauf? Welche Gefühle löste das bei Ihnen aus?
- Gab es «Schattenkinder», «negative», abgelehnte Geschwister? Warum? Finden Sie dazu Beispiele, Erlebnisse? Wie waren die Reaktionen der anderen Familienmitglieder auf dieses Geschwister? Welche Gefühle löste das bei Ihnen aus?
- Was mochten Sie an Ihren Geschwistern? Was mochten Sie an ihnen nicht?
- Welcher Erziehungsstil war bei Ihnen zu Hause vorherrschend (z. B. autoritär, vernachlässigend, permissiv, autoritativ)?
  Praktizierten Ihre Eltern diesen Erziehungsstil bei allen Geschwister gleichermaßen bzw. ähnlich oder gab es größere Unterschiede? Wie wirkten sich diese aus?
- Wie sahen die Eltern die einzelnen Geschwister, welche Rollen wurden ihnen zugeschrieben?
- Welche Erwartungen und Hoffnungen setzten die Eltern in die Kinder? Wie reagierten die Kinder auf diese Erwartungen? Können Sie dies anhand konkreter Situationen oder Verhaltensweisen der Betroffenen wiedergeben?
- Mit welchen Eigenschaften/Charakteristiken/Stärken kamen die einzelnen Geschwister in der Familie zur Geltung? Welches waren ihre individuellen Rollen, Nischen, welches waren ihre Stärken und Schwächen?
- Was förderte die Eifersucht unter den Geschwistern? Haben Sie Beispiele dazu?
- Was förderte den Zusammenhang unter den Geschwistern? Haben Sie Beispiele dazu?
- Welche Rolle war bei den Eltern am beliebtesten/wichtigsten/am meisten geschätzt? (z. B. Zuverlässigkeit). Warum?
  Wie weit sind Sie von dieser Rolle abgewichen?

- Welche Rolle war in der Familie aus Ihrer Sicht die beste? Warum?
  Welche Rolle war in der Familie aus Ihrer Sicht die schlechteste? Warum?
  Welche Rolle in der Familie haben Sie am meisten bewundert, hätten Sie gerne eingenommen?
- Gab es in der Familie unter den Geschwistern Teilgruppen, Untergruppen (z. B. «Kleine», «Große», Schwestern gegen Brüder, zwei Brüder gegen jüngeren Bruder, «Gescheite» vs. PraktikerInnen usw.)?
  Wer nahm die Zuordnung vor? War die Zuordnung eher unbewusst oder wurde sie offen ausgesprochen?
  Waren alle mit dieser Zuordnung einverstanden? Wie reagierten sie darauf?
- Inwieweit haben Geschwister Ihre Berufswahl direkt oder indirekt beeinflusst?
- Können Sie eine Geschichte, ein Beispiel erzählen, die/das für Ihre Geschwistersituation typisch war?
- Wie sind Sie mit Krisen im Leben des/der Geschwister umgegangen und wie gingen die Geschwister mit Ihren Krisen um?
- Haben sich die einzelnen Rollen der Geschwister über die Jahre verändert? Welche Faktoren spielen dabei mit? Wenn keine Änderung der Rollen: Warum nicht?
- Haben inner- und außerfamiliäre Ereignisse (z. B. Schuleintritt, Auszug eines Geschwisters aus dem Elternhaus, Krankheit oder Tod eines Familienmitglieds) einzelne Geschwisterrollen verändert? Wie vollzog sich das? Was bedeutete das für Sie?
- Haben außerfamiliäre Personen (z. B. Lehrpersonen) die Geschwisterbeziehungen beeinflusst, und wenn ja wie? Können Sie dafür Beispiele geben?
- Beschreiben Sie die schönste Erinnerung bzw. mehrere besonders schöne Erinnerungen an ein/Ihre Geschwister. Was war dabei für Sie besonders schön?
- Beschreiben Sie die unangenehmste Erinnerung bzw. mehrere besonders unangenehme Erinnerungen an ein/Ihre Geschwister. Was war für Sie dabei besonders schmerzlich?
- Was habe ich von meinem/n Geschwister/n praktisch, intellektuell, psychologisch gelernt? Was hat/haben mein/e Geschwister diesbezüglich von mir gelernt?

Im nächsten Fragebogen stehen mehr der geschwisterliche Umgang und die damit einhergehenden Gefühle in Kindheit und Jugendzeit im Vordergrund.

Fragebogen B:

Geschwisterlicher Umgang in Kindheit und Jugendzeit[258]

- Wer hat im Allgemeinen öfter Streit begonnen? Welche Faktoren sind aus Ihrer Sicht dafür verantwortlich?
- Wer hat im Allgemeinen den anderen gegenüber mehr Interesse und Anteilnahme gezeigt? Welche Faktoren sind aus Ihrer Sicht dafür verantwortlich?
- Wer hat im Allgemeinen dem anderen gegenüber mehr Verantwortung übernommen? Welche Faktoren sind aus Ihrer Sicht dafür verantwortlich?
- Wer hat im Allgemeinen lieber seine Zeit mit dem/den anderen verbracht? Welche Faktoren sind aus Ihrer Sicht dafür verantwortlich?
- Holten Sie sich manchmal bei Ihren Geschwistern Rat? Warum und bei welchen Themen? Wenn nein: warum nicht?
- Suchten manchmal die Geschwister bei Ihnen Rat? Warum? Bei welchen Fragen/Problemen? Wenn nein: warum nicht?
- Was ärgerte Sie am meisten an Ihren einzelnen Geschwistern? Warum?
- Was freute Sie am meisten an Ihren einzelnen Geschwistern? Warum? Was hatte diese Freude mit Ihnen zu tun?
- Was mochten Sie an Ihren/m Geschwister/n? Was mochten Sie an ihm/ihr nicht? Warum?
- Wer hat sich im Allgemeinen widerspenstiger verhalten? Welche Faktoren sind aus Ihrer Sicht dafür verantwortlich?
- Wer hat im Allgemeinen dem anderen mehr vertraut? Welche Faktoren sind aus Ihrer Sicht dafür verantwortlich?
- Wer hat sich im Allgemeinen dem anderen gegenüber verletzender verhalten? Welche Faktoren sind aus Ihrer Sicht dafür verantwortlich?
- Wer hat sich im Allgemeinen eher mit dem/den anderen verglichen? In welchen Bereichen? Welche Faktoren sind aus Ihrer Sicht dafür verantwortlich?

---

258 Die Fragen zu diesem Bogen habe ich teilweise dem SIDE-Fragebogen (SIDE = Sibling Inventory of Differential Experience) von Nunn/Plomin entnommen, verändert und mit weiteren Fragen ergänzt. Siehe dazu Judy Nunn/Robert Plomin (1996): Warum Geschwister so verschieden sind. Stuttgart: Klett-Cotta, S. 122–125. Nunn/Plomin geben zu den Fragen jeweils eine fünfstufige Skala an: 1 (mein Geschwister sehr viel mehr), 2 (mein Geschwister etwas mehr), 3 (gleich), 4 (ich etwas mehr), 5 (ich sehr viel mehr). Ich halte eine nummerische Auswertung für weniger fruchtbar und habe darum die Fragen ohne nummerische Skaleneinteilung formuliert. Der SIDE-Fragebogen besteht aus elf Einzelskalen mit insgesamt 73 Items.

- Wer hat im Allgemeinen dem anderen gegenüber eher Ärger und Wut gezeigt? Welche Faktoren sind aus Ihrer Sicht dafür verantwortlich?
- Wer hat sich im Allgemeinen dem anderen gegenüber eher überlegen gefühlt? In welchen Bereichen besonders? Welche Faktoren sind aus Ihrer Sicht dafür verantwortlich?
- Wer hat im Allgemeinen dem anderen gegenüber mehr Verständnis gezeigt? Können Sie ein typisches Beispiel beschreiben?
- Wer zeigte sich im Allgemeinen eher eifersüchtig auf den anderen? Können Sie ein charakteristisches Beispiel beschreiben? Welche Faktoren sind aus Ihrer Sicht für diese Eifersucht verantwortlich?
- Wer hat sich im Allgemeinen dem anderen gegenüber freundlicher, hilfsbereiter gezeigt? Können Sie ein typisches Beispiel schildern? Welche Faktoren sind aus Ihrer Sicht dafür verantwortlich?
- Wer konnte im Allgemeinen seine Zuneigung dem anderen gegenüber eher ausdrücken? Können sie ein typisches Beispiel schildern? Welche Faktoren sind aus Ihrer Sicht dafür verantwortlich?
- Wer hat sich im Allgemeinen dem anderen gegenüber dominanter verhalten? Können Sie ein charakteristisches Beispiel beschreiben? Welche Faktoren sind aus Ihrer Sicht dafür verantwortlich?
- Wer hat:
  a) im Allgemeinen
  b) in einzelnen Szenen
  dem anderen gegenüber Gewalt ausgeübt?
- Wer hat sich im Allgemeinen mehr bemüht, mit dem anderen gut auszukommen? Welche Faktoren sind aus Ihrer Sicht dafür verantwortlich?
- Wer hat im Allgemeinen den anderen mehr unterstützt, ermutigt, ihm geholfen? Können Sie ein charakteristisches Beispiel schildern? Welche Faktoren sind aus Ihrer Sicht dafür verantwortlich?
- Wer hat im Allgemeinen eher versucht, den anderen zu übertreffen? Können Sie ein charakteristisches Beispiel schildern? Welche Faktoren sind aus Ihrer Sicht dafür verantwortlich?
- Wer hat im Allgemeinen den anderen mehr bewundert, beneidet? Können Sie ein typisches Beispiel schildern? Welche Faktoren sind aus Ihrer Sicht dafür verantwortlich?
- Wer hat sich im Allgemeinen mehr als der Unterlegene, Schwächere gefühlt? Können Sie ein charakteristisches Beispiel schildern? Welche Faktoren sind aus Ihrer Sicht dafür verantwortlich?
- Versuchen Sie zu jedem Geschwister zwei oder drei besonders zutreffende Merkmale bezüglich des geschwisterlichen Umgangs zu formulieren (Beispiel: Bruder 1/hilfsbereit, unterstützend – Schwester 1 …).

Ergänzende Hinweise zum Fragebogen B

Wahrscheinlich lassen sich verschiedene Fragen nicht generell und über die ganze gemeinsame Kindheit und Jugendzeit beantworten. So kann sich beispielsweise die anfängliche Bewunderung eines jüngeren Geschwisters in der Pubertät ändern, wenn das ältere Geschwister einen von der Familie als negativ taxierten Weg einschlägt.

Die Antworten zu den verursachenden/auslösenden Faktoren für ein bestimmtes Verhalten können, je nach Beispiel, ganz unterschiedlich ausfallen. In Frage kommen beispielsweise Aspekte wie Altersunterschied, unterschiedlich wahrgenommenes Elternverhalten, Krankheiten und Unfälle, einflussreiche außerfamiliäre Personen, Reaktionen der weiteren Umgebung u. v. a. m.

Im nachfolgenden dritten Fragebogen (C) stehen nun Auswirkungen dieser geschwisterlichen Beziehungen auf das Erwachsenenleben sowie aktuelle Aspekte der Geschwisterbeziehung im Zentrum. Zusätzlich zu den Bemerkungen zum ersten Fragebogen möchte ich hier speziell auf die Chance hinweisen, die ein Gespräch mit dem eigenen Lebenspartner oder mit guten Freunden über einige der Fragen beinhaltet: Auch diese verfügen über unzählige Geschwistererfahrungen, die ähnlich oder auch verschieden sein können. Im freundschaftlichen Austausch vermag eine gute Freundin/ein guter Freund vielleicht wichtige Beobachtungen zu machen und wiederzugeben, die dem Erzähler nicht auffallen: so etwa die ausgeprägte, bis heute anhaltende Unterwerfung unter die Meinung des älteren Bruders, die immer wieder nur subtil angedeutete, aber offensichtlich unverarbeitete Kränkung über die vermeintliche oder tatsächliche Benachteiligung gegenüber der jüngsten Schwester oder das unaufhörliche Konkurrieren mit einem als besser taxierten Geschwister. Bei Familienanlässen mit der Herkunftsfamilie zeigen sich solche ungelösten Geschwisterbeziehungen und -muster besonders deutlich – zumindest für etwas außenstehendere Personen wie die Partner/innen.

Fragebogen C:

Geschwisterbeziehungen im Erwachsenenalter

- Beschreiben Sie Ihre heutigen Beziehungen zu Ihren Geschwistern. Wie nah bzw. distanziert sind sie? Wie leicht oder schwierig ist Ihr Zugang zu ihnen? Wie erklären Sie sich das?
- Entwicklungslinie: Skizzieren Sie die Entwicklung zwischen Ihrem/Ihren Geschwistern seit der Pubertät bis heute (mögliche Punkte: Nähe/Distanz, Kontakte, gegenseitige Unterstützung, Entfremdung).
- Spielen Sie heute dieselbe Rolle gegenüber den Geschwistern wie in der Kindheit? Welche Rollen nehmen die Geschwister Ihnen gegenüber heute ein?
- Wieviel bedeutet Ihnen die Anerkennung der Geschwister? Wünschen Sie ihre Anerkennung? Warum bzw. warum nicht?
  Sprechen Sie mit ihnen über Ihre innersten Gefühle? Warum bzw. warum nicht?
- In welchem Umfang und in welchen Bereichen decken sich Ihre Ansichten und Einstellungen mit denen der Geschwister, wo weichen Sie ab? Wie erklären Sie sich Ähnlichkeiten und Unterschiede?
- Wie weit werden Ihre Ideen, Vorstellungen, Ihr Lebensstil von den Geschwistern respektiert?
- Wissen Ihre Geschwister, wie Sie wirklich sind? Sind Sie ihnen gegenüber offen oder sind Sie sehr zurückhaltend oder müssen etwas vorspielen?
- Holen Sie sich manchmal bei Ihren Geschwistern Unterstützung/Rat? Warum und bei welchen Themen? Wenn nein: warum nicht?
- Suchen manchmal die Geschwister bei Ihnen Unterstützung/Rat? Warum? Bei welchen Fragen/Problemen? Wenn nein: warum nicht?
- Was ärgert Sie heute am meisten an Ihren einzelnen Geschwistern? Warum? Was hat dieser Ärger mit Ihnen zu tun?
- Was freut Sie heute am meisten an Ihren einzelnen Geschwistern? Warum? Was hat diese Freude mit Ihnen zu tun?
- Was mögen Sie heute an Ihrem/n Geschwister/n? Was mögen Sie an ihm/ihnen heute nicht? Warum?
- Wie nehmen die Eltern heute die einzelnen Geschwister wahr? Hat sich etwas verändert, z. B. bezüglich Bevorzugung/Benachteiligung? Wenn ja, warum? Was bedeutet das für Sie heute?
- Sind Sie mit Ihren Geschwistern nur zusammen, wenn die Eltern dabei sind?
- Vergleichen Sie sich heute mit Ihren Geschwistern? In welchen Bereichen? Worum geht es wirklich?
- Welche Rolle spielen Ihre Geschwister heute in Ihrem Leben? Können Sie Beispiele dazu schildern?
  Wie erklären Sie sich die unterschiedliche Bedeutung Ihrer Geschwister für Sie?

- Welche Fragen/Themen/Probleme/Aufgaben im Zusammenhang mit Ihren Geschwistern sind aus Ihrer Sicht gelöst?
- Welche Fragen/Themen/Probleme/Aufgaben im Zusammenhang mit Ihren Geschwistern sind aus Ihrer Sicht ungelöst? Warum? Wovon hängt eine mögliche Lösung ab?
- Wie sehen Sie – kleinere wie gewichtigere – Auswirkungen der Geschwisterbeziehungen und der persönlichen Geschwisterposition auf das heutige Leben:
  – bei Ihnen?
  – bei den Geschwistern?
  Wo zeigen sich Folgen bis heute?

Die drei Fragebogen haben vielleicht gezeigt, dass wir ein Kind oder einen Erwachsenen nicht unabhängig von seinem/n Geschwister/n verstehen können – sofern es/sie/er natürlich mit Geschwistern aufgewachsen ist. Unsere Identitätsentwicklung ist, wie in diesem Buch an vielen Stellen deutlich geworden, untrennbar mit den Geschwistern verbunden – ob uns das gefällt oder nicht.

Antworten von Frau M. zu den Fragebogen A und C

Fragebogen A:

Geschwisterbeziehungen und -rollen in Kindheit und Jugend

Antworten von Frau M.

- Beschreiben Sie Ihre Geschwisterkonstellation: Reihenfolge der Geschwister, Geschlecht, Altersabstand, zwei bis drei typische Eigenschaften der Geschwister.
  1941/Knabe: bei der Geburt gestorben
  1942/Knabe: selbstbewusst, intellektuell, autoritär
  1945/Mädchen: verantwortungsbewusst, ernst, bedrückt
  1946/Mädchen: lebendig, offen
  1948/Mädchen: willensstark, intelligent
  1950/Knabe: kränklich, sensibel, zurückgezogen, Sorgenkind 1
  1951/Mädchen: streitsüchtig, weinerlich
  1954/Mächen: ruhig, verunsichert
  1956/Mädchen: lebendig, lustig, angepasst, beeinträchtigt durch Polio-Erkrankung (Frau M.)
  1959/Knabe: scheu, unsicher, ruhig, unselbständig, Sorgenkind 2
  1962/Mädchen: «Nesthäkchen», fröhlich

- Wie haben sie Ihre Geschwistersituation/Geschwisterposition in der Familie erlebt?
  Sehr positiv/es war immer jemand von den Geschwistern da/hatte jemanden zum Spielen/jemand, der für mich sorgte

Welche Rolle(n) haben Sie in der Familie eingenommen?
Ich war der Liebling der Familie (teilweise bedingt durch meine Krankheit)/war zu allem aufgelegt/war lieb, anhänglich, beliebt.
Welche Vor- und Nachteile waren damit verbunden? Gab es eine «typische», charakteristische Erfahrung?
Vorteile: Bekam Zuwendung, Liebe, Aufmerksamkeit (Krankheit).
Nachteile: War durch die Krankheit (Spital, Kuraufenthalt) viel von der Familie getrennt (Heimweh).

- Hätten Sie eine andere als Ihre Geschwistersituation/Geschwisterposition bevorzugt? Wenn ja: welche? Warum? Wenn nein: warum nicht?
Nein. Hatte Geschwister verschiedenen Alters: Zum Streiten, zum Verhätscheln, Geschwister welche für mich sorgten, mich unterstützten.

- Gab es bevorzugte Geschwister, «Lieblingskinder»? Warum? Haben Sie Beispiele dazu? Wie waren die Reaktionen der anderen Geschwister darauf? Welche Gefühle löste das bei Ihnen aus?
Ja. Allgemein die Mädchen, Buben bereiteten mehr Sorgen/zogen sich eher zurück. Ich war ein Lieblingskind (Krankheit), Reaktion der 1 1/2 Jahre älteren Schwester: Eifersucht, Unsicherheit, Wut. Reaktion der ältesten Schwester: Unwille, Überforderung bei ständiger, regelmäßiger Pflege (sie musste mich pflegen, einbinden usw.).

- Welcher Erziehungsstil war bei Ihnen zu Hause vorherrschend (z. B. autoritär, vernachlässigend, permissiv, autoritativ)?
Praktizierten Ihre Eltern diesen Erziehungsstil bei allen Geschwister gleichermaßen bzw. ähnlich oder gab es größere Unterschiede? Wie wirkten sich diese aus?
Ich komme aus einem streng katholischen Haus: Die Mutter war streng, autoritär, es gab wenig körperliche Kontakte, sie verlangte Anstand, Angepasstheit, dass wir lieb und brav sind; der Vater entzog sich jeglicher Verantwortung, war sehr gutmütig, lieb, zeigte keine klare Haltung, bei Auseinandersetzungen zog er sich zurück. Die Mutter spürte bald, dass sie alleine für die zehn Kinder verantwortlich war. Bei den zwei jüngeren Buben war ihr Erziehungsstil noch härter. Folge: Sie zogen sich immer mehr zurück.

- Wie sahen die Eltern die einzelnen Geschwister, welche Rollen wurden ihnen zugeschrieben?
Ältester: Oberhaupt der Familie/Vaterersatz
Die ältesten drei Schwestern: Mutterersatz/große Verantwortung in der/für die Familie.
Zwei Buben: Sorgenkinder/Hoffnungslosigkeit (Grundstimmung: Es wird wohl nie etwas Rechtes aus ihnen werden).
Ich war das Kind mit Polio/stets musste man Sorge zu mir tragen. Ich nützte diese Gelegenheit auch immer wieder zu meinen Gunsten aus!

- Welche Erwartungen und Hoffnungen setzten die Eltern in die Kinder? Wie reagierten die Kinder auf diese Erwartungen? Können Sie dies anhand konkreter Situationen oder Verhaltensweisen der Betroffenen wiedergeben?
Ältester studierte Theologie/als Priester Segen über die ganze Familie, übernahm auch Erziehung an Wochenenden (sehr autoritär).

Die drei ältesten Schwestern: Mutterersatz. Sie waren damit überfordert und zeigten den jüngeren gegenüber starke Aggressionen.
Beispiel: Bei Tisch mussten wir Jüngeren stets ruhig sein, nur die erwachsenen Geschwister und die Eltern durften sprechen. Wir Jüngeren lachten trotzdem, wurden dafür aber vom ältesten Bruder mit einer Silbergabel auf den Kopf geschlagen.

- Mit welchen Eigenschaften/Charakteristiken/Stärken kamen die einzelnen Geschwister in der Familie zur Geltung? Welches waren ihre individuellen Rollen, Nischen, welches waren ihre Stärken und Schwächen?
  Siehe 1. Frage

- Was förderte die Eifersucht unter den Geschwistern? Haben Sie Beispiele dazu?
  Die ältesten Mädchen mussten viel mehr im Haushalt (und auch in der Erziehung) mithelfen. Das löste bei ihnen Groll, Aggression den Jüngeren gegenüber aus. Die Zuwendung, die ich bekam, löste bei meiner älteren Schwester starke Eifersucht aus. Sie versteckte mir oft die Beinschiene, damit ich nicht mehr laufen konnte.

- Was förderte den Zusammenhang unter den Geschwistern? Haben Sie Beispiele dazu?
  Eltern arbeiteten beide (Bauernhof). Geschwister organisierten sich oft selber. Kirchliche Feste (Weihnachten, Ostern) förderten den Zusammenhalt, ebenso sonntägliche Spaziergänge, Spielnachmittage. Bei zehn Geschwistern gab es jedoch bald eine Unterteilung: Die Großen und die Kleinen.

- Gab es in der Familie unter den Geschwistern Teilgruppen, Untergruppen (z. B. «Kleine», «Große», Schwestern gegen Brüder, zwei Brüder gegen jüngeren Bruder usw.)?
  Es gab die Großen und die Kleinen.
  Wer nahm die Zuordnung vor?
  Die Zuordnung kam von den großen Geschwistern.
  War die Zuordnung eher unbewusst oder wurde sie offen ausgesprochen? Waren alle mit dieser Zuordnung einverstanden? Wie reagierten sie darauf?
  Es wurde nie darüber gesprochen. Es war klar, dass die Großen größer waren und das Sagen hatten. Die Jüngste leidet noch heute darunter, weil sie von einigen Geschwistern immer noch – auch heute – als die Kleine angeschaut wird.

- Inwieweit haben Geschwister Ihre Berufswahl direkt oder indirekt beeinflusst?
  In der sechsten Primarklasse musste ich für sechs Monate ins Spital. Zwei ältere Geschwister unterstützten mich, die sechste Klasse zu wiederholen (Mit der Sekundarschule hatte ich größere Chancen in der Berufswahl). Beide rieten mir von einem Pflegeberuf ab (körperlich zu streng). Eine Schwester erlernte den selben Beruf (unbewusst).

- Können Sie eine Geschichte, ein Beispiel erzählen, die/das für Ihre Geschwistersituation typisch war?
  Ich war willensstark, setzte mich durch, nützte auch Gelegenheiten aus (Krankheit!), um zu meinem Ziel zu kommen.
  Beispiel 1: Wir spielten «Eisenbahn». Ich wollte den Wagen lenken, gab vor, dass ich nicht rennen konnte und erreichte damit mein Ziel. So saß ich auf dem Wagen am Steuer, die anderen stießen ihn und ich genoss meine Führerrolle.

Beispiel 2: Beim Fußballspielen wollte ich im Tor stehen, gab vor, dass ich sonst zuviel rennen müsse. Mein jüngerer Bruder war sehr enttäuscht, verließ den Platz, warf über einen hohen Zaun einen Stein und traf mich am Kopf. Er wurde von meinem ältesten Bruder verprügelt – ich war zuletzt das arme Kind mit einem Loch im Kopf.

- Haben sich die einzelnen Rollen der Geschwister über die Jahre verändert? Welche Faktoren spielen dabei mit? Wenn keine Änderung der Rollen: Warum nicht?
Ja und nein. Aus Sicht der älteren Geschwister sind wir nach wie vor die Jüngeren, die Kleineren, die Unerfahrenen. Mit einer Schwester kann ich Gespräche führen wie mit einer guten Kollegin, mit den anderen ist das nicht möglich, ja undenkbar.

- Haben inner- und außerfamiläre Ereignisse (z.B. Schuleintritt, Auszug eines Geschwisters aus dem Elternhaus, Krankheit oder Tod eines Familienmitglieds) einzelne Geschwisterrollen verändert? Wie vollzog sich das? Was bedeutete das für Sie?
Mein ältester Bruder entschied sich nach dem Theologiestudium zu heiraten und sich nicht zum Priester weihen zu lassen. Meine Mutter weinte viel – sprach aber mit niemandem von uns darüber. Ich litt sehr darunter, hatte Schuldgefühle (es war auch in meiner Krankenhauszeit). Während des Krankenhausaufenthalts merkte ich, dass sich meine Klassenlehrerin nicht mehr um mich kümmerte, mich fallen ließ. Ich war sehr enttäuscht und verunsichert.

- Haben außerfamiläre Personen (z.B. Lehrpersonen) die Geschwisterbeziehungen beeinflusst, und wenn ja wie? Können Sie dafür Beispiele geben?
Es gab bei uns im Dorf einige strenge, sehr gewalttätige Lehrer. Wir Geschwister hatten Angst, ihnen zugeteilt zu werden. Darüber zu sprechen gab uns Halt und brachte uns näher zueinander. Mit den Eltern konnten wir nicht darüber sprechen. Für sie waren Lehrpersonen unhinterfragbare Autoritäten, welche immer richtig handelten.

- Beschreiben Sie die schönste Erinnerung an ein/ihre Geschwister. Was war dabei für Sie besonders schön?
Die immer wiederkehrende Weihnachten: Es war dann so viel los. Alle waren wir zusammen. Ich liebte diese Stimmung. Ich durfte, als Geschenk für meinen Krankenhausaufenthalt, mit einer älteren Schwester in die Ferien fahren. Das genoss ich sehr.

- Beschreiben Sie die unangenehmste Erinnerung an ein/ihre Geschwister. Was war für Sie dabei besonders schmerzlich?
Während einer Predigt in der Kirche wurde meine ältere Schwester aus der Bank gerissen, weil sie mit einer Freundin schwatzte. Sie musste im Hauptgang knien bis ans Ende der Messe. Ich hatte großes Mitleid, andererseits schämte ich mich, weil ich die Schwester war.

Fragebogen C:

Geschwisterbeziehungen im Erwachsenenalter

Antworten von Frau M.

- Beschreiben Sie Ihre heutigen Beziehungen zu Ihren Geschwistern. Wie eng bzw. distanziert sind sie? Wie hoch oder niedrig ist Ihr Zugang zu ihnen? Wie erklären Sie sich das?
  Zu den älteren Geschwistern eher lockere Beziehung (beinahe eine Generation Unterschied, sie waren für mich keine Spielkameraden). Zwei Brüder sehe ich nur an Familienfesten. Die engste Beziehung habe ich zu meiner 1½ Jahre älteren Schwester – mit ihr habe ich gespielt, gelitten, gestritten und viele freudige Stunden erlebt.

- Spielen Sie heute dieselbe Rolle gegenüber den Geschwistern wie in der Kindheit?
  Nein, z. B. war ich früher sehr harmoniebedürftig, habe mich stets angepasst, wollte geliebt werden. Heute sage ich meine Meinung, stehe dazu, mit dem Risiko, auf harte Kritik zu stoßen.
  Welche Rollen nehmen die Geschwister Ihnen gegenüber heute ein?
  Die älteren sehen sich nach wie vor als die «Großen»; die 1½ Jahre ältere Schwester sieht in mir manchmal eine Konkurrentin, eine, der viel – zu viel! – im Leben gelingt. Die jüngste Schwester sucht sich oft Rat und Hilfe bei mir.

- Wünschen Sie ihre Anerkennung? Warum bzw. warum nicht?
  Es tut mir immer gut, auch von den Geschwistern Anerkennung zu erhalten. Heute ist das für mich jedoch nicht mehr das wichtigste, da auch Distanz/Abgrenzung nötig sind. Meine Familie, ein großer Freundeskreis bedeuten mir sehr viel.
  Sprechen Sie mit ihnen über Ihre innersten Gefühle? Warum bzw. warum nicht?
  – Mit meiner 1½ Jahre älteren Schwester intensive Gespräche
  – Mit dem Rest der Geschwister über allgemeine Themen (Gott und die Welt). Ich denke, die Angst ist nach wie vor da, grundsätzlich nicht verstanden, verletzt zu werden.

- Wissen Ihre Geschwister, wie Sie wirklich sind? Sind Sie ihnen gegenüber offen oder sind Sie sehr zurückhaltend oder müssen etwas vorspielen?
  Ich spiele nichts mehr vor, muss nichts mehr beweisen, bin eher zurückhaltend. Mit einzelnen Geschwister kann ich offen, mich selber sein – sind wir die ganze «Bande» wieder zusammen, bin ich nicht mehr ganz mich selber, etwas unsicher: Sage ich wieder etwas falsch? Habe ich jemanden verletzt? usw.

- Holen Sie sich manchmal bei Ihren Geschwistern Rat? Warum und bei welchen Themen? Wenn nein, warum nicht?
  Nur teilweise; d. h.
  – Bei einer Schwester eher über pädagogische Probleme, Welt, politische Themen.
  – Bei einer Schwester eher über persönliche, erzieherische Probleme. (Sie hat auch Kinder.)
  – Bei den restlichen Geschwistern nein; wir wissen voneinander zu wenig, das Vertrauen fehlt.

- Suchen manchmal die Geschwister bei Ihnen Rat? Warum? Bei welchen Fragen/Problemen? Wenn nein: warum nicht?
  Die älteren Geschwister nicht. Ich denke, die Rolle als wirklich Ältere wollen sie behalten. Die jüngste und die 1½ Jahre ältere Schwester holen sich oft Rat bei mir, was familiäre, krankheitsbezogene oder erzieherische Probleme betrifft. Ich versuche beide mit Ihren Problemen, Sorgen und Anliegen ernst zu nehmen.

- Was ärgert Sie heute am meisten an Ihren einzelnen Geschwistern? Warum?
  Dass gewisse Geschwister sehr negativ und mit Groll im Bauch über andere Geschwister denken und das Gespräch nicht suchen, oder der Ärger am falschen Ort ausgetragen wird.
  Was hat dieser Ärger mit Ihnen zu tun?
  Das hat mit mir zu tun, indem ich mich noch zu wenig abgrenze und noch klarer formulieren muss, dass die Betreffenden das Problem angehen müssten.

- Was freut Sie heute am meisten an Ihren einzelnen Geschwistern? Warum? Was hat diese Freude mit Ihnen zu tun?
  Dass es einzelne Geschwister gibt, die mit mir die positiven Seiten und Freuden der Kindheit teilen, dass wir gern gemeinsam viel lachen und doch immer wieder über unsere «turbulente» Kindheit sprechen können. Ich meine, dass ich grundsätzlich ein positiver, zuversichtlicher Mensch bin (ich lache auch sehr gerne!)

- Wie nehmen die Eltern heute die einzelnen Geschwister wahr? Hat sich etwas verändert, z. B. bezüglich Bevorzugung/Benachteiligung? Wenn ja, warum? Was bedeutet das für Sie heute?
  Die Eltern sind gestorben. Doch als wir Geschwister alle erwachsenen waren, spürte ich, wie Mutter es allen Recht machen wollte, sich anpasste, keine klare Linie mehr hatte. Mit den unterschiedlichen Meinungen konnte sie schwer umgehen.
  Bevorzugung:
  Bis zum Tode meiner Mutter war ich das Lieblingskind. Sie erlebte auch noch, dass sich körperlich einiges bei mir veränderte – die Schuldgefühle hatte sie bis zuletzt. Einige Geschwister litten oder leiden noch heute deswegen – das wird mir zum Teil auch noch bis heute vorgeworfen. Gespräche können helfen.
  Benachteiligung:
  Die beiden Knaben waren Mutters «Sorgenkinder», auch als sie längst erwachsen waren.
  Heute stimmt es mich manchmal traurig und ich fühle mich hilflos, da sie mit sehr vielen negativen Gedanken aus der Kindheit durchs Leben gehen. Sie suchen das Gespräch nicht mit den Geschwistern.

- Vergleichen Sie sich heute mit Ihren Geschwistern? In welchen Bereichen? Worum geht es wirklich?
  Ja, manchmal. Ganz allgemein in unterschiedlicher Lebensauffassung, Gestaltung, Erziehung, Kinder und Beruf. Und immer wieder stehen dieselben Fragen im Raum:
  - *Findet er/sie mich gut?*
  - *Genüge ich ihm/ihr?*
  - *Bin ich wohl immer noch die liebe Schwester?*

- Welche Rolle spielen Ihre Geschwister heute in Ihrem Leben? Können Sie Beispiele dazu schildern?
  Sehr unterschiedliche. Zu einigen Geschwistern bestehen lockere, oberflächliche Beziehungen, wir wissen wenig von einander.
  – *Bei zwei bis drei Schwestern regelmäßiger Kontakt, jedoch bei mir sehr ambivalent: Brauche gleichzeitig viel Abgrenzung, Freiraum, keine Geschwister-Gedanken. Dann nehme ich mir manchmal auch das Recht, am «5-Schwestern-Treff» nicht teilzunehmen.*
  Wie erklären Sie sich die unterschiedliche Bedeutung Ihrer Geschwister für Sie?
  – *Mit dem zum Teil großen Altersunterschied (beinahe eine Generation)*
  – *Mit den sehr unterschiedlichen Lebensauffassungen und Charaktere.*

- Wie sehen Sie – kleinere wie gewichtigere – Auswirkungen der Geschwisterbeziehungen und der persönlichen Geschwisterposition auf das heutige Leben:
  – bei Ihnen?
  – bei den Geschwistern?
  Wo zeigen sich Folgen bis heute?
  Bei mir:
  Unsicherheiten allgemein im Leben, nicht zu genügen, großes soziales Bewusstsein, Toleranz.
  Bei den Geschwistern:
  Ich denke, für einige Geschwister war diese Großfamilie zu viel. Nicht jeder oder jede konnte einen befriedigenden Platz finden, wo er/es sich entwickeln, entfalten konnte. Für einige war es erdrückend.
  Folgen:
  – *Sehr unterschiedlicher Kontakt untereinander: Zu den einen keiner, zu anderen lockerer, zu dritten regelmäßiger*
  – *Allgemein harte Arbeit am Selbstwertgefühl*
  Allgemein:
  – *Ich liebe alle meine Geschwister, habe in all den Jahren gelernt zu akzeptieren, dass unter uns Geschwistern nicht immer nur Harmonie und eitel Sonnenschein herrschen kann und dass ich bezüglich Kontakt, Vertrauen und Beziehungstiefe große Unterschiede feststelle.*
  – *Ich habe gelernt, Probleme, Verletzungen zwischen anderen Geschwistern nicht zu meinem Problem zu machen, mich bewusst zu distanzieren, jedoch für Gespräche, Klärungen, Offenheit jederzeit bereit zu sein.*
  – *Ich hatte es gut in dieser «Geschwisterbande»!*
  – *Das Thema Geschwister wird mich ein Leben lang begleiten, beschäftigen, und ich denke, ich werde auch immer wieder viel diesbezüglich lernen!*

Darstellungen von Familienkonstellationen

Die Erfassung der individuellen Geschichte eines Menschen (Anamnese) spielt für sein Verständnis sowohl in der medizinischen wie in der psychologisch-psychiatrischen Abklärung eine zentrale Rolle. Wie ich schon in der Einleitung festgestellt habe, fehlen aber in psychologischen und pädagogischen Untersuchungen vielfach Hinweise auf Rolle und Bedeutung eventuell vorhandener Geschwister. Ich halte dies für einen Kunstfehler. Auch in schulpsychologischen Abklärungen wird manchmal noch zu wenig auf den wichtigen Aspekt von Geschwisterbeziehungen und -erfahrungen der betreffenden Kinder geachtet. Nach der Darstellung einiger familienanamnestischer bzw. geschwisterbezogener Erfassungssysteme werde ich anhand des übersichtlichen Familienkonstellationsschemas (FKS) den Versuch unternehmen, kurz einige wichtige Beziehungsaspekte in übersichtlicher Form darzustellen.

Individualpsychologische Ansätze

Einen frühen Versuch, kindliches Verhalten unter vielfältigen – heute sprechen wir von systemischen – Aspekten zu erfassen und dabei auch die Rolle der Geschwister angemessen zu berücksichtigen, wagte Adler schon 1930; sein «individualpsychologischer Fragebogen zum Verständnis und zur Behandlung von Sorgenkindern»[259] umfasste u. a. folgende Punkte: Geburten in der Familie, jüngere oder ältere Brüder und Schwestern, Eifersucht sowie die Frage nach der Stellung innerhalb der Familie (Familienkonstellation). Heisterkamp (1985)[260] bezeichnet Adler mit guten Gründen als Wegbereiter der neuzeitlichen Familientherapie. Diese familienorientierte Betrachtungsweise nimmt auch in der neueren individualpsychologischen Lebensstildiagnostik – im Rahmen von Beratungen wie Therapien – eine prominente Rolle ein: Nach Louis[261] beispielsweise sind – neben der Familienkonstellation – auch eventuelle verstorbene Geschwister sowie informelle Gruppen unter den Geschwistern,

---

259 Alfred Adler (1976): Kindererziehung. Frankfurt: Fischer, S. 142–145 (Erstausgabe 1930)
260 Günter Heisterkamp (1985): Familientherapie. In: Reinhard Brunner et al. (Hrsg.) (1985): Wörterbuch der Individualpsychologie. München: Reinhardt, S. 128 f.
261 Victor Louis (1985): Individualpsychologische Psychotherapie. München: Reinhardt, S. 160 ff.

mit Einbezug der Eltern (Subgruppen, also Untergruppen mit Kindern) zu berücksichtigen. Ein verstorbenes Geschwister kann für die Eltern beispielsweise die Angst erhöhen, das nächste Kind auch zu verlieren. Nachfolgend wird ein von Louis entwickeltes Familienkonstellationsschema wiedergeben, das ich leicht verändert und mit einem Beispiel ergänzt habe.

Tabelle 13-1: Familienkonstellationsschema nach Louis 1985, verändert

	Mutter ←		→	Vater
	Peter +2 J.	Maja (Klientin)	Larissa −3 J.	Lukas −4 J.
Wer hatte am meisten Erfolg in der Schule (+), am wenigsten (−)?	+	−		
Wer half zu Hause am meisten (+), am wenigsten (−)?	−	+		
Wer galt als am folgsamsten (+), am wenigsten (−)?	−	+		
Wer dominierte am meisten (+), am wenigsten (−)?		−	+	
Wer war in der Familie der/die Einzelgänger/in?	−			
Wer galt als besonders originell?			+	
Wer hat auf die anderen am meisten Rücksicht genommen (+), am wenigsten (−)?		+		−
Wer hat von den anderen am meisten Rücksicht verlangt (+), am wenigsten (−)?	+			−
Wer galt als sportlichste/r (+), am wenigsten (−)?		−		+
Wer galt als künstlerischste/r (+), am wenigsten (−)?	−		+	
Wer galt als hübscheste/r (+), am wenigsten (−)?	−			+
Wer hatte die meisten Freunde/innen (+), am wenigsten (−)?		−	+	
Wer galt als Mutters Liebling?			+	
Wer galt als Vaters Liebling?				+

Die Doppelpfeile bedeuten, dass zwischen den entsprechenden Mitgliedern der Familie eine besondere, informelle Gruppe (ein hierarchieübergreifendes Subsystem, also eine Teilgruppe, Untergruppe) im Gesamtsystem Familie besteht, also eine besonders enge, nahe Beziehung.

Anamnestische Schemen wie dasjenige von Louis geben zumindest einen ersten kurzen Überblick über mögliche Themen, Probleme und Rollenverteilungen in einer Familie und sagen auch einiges aus über die Familiendynamik.

Systemische und testpsychologische Ansätze

In systemischen Ansätzen werden wechselseitige – nicht einseitige – Einflüsse zwischen den Mitgliedern in einer Familie postuliert: Eine Person innerhalb einer Familie gestaltet und beeinflusst die Umgebung, gleichzeitig wirkt eben diese Umgebung wieder auf das Individuum in vielfältiger Weise ein. Damit entsteht ein Prozess gegenseitiger Einflussnahme.[262]

Eine weitere Möglichkeit, Familienkonstellationen und Geschwisterbeziehungen bei Kindern zu erfassen, bieten der Scenotest von G. von Staabs[263] (mit Puppenfiguren, Tieren, Bäumen und Symbolfiguren werden Szenen gestaltet) oder der Familiensystemtest (FAST) von Thomas M. Gehring[264]. Der letztere eignet sich für Personen ab sechs Jahren und ermöglicht vor allem, innerhalb einer Familie sowohl die Kohärenz (tiefe, mittlere oder hohe Bindung) als auch die Hierarchie (tiefes, mittleres oder hohes Machtniveau) der Beziehungen abzubilden. Allerdings bieten auch solche Tests nie einen Ersatz, um in einer sorgfältigen Anamnese im Gespräch – bei Kindern zusätzlich auch im Spiel – mit den einzelnen Familienmitgliedern die einzelnen Rollen und ihre Beziehungsdynamiken heraus zu arbeiten.

Als weitere Erhebungsinstrumente zur Erfassung von Merkmalen der Geschwisterbeziehungen sollen hier nur kurz erwähnt werden: der «Siblings Relationships Questionaire» (SRQ) von Furman und Buhrmester (1985), der SIDE-Fragebogen (Siblings Inventory of Differential Experiences) von Daniels und Plomin (1985), den ich schon früher

---

262 vgl. dazu: Manfred Hofer/Elke Wild/Peter Noack (2002): Lehrbuch Familienbeziehungen. Eltern und Kinder in der Entwicklung. Göttingen: Hogrefe
263 vgl. in: Claudia Ermert (1997): Scenotest-Handbuch. Bern: Huber
264 Thomas M. Gehring (1993): Der Familiensystemtest. Weinheim: Beltz

erwähnt habe und der von Cicirelli zur Skalierung der Qualität von Geschwisterbeziehungen verwendete Fragebogen, der sich auf Scanzoni (1966) abstützt.[265] Im Buch von Kasten (1993 b)[266] werden noch weitere Untersuchungsmethoden sowie Beobachtungssysteme zusammengefasst dargestellt.

Ein modernes diagnostisches System, das es ermöglicht, sowohl die wesentlichen Beziehungen innerhalb der Familie wie auch übergreifende Aspekte des Familienklimas zu erfassen, ist das von Schneewind (1999)[267] entwickelte Familiendiagnostische Testsystem (FDTS), vgl. **Tabelle 13-2**. Dabei werden subjektive Selbstberichtsdaten über verschiedene Familiensystemebenen durch 29 Skalen erfragt.

Tabelle 13-2: Das Familiendiagnostische Testsystem FDTS[268]

Subsysteme	Eltern-Kind-Subsystem	Mutter-Sohn Mutter-Tochter Vater-Tochter Vater-Sohn	jeweils aus der Perspektive des Elternteils und des Kindes
	Ehe-Subsystem	Mutter-Vater	jeweils aus der Perspektive des Partners
Erziehungsaspekte	Eltern-Kind – Einstellung – Ziele – Verhalten		Beurteilung der Beziehung (z. B. Selbständigkeit, Belohnung, Bestrafung usw.)
Gesamtes Familiensystem	Familienklima-Skalen (FKS)		– emotionale Beziehungsqualität – persönliches Wachstum – Systemerhaltung – Familienkohäsion

---

265 vgl. zu allen drei Fragebogen: Hartmut Kasten (1993 b): Die Geschwisterbeziehung. Band 2. Göttingen: Hogrefe, S. 24–26
266 Hartmut Kasten (1993 b): Die Geschwisterbeziehung. Band 2. Göttingen: Hogrefe, S. 24 ff.
267 Klaus A. Schneewind (1999): Familienpsychologie. Stuttgart: Kohlhammer
268 leicht verändert aus: Jens Asendorpf/Rainer Banse (2000): Psychologie der Beziehung. Bern: Huber, S. 217

Mit diesem sehr ausführlichen und differenzierten Testsystem können viele bedeutsame Aspekte der Familie – nicht nur Geschwisterbeziehungen – erfasst werden. So wird zum Beispiel der Grad der Ablehnung oder der Zuwendung, die ein Kind von anderen Familienmitgliedern erfährt, für jedes Familienmitglied separat sowohl aus der Perspektive des Kindes wie des betreffenden Familienmitglieds eingeschätzt. Allerdings bedeutet die volle Anwendung dieses umfangreichen Testsystems einen erheblichen Zeitaufwand.

Das Familienkonstellationsschema (FKS)

Ob man ein größeres Wissen über sich selbst sowie die Dynamik und Entwicklung der eigenen Herkunftsfamilie anstrebt, ob man von Beruf PsychologIn, PsychiaterIn, SozialpädagogIn, LehrerIn oder sonst am persönlichen Werdegang von Menschen interessiert ist: Das im Folgenden dargestellte, aus Anregungen anderer KollegInnen/AutorInnen entwickelte einfache Familien-Konstellations-Schema kann helfen, die Rollen innerhalb der Familie zu bestimmen, besser zu verstehen und zu interpretieren. Aufgrund der graphischen Darstellung ist es übersichtlich, vom Aufbau und der Anwendung her zudem viel einfacher, aber auch weniger differenziert als das Modell von Schneewind. Es kann auch in Ergänzung zu den beiden Fragebogen A und B als Hilfsmittel verwendet werden.

Das FKS zeigt in übersichtlicher und anschaulicher Form die Komplexität der Beziehungen in einer Familie und legt dar, wie abhängig oder verwoben diese Beziehungen sind, wie vieldeutig und subjektiv sie sein können und wie wichtig es für das Verständnis der Familienmitglieder sein kann, alle Ebenen zu berücksichtigen. Ich möchte dies am folgenden Beispiel (vgl. auch **Abb. 13-1**) kurz aufzeigen.

Die Entwicklung einer Familienkonstellation

In einem ersten Schritt entwickelt sich aus der Partnerschaft von Sarah und Martin (Partnersystem) durch die Geburt von Katja ein neues Familiensystem, bestehend aus dem Partner- und Elternsubsystem und dem Kind. Zusätzlich erweitert das erste Kind die bisherige Liebesbeziehung (Partnersystem) neu um ein Elternsubsystem. Dies kann neuen Konfliktstoff (z. B. über Erziehungsverhalten, Betreuungsarbeiten, Arbeitsverteilung usw.) hervorrufen, aber auch zu einer vertieften Beziehung zwischen Vater und Mutter führen. Die Ankunft des ersten Kindes führt tendenziell auch zu einer Abnahme der sexuellen Kontakte zwischen den Eltern. Nach der Ankunft des zweiten Kindes, Tobias, wird das Familiensystem nochmals erweitert, und es entwickelt sich zusätzlich neu ein Geschwistersubsystem.

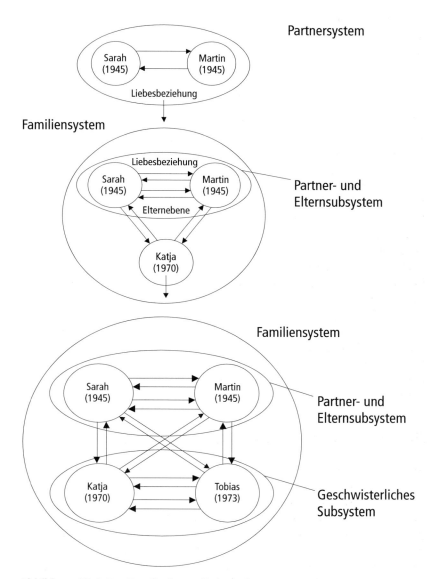

Abbildung 13-1: Das Familienkonstellationsschema

Zwischen zwei Familienmitgliedern bestehen immer zwei Beziehungsinterpretationen. Als Beispiel nehmen wir die Beziehung zwischen dem Vater (Martin) und der Tochter Katja:

1. Beziehung vom Vater zu Katja (sein Verhalten und seine Sicht von sich und Katja)
2. Beziehung von Katja zum Vater (ihr Verhalten und ihre Sicht von sich und dem Vater)

Wie Katja ihre Beziehung zum Vater empfindet, kann, muss aber nicht mit der Empfindungs- und Sichtweise des Vaters identisch sein. So kann sich Katja beispielsweise vom Vater nicht geliebt und vernachlässigt fühlen, der Vater hingegen liebt seine Tochter nicht weniger als das andere Kind. Die Beziehung Katja/Vater stellt sich so als eine inkongruente Beziehung dar. Fühlt sich Katja hingegen vom Vater geliebt und bestätigt und der Vater fühlt dies auch so, kann von einer kongruenten Beziehung gesprochen werden.

Positive und kongruente Beziehungen sind günstiger für alle Familienmitglieder als inkongruente, da letztere zu Verletzungen und Missverständnissen führen können – manchmal über Jahre oder gar Jahrzehnte. Die vorliegende graphische Form erlaubt es zudem, anschaulich und übersichtlich abzubilden, wie mögliche Missverständnisse wo auftreten können. Bei Unstimmigkeiten zwischen den Eltern lässt sich häufig beobachten, wie sich generationsübergreifende Subsysteme bilden, wie etwa ein oder mehrere Kinder eine Koalition (ein neues Subsystem) mit dem Vater (= Vaterkinder) oder der Mutter (= Mutterkinder) eingehen. Das führt manchmal dazu, dass beispielsweise der Knabe mit dem Vater ein Männersystem gegen die Frauen (Mutter und Tochter) bildet oder eine Frau alle Kinder auf ihre Seite zieht und eine Koalition (Subsystem Mutter und alle Kinder) gegen den Vater eingeht. In wieder anderen Fällen bleibt ein Kind außerhalb aller Subsysteme, d. h. es ist weder mit einem oder mehreren Geschwistern (geschwisterliches Subsystem) noch mit einem Elternteil (Elternteil-Kind-Subsystem) verbunden, also «draußen», ausgeschlossen, allein. Dieser letztlich für ein Kind unerträgliche Zustand führt meistens dazu, dass sich das Kind mit Symptomen wie Rückzug, Aggressivität, Verweigerung usw. bemerkbar macht, um Hilfe zu erhalten.

Letztlich ist jedes Familiensystem mit seinen Subsystemen dauernd in Bewegung. Zusätzliche Möglichkeiten der Veränderung bringen beispielsweise die folgenden Einwirkungen auf die Familienkonstellation: eine Totgeburt, der Tod eines Geschwisters oder Elternteils, die gravierende Erkrankung eines Familienmitglieds, der Auszug eines Geschwisters. Aber auch durch innere, unspektakuläre Ereignisse – ein Kind kommt beispielsweise in die Pubertät und wird rebellischer – verändert sich letztlich das ganze Familiensystem: Alle Familienmitglieder müssen darauf irgendwie reagieren, und vielleicht verändern sich schließlich dadurch einzelne Rollen; das bisher eher oppositionelle ältere Geschwister wird nun ruhiger, angepasster oder schließt sich dem Rebell an, verstärkt so das rebelllische Element in der Familie. Jedes Mal besteht die Möglichkeit, dass innerhalb des Familiengefüges eine Rollenverschiebung stattfindet. So bedeutet der Auszug der älteren Schwester vielleicht für die zweite Schwester neue Aufgaben und Rollen in der Familie, die Trennung der Eltern neue Aufgaben und Herausforderungen für das einzige Kind dieser Eltern usw.

Am Beispiel der Familie Steiner mit den Eltern Tanja und Laurent sowie den Kindern Laura, Mario und Barbara (vgl. **Abb. 13-2**) lässt sich noch deutlicher zeigen, wie vielfältig und komplex die Beziehungs- und Interaktionsmuster in einer Familie sind. Verschiedene Selbst- und Fremddefinitionen treffen aufeinander, beeinflussen und verändern sich: *Selbstdefinitionen wie: «Ich fühle mich dumm, gescheit, geliebt, benachteiligt, hässlich, bevorzugt usw.» bzw. «Mein Vater/meine Mutter liebt mich, hält mich für dumm, gescheit, hässlich, schön», stoßen auf Fremddefinitionen wie: «Meine Tochter ist schlau, musisch begabt, ausdauernd, stellt sich aber*

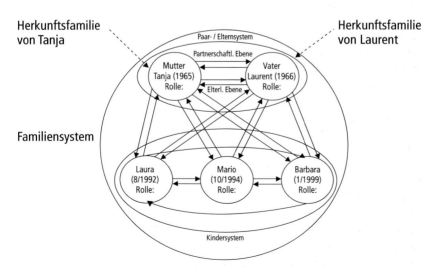

Abbildung 13-2: Familienkonstellationsschema der Familie Steiner

unter den Scheffel, der Sohn hat eine lange Leitung, ist handwerklich sehr begabt, herzlich und gewinnend usw.»

In der Aufzeichnung des Familienkonstellationsschemas lassen sich auch die unterschiedlichen Rollen, die jedes einzelne Familienmitglied einnimmt, darstellen, und es lässt sich daraus ableiten, welche Probleme daraus erwachsen können (Schattenkind, Außenseiter, Erfolgreiche usw.). Jeder Pfeil bedeutet wiederum eine ganz bestimmte, individuell und emotional gefärbte subjektive Perspektive, Sichtweise und Interpretation. Schließlich dürfen die Einflüsse aus den Herkunftsfamilien der Elternteile nicht außer acht gelassen werden: Die Haltung und Einstellung der Eltern zu ihren erwachsenen Söhnen und Töchtern, die nun selber Eltern geworden sind, können je nachdem stützend oder erschwerend wirken; stützend, wenn sie alle Familienmitglieder akzeptieren, erschwerend, wenn sie offen oder verdeckt einzelne Familienmitglieder privilegieren oder ablehnen.

Für eine Familienanamnese erlaubt die Erfassung dieser Interaktions- und Deutungsmuster (Pfeile) mit einem solchen Schema eine übersichtliche Beschreibung der Familie und ihrer Mitglieder, ihrer Stärken, Schwächen und Möglichkeiten, ihrer Beziehungs- und Rollenthematik. So stellt sich beispielsweise beim Versuch, die einzelnen Mitglieder in ihren Rollen zu beschreiben und Rollenmuster zu definieren, heraus, dass etwa für das eine Kind neben all den erfolgreichen, brillanten und gescheiten anderen Familienmitgliedern kein befriedigender Platz mehr übrig bleibt. In einem anderen Fall wird das unruhige, aggressiv geprägte Geschwistersubsystem auf dem Hintergrund des unbefriedigenden, von Streit und Eifersucht dominierten partnerschaftlichen Subsystems der Eltern verständlicher.

Zum Schluss soll nachfolgend die Familienkonstellation von Familie Zürcher mit einigen ihrer Folgen und Probleme kurz beispielhaft dargestellt werden.

Familienkonstellation von Familie Zürcher

In der Familie Zürcher hat sich folgende Situation (siehe **Abb. 13-3**) ergeben: Die Eltern leben aneinander vorbei, d. h. das eheliche Subsystem funktioniert nur noch rein formal, d. h. auf dem Papier als Zweckgemeinschaft. Der Vater hat sich vor einem guten Jahr eine junge Freundin als Geliebte genommen, die Mutter weiß seit einigen Monaten davon und schickt sich mit einer Mischung von Wut und Resignation in die neue Situation.

Anhang für die Praxis **317**

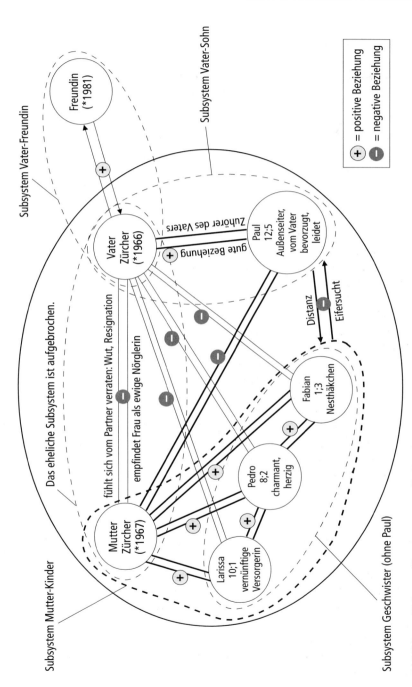

Abbildung 13-3: Familien-System Familie Zürcher

Die eigentliche Erziehungsaufgabe liegt ganz in den Händen der Mutter, die ganztags zu Hause verbringt; der Vater übernachtet in unregelmäßigen Abständen bei der Geliebten, ist auch sonst wenig präsent und als Familienmitglied spürbar.

Es ist der Mutter gelungen, drei von vier Kindern (Larissa, Pedro und Fabian) auf ihre Seite zu ziehen und sie gegen den Vater auszuspielen. Paul, der schon früh eine gute Beziehung zum Vater aufbauen konnte, steht weiterhin zu ihm und verteidigt ihn gegenüber den Vorwürfen und Ressentiments der Mutter. Gleichzeitig privilegiert der Vater seinen ältesten Sohn, kauft ihm teure Geschenke und verhindert so eine gute Beziehung von Paul zu seiner Mutter wie zu den Geschwistern, die darauf mit Eifersucht und Wut reagieren. Larissa bekommt von der Mutter Anerkennung als vernünftige Älteste (Paul gilt bei der Mutter unausgesprochen nicht als Ältester, sondern als Vaters Liebling und deshalb außerhalb der eigentlichen Familie stehend wie der Vater), die Pedro bei den schulischen Hausaufgaben hilft sowie den kleinen Fabian versorgt, mit ihm spielt, auf ihn aufpasst. Pedro kommt bei der Mutter als charmanter, herziger, zugewandter verlässlicher und witziger Knabe (aus der Sicht der Mutter das Gegenbild zum Vater!) zur Geltung, Fabian als Nesthäkchen. Paul ist der klare Außenseiter in der Familie, der dem Vater ganz ähnlich ist – zumindest aus der Sicht der Mutter – und der nur beim Vater einen unangefochtenen Platz als Zuhörer hat, der ihn als einziger versteht, und sich nicht auf die Seite der ewig nörgelnden Mutter (aus der Perspektive des Vaters!) ziehen lässt.

Solange die drei Geschwister Larissa, Pedro und Fabian ihre Rollen behalten, verstehen sie sich in ihrem Subsystem sehr gut, akzeptieren einander. Paul, der Außenseiter, leidet hingegen unter seiner Position in der Familie und beginnt zunehmend, Probleme zu machen: Er stiehlt der Mutter Geld, versteckt ihre Ausweise, ihren Terminkalender und stört allmählich auch in der Schule auf immer massivere Art und Weise. Schließlich wird eine Schulpsychologin beigezogen, die versucht, sich über die verschiedenen Rollen und die Familienkonstellation der Familie Zürcher klar zu werden.

Literaturverzeichnis

Verwendete Literatur

Achilles, Ilse (2002): ... und an mich denkt keiner! Die Situation der Geschwister behinderter und chronisch kranker Kinder. München: Reinhardt.
Adler, Alfred (1973 a): Der Sinn des Lebens. Frankfurt: Fischer (Erstausgabe 1933).
Adler, Alfred (1973 b): Menschenkenntnis. Frankfurt: Fischer (Erstausgabe 1927).
Adler, Alfred (1973 c): Individualpsychologie in der Schule. Frankfurt: Fischer (Erstausgabe 1929).
Adler, Alfred (1973 d): Über den nervösen Charakter. Frankfurt: Fischer (Erstausgabe 1912).
Adler, Alfred (1974): Die Technik der Individualpsychologie Band 2. Frankfurt: Fischer (Erstausgabe 1930).
Adler, Alfred (1978): Lebenskenntnis. Frankfurt: Fischer (Erstausgabe 1929).
Adler, Alfred (1979): Wozu leben wir? Frankfurt: Fischer (Erstausgabe 1931).
Adler, Alfred (1982): Psychotherapie und Erziehung. Ausgewählte Aufsätze. Band 1: 1919–1929. Frankfurt: Fischer.
Ansbacher, Heinz L.; Ansbacher, Rowena R. (Hrsg.) (1972): Alfred Adlers Individualpsychologie. Eine systematische Darstellung seiner Lehre in Auszügen aus seinen Schriften. München: Reinhardt.
Asendorpf, Jens (1999): Psychologie der Persönlichkeit. Berlin: Springer.
Asendorpf, Jens; Banse, Rainer (2000): Psychologie der Beziehung. Bern: Huber.
Baake, Dieter (1999): Die 0–5-Jährigen. Weinheim: Beltz.
Baake, Dieter (1998): Die 6–12-Jährigen. Weinheim: Beltz.
Baake, Dieter (1997): Die 13–18-Jährigen. Weinheim: Beltz.
Bandura, Albert (1976): Lernen am Modell. Ansätze zu einer sozial-kognitiven Lerntheorie. Stuttgart: Klett.
Bank, Stephen; Kahn, Michael (1994): Geschwister-Bindung. München: dtv.
Bauer, Joachim (2003): Das Gedächtnis des Körpers. Wie Beziehungen und Lebensstile unsere Gene steuern. Frankfurt: Eichborn.
Baum, Heike (2003): Mama, der ärgert mich immer. Über Streit und Eifersucht unter Geschwistern. München: Kösel.
Beck, Aaron T. et al. (1986): Kognitive Therapie der Depression. Weinheim: Beltz.
Berthelsen, Detlef (1987): Alltag bei Familie Freud. Die Erinnerungen der Paula Fichtl. Hamburg: Hoffmann und Campe.
Bischof-Köhler, Doris (1999): Zusammenhänge zwischen kognitiver, motivationaler und emotionaler Entwicklung in der frühen Kindheit und im Vorschulalter. In: Keller, Heidi (Hrsg.) (1999): Lehrbuch Entwicklungspsychologie. Bern: Huber.
Böhm, Winfried (2000): Wörterbuch der Pädagogik, 15. Auflage. Stuttgart: Kröner (13. Auflage 1988).

Bowlby, John (1973): Mütterliche Zuwendung und geistige Gesundheit. München: Kindler.
Bowlby, John (1986): Bindung. Eine Analyse der Mutter-Kind-Beziehung. Frankfurt: Fischer.
Bowlby, John (1982): Das Glück und die Trauer. Herstellung und Lösung affektiver Bindungen. Stuttgart: Klett-Cotta.
Bowlby, John (1983): Verlust, Trauer und Depression. Frankfurt: Fischer.
Bowlby, John (1976): Trennung. Psychische Schäden als Folge der Trennung von Mutter und Kind. München: Kindler.
Bowlby, John (1995): Elternbindung und Persönlichkeitsentwicklung. Therapeutische Aspekte der Bindungstheorie. Heidelberg: Dexter.
Brisch, Karl-Heinz; Hellbrügge, Theodor (Hrsg.) (2003): Bindung und Trauma. Risiken und Schutzfaktoren für die Entwicklung von Kindern. Stuttgart: Klett-Cotta.
Brunner, Reinhard; Kausen, Rudolf; Titze, Michael (Hrsg.) (1985): Wörterbuch der Individualpsychologie. München: Reinhardt.
Ciaramicoli, Arthur P.; Ketcham, Katherine (2001): Der Empathie-Fakor. Mitgefühl, Toleranz, Verständnis. München: dtv.
Corsini, Raymond J. (Hrsg.) (1987): Handbuch der Psychotherapie, 2 Bände. München: Psychologie Verlags Union.
De Beauvoir, Simone (1974): Alles in allem. Reinbek: Rowohlt.
De Beauvoir, Simone (1969): Memoiren einer Tochter aus gutem Hause. Reinbek: Rowohlt.
Die Bibel (1995). Einheitsübersetzung. Altes und neues Testament. Freiburg: Herder
Dilling, H.; Freyberger, H. J. (Hrsg.) (1999): Taschenführer zur Klassifikation psychischer Störungen. Bern: Huber.
Dornes, Martin (1993): Der kompetente Säugling. Die präverbale Entwicklung des Menschen. Frankfurt: Fischer.
Dorsch, Friedrich (1982): Psychologisches Wörterbuch. 10. Auflage Bern: Huber.
Dreikurs, Rudolf (1981): Grundbegriffe der Individualpsychologie. Stuttgart: Klett-Cotta.
Dunn, Judy; Plomin, Robert (1996): Warum Geschwister so verschieden sind. Stuttgart: Klett-Cotta
Ellenberger, Henry F. (1973): Die Entdeckung des Unbewussten. 2 Bände. Bern: Huber.
Endres, Wolfgang (1997): Geschwister ... haben sich zum Streiten gern. Weinheim: Beltz.
Erikson, Erik H. (1980): Identität und Lebenszyklus. Frankfurt: Suhrkamp.
Ermert, Claudia (1997): Scenotest-Handbuch. Bern: Huber.
Ernst, Cécile (1989): Alkoholmissbrauch, Alkoholabhängigkeit, Alkoholismus. Bern: Eidgenössische Drucksachen- und Materialzentrale.
Ernst, Cécile; Angst, Jules (1983): Birth Order. Berlin: Springer.
Felder, Wilhelm; Herzka, Heinz Stefan (2000): Kinderpsychopathologie. Basel: Schwabe.
Flammer, August (1990): Erfahrung der eigenen Wirksamkeit. Einführung in die Psychologie der Kontrollüberzeugung. Bern: Huber.
Flammer, August (1999): Entwicklungstheorien. Psychologische Theorien der menschlichen Entwicklung. Bern: Huber.

Flammer, August; Alsaker, Françoise D. (2002): Entwicklungspsychologie der Adoleszenz. Die Erschließung innerer und äußerer Welten im Jugendalter. Bern: Huber.
Forer, Lucille; Still, Henry (1991): Erstes, zweites Kind ... Welche Bedeutung hat die Geschwisterfolge für Kinder, Eltern, Familie? Reinbek: Rowohlt.
Franzen, Günter; Penth, Boris (1992): Hüten und Hassen. Geschwistergeschichten. München: dtv.
Freud, Anna; Burlingham, Dora (1952): Infants Without Families. New York: International University Press.
Freud, Sigmund (1976): Studienausgabe. Band 1: Vorlesungen und Neue Folge der Vorlesungen zur Einführung in die Psychoanalyse. Zürich: Ex Libris.
Freud, Sigmund (1981): «Selbstdarstellung». Schriften zur Geschichte der Psychoanalyse. Frankfurt: Fischer (Erstausgabe 1924/1925).
Freud, Sigmund; Jung, C. G. (1976): Briefwechsel. Zürich: Ex Libris.
Frick, Jürg (1986): Menschenbild und Kulturauffassung bei Freud und Adler. Zürich: Lizentiatsarbeit Uni.
Frick, Jürg (1995): Geschwisterposition und -situation in der Familie. In: kindergarten heute. 1, 1995, S. 12–19.
Frick, Jürg (2001 a): Die Droge Verwöhnung. Beispiele, Folgen, Alternativen. Bern: Huber.
Frick, Jürg (2001 b): Protektive Faktoren in Kindheit und Jugend. In: Psychologie und Erziehung. Zeitschrift der Schweizerischen Vereinigung für Kinder- und Jugendpsychologie SKJP, 1, 2001, S. 20–25.
Fuchs-Brüninghoff, Elisabeth; Gröner, Horst (1999): Zusammenarbeit erfolgreich gestalten. Eine Anleitung mit Praxisbeispielen. München: dtv.
Furtmüller, Carl (1983): Denken und Handeln. Schriften zur Psychologie 1905–1950. Von den Anfängen der Psychoanalyse zur Anwendung der Individualpsychologie. Herausgegeben von Lux Furtmüller. München: Reinhardt.
Gehring, Thomas M. (1993): Familiensystemtest. Weinheim: Beltz.
Geschwister – geliebte Ekel, *Der Brückenbauer. Wochenzeitung der Migros* Nr. 1, 3.1.1996, S. 56 f.
Gold, D. T. (1989): Sibling relationships in old age: A typology, *International Journal of Aging and Human Development, 28,* S. 37–51.
Gontscharow, Iwan (1976): Oblomow. Frankfurt: Insel.
Grabrucker, Marianne (1985): Typisch Mädchen. Prägung in den ersten drei Lebensjahren. Frankfurt: Fischer.
Graf, Max: Reminiscences of Professor Sigmund Freud, *The Psychoanalytic Quarterly,* XI (1942) 4, S. 465–476; zitiert nach: Roazen, Paul (1977): Sigmund Freud und sein Kreis. Zürich: Ex Libris, S. 191.
Grossmann, Klaus E. (Hrsg.) (1977): Entwicklung der Lernfähigkeit in der sozialen Umwelt. München: Kindler.
Gruntz-Stoll, Johannes (1989): Kinder erziehen Kinder. Sozialisationsprozesse in Kindergruppen. München: Ehrenwirth.
Grützmacher, Jutta (Hrsg.) (1996): Geschwistergeschichten. Stuttgart: Klett.
Häcker, Hartmut; Stapf, Kurt H. (Hrsg.) (1998): Dorsch Psychologisches Wörterbuch. 13. Auflage. Bern: Huber.
Hampden-Turner, Charles (1993): Modelle des Menschen. Ein Handbuch des menschlichen Bewusstseins. Weinheim: Beltz.

Handlbauer, Bernhard (1984): Die Entstehungsgeschichte der Individualpsychologie Alfred Adlers. Wien: Geyer-Edition.
Handlbauer, Bernhard (1990): Die Adler-Freud-Kontroverse. Frankfurt: Fischer.
Haußer, Karl (1995): Identitätspsychologie. Berlin: Springer.
Heisterkamp, Günter (1985): Familientherapie. In: Brunner, Reinhard; Karsen, Rudolf; Tietze, Michael (Hrsg.) (1985): Wörterbuch der Individualpsychologie. München: Reinhardt.
Henschel, Uta (1997): Geschwister. *Geo 9*, 1997, S. 55–72.
Hetherington, E. M. (1987): Parent, children and siblings: Six years after divorce. In: Hinde, R. A.; Stevenson-Hinde, J. (Hrsg.) (1987): Relationships within Families. Mutual Influences. Oxford: Oxford University Press.
Heyne, Claudia (1993): Täterinnen. Offene und versteckte Aggression von Frauen. Zürich: Kreuz.
Hobmair, Hermann (Hrsg.) (1996): Pädagogik. Köln: Stam.
Hobmair, Hermann (Hrsg.) (1998): Psychologie. Köln: Stam.
Hofer, Manfred; Wild, Elke; Noack, Peter (2002): Lehrbuch Familienbeziehungen. Eltern und Kinder in der Entwicklung. Göttingen: Hogrefe.
Hoffman, Edward (1997): Alfred Adler. Ein Leben für die Individualpsychologie. München: Reinhardt.
Hugo-Becker, Annegret; Becker, Henning (2000): Psychologisches Konfliktmanagement. Menschenkenntnis, Konfliktfähigkeit, Kooperation. München: dtv.
Hurrelmann, Klaus; Ilich, Dieter (Hrsg.) (1982): Handbuch der Sozialisationsforschung. Weinheim: Beltz.
Jones, Ernest (1984 a): Sigmund Freud – Leben und Werk. Band 1. München: dtv.
Jones, Ernest (1984 b): Sigmund Freud – Leben und Werk. Band 2. München: dtv.
Jones, Ernest (1984 c): Sigmund Freud – Leben und Werk. Band 3. München: dtv.
Kasten, Hartmut (1993 a): Die Geschwisterbeziehung. Band 1. Göttingen: Hogrefe.
Kasten, Hartmut (1993 b): Die Geschwisterbeziehung. Band 2. Göttingen: Hogrefe.
Kasten, Hartmut (1994): Geschwister: Vorbilder, Rivalen, Vertraute. Berlin: Springer.
Kasten, Hartmut (1995): Einzelkinder. Aufwachsen ohne Geschwister. Berlin: Springer.
Kasten, Hartmut (2001): Geschwister: Vorbilder, Rivalen, Vertraute. München: Reinhardt.
Keller, Heidi (Hrsg.) (1999): Lehrbuch Entwicklungspsychologie. Bern: Huber.
Keller, Helen (1955): Geschichte meines Lebens. Bern: Scherz.
Keller, Josef A.; Novak, Felix (1993): Kleines pädagogisches Wörterbuch. Freiburg: Herder.
Klagsbrun, Françine (1993): Der Geschwisterkomplex. Frankfurt: Eichborn.
Klaus, Marshall; Kennell, John H. (1987): Mutter-Kind-Bindung. Über die Folgen einer frühen Trennung. München: dtv.
Klosinski, Gunther (Hrsg.) (2000): Verschwistert mit Leib und Seele. Tübingen: Attempto.
Kohnstamm, Rita (2000): Praktische Kinderpsychologie. Die ersten 7 Jahre. Bern: Huber.
Kohnstamm, Rita (1988): Praktische Psychologie des Schulkindes. Bern: Huber.
Kohnstamm, Rita (1999): Praktische Psychologie des Jugendalters. Bern: Huber.

König, Karl (1974): Brüder und Schwestern. Geburtenfolge als Schicksal. Stuttgart: Ehrenfried Klotz.
(Die englische Erstveröffentlichung erschien unter dem Titel *The Order of Birth in the Family Constellation* Ende der 1950er Jahre.)
Krapp, Andreas; Weidenmann, Bernd (Hrsg.) (2001): Pädagogische Psychologie. Weinheim: Beltz.
Krohne, Heinz Walter; Hock, Michael (1994): Elterliche Erziehung und Angstentwicklung des Kindes. Untersuchungen über die Entwicklungsbedingungen von Ängstlichkeit und Angstbewältigung. Bern: Huber.
Kriz, Jürgen (2001): Grundkonzepte der Psychotherapie. Weinheim: Beltz.
Largo, Remo (1993): Babyjahre. Hamburg: Carlsen.
Largo, Remo (1999): Kinderjahre. München: Piper.
Laskowski, Annemarie (2000): Was den Menschen antreibt. Entstehung und Beeinflussung des Selbstkonzeptes. Frankfurt: Campus.
Lehmkuhl, Ulrike; Lehmkuhl, Gerd (1995): Die Bedeutung der Geschwisterkonstellation aus psychotherapeutischer Sicht, *Zeitschrift für Individualpsychologie,* Heft 3. München: Reinhardt.
Leman, Kevin (1994): Geschwisterkonstellation. München: MVG.
Leman Kevin (1995): Füreinander geboren. Freiburg: Herder.
Lempp, Reinhart (2000): Geschwisterbeziehung in der Forschung. In: Klosinski, Gunther (Hrsg.) (2000): Verschwistert mit Leib und Seele. Tübingen: Attempto.
Lenzen, Dieter (Hrsg.) (1989): Pädagogische Grundbegriffe. 2 Bände. Reinbek: Rowohlt.
Lexikonredaktion (Hrsg.) (2002): Der Brockhaus Psychologie. Mannheim: Brockhaus.
Ley, Katharina (2001a): Geschwister sind gnadenlose Teams, *Die Weltwoche,* Nr. 30 vom 26.7.2001.
Ley, Katharina (2001b): Geschwisterbande. Liebe, Hass und Solidarität. Düsseldorf: Walter.
Lukesch, Helmuth (1975): Auswirkungen elterlicher Erziehungsstile. Stuttgart: Kohlhammer.
Louis, Victor (1985): Individualpsychologische Psychotherapie. München: Reinhardt
Luks, Allan; Payne, Peggy (1998): Der Mehrwert des Guten. Wenn Helfen zur heilenden Kraft wird. Freiburg: Herder.
Lüscher, Berit (1997): Die Rolle der Geschwister. Berlin: Edition Marhold.
Mannoni, Octave (1980): Sigmund Freud. Reinbek: Rowohlt.
Marie Meierhofer-Institut für das Kind (Hrsg.) (1999): Thema Geschwister, *und Kinder 63,* Juli 1999.
Martensen-Larsen, Oluf; Sørrig, Kirsten (1995): Große Schwester, kleiner Bruder. Prägung durch die Familie. München: Heyne.
McArthur, Charles (1956): Personalities of First or Second Child, *Psychiatry 19,* 47.
Meierhofer, Marie (1989): Frühe Prägung der Persönlichkeit. Psychohygiene im Kindesalter. Bern: Huber (1. Auflage 1971).
Mietzel, Gerd (2002): Wege in die Entwicklungspsychologie. Band 1: Kindheit und Jugend. Weinheim: Beltz.
Mietzel, Gerd (1998): Wege in die Entwicklungspsychologie. Band 2: Erwachsenenalter und Lebensende. Weinheim: Beltz.
Minuchin, Salvador (1997): Familie und Familientherapie. Freiburg: Lambertus.

Montaigne, Michel de (1998): Essais. Gesamtübersetzung von Hans Stilett. Frankfurt: Eichborn.
Mussen, Paul H. et al. (1998): Lehrbuch der Kinderpsychologie. 2 Bände. Stuttgart: Klett-Cotta.
Nissen, Gerhardt (2002): Seelische Störungen bei Kindern und Jugendlichen. Alters- und entwicklungsabhängige Symptomatik und ihre Behandlung. Stuttgart: Klett-Cotta.
Oerter, Rolf; Montada, Leo (Hrsg.) (1995 und 2002): Entwicklungspsychologie. München: Beltz PVU.
Opp, Günther et al. (Hrsg.) (1999): Was Kinder stärkt. Erziehung zwischen Risiko und Resilienz. München: Reinhardt.
Orgler, Herta (1974): Alfred Adler – Triumph über den Minderwertigkeitskomplex. München: Kindler.
Papst, Julia (1999): Geschwister, die zärtlichen Rivalen. In: Thema Geschwister, *und Kinder,* 63, 1999, S. 5–19.
Perleth, Christoph; Ziegler, Albert (1999): Pädagogische Psychologie. Grundlagen und Anwendungsfelder. Bern: Huber.
Petermann, Franz (Hrsg.)(1996): Lehrbuch der Klinischen Kinderpsychologie. Modelle psychischer Störungen im Kindes- und Jugendalter. 2. Auflage. Göttingen: Hogrefe.
Petermann, Franz (Hrsg.) (2000): Risiken frühkindlicher Entwicklung. Göttingen: Hogrefe
Petri, Horst (1994): Geschwister – Liebe und Rivalität. Zürich: Kreuz.
Petri, Horst (1997): Geschwisterbeziehungen – besser als ihr Ruf, *Neue Zürcher Zeitung* 9./10.8.1997.
Piaget, Jean (1988): Das Weltbild des Kindes. München: dtv/Klett-Cotta (Erstveröffentlichung 1926).
Pinl, Claudia (1995): Vom kleinen zum großen Unterschied. Geschlechterdifferenz und konservative Wende im Feminismus. Frankfurt: Fischer.
Postman, Neil (1999): Die zweite Aufklärung. Vom 18. ins 21. Jahrhundert. Berlin: Berlin.
Rattner, Josef (1972): Alfred Adler. Reinbek: Rowohlt.
Reinelt, Toni; Bogy, Gertrude; Schuch, Bibiana (Hrsg.) (1997): Lehrbuch der Kinderpsychotherapie. München: Reinhardt.
Remschmidt, Helmut (Hrsg.) (1997): Psychotherapie im Kindes- und Jugendalter. Stuttgart: Thieme.
Resch, Franz et al. (1999): Entwicklungspsychopathologie des Kindes- und Jugendalters. Weinheim: Beltz PVU.
Richter, Horst-Eberhard (1985): Eltern, Kind und Neurose. Reinbek: Rowohlt.
Richter, Horst-Eberhard (1992): Patient Familie. Entstehung, Struktur und Therapie von Konflikten in Ehe und Familie. Reinbek: Rowohlt (Erstauflage 1970).
Roazen, Paul (1977): Sigmund Freud und sein Kreis. Eine biographische Geschichte der Psychoanalyse. Zürich: Ex Libris.
Rogge, Jan-Uwe (1997): Kinder brauchen Grenzen. Reinbek: Rowohlt.
Ross, Helgola; Milgram, Joel I. (1982): Important Variables in Adult Sibling Relationships. In: Lamb, Michael; Sutton-Smith, Brian: Across the Life Span. Hillsdale, New York: Ehrlbaum Associates.

Rost, Detlev (Hrsg.) (1999): Handwörterbuch Pädagogische Psychologie. Weinheim: Beltz PVU.
Rüedi, Jürg (1995): Einführung in die individualpsychologische Pädagogik. Bern: Haupt.
Rüedi, Jürg (2002): Disziplin in der Schule. Plädoyer für ein antinomisches Verständnis von Disziplin und Klassenführung. Bern: Haupt.
Savioz, Esther (1968): Die Anfänge der Geschwisterbeziehung. Verhaltensbeobachtung in Zweikinderfamilien. Bern: Huber.
Schaub, Horst; Zenke, Karl G. (2000): Wörterbuch Pädagogik. München: dtv.
Schmid, Christine (1997): Geschwister und die Entwicklung soziomoralischen Verstehens. Berlin: Max-Planck-Institut.
Schmidbauer, Wolfgang (2001): Lexikon Psychologie. Reinbek: Rowohlt.
Schmidt-Denter, Ulrich (1996): Soziale Entwicklung. München: Beltz PVU.
Schneewind, Klaus A.; Herrmann, T. (Hrsg.)(1980): Erziehungsstilforschung. Bern: Huber.
Schneewind, Klaus A. (1999): Familienpsychologie. Stuttgart: Kohlhammer.
Schütt, Brunhilde (1994): Anleiten im Praktikum. Grundlagen, Situationsanalyse, erprobte Wege. Freiburg: Herder.
Spangler, Gottfried; Zimmermann, Peter (1999): Die Bindungstheorie. Grundlagen, Forschung und Anwendung. Stuttgart: Klett-Cotta.
Spitz, René (2000): Angeboren oder erworben? Die Zwillinge Cathy und Rosy – eine Naturgeschichte der menschlichen Persönlichkeit und ihrer Entwicklung. Weinheim: Beltz.
Städtler, Thomas (1998): Lexikon der Psychologie. Stuttgart: Kröner.
Stapf, Karl-Heinz et al. (1977): Psychologie des elterlichen Erziehungsstils. Bern: Huber.
Steinhausen, Hans-Christoph (1996): Psychische Störungen bei Kindern und Jugendlichen. Lehrbuch der Kinder- und Jugendpsychiatrie. München: Urban und Schwarzenberg.
Steinhausen, Hans-Christoph (2000): Seelische Störungen im Kindes- und Jugendalter. Stuttgart: Klett-Cotta.
Stewart, Mary E. H. (1962): The Success of the First Born Child. London: Workers Educational Association.
Stierlin, Helm (1978): Delegation und Familie. Frankfurt: Suhrkamp.
Sulloway, Frank J. (1997): Der Rebell der Familie. Geschwisterrivalität, kreatives Denken und Geschichte. Berlin: Siedler.
Toman, Walter (1987): Die Familienkonstellation. München: Beck (Erstausgabe 1965, erste Veröffentlichungen zum Thema 1959).
Trapmann, Hilde; Rotthaus Wilhelm (2003): Auffälliges Verhalten im Kindes- und Jugendalter. Handbuch für Eltern und Erzieher Band 1. Dortmund: Verlag modernes Leben.
Veith, Peter (2000): Jedes Kind braucht seinen Platz. Freiburg: Herder.
Vester, Frederic (2001): Denken, Lernen, Vergessen. München: dtv.
Von Schlippe, Arist; Schweitzer, Jochen (1997): Lehrbuch der systemischen Therapie und Beratung. Göttingen: Vandenhoeck und Ruprecht.
Walper, Sabine; Pekrun, Reinhard (2001): Familie und Entwicklung. Aktuelle Perspektiven der Familienpsychologie. Göttingen: Hogrefe.

Watzlawick, Paul; Beavin, Janet H.; Jackson, Don D. (2000): Menschliche Kommunikation. Formen, Störungen, Paradoxien. Bern: Huber.
Weber, Erich (1986): Erziehungsstile. Donauwörth: Auer.
Weber-Kellermann, Ingeborg (1989): Die Familie. Geschichten und Bilder. Frankfurt: Insel.
Willi, Jürg (2002): Psychologie der Liebe. Persönliche Entwicklung durch Partnerbeziehung. Stuttgart: Klett-Cotta.
Weinmann-Lutz, Birgit (1995): Geschwisterbeziehung: Konstanz und Wandel. Identifikationen, Konflikte, Loyalitäten während des ganzen Lebens, *Zeitschrift für Individualpsychologie* 3, 1995, S. 179–194.
Wysling, Hans (Hrsg.) (1968): Thomas Mann, Heinrich Mann: Briefwechsel 1900–1949. Frankfurt: S. Fischer.

Eine Auswahl empfehlenswerter Kinderbücher zum Thema Geschwister

Vorschulalter

Boeck, Jutta; Felsmann, Ilka (1996): Und jetzt auch noch Max! Freiburg: Herder
Der kleine Bruder bringt die bisherige Welt von Nina durcheinander: Plötzlich haben alle nur noch Augen für Max. Allmählich entdeckt die ältere Schwester die Vorzüge, ein Geschwister zu haben und als ältere trotzdem einen Platz zu finden.

Brix-Henker, Silke; Boje, Kirsten (1994): Klar, dass Mama Ole/Anna lieber hat. Hamburg: Oetinger
Ein ganz tolles Buch, das äußerst geschickt zwei Mal fast dieselbe Geschichte je aus der Perspektive des anderen Geschwisters darstellt; fördert die Fähigkeit zur altersentsprechenden Perspektivenübernahme.

De Bode, Ann; Broepe, Rien (2000): Ich bin auch noch da. Hamburg: Ellermann
Nach anfänglicher Freude über das neue Geschwister fühlt sich Pia zunehmend in die Ecke gedrängt und von den Eltern ungerecht behandelt. Erst als Pia nach einem Ausreißversuch von der Mutter auf der Straße gefunden wird, tritt eine Wende ein.

Edwards, Michelle; Root, Phyllis (2002): Wenn es draußen dunkel wird. München: Boje
Gemeinsam lernen die Brüder Ben und Alex ihre Angst im Dunkeln und in der Nacht zu bewältigen – schönes Beispiel für Geschwister als Ressourcen und Helfer.

Frey, Jana; Gotzen-Beek, Betina (2002): Liebes kleines Brudermonster. Bindlach: Loewe
Mehrere kurze Geschichten behandeln einfühlsam Themen wie Eifersucht, Versöhnung, Angst, gegenseitige Hilfe, Konkurrenz und Mut anhand der Geschwisterbeziehung von Mia und Max.

Gündisch, K.; Gotzen-Beek, B. (2000): Ein Brüderchen für Lili. Freiburg: Kerle Herder
Für Lili ist vieles anders, seit ihr Bruder Julius da ist; vor allem haben die Eltern nur noch wenig Zeit für sie. Nach anfänglichen Schwierigkeiten merkt Lili aber, dass sie dank Julius viel gewonnen hat: Sie ist nicht mehr allein, kann mit ihm spielen und ihm helfen.

Huggenberger, Ruth; Steiner, Liliane (2001): Mami hat mich nicht mehr lieb. Bern: Zytglogge
Ein schönes, für Erstgeborene ab 4 Jahren geeignetes Bilderbuch: Die eifersüchtige Lisa entwickelt psychosomatische Symptome und macht so ihre Eltern auf ihren Kummer aufmerksam. Gemeinsam finden sie schließlich eine gute Lösung.
Langreuter, Jutta; Sobat, Vera (2000): Der kleine Bär bekommt ein Geschwisterchen. München: Ars Edition
Mama Bär ist schwanger, und der kleine Bär wird deshalb ein Geschwister bekommen. Er will auch eines, doch die Kinder im Kindergarten raten ihm ab. Die nun aufkommende Skepsis verwandelt sich schließlich wieder, als er das Baby in den Kindergarten mitbringen kann. Für Kinder ab 3 Jahren.
Lecher, Doris (2000): Ich! Marleen die Mittelmaus. Zürich: Bajazzo
Nach längerem Hadern mit ihrem Schicksal als mittleres Kind entdeckt Marleen schließlich auch die Vorzüge und Vorteile dabei; witzig und anschaulich dargestellt.
Lindgren, Astrid (1979): Ich will auch Geschwister haben. Hamburg: Oetinger
Der frühe Klassiker: Peter wünscht sich eine Schwester. Sie kommt schneller als erwartet ... und Peter wird rasend vor Eifersucht. Schließlich findet er als Helfer der Mutter eine neue Rolle in der Familie.
Mebs, Gudrun (1988): Mariemoritz. Zürich: Nagel und Kimche
Eine originelle und witzige Geschichte zum Vorlesen oder selber lesen über Freude und Eifersucht, vom Streiten und Liebhaben – für alle Kinder, die eine kleine Schwester oder einen kleinen Bruder bekommen.
Recheis, Käthe; Laimgruber, Monika (1982): Kleiner Bruder Watomi. Wien: Herder
Der kleine Indianerjunge Watomi leidet, weil er weniger schnell, weniger geschickt und eben kleiner als sein großer Bruder Matoja ist, bis er schließlich eine Gelegenheit findet, seine Fähigkeiten unter Beweis zu stellen.
Widerberg, Siv (1990): Die große Schwester. Hamburg: Oetinger
Die große Schwester kann und weiß einfach alles besser als ihre kleine Schwester. Außerdem hat sie die tollsten Freunde und immer das letzte Wort. Eine anschauliche Geschichte, erzählt aus der Perspektive der kleinen Schwester; leider mit einem abrupten, unbefriedigenden Ende.
Veit, Barbara; Kraushaar, Sabine (2002): Kleiner Paul ganz groß. Wien: Annette Betz
Die drei älteren Schwestern lassen es Paul allzu häufig wissen, dass er noch klein ist. Schrittweise wirft er sich mutig in Abenteuer mit großen Hunden und furchterregenden Spinnen, bis er merkt, dass auch er ganz groß sein kann.

Schulkindalter

Baisch, Milena (2000): Geschwistergeschichten. Bindlach: Loewe
Sieben Geschichten für das erste Lesealter über große Brüder, ärgerliche Schreihälse, Zwillinge und vieles mehr.
Dengel, Dorothee (Hrsg.) (1999): Ich mit dir, du mit mir. Geschwistergeschichten. München: dtv
Elf Geschichten zum Selberlesen: spannende Abenteuer mit großen Schwestern, kleinen Brüdern, Drillingen ...
Kantelhardt, Arnild (Hrsg.) (2003): Komm, hau ab! Geschwistergeschichten. München: Omnibus
Eine Sammlung von Geschichten über nervige Brüder, schöne Schwestern u. v. a. m.

Willen, Günther (Hrsg.) (2002): Alle lieben Geschwister. Oldenburg: Lappan
Elf anregende Geschichten von verschiedenen AutorInnen zu unterschiedlichsten Geschwisterthemen.

Comics
Schulz, Charles M. (2001): ... Geschwister sein dagegen sehr. Frankfurt: Baumhaus
Wie die ältere Schwester neben ihrem jüngeren Bruder leidet, sich behauptet und umgekehrt: vorzüglich, treffend, witzig, entlarvend.

Namenverzeichnis

A
Abel 157
Achilles, Ilse 16
Adler, Alfred 17, 20, 24, 29, 33, 129, 173, 207 ff., 212 ff., 215 ff.
Adler, Sigmund 216
Ainsworth, Mary 12
Angst, Jules 18 f.
Arouet, Armand 21
Arouet, François (Voltaire) 21
Asendorpf, Jens 38

B
Bandura, Albert 105
Bank, Stephen P. 14, 16, 86, 107, 149, 154, 156, 208 f., 236, 242, 246
Bardot, Brigitte 89 f.
Bauer, Joachim 28
Beck, Aaron T. 80
Becker, Henning 20
Bergman, Ingmar 40
Böhm, Winfried 14
Bowlby, John 12
Brunner, Reinhard 29
Büchner, Georg 188
Büchner, Luise 188
Busch, Wilhelm 40
Buss, Verena 65

D
Damon, William 13
Dawson, Julian 49
De Beauvoir, Simone 46
Dickens, Charles 162
Dorsch, Friedrich 13
Dreikurs, Rudolf 17
Dunn, Judy 18, 35 f., 53, 77, 91, 121, 191

E
Ellenberger, Henry F. 207
Ernst, Cécile 18 f.

F
Fatke, Reinhard 74
Forer, Lucille K. 18
Franzen, Günther 21
Freud, Sigmund 12, 14, 17, 24, 42, 101, 173, 207 ff., 212 ff., 215 ff.
Fromm-Reichmann, Frieda 14
Furtmüller, Carl 207 f.

G
Gehring, Thomas M. 310
Goethe, Cornelia von 188
Goethe, Johann Wolfgang von 188
Gold, D. T. 231
Grabrucker, Marianne 221
Grimm, Gebrüder 21 f., 188
Grimm, Jacob 22
Grimm, Wilhelm 22
Gruntz-Stoll, Johannes 151

H
Handlbauer, Bernhard 207 f.
Heisterkamp, Günter 308
Heraklit 34
Herzka, Heinz Stefan 17
Hetherington, E. M. 233
Hobmair, Hermann 13, 103, 106
Hock, Michael 106
Hofer, Manfred 15, 36, 42, 119
Hoffmann, Edward 208
Hugo-Becker, Annegret 20
Hurrelmann, Klaus 17

I, J
Ilich, Dieter 17
Jung, Mathias 119

K
Kagan, Jerome 12
Kahn, Michael D. 14, 16, 86, 107, 149, 154, 156, 208 f., 236, 242, 246
Kain 157
Kaschnitz, Marie Luise 10
Kasten, Hartmut 12, 16, 18, 42, 68, 72, 98, 103, 134
Keller, Helen 39
Kirkup, James, 69 f.
Klagsbrun, Françine 18, 29, 38, 60, 98, 125, 137, 161, 163
Klein, Melanie 12
Kohnstamm, Rita 13
König, Karl 17, 30
Krapp, Andreas 104 f.
Krohne, Heinz Walter, 104, 106

L
Langenmayr, Arnold 19
Leman, Kevin 18, 29
Lempp, Reinhart 145 f.
Lewin, Kurt 104
Ley, Katharina 16, 18, 35, 124, 141, 250, 254, 268
Louis, Victor 308
Lüscher, Berit 16, 18

M
Mann, Heinrich 21, 65
Mann, Thomas 21, 65
Martensen-Larsen, Oluf 18, 150
Mietzel, Gerd 13
Montada, Leo 13
Mozart, Nannerl 188
Mozart, Wolfgang Amadeus 188
Montaigne, Michel de 148 f.
Murer, Fredi 143
Mussen, Paul H. 13

N
Nader, Ralph 84
Nietzsche, Elisabeth 188
Nietzsche, Friedrich 188

Nissen, Gerhardt 159
Noack, Peter 15, 36, 42, 119

O
Oerter, Rolf 13

P
Penth, Boris 21, 133, 144
Perleth, Christoph 106
Petermann, Franz 14
Petri, Horst 16, 18, 103, 142, 164 f.
Piaget, Jean 20
Plomin, Robert 18, 35 f., 53, 77, 91, 121, 191
Prekop, Jirina 39
Prekop, Maruska, 39

R
Resch, Franz 14
Richter, Horst-Eberhard 166 f.
Riederer, Karl 13
Roazen, Paul 207
Rost, Detlev 13

S
Savioz, Esther 12
Schaub, Horst 14, 103
Schenk-Danzinger, Lotte 13, 81
Schmid, Christine 18
Schmidt-Denter, Ulrich 13
Schneewind, Klaus, A. 106, 311
Schubert, Hanna 63
Seiffge-Krenke, Inge 15
Sørrig, Kirsten 18, 150
Spitz, René 12
Städtler, Thomas 14
Staab, G. von 310
Stapf, Karl-Heinz 103
Stierlin, Helm 168, 175
Still, Henry 18
Sullivan, Harry Stack 14
Sulloway, Frank J. 18 ff., 27, 33, 47, 59, 66, 83, 91, 110

T
Toman, Walter 13, 29
Tucholsky, Kurt 16

V
Veith, Peter 10, 18, 56, 80, 82, 86, 92, 103, 167
Voltaire (François Arouet) 21
Von Schubert, Hartwig 50

W
Watzlawick, Paul 9, 149
Weber, Erich 103
Weidenmann, Bernd 104 f.
Wiegand, Hanne 135
Wild, Elke 15, 36, 42, 119
Winnicott, Donald W. 12, 71
Wolstonecraft, Mary 165

Z
Zenke, Karl G. 14, 103
Ziegler, Albert 106
Zweig, Arnold 214

Sachwortverzeichnis

A
«Abbild der negativen Identität» 167
«Abbild des eigenen Selbst» 166
Abgrenzung 205, 280
Abklärung, schulpsychologische 22
Ablösung 147
Adoleszenz 244
Adoption 37
Akkommodation 20
Alkohol 115 ff.
Altersabstand, *vgl. auch* Altersdifferenz, Altersunterschied 19, 33, 41, 48, 66, 242
Altersdifferenz, *vgl. auch* Altersabstand, Altersunterschied 32, 98 f.
Altersunterschied, *vgl. auch* Altersabstand, Altersdifferenz 98 f., 241
Anamnese 22, 197, 308
– der Familie 316
– der Geschwisterbeziehung 23
Angst 39
Anlage, *vgl. auch* Faktor, endogener; Disposition 28
Annäherungsprozess 109
Anpassung
–, adaptive 84
Anpassungsfähigkeit 241
Ansatz
–, systemischer 310 ff.
–, testpsychologischer 310 ff.
Ärger 200 ff.

B
Benachteiligung 144, 155 ff., 240
–, Folgen der 171 f.
Beratung, psychologische 294
Berufsleben, Eintritt ins 112, 244 f.
Berufswahl 150, 217
Bevorzugung 109, 155 ff., 228, 240

–, Nachteile der 170 f.
–, Vorteile der 170 f.
Bewältigungsforschung 38
Bewunderung 33
Beziehung
–, inkongruente 314
–, kongruente 314
Beziehungsmanagement 186
Beziehungsmodus 231 ff.
Beziehungsmuster 29
Bezugsperson
–, außerfamiliäre 108 f.
–, primäre 27
Bibel 157 f.
Bruder-Schwester-Bruder-Konstellation 228

C
Code *vgl. auch* Sprache
–, geheimer 125
–, privater 232
Coping-Muster 38

D
De-Identifikation, *vgl. auch* De-Identifizierung 237
De-Identifizierung, *vgl. auch* De-Identifikation 129, 222, 240
Delegation 168 f.
Deutung
–, individuelle, subjektive s. Verarbeitung
Dialektik
–, destruktive 239
–, konstruktive 239
Distanzierungsprozess 108
Divergenzprinzip 83
Diversifikation, evolutionäre 83
Doktorspiel 142

Dominanz 287
Drogen 115 ff.
Durchsetzung 228, 282 f.

E
Eifersucht 39 ff., 155 ff., 159
Einfluss
–, gesellschaftlich-kultureller 181 ff.
Einfühlung 130
Einkind-Familie 72
Einzelkind 68 ff.
– Alleinsein, Gefühl des 74
– Aufmerksamkeit der Eltern 69
– «Ersatzgeschwister» 70
– Erwachsenenorientierung 72
– Familienverhältnisse, ungünstige 69
– «Fantasiegeschwister», vgl. auch Geschwisterfantasie 71, 74
– Selbständigkeit 73
– Sonderbehandlung 70
– Sonderstellung 72 f.
– Sprachentwicklung 81
– Teilen (Problem des) 69, 74
– Vorurteile gegenüber 69
– Verwöhnung 71
Eltern 31
– Ablehnung 175 ff.
–, Ablösung von den 139, 147
– Abneigung 161 ff.
  –, unbewusste 108
– Alkoholabhängigkeit 115
– Alter 35
– berufliche Situation 37
– Bevorzugung 240
  –, unbewusste 108
– Drogenabhängigkeit 115
– Erkrankung 110
– Erziehungsstil 35, 74, 103 ff.
– Erwartung 34, 36, 71, 107 f., 253
– Favoritentum 161
– finanzielle Lebenssituation 37
– Geschwisterbeziehung 108
– Geschwisterposition 108
– Geschwistersituation 108
– Haltung 35, 41, 155 f.
– Partnerbeziehung 37, 106 f.
– Persönlichkeit 37
– Projektionen 34, 71, 164

– Scheidung 37, 74, 243
– Substanzmissbrauch 115
– Tod 110, 113
  –, früher 243
– Trennung 34, 110, 138 f., 243
– Umgang mit Geschwistern 188
– Vergleiche 241
– Verlust 34, 100, 138 f., 245
– Versorgung 113, 245
–, Vorbereitungskurse für 42
– Vorlieben 161 ff.
– Vorzugsbehandlung 164
– Zuwendung 40 f.
Elternliebe 40 f.
Elternverhalten
–, unterschiedliches 36
Emigration 34
Empathie 145, 155
Entthronungserlebnis 39, 41 f.
Entwicklung
–, Chancen und Gefahren für die 31
– der Persönlichkeit
Entwicklungsaufgabe 50, 57, 222
Entwicklungspsychopathologie 14
Erbe, Verteilung des 113
Erfahrung 32
–, subjektive 32
Erinnerung, unterschiedliche 190
Erleben, individuelles 20
Ersatzobjektfunktion 71
Erstgeborene/r 39, 41, 47
– Angst 39
– Autonomie- und Ablösungsprozess 54
– Eifersucht 38 f.
– Freude 40
– Liebe 40
– Reaktionen des E. auf ein neues Geschwister 52
– Verantwortungsgefühl 47
Erziehungsstil 32, 35, 103 ff.
–, autoritativer 104, 106
–, autoritärer 104 f.
–, permissiver 104 f.
–, überbehütender 106
–, vernachlässigender 104, 106
–, verwöhnender 106
Erziehungsstreitigkeiten 181

F
Fähigkeit
–, argumentative 185
–, diplomatische 149
Fairness 185
Faktor
–, autogener 32
–, biologischer 27
– Entwicklungs- 28
–, endogener, *vgl. auch* Anlage, Disposition 28
–, exogener, *vgl. auch* Umwelt 28
–, moderierender 116 f.
–, protektiver 14, 116 f., 174
– Risiko- 14, 247
–, schützender 14
Familie
–, große 100
Familienanamnese 316
Familienanlass 247
Familiendiagnostisches Testsystem 311
Familiengröße 100
Familienklima 158
Familienkonstellation 308
–, Entwicklung einer 312
Familienkonstellationsschema 293 ff., 312
Familienloyalität 113
Familiensystemtest 310
Familienverhältnisse, ungünstige 69
Familienpsychologie 18
Familiensystem 30, 75 f.
Fantasie, Eigenwelt der 129
Fragebogen 293 ff., 297 f., 300 f.
Frau, Minderbewertung der 224
Freud-Adler-Kontroverse 207 ff.

G
Geburtsrangplatz 19
Gefühl
–, negatives 144
–, tiefes 17
Gegenmodell 148 f.
Gegenwelt 129
Gen 28, 35
Genotyp 28
Geschlecht 19, 36 f., 57, 221 ff., 224, 243
–, anderes 280

– Bewertung 224
–, gleiches 221 ff.
– unterschiedliches 223 ff.
Geschlechtsrolle 50
Geschlechtsrollen-Bild 30
Geschlechtsstereotypisierung 221
Geschwister, *vgl. auch* Kind
– Abgrenzung 120, 205
– Ablehnung 234
– Ausschlussmotive 177
–, ältere 39 ff., 46, 49, 132, 138
– Abgrenzungsobjekt 131 ff.
– Altersvorsprung 133, 197
–, Bewunderung für 132
–, Drogenkonsum bei 133 f.
–, Entwicklungsschritte, neue 54
–, Gefühle, negative 50
– Identifikationsfigur 133
– Identifikationsobjekt 131 ff.
–, Konsumgewohnheiten von 134
– Modell für jüngere 62, 131 ff.
– Pionier-Funktion 132
– Privilegien 44
– Schrittmacherfunktion 195
– Strategien 49, 82 f.
– Tutoren-Effekt 133
– Verantwortung 43 f.
– Vorbild 44, 64, 131 ff., 197
–, negatives 134
–, ältestes 39 ff., 83
– Anführer 48
– Angst 49
– Autonomie- und Ablösungsprozess 54
– Autorität 48
– Dominanz 48
– Eifersucht 49
– Einsamkeit 49
– Führerrolle 49
– Fürsorglichkeit 42
– Fürsprecher 48
– Glorifizierung 62
– Hilfsbereitschaft 42
– Kontrolle 48
– Konkurrenz 49
– Perspektive 200 ff.
– Privilegien 210
– Schrittmacher 48, 64

- Überforderung 45
- Überlegenheit 48
- Verantwortung 49
- Vor- und Nachteile 46 f.
- Vorkämpfer 48
- Wegbereiter 48
- Wut 49
- Auszug
  - aus dem Elternhaus 244
  - des Bruders 265 ff.
- Autonomie 122
- Bedeutung füreinander 119 ff.
- Behinderung 113
- Benachteiligung 155 ff., 240
- Berufsleben, Eintritt ins 112, 244 f.
- Berufswahl 150
- Betreuungsperson 136
- Bevorzugung 87, 108 f., 240
  -, Nachteile der 170 f.
  -, Vorteile der 170 f.
- Bewunderung 193
- Beziehungsfeld 120 ff.
- Beziehungsklärung, begrenzte 273
- Beziehungsmodus 231 ff.
- Beziehungspartner 143
- Bündnis 242
- Charakter 109 f.
- Distanz 231 ff.
  -, räumliche 112
- Distanz-Feindschaft 231 ff.
- Distanzierung, innere 174
- -, entfremdete 240
- Erinnerung, unterschiedliche 190
- Erkrankung 34, 110, 113
  -, chronische 113 f.
- «Ersatz-» 71
- «Fantasie-» 71, 74
- Feindschaft 231 ff.
- -, feindseliges 232
- Freunde/in 109, 119, 137 ff.
  -, gemeinsame 242
- -, Geburt eines 42
- Gleichberechtigung 228
- Gleichheit, relative 125
- -, gleichgültiges 232
- Helfer/in 137 ff., 146 ff.
- Identität 85, 193
  -, negative 240

- Identitätsproblem 240
- Identifikation 234, 239, 290
  -, enge 237
  -, geringe 237, 240
  -, individuelle 235
  -, teilweise 237
- Identifikationsmodus 233
- Identifikationsobjekt 223
- Intimität 231 ff.
- -, jüngere 54 ff.
  - Ausdauer 65
  - Beobachter, genaue 57
  - Ehrgeiz 65
  - Entwicklungsanreiz 65
  - Minderwertigkeitsgefühle 65
  - Perspektive 193 ff.
  - Übergangsobjekt 140
  - Wunsch nach Anerkennung durch ältere G. 65
- -, jüngstes 60 ff., 138
  - Ausdauer 65, 68
  - Bewunderung älterer G. durch 62
  - Diplomatie 66
  - Freundlichkeit 66
  - «Froschperspektive» 60
  - Identitätsentwicklung 63
  - Minderwertigkeitsgefühle 63 f.
  - Nacheifern 62
  - Neugierde 134
  - Pflichtbewusstsein 68
  - Selbständigkeit 68
  - Verantwortung 67
  - Verantwortungsbewusstsein 68
  - Verehrung älterer G. durch 63
  - Verwöhnung 61 f., 64, 67
- Konkurrent/in 119
- Konkurrenz 199, 247
- Kräftemessen unter 187
- Krankheit s. Erkrankung
- Liebesbeziehung 112
- Liebesobjekt 140 ff.
- Loyalität 232
- Machtgefälle zwischen 125
- Merkmale, besondere 109 f.
- Nähe 120, 231 ff., 235
- Nähe-Intimität 231 ff.
- Partnerbeziehung 244
  -, Risikofaktor für die 244

- Partnerwahl 251 ff.
-, Einfluss der Eltern auf 252 ff.
- Peers 109
- Persönlichkeit 109 f.
- Problem- 109
- Profil, besonderes 83
- Projektionsfigur 144 f.
- Ratgeber 138
- relatives Alter der G. zueinander 75
- Rivale/in 119, 136 f., 139
- Selbsteinschätzung 85
- Selbstwertgefühl 120
-, sicher gebundene 241
- Sozialisationsprozess 151 f.
-, spätere 36
  -, Verdrängung durch 42
- Spielpartner 143
- Sprache und 81 ff.
- Sprachentwicklung 81
- teilen 284
- Tod 34, 110, 113
- Trostspender/in 137 ff.
- Überlebenshelfer 153 f.
- Verbündete 139 ff.
- Vergleiche zwischen 37, 120
- Vertraute 137 ff., 140
- Vorbild 289 f.
- Zuhörer/in 138
Geschwisterbeziehung
-, Ambivalenz der 16, 45, 49, 122
-, Anamnese der 23
-, Aufarbeitung der 272
- Auseinandersetzung um Dominanz und Kontrolle 48
- der Eltern 108
- Einflussfaktoren 97 ff.
-, empirische Erforschung der 15
- Gemeinsamkeiten 152 f.
- Hilfe, gegenseitige 138
- im Erwachsenenalter 265 ff.
-, Neugestaltung der 269
- Symmetrie 124 ff.
-, unterschiedliche Erfahrungen in der 36
- Voraussetzungen für neue 267 ff.
Geschwisterbindung
-, komplementär strukturierte 106
-, zu enge 112

Geschwisterfantasie 74
Geschwisterforschung
-, «Vater der» (*A. Adler*) 17
Geschwister-Konflikt 21
Geschwisterkonstellation, *vgl. auch* Geschwisterzusammensetzung 29 f., 75 ff., 252
- bei Adler 217 ff.
- bei Freud 209 ff.
- Bruder-Schwester-Bruder- 228
-, gemischtgeschlechtliche 227
-, Grundfragen der 23
-, informelle 23
-, ungünstige 88
Geschwisterkonstellationseffekt 22
Geschwisterliebe 40
Geschwisterloyalität 154
Geschwisterprojektion 23
Geschwisterposition 33, 75 ff.
- der Eltern 108
-, individuelle 30
Geschwisterreihe
-, Stellung in der 19
Geschwisterreihenfolge 29
Geschwisterrivalität, *vgl. auch* Rivalität 155, 160
Geschwisterrolle 82 ff., 85, 89
- in der Familie 90
Geschwistersituation
-, Beschäftigung mit der eigenen 261 ff.
Geschwistersolidarität 66
Geschwisterthematik, Vernachlässigung der 13
Geschwisterübertragung 165 ff., 249 ff.
-, positive 251
-, unbewusste 166
Geschwistervariable
-, strukturelle 19
Geschwisterzahl 100
Geschwisterzusammensetzung, *vgl. auch* Geschwisterkonstellation 100
Gleichberechtigung 228
Gleichwertigkeitsprinzip 268
Großzügigkeit 287
Grundmeinung 67, 77 ff., 80 f., 92
- über andere 81
- über das Leben 81
- über die Umwelt 81

- über die Zukunft 81
- über sich selbst 81
- auf Grund von Missverständnissen 80

H
Hassliebe 21
Helfersyndrom 282
Herkunftsfamilie, Einfluss der 316
Hilfsbereitschaft 185
Hilfs-Ich 115
Horizontalsozialisierung 16, 124 ff.

I
ICD-10 160
Identifikation 234
–, enge 237
–, geringe 237, 240
–, individuelle 235
–, teilweise 237
Identifikationsmuster 236
- Hauptgruppen 236 f.
Identifikationsobjekt 223
Identifizierung 129
Identität 11, 18, 29, 129, 222
–, abgeleitete 222
–, negativ empfundene 135
–, negative 240
    –, Abbild der 167
    –, Substitut der eigenen 169
Identitätsentwicklung, sexuelle 141
Identitätskonstruktion
–, persönliche 78
Identitätsproblem 240
Identitätszuschreibung 108
Impuls, aggressiver
- Kontrolle 145
Individualpsychologie 17, 208, 214 f.
Individuation 11, 187, 222
Individuum 16, 19 f., 28, 38, 77, 82, 84, 216, 310
Integration 11
Intervision 22
Irrtum 159

K
Kind *vgl. auch* Geschwister
- Adoptiv- 37
- Aktivitätsgrade, unterschiedliche 37
- Alter 36, 38
–, ältere 32
  - Charakterveränderung 42
  - widersprüchliche Gefühle und Beziehungsmuster zu jüngeren 48
  - Vorbild 64
–, ältestes 39 ff., 42, 48, 257
  - Anführer 48
  - Angst 49
  - Autorität 48
  - Dominanz 48
  - Eifersucht 49
  - Fürsorglichkeit 42
  - Fürsprecher 48
  - Hilfsbereitschaft 42
  - Kontrolle 48
  - Konkurrenz 49
  - Schrittmacher 48
  - Überforderung 45
  - Überlegenheit 48
  - Verantwortung 257
  - Vorkämpfer 48
  - Wegbereiter 48
- Bedürfnisse 37
- Behinderung 114
–, beobachtendes 97
–, böses 89
–, Bündnis der Eltern gegen 176
–, einzigartige Stellung des 35
–, emotionale und kognitive Entwicklung des 27
- Erkrankung 114
–, erstes 36, 39
  - Autonomie und Ablösungsprozess 54
  - sichere Bindung zu Eltern 42
- Familienbild, eigenes, des 37
- Freunde 38
- Führungsrolle 36
- Gesundheit 37
- Heirat 111 f.
- Hilfsbereitschaft 114
–, hochbegabtes 199
–, jüngere 32, 54 ff.
  - Altersabstand 57
  - Ausdauer 65
  - Beobachter, genaue 57
  - Ehrgeiz 65

- Entwicklungsanreiz 65
- Minderwertigkeitsgefühle 65
- –, Kritik an 64
- widersprüchliche Gefühle und Beziehungsmuster zu älteren 48
- Wunsch nach Anerkennung durch ältere 65
- –, Zurückweisung von 64
–, jüngstes 60 ff.
  - Ausdauer 65, 68
  - –, Bewunderung älterer Geschwister durch 62
  - Diplomatie 66
  - Freundlichkeit 66
  - «Froschperspektive» 60
  - Identitätsentwicklung 63
  - Minderwertigkeitsgefühle 63 f.
  - Nacheifern 6
  - Pflichtbewusstsein 68
  - Selbständigkeit 68
  - Verantwortung 67
  - Verantwortungsbewusstsein 68
  - –, Verehrung älterer G. durch 63
  - Verwöhnung 61 f., 67
- –, krankes 202
- Krankheit s. Erkrankung
- Mitgefühl 114
- –, mittleres 57 ff.
  - Altersabstand 57
  - Außenseiter/in 58
  - Doppelrolle 58
  - «goldene Mitte» 58
  - Geschick, diplomatisches 58
  - Hobby 204
  - Kompromissfähigkeit 58
  - «Mittelmaus» 204 f.
  - Nische 204
  - Perspektive 203 ff.
  - Rollenpotenzial 58
  - «Sandwich» 58, 203
- –, Nachbarn des 27
- ohne Geschwister s. Einzelkind
- Passung Kind-Eltern 167 f.
- Perspektive des 31
- «Schatten-» 88
- Scheidung 37
- Selbständigkeit 114
- «Sonnenschein-» 88, 95, 109

- soziales und kulturelles Umfeld 27
- –, späteres 57 ff.
  - Offenheit 59
  - Unabhängigkeit 114
- –, Verwandte des 27
- –, zweitgeborenes 54 ff.
  - Nacheifern 54
  - «Minussituation» 56
  - Nische 56

Kindergarten 38
Kindheitsrolle, unbewusste 251
Klassifikationssystem der Weltgesundheitsorganisation 160
Kompatibilität 241
Kompensation 179
Komplementärrolle 86, 92
Komplexitätsreduktion, Prinzip der 79
Kompromiss 185
Konfabulation 78 f.
Konflikt
- -management 186
- Umgang mit 185

Konfrontation 271
Konkurrenzbereich, zentraler 247
Konkurrenzprinzip 181
Konstellationseffekt 19, 89
Kontext
–, kultureller 31, 182
Körperbau 107
Körperwahrnehmung 142
Kräftemessen, geschwisterliches 187
Krankheit 38
Kwara'ae 182

L
Leben
–, Modell für das spätere 31
Lebensereignisse, kritische 110 ff.
Lebensplan, unbewusster 198
Lebensstil 29, 78
Lehrer-Schüler-Spiel 48
Lehrperson 27, 38, 259 ff.
Liebe 200 ff.
Liebesbeziehung 255
Liebesobjekt 292
Literaturwissenschaft 21
Loslösung 290
Loyalität 145, 232

M

Machtmittel 48
Machtunterschied 33
Maximierung 194
Menschenkenntnis 125 f.
–, praktische 149
Methode
–, aktive 124
–, passive 124
Migration 148
Mikrowelt, familiäre 20
Minimierung 194
Missverständnis 80
Mittwochsgesellschaft (*S. Freud*) 213, 215 f.
Modell 31
Modelllernen 181
Modus
–, aggressiver 174
–, depressiver 174
Mordfantasie 209
Mutter
–, (früher) Tod der 111
Mutterkind, *vgl. auch* Vaterkind 314

N

Nachahmung 33, 280
Nähe 235
Neuinszenierung 254 ff.
Nische 20, 56, 82 ff., 85, 89, 91, 204, 292

O

Objekt, erotisches 140 ff.

P

Paarbeziehung, dysfunktionale 175
Paarstreitigkeiten 181
Paradigma
–, konstruktivistisches 78
Parentifizierung 102 ff.
Partizipation 43
Partnerbeziehung 37
Partnerersatz 102 ff.
Passung Kind-Eltern 167 f.
Peers 109, 129
Penisneid 227
Persönlichkeitsentwicklung 29, 31, 190
–, Theorie der 14

Perspektivenübernahme 130, 205
Perspektivenwechsel 130
Phänotyp 28
Primärbeziehung 10
Privilegierung
–, geschlechtliche 225
–, patriarchalische 225
Problemgeschwister 109
Projektion 254 ff.
–, unverstandene 262
Protesthaltung 50
Prozess
–, Erfassung von 19
Psychoanalyse 214 f.
Psychologie
–, analytische 208
–, systemische 20
Pubertät 139

R

Reaktionsmuster, komplementäres 32
Regression 42
Religion 101 ff.
Resilienzforschung 116
Ressource 16, 138
–, außerfamiliäre 116
Rigidität 115
Risikofaktor 14, 247
Rivalität 33, 136 f., 139, 155 f., 177 ff.
– als Motor 186
–, konstruktive Seite von 185 ff.
Rolle 59, 92
– als Betreuungsperson 136
–, gegensätzlich-akzentuierte 176
–, komplementäre 222
Rollenaufteilung 89
Rollendiskrepanz 251
Rollenkonstellation 89
Rollenumkehr 42, 107
Rollenverschiebung 315
Rollenverhalten
–, Reflexion über 158
Rollenzuschreibung, *vgl. auch* Rollenzuweisung 23, 108
–, fixierende 87 f.
Rollenzuweisung, *vgl. auch* Rollenzuschreibung 33

S

Scenotest 310
Scheidung 37, 74, 243
Schuldgefühl 114
Schule 38, 67
Schwarz-Weiß-Brille 194
Schwarz-Weiß-Kontrast 194
Selbst
–, Abbild des eigenen 166
Selbständigkeit 283, 285, 288
Selbstbewusstsein 285
Selbstbild 195
–, unbewusstes 168 f.
Selbstentwicklung 149, 237
self-fulfilling prophecy 87 f., 108
Sicherheit 289
Sozialisation 11
Sozialisationsfaktor 10
–, sekundärer 179
Sozialisationsforschung 17
Sozialkompetenz 143
Spiegelfunktion 149
Spielgefährte 292
Spielgruppe 38
Sprache 81 ff.
–, geheime, *vgl. auch* Code 125
Sprachentwicklung 81
Sprachkompetenz 130
Statusunterschied 33
Störung, emotionale 160
streiten 183
– Themen 183
Streitigkeit 33
Streittrainerin 289
«Streittypen» 183 ff.
– Besserwisser/in 184
– Konziliante/r 184
– Nörgler/in 184
– Opfer 184
– Pedant/in 184
– Stratege/Strategin 184
– Streitvermeider/in 184
– Wüterich 184
Subgruppe *vgl. auch* Subsystem 90
Subjektivität 37 f.
Substanzmissbrauch 115 f.
Subsystem 75 f., 247
–, elterliches 76, 312

– Elternteil-Kind- 314
–, generationsübergreifendes 314
–, geschwisterliches 76, 242, 313
–, partnerschaftliches 76, 312
Suizidgedanken 222
Sündenbockrolle 174
Supervision 22

T

Tageskind 37
teilen 69, 74, 284
Teilidentifikation 205, 239
Temperament 33, 241
– Unterschiede 107 f.
Tendenz, prosoziale 57
Testsystem, familiendiagnostisches 311
Tod
– der Mutter 113, 243
– des Vaters 113, 243
Todesfall 38
Trainingsfeld 10, 123, 186

U

Übergangsobjekt 12, 74, 140
Über-Kreuz-Bindung 76
Übertragung 255
Unabhängigkeit 167
Umfeld 101 ff.
–, außerfamiliäres 179
–, soziokulturelles 101 ff.
–, sozioökonomisches 101 ff.
Umwelt
–, nicht-geteilte 38
Umweltfaktor 32, 35
Unfall 38, 110
Unterstützungssysteme, geschwisterliche 139

V

Vater
–, (früher) Tod des 113, 243
Vaterfigur, autoritäre 259
Vaterkind, *vgl. auch* Mutterkind 314
Ventil 292
Verantwortung 284 f., 288, 290
–, zu viel 257
Verarbeitung, individuelle subjektive 28
Verarbeitungsmodus 30

Vergleich 239, 241
–, offener 178
Verhalten
–, Spiegel des eigenen 148 ff.
Verlorener Sohn, Gleichnis vom 157
Versöhnung 185, 270
Versuch-und-Irrtum-Prinzip 51
Verlässlichkeit 129
Verschwiegenheit 129
Vertrauen 129, 289
Vorbild 289 f.
Vorbildrolle, negative 134
Vorsprung 32

W
Wahrnehmung
–, selektive 78
–, subjektive 162, 190
–, tendenziöse 77
Wahrnehmungsverzerrung 169

Wegbereiter 289
Wegzug 34
Welt, geistige 129
Wert
–, familiärer 32
Wertvorstellung 112
Wirklichkeit, subjektive 38
Wohnort 101 ff.
Wunschbild 254
–, unbewusstes 168 f.
Wunschkind 98

Z
Zärtlichkeitsbedürfnis 140 ff.
Zweitgeborene 54 ff.
Zwillinge 119, 221 ff.
–, eineiige 35, 108, 240
– Sprachentwicklung 82
–, zweieiige 35

Ausführliches Inhaltsverzeichnis

Vorwort	7
1. Einleitung und Einführung: Die Entdeckung der Geschwister	**9**
Einleitung	9
Geschwister – ein (immer noch) vernachlässigter Faktor	12
Zur individuellen Bedeutung von Geschwistern	15
Die allmähliche Entdeckung von Geschwistern	17
Kurze Beispiele aus der Literatur	21
Geschwister und Anamnese	22
2. Rollen, Nischen, Konstellationseffekte und individuelle Deutungsmuster	**27**
Einleitung	27
Geschwisterkonstellation und persönlichkeitsabhängige Verarbeitung	30
Identische oder individuelle Umwelt, gemeinsame (geteilte) oder nichtgemeinsame (nichtgeteilte) Umwelt?	35
Das älteste Kind	39
Das zweitgeborene Kind	54
Mittlere und spätere Kinder	57
Das jüngste Kind	60
Kinder ohne Geschwister (Einzelkinder)	68
Andere Positionen, Konstellationen und Faktoren	75
Die Bedeutung der «tendenziösen Wahrnehmung» und die «Grundmeinungen»	77
Geschwister und Sprache	81
Nischen, Geschwisterrollen und Komplementärrollen	82
3. Wichtige Einflussfaktoren auf Geschwisterbeziehungen	**97**
Absolutes Alter der Familienmitglieder	98
Altersdifferenz zwischen den Geschwistern	98
Geschwisterzahl, Familiengröße	100

- Geschwisterzusammensetzung 100
- Geburtsrangplatz 100
- Wohnort, soziokulturelles und sozioökonomisches Umfeld, Religion 101
- Individuelles Verhältnis der Eltern zu den einzelnen Geschwistern 101
- Bevorzugung und Benachteiligung durch Eltern bzw. Elternteile 101
- Partnerersatz und Parentifizierung 102
- Erziehungsstil der Eltern 103
- Partnerbeziehung der Eltern 106
- Körperbau 107
- Fantasien und Erwartungen der Eltern vom einzelnen Kind 107
- Geschwistersituation/Geschwisterbeziehung und Geschwisterposition der Eltern 108
- Außerfamiliäre Bezugspersonen 108
- Freunde der Geschwister, Peers 109
- Charakter/Persönlichkeit und besondere Merkmale der Geschwister 109
- Kritische Lebensereignisse 110
- Krankheiten, Behinderung und Tod von Geschwistern 113
- Alkohol und Drogen 115
- Weitere moderierende und protektive Faktoren 116

4. Geschwister und ihre Bedeutung füreinander **119**
- Ein reichhaltiges Beziehungsfeld 120
- Horizontal-symmetrische Beziehungserfahrungen 124
- Modelle, Vorbilder, Identifikationsobjekte, Abgrenzungsobjekte 131
- Ein bisschen Über-Ich: Geschwister als Fortsetzer und Stellvertreter elterlicher Erziehungstätigkeit 136
- Rivalen 136
- Freunde, HelferInnen, Vertraute, TrostspenderInnen 137
- Verbündete 139
- Zärtlichkeitsbedürfnisse, Liebesobjekte und erotische Objekte 140
- BeziehungspartnerInnen 143
- Projektionsfiguren, Objekte der Verschiebung von Feindseligkeit und Aggression 144
- Loyalität 145
- Empathie 145

HelferInnen bei der Bewältigung von wichtigen Entwicklungsaufgaben 146
Gegenmodelle 148
Spiegel des eigenen Verhaltens 148
Geschwister und Berufswahl 150
Vielfältige Sozialisationsprozesse zwischen Geschwistern . . . 151
Einige Gemeinsamkeiten von Geschwisterbeziehungen 152
Geschwister als Überlebenshelfer 153

5. Bevorzugung, Benachteiligung und Rivalität **155**
Eifersucht – und die zentrale Rolle der Eltern 155
Unbewusste Vorlieben und Abneigungen der Eltern 161
Geschwisterübertragungen 165
Die Passung Kind-Eltern 167
Unbewusste Selbst- und Wunschbilder und Delegation 168
Wahrnehmungsverzerrung 169
Vor- und Nachteile von Bevorzugungen 170
Folgen für die benachteiligten Kinder 171
Gründe für die Ablehnung von Kindern 175
Zwei weitere Rivalitätsaspekte 177
Rivalitätspalette 178
Gesellschaftlich-kulturelle Einflüsse 181
Worüber streiten Geschwister? 183
«Streittypen» in rivalisierenden Auseinandersetzungen
zwischen Geschwistern 183
Die konstruktive Seite von Rivalität 185
Der elterliche Umgang mit Geschwistern (mit Fragebogen) . . . 188

6. Fallgeschichten aus unterschiedlichen Perspektiven **193**
Die Perspektive jüngerer Geschwister 193
Bewunderung und Identität 193
Tempo, tempo: Überholen um jeden Preis 196
Die Perspektive ältester Geschwister 200
Privilegiert und dominant: Sigmund Freud 200
Liebe und Ärger: Unheimlich freundlich und unheimlich
gemein 200
Die Perspektive mittlerer Geschwister 203

**7. Die Freud-Adler-Kontroverse auf dem Hintergrund
ihrer persönlichen Geschwisterproblematik** **207**
Freud und Adler: Nicht nur zwei unterschiedliche
Charaktere 207
Die Geschwisterkonstellation bei Sigmund Freud und Adlers
«Abfall» 209

	Die Geschwisterkonstellation bei Alfred Adler	217
8.	**Geschwister und Geschlecht**	**221**
	Geschwister gleichen Geschlechts am Beispiel von Zwillingen	221
	Geschwister unterschiedlichen Geschlechts	223
	Drei Fallbeispiele	224
	Weitere Aspekte	227
9.	**Geschwisterbeziehungen zwischen Nähe-Intimität und Distanz-Feindschaft**	**231**
	Grundmuster emotionaler Beziehungen von Geschwistern (Beziehungsmodi)	231
	Identifikationsmodi von Geschwistern	233
	Welche Faktoren führen zu nahen oder distanzierten Geschwisterbeziehungen?	240
10.	**Geschwisterübertragungen im Erwachsenenalter und ihre möglichen Folgen**	**249**
	Einleitung	249
	Geschwister und Partnerwahl	251
	Einflüsse der Eltern	252
	Neuinszenierungen und Projektionen	254
	Das Ausleben ungelöster eigener Anteile	256
	Zu viel Verantwortung	257
	Denkanstöße für Lehrpersonen und AusbildnerInnen	259
	Was nützt die Beschäftigung mit der eigenen Geschwistersituation?	261
11.	**Möglichkeiten und Grenzen neuer Geschwisterbeziehungen im Erwachsenenalter**	**265**
	Der Auszug des Bruders	265
	Die Bedeutung eingeübter Rollenmuster	266
	Hilfreiche Voraussetzungen für neue Geschwisterbeziehungen	267
12.	**Persönliche Reflexionen über eigene Geschwistererfahrungen**	**277**
	Was können Geschwister für die persönliche Entwicklung bedeuten? 22 kurze Beispiele	278
	Anhang für die Praxis: Fragebogen und Familienkonstellationsschema	**293**
	Vorbemerkungen	293
	Fragebogen A	295
	Fragebogen B	297
	Fragebogen C	300

Antworten von Frau M. zu den Fragebogen A und C   301
Darstellungen von Familienkonstellationen   308
Individualpsychologische Ansätze   308
Systemische und testpsychologische Ansätze   310
Das Familienkonstellationsschema (FKS)   312
Die Entwicklung einer Familienkonstellation   312
Familienkonstellation von Familie Zürcher   316

Literaturverzeichnis **319**

Namenverzeichnis **329**

Sachwortverzeichnis **333**

Ausführliches Inhaltsverzeichnis **343**

Anzeigen

Gillian Butler

Schüchtern – na und?

Selbstsicherheit gewinnen

Aus dem Englischen übersetzt von Tonia Rihs.
2002. 270 S., 3 Abb., 4 Tab., Kt € 19.95 / CHF 33.90
(ISBN 3-456-83628-7)

Die Autorin erklärt Ihnen, warum Sie so schüchtern und ängstlich sind. Mit Hilfe der hier konkret beschriebenen, einfach zu handhabenden Methoden lässt sich das Problem in den Griff bekommen und überwinden.

Andreas Dick

Psychotherapie und Glück

Quellen und Prozesse seelischer Gesundheit

2003. 182 S., 1 Abb., Kt € 19.95 / CHF 33.90
(ISBN 3-456-83801-8)

Wann und warum ist der Mensch glücklich? Kann ihm die Psychotherapie helfen, glücklich zu werden, wenn er es noch nicht oder nicht mehr ist? Der Autor entwirft eine ressourcenorientierte Sichtweise psychischer Heilung, die auf alle Arten von Psychotherapie angewandt werden kann.

 Verlag Hans Huber http://Verlag.HansHuber.com
Bern Göttingen Toronto Seattle

Jürg Frick

Die Droge Verwöhnung

Beispiele, Folgen, Alternativen

Mit einem Vorwort von Jürg Rüedi.
2001. 168 S., 5 Tab., Kt
€ 19.95 / CHF 34.80
(ISBN 3-456-83629-5)

Was bedeutet es genau, ein Kind zu verwöhnen? Warum werden Kinder verwöhnt? Wie schwerwiegend sind die Folgen? Hat das sogar etwas mit Missbrauch zu tun? Der Autor nimmt Stellung zu diesen Problemen und gibt Denkanstöße für Einstellungs- und Verhaltensänderungen. Zwei Fragebogen erlauben es dem Leser/der Leserin zudem, seinen/ihren Verwöhnungsstil einzuschätzen.

Wichtige Hinweise zu einer sehr aktuellen Problematik für alle, die mit Kindern zu tun haben.

Verlag Hans Huber http://Verlag.HansHuber.com
Bern Göttingen Toronto Seattle